中国旅游业普通高等教育"十三五"应用型规划教材

旅游市场营销教程

TOURISM MARKETING

主编◎胡海胜　　副主编◎张　瑾　唐继刚

中国旅游出版社

中国旅游业普通高等教育"十三五"应用型规划教材编审委员会名单

主　任

南昌大学江西发展研究院院长　黄细嘉教授

副主任（排名不分先后）

江西财经大学旅游与城市管理学院院长　邹勇文副教授

江西师范大学旅游系主任　冯淑华教授

江西科技师范大学旅游学院院长　周叶教授

南昌师范学院旅游与经贸学院院长　殷剑副教授

九江学院旅游与国土资源学院院长　李松志教授

赣南师范大学历史文化与旅游学院副院长　樊国敬副教授

井冈山大学商学院旅游管理教研室主任　王伟年教授

上饶师范学院历史地理与旅游学院院长　张志荣教授

南昌工程学院工商管理学院旅游管理教研室主任　涂远芬副教授

宜春学院经济与管理学院院长　胡林龙教授

南昌大学经济管理学院旅游管理系　龚志强教授

南昌大学经济管理学院旅游管理系主任　付智副教授

委　员

副主编及参编（略）

秘书长

中国旅游出版社教材开发部　段向民执行主任

南昌大学经济管理学院旅游管理系　旷天伟副教授

总 序

受中国旅游出版社的邀请，由我担任中国旅游业普通高等教育"十三五"应用型规划教材编审委员会主任。本人自1993年跻身高等旅游教学团队之列，至今已25年，大概从2013年起，自认为在旅游管理教学方面有了一些心得，于是就产生了为我国高等院校旅游管理专业本科及其专业核心课程开发一套教材的想法。基于旅游行业对于应用型、实战型、复合型人才的要求，意欲对旅游管理专业的理论知识、技术或技能体系进行全方位、多维度的系统梳理，使教师能够更有自信并能更有针对性地开展教学，学生能更准确、更明白、更直接地了解、熟悉、掌握、运用有关旅游管理的理论知识、技术或技能体系，提高其从事旅游管理的业务能力。中国旅游出版社提出中国旅游业普通高等教育"十三五"应用型规划教材的编写计划，可以说是正中下怀，得偿所愿。

2016年3月5日，中国旅游出版社和南昌大学旅游管理系（现为旅游学院），联合10多所高等院校，举行了编写会议。会议最终确定了以南昌大学江西发展研究院院长黄细嘉教授为主任委员兼总主编和总协调人，江西财经大学旅游与城市管理学院院长邹勇文副教授、江西师范大学旅游系主任冯淑华教授、江西科技师范大学旅游学院院长周叶教授、南昌师范学院旅游与经贸学院院长殷剑副教授、九江学院旅游与国土资源学院院长李松志教授、赣南师范大学历史文化与旅游学院副院长樊国敬副教授、井冈山大学商学院旅游管理教研室主任王伟年教授、上饶师范学院历史地理与旅游学院院长张志荣教授、南昌工程学院工商管理学院旅游管理教研室主任涂远芬副教授、宜春学院经济与管理学院院长胡林龙教授、南昌大学经济管理学院旅游管理系龚志强教授、南昌大学经济管理学院旅游管理系主任付智副教授12位江西旅游教育界学者为副主任委员，中国旅游出版社段向民编辑、南昌大学经济管理学院旅游管理系旷天伟副教授为秘书长的教材编审委员会。会议明确了该套教材由7门旅游管理专业本科核心课程和6门特色课程组成：旅游学原理、旅游经济学、服务运营管理、旅游目的地管理、旅游消费者行为学、旅游资源管理、旅游法规、旅游电子商务、旅游调查方法与实务、旅游形象推广、旅游规划与项目策划、旅游案例分析、旅游创意与创业。这次会议明确了组织构架,安排了相关编写人员,确定了编写计划,之后立即投入工作。

作为编审委员会主任,必须想清楚、弄明白到底什么是教材,以便于确立编写要求并指导编写。一般来说,将教材区别为广义和狭义两种。其中,广义的教材泛指对人有教育作用、有利于学习者增长知识或发展技能的所有材料。其形式并不仅限于教师自己编写或设计装订成册或正式出版的书本,还包括计算机网络上使用的各类学习材料。狭义的教材是根据教学大纲和实际需要,为师生教学应用而编选的材料(即教科书)。我个人认为,当下教育部倡导或组织编写的国家级规划教材,是最典型的教材,都是在总结前人研究成果和经验材料的基础上,形成一般性知识概念界定和成熟理论概括,并非提倡将个人的学术创见作为教科书传授的内容。也就是说,只有当一种理论和知识成为学界普遍接受的观点时,它才可以被写进教材。因此,教材虽是反映人类社会具有普遍价值的知识,但它还有一个不断修改、充实、提炼、完善和提高的过程。教材旨在为教师的教学工作提供核心主题、基本线索;为学生的学习活动提供知识结构、操作方法,旨在培养其能力素养。因此教材就需要体现教师实力、贴近学生实际、跟随时代与行业潮流,引导学生进行自主探索与合作交流,并关注对学生人文精神的培养,注重多维教学方法的运用。只有明白教材的作用与意义,我们才能知道自己是否适合、是否可以、是否应该从事教材编写工作。教材虽是编纂、编写、编著,但同样是一件不容易的事,因为它反映和传播的是人类学术共同体的"公识"和社会所普遍接受的"共知",所有的概念、原理、范式、模型,必须是深入其里、出乎其中、得其要义的。一般没有理论积淀、知识集成、教学积存、实践积累的人,是难以登其奥堂的。

可以说,教材编写,于学术研究是一项登堂入室才可出神入化的工作,于知识传承是承前启后方能继往开来的工作;于人才培养是一项利在当代才能功在千秋的工作;于教育教学是一项科学严谨才不会误人子弟的工作。因此,其编写人员,应该具有丰富的教学实践经验以及较深的学科专业造诣,对本学科专业及相关学科专业的现状及发展趋势,有全面深刻的了解,同时还要有与时俱进的能力和改革创新的精神。此次中国旅游业普通高等教育"十三五"应用型规划教材,在方法上努力解决"怎样编"的问题,即把握好继承、发展与创新的关系,在研究、消化、吸收以往相关著作和同类教材的基础上,有所继承、有所发展、有所创新,把握趋势、调整方法;内容上明确"编什么"的问题,即要有一个宏观的把握,遵循完整性、系统性、科学性、实用性、针对性等原则,在素材和案例选取时,要体现旅游管理学科专业的本质、联系旅游产业发展实际、体现旅游管理专业特色,关注旅游业的热点问题。国内外旅游实践中的实例,应展现旅游管理应用型教材的知识概念、学理结论、逻辑思想、实践方法,即以是否反映教材知识的实际应用为原则,组织材料、编写内容;

在主体对象上处理好"为谁编"的问题,即充分体现"以学生为本""以学生的终身职业发展为本"的教育理念,注重学生的实训、见习、实习、实践教学环节的设计及运用知识分析问题、解决问题的能力和创新、综合、实战能力的培养。

当然,旅游管理专业教材的编写,不能完全出于个人追求和意愿,最主要的还是要适应全域旅游发展趋势下对旅游管理人才培养的新要求。该套教材的编写,主要缘于教育部将旅游管理类专业确立为应用型专业的教学改革精神,为顺应中国旅游业转型升级对高等旅游管理教育的新期待,进一步提高旅游管理专业本科课程教材水平和质量,推动应用型高等旅游管理类专业的国家级规划教材建设,深化旅游管理专业教学改革,发挥教材建设在提高人才培养质量中的基础性作用,根据教育部普通高等学校旅游管理类专业本科教学指导委员会历次会议,关于教材建设的相关要求,现以我所在的南昌大学为主体,主要联合其他各大高等院校多年从事旅游管理专业本科教学的教师,共同完成教材编写工作。

本套教材是普通高等学校旅游管理专业本科核心课程和特色课程教材,编写者在认真研究21世纪旅游管理专业本科教材建设的新思路、新机制和新方法基础上,力求开发一批既能反映现代科学技术先进方法,又符合我国旅游行业人才培养目标和培养模式要求;既对应用型旅游管理专业本科人才培养具普遍适用性,又对旅游管理高端应用型人才培养具特殊针对性的教材。在此,对于教材的定位,有几点宏观的原则性要求:一是追求教育高品位、教学高水平、教材高质量的精品教材;二是致力于所编内容有分量、所选案例有价值、所做阐述有贡献的经典教材;三是编写占领学科前沿阵地、体现专业前卫实践、反应学生前景应用的先进教材;四是钻研体现教师严谨教风、学生严肃学风、教学严格作风的严实教材;五是开发树立涵养创意策划思想、培育创造精神、培养创业能力的创新教材。即编写一套材料选择精当、案例分析精到、表现形式精致、篇章内容精深的精华教材。

本套教材力求反映高等学校旅游管理专业本科教学必需的基础理论、基本知识、基干技能和业务操作常识,课程体系建设立足旅游行业的现状特点和发展态势,以及人才市场的新需求。教材的特色追求主要体现在:一是围绕高端应用型、技能型旅游管理专业本科人才培养目标,参照旅游行业职业岗位任职要求,引入行业、企业技术标准或规范,实现专业课程内容与职业标准对接;二是紧贴旅游行业的最新发展变化,主动适应旅游经济发展需要,突出应用性与基础性、实践性与理论性、前瞻性与回顾性、灵活性与原则性、内生性与开放性的统一;三是根据应用型旅游管理专业本科课程体系、教学内容要求和学生学习特点,在进行教学组织时,要求重视学生课堂的理论与知识讲解教学、教学基地的技能与技术实训演练、实际工作部门的见习与实习等实践活动,将旅游管理专业本科教学过程与旅游行业实践活动过程有效对接,提供相应的实践教学环节的课程设计、毕业设计方案;

四是根据应用型人才培养需要,体现个性化与通用性、规范化与创新性、稳定性与动态性相结合,定制化培养旅游企业操盘手、项目营运师、职业经理人和文创策划师等高端应用型旅游管理人才,服务国家和地方旅游经济发展。

本套教材的主要适宜人群是从事旅游管理专业本科教学的师生以及旅游与文化等产业的从业人员。我们力求以旅游实践、行业技能等应用为导向,兼顾理论与知识体系的构建,为旅游管理专业师生提供一套较为系统完整的旅游管理理论知识、技术或技能体系。理论不断创新、知识不断更新、技术技能立新,教材的编写也存在一个既相对稳定又不断发展的过程。本套教材难免存在不足和疏漏之处,敬请各位同行和广大读者批评指正!

黄细嘉
2017 年 5 月

前 言

旅游业持续增长，旅游新业态引领产业新融合。原国家旅游局发布的2016年数据显示，国内旅游、入境旅游稳步增长，出境旅游理性发展，旅游经济继续领先宏观经济增速，成为稳增长、调结构、惠民生的重要力量。全年国内旅游44.4亿人次，同比增长11%；国内旅游总收入3.94万亿元，同比增长15.2%。近20年来，中国旅游业持续高速增长，旅游消费需求得到进一步释放，旅游供给侧改革强力推进。在"互联网+"时代，旅游与传统产业和新兴技术实现了完美融合对接，自驾游、康养游、乡村游、文创游、购物游、运动游、海洋游、工业游、研学游、低空游、体育游、邮轮游、摄影游……众多以"旅游+"或"+旅游"名义融合的新业态成为旅游业发展的新视角、新领域和新利润增长点。产业规模的进一步壮大和产业边界的进一步泛化，既为旅游发展乃至经济发展提供了强劲动力，但同时也对人才需求提出了更多更高的要求。

旅游教育培训发展迅速，应用型人才为业界急需。根据原国家旅游局发布的2016年全国旅游教育培训统计数据，2016年全国开设旅游管理类本科专业的普通高等院校604所，开设旅游管理类高职高专专业的普通高等院校1086所，开设旅游类专业的中等职业学校924所。在本科层次，共开设有包括旅游管理、酒店管理、会展经济与管理、旅游管理与服务教育和旅游管理5个专业，共招生5.8万人，毕业4.9万人，在校22.1万人。2016年旅游行业从业人员教育培训总量为474.5万人次，其中岗位培训442.4万人次，成人学历教育32.2万人次；在业态类型上，旅游饭店从业人员教育培训250.9万人次，旅行社从业人员教育培训104.8万人次，旅游景区从业人员教育培训82.0万人次，旅游车船公司从业人员教育培训13.6万人次，旅游行政部门人员教育培训9.1万人次，其他人员教育培训14.1万人次。虽然每年为社会输入大量的旅游管理类专业毕业生，但受各种因素的影响，业界急需的应用型人才却很难从学校教育中直接获取，业界很热、教育很冷的现象在短期内并没有发生根本性改变。

针对旅游业快速增长所带来的一系列新现象和新问题，社会各界对旅游人才的培养培训提出了相应的对策建议。其中，国家层面出台的《"十三五"旅游人才发展规划纲要》（旅办发〔2017〕177号）无疑具有很强的指导性意义。该规划纲要提出到2020年，形成一支数量充足、结构优化、素质优良、充满活力、与旅游业发展相适应的旅游人才队伍。在人才规模上，旅游业直接就业人数总计达到3300万人，旅游人才数量达到825万人。在人才结构上，新产品、新业态、新技术人才数量显著增加，产业领军人才和急需紧缺人才队伍明显壮大，在全域旅游重点区域、"旅游+"重点领域、"互联网+旅游"重点平台、龙头旅游企业、重点旅游院校和科研机构等形成一批旅游人才高地。

在此背景下，江西财经大学旅游管理系众多教师非常关注旅游产业发展和旅游人才教育问题，近年来先后申请了省级特色专业、省级人才培养模式创新实验区、省级卓越农林人才培养计划、省级教学改革课题等众多围绕旅游人才培养的研究课题。在应用型人才培养目标体系下，通过修改完善人才培养方案，丰富课程项目教学体系，我校旅游管理专业本科生的实践动手能力和学术研讨能力得到大幅提升。特别是在旅游规划设计和市场营销策划方面，大部分学生能独立编制旅游营销策划专篇或专项。基于江财旅游微信运营团队而创立的南昌微界文化传媒有限公司，目前已经承担了旅游行业十余个旅游营销项目，成为我校乃至全省旅游本科教育界的一张亮丽名片。

为进一步将旅游实务和旅游教育进行有效融合对接，本教材编写组经过多年筹划，数易其稿，终成此书。本书直接切入旅游市场消费行为，详细阐述了旅游市场调研与预测的方法技术，在确定目标市场选择与定位的基础上，从旅游产品、产品价格、营销渠道、旅游促销四个方面开列了具体的策略清单。策划和管理是旅游市场营销的两个重要抓手，通过策划创意和规范管理，将为旅游市场营销创新奠定更为扎实的基础。本书由胡海胜任主编，负责确定写作大纲和基本框架，并对全书进行统稿和定稿。张瑾、胡海胜负责写作第一、二章，胡海胜负责第三、四章，唐继刚负责第五、六章，徐沅林、胡海胜负责第七章，汪忠列负责第八章，李向明负责第九章，蒋萃、胡海胜负责第十章，最终由胡海胜完成统稿。

本教材可用于各级各类高等本科院校、高等职业院校的旅游管理类专业，亦可用于研究生培养、行业管理培训和学术理论研究，对相关专业师生和其他行业人员也具有参考使用价值。

在本书编写过程中，参考引用了大量国内外著作、教材、论文、规划、新闻等相关文献。因篇幅所限，未能将所有参考文献全部列出，在此谨向有关作者表示诚挚的感谢。

因时间、精力和水平所限，书中尚有诸多不足之处，还望各位同人和广大读者不吝赐教，以便再版时修改完善。

胡海胜

2017年7月于

江西财经大学枫林园

目　录

第一章　旅游市场消费行为 …………………………………………………… 1
　　第一节　旅游消费行为概述 ………………………………………………… 2
　　第二节　旅游消费行为的影响因素 ………………………………………… 7
　　第三节　旅游市场消费行为过程分析 ……………………………………… 15
　　第四节　组织机构的旅游消费行为分析 …………………………………… 16

第二章　旅游市场调研与预测 ………………………………………………… 22
　　第一节　旅游市场营销信息系统 …………………………………………… 23
　　第二节　旅游市场营销调研 ………………………………………………… 29
　　第三节　旅游市场预测 ……………………………………………………… 38

第三章　旅游目标市场选择与定位 …………………………………………… 47
　　第一节　旅游市场细分 ……………………………………………………… 48
　　第二节　旅游目标市场选择 ………………………………………………… 60
　　第三节　旅游市场定位 ……………………………………………………… 65

第四章　旅游产品策略 ………………………………………………………… 73
　　第一节　旅游产品概述 ……………………………………………………… 74
　　第二节　旅游产品生命周期与营销策略 …………………………………… 82
　　第三节　旅游新产品开发 …………………………………………………… 87

第五章　旅游产品价格策略 ... 97
第一节　旅游产品价格概述 ... 98
第二节　旅游产品定价方法 ... 107
第三节　旅游产品定价策略 ... 112
第四节　旅游产品价格调整 ... 118

第六章　旅游产品营销渠道策略 ... 125
第一节　旅游产品营销渠道概述 ... 126
第二节　旅游企业营销渠道决策 ... 130
第三节　旅游产品营销渠道的管理 ... 136
第四节　旅游产品营销渠道的发展趋势 ... 142

第七章　旅游产品促销策略 ... 150
第一节　旅游促销概述 ... 151
第二节　旅游广告 ... 157
第三节　旅游营业推广 ... 165
第四节　旅游人员推销 ... 171
第五节　旅游公共关系 ... 177
第六节　旅游宣传册 ... 183

第八章　旅游市场营销策划 ... 194
第一节　旅游营销策划概述 ... 195
第二节　城市旅游营销策划 ... 202
第三节　景区（点）旅游营销策划 ... 206
第四节　旅行社营销策划 ... 209
第五节　旅游饭店营销策划 ... 214

第九章　旅游市场营销管理 ... 222
第一节　旅游市场营销组织 ... 223
第二节　旅游市场营销计划 ... 231
第三节　旅游市场营销控制 ... 240

第十章　旅游市场营销创新 ·· 251
第一节　旅游绿色营销 ·· 252
第二节　旅游网络营销 ·· 257
第三节　旅游关系营销 ·· 262
第四节　旅游体验营销 ·· 266

参考文献 ··· 275

第一章

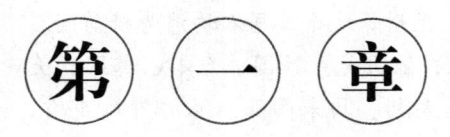

旅游市场消费行为

【案例导入】

携程：消费总额上海第一 人均消费北京夺冠

2017年1月11日，基于原国家旅游局发布的相关数据及自身的订单数据，携程旅游集团发布了《2016年国民旅游消费报告》。报告根据原国家旅游局以及市场研究机构的数据分析得出，2016年国民的旅游消费总计达到4.66万亿元，相当于全体国民全年人均花费3406元在旅游上。其中，国内旅游总收入3.94万亿元，同比增长15.2%。

随着电子商务和移动互联网的迅猛发展，国民的旅游消费开始转移到互联网和手机端上。携程旅游报告引用艾瑞咨询的数据显示，2016年游客在线旅游预订的花费达6026亿元，同比增长34%。从研究数据看，游客在网上预订旅游产品，钱主要花在了三个方面，其中：最多的是交通，特别是机票；其次是酒店住宿；最后是旅游度假产品，跟团游、自由行、门票、邮轮等。2016年游客在携程网上报名旅游，每次人均消费超过3000元。

消费者的在线预订习惯发生了不小的变化，从跟团游、自由行等打包产品的在线订单看，游客中60%以上的订单是通过携程App预订支付，而门票、玩乐等产品，90%以上是通过手机端下单。

目前旅游主力是"60后"到"90后"，其中"70后"消费能力最强，预订携程度假产品的平均订单金额最高；其次是"60后""80后"。这说明有钱有闲的中老年人士、高收入阶层的旅游消费最给力。"90后""00后"的年轻一族，则是增长最快、网络旅游最活跃的群体。

从度假产品的订单金额看，2016年国内旅游消费总额前20名的城市为：上海、北京、广州、成都、杭州、深圳、南京、天津、武汉、重庆、西安、昆明、长沙、厦门、沈阳、郑州、济南、青岛、哈尔滨、合肥。2016年人均旅游消费城市排行榜前20名为：北京、上海、沈阳、温州、大连、乌鲁木齐、长春、兰州、济南、银川、南京、呼伦贝尔、杭州、天津、宁波、无锡、福州、郑州、武汉、泉州。北京游客以平均每人每次旅游花费超过 4100 元位居第一，上海以 3892 元紧随其后。随着二、三线城市与中西部地区出境游的快速发展，沈阳、温州、大连、乌鲁木齐、长春、兰州等城市跃居人均消费榜前列。

2016 年中国游客花费总额最多的十大出境目的地，依次是：泰国、日本、韩国、美国、马尔代夫、印度尼西亚、新加坡、澳大利亚、意大利、马来西亚。从海外城市看，中国游客花费总额最多的十大城市依次是：首尔、曼谷、东京、大阪、新加坡、清迈、伦敦、莫斯科、纽约、罗马。其中，距离中国较近的泰国、日本、韩国成为最大的赢家。以泰国为例，去年携程用户花费了数十亿元预订泰国游产品出行。泰国统计显示去年中国内地游客达到 877 万人次。

资料来源：张宇．携程：消费总额上海第一　人均消费北京夺冠［N］．中国旅游报，2017-01-17（A01）．（有删减）

对旅游市场的消费需求和消费行为进行分析，是旅游企业各项营销活动的出发点，对旅游企业的发展有着重要的作用。一方面，了解旅游者的消费行为，是落实"以游客为中心"理念的基本要求。无论在哪个领域的现代市场营销战略和策略中，消费者都居于首要的位置。对旅游的消费需求和行为进行研究分析，不仅对激发旅游消费行为具有重要意义，而且有利于旅游企业为旅游者提供针对性的服务，尽量满足其特殊需要以提高满意程度。另一方面，全面掌握旅游者的消费行为特征，可使旅游企业的市场营销工作积极主动地适应市场环境，根据旅游市场消费行为的特征和类型，对旅游产品、价格、销售渠道和促销策略等进行调整，以期取得更好的营销效果。

第一节　旅游消费行为概述

一、旅游消费

旅游消费，是旅游主体在有时间保证和资金保证的情况下，从自身的享受和发展需要出发，凭借环境和旅游媒体服务创造的条件，在旅游过程中对以物质形态和非物质形态存在的食、住、行、游、购、娱等旅游客体的购买、享用和体验过程的支出（投入）总和。

而根据世界旅游组织的定义，旅游消费是旅游者或者旅游单位因为旅游活动的产生、发展而购买的全部旅游产品的价值。旅游消费活动主要包括以下内容（图1-1）：

（1）旅游者在启程前，为实施旅游计划而购买的产品和服务。例如，旅行指南、地图、旅游用品、运动器材，预订住宿和酒店等。

（2）旅游者在旅途中及其在目的地逗留期间购买的所有产品和服务。

（3）旅游者在返回时购买的产品和服务。例如，冲洗照片、干洗衣服、修补旅途中损耗的一些器材等。

（4）旅游者在日常生活中购买的专用于旅游的一些物件或贵重耐用品。例如，旅行箱、露营器械、照相机、登山设备、越野汽车等。

简而言之，旅游者为了旅游而进行的消费，以及在旅途中和在旅游目的地的全部开销，都属于旅游消费的范畴。

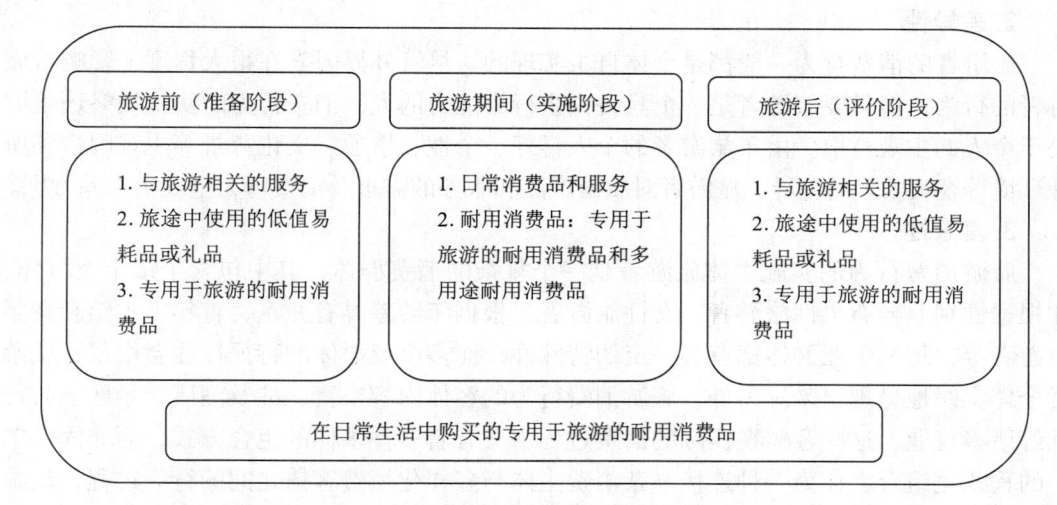

```
┌─────────────────────────────────────────────────────────────────────────┐
│  ┌──────────────────┐    ┌──────────────────┐    ┌──────────────────┐  │
│  │ 旅游前（准备阶段）│    │ 旅游期间（实施阶段）│    │ 旅游后（评价阶段）│  │
│  └──────────────────┘    └──────────────────┘    └──────────────────┘  │
│  ┌──────────────────┐    ┌──────────────────┐    ┌──────────────────┐  │
│  │1. 与旅游相关的服务│    │1. 日常消费品和服务│    │1. 与旅游相关的服务│  │
│  │2. 旅途中使用的低值│    │2. 耐用消费品：专用│    │2. 旅途中使用的低值│  │
│  │   易耗品或礼品    │    │   于旅游的耐用消费│    │   易耗品或礼品    │  │
│  │3. 专用于旅游的耐用│    │   品和多用途耐用消│    │3. 专用于旅游的耐用│  │
│  │   消费品          │    │   费品            │    │   消费品          │  │
│  └──────────────────┘    └──────────────────┘    └──────────────────┘  │
│         ┌──────────────────────────────────────────────────┐           │
│         │   在日常生活中购买的专用于旅游的耐用消费品        │           │
│         └──────────────────────────────────────────────────┘           │
└─────────────────────────────────────────────────────────────────────────┘
```

图 1-1　旅游消费的范畴

二、旅游消费行为

（一）旅游消费行为的定义

旅游消费行为是旅游者实施旅游消费的过程和表现，是指旅游者在旅游消费需求和动机的驱使下，做出购买、消费旅游产品决策并付诸实施的过程。通常包括旅游者内在的消费心理活动和外在的消费行动表现，时间序列上则表现为消费前的选择与决策行为，购买中的交易与消费行为、消费后的评估行为等方面。

消费伴随着人的一生，有的消费为了满足基本的生理需要，有的则是为了实现个体发展、身体或精神享受的社会性需要。学术界普遍认为，旅游消费是一种高层次的社会性消费，它是在一定社会经济条件下发生和发展的、受社会风气影响和制约的一种社会经济文化活动。旅游消费行为具有经济性、文化性、社会性等综合属性。旅游消费行为具有明显的经济属性，旅游者在旅游活动中，通过货币或实物交换来满足食、住、行、游、购、娱等方面的需要。从旅游消费的构成来看，旅游消费行为具有综合性的特征；从旅游消费的结构层次来看，旅游者追求的主要是精神上和文化上的发展和享受，因而旅游消费行为具有文化性的特征；旅游者在消费过程中的心理活动和表现行为，往往都深受社会文化的影响，打上了生活情趣、个人修养、社会地位等特征的烙印，因而具有较为明显的社会性特征。

（二）旅游消费行为的特征

1. 序列性

旅游者的消费需求是多方面和多层次的，既有低端的消费需求，也有高端消费的期望。但在一定的购买能力的约束下，不可能同时满足所有的需求，只能根据自身能力和客观条件逐步满足不同层次的消费需求，因而购买行为也表现出层次性和序列性。

2. 差异性

旅游者的消费行为一般都是个体自主实现的。尽管外界因素在很大程度上影响着旅游者的行为，但只要旅游者是一个具备完全行为能力的人，消费行为的实施最终还是取决于个人的主观意愿。由于旅游者的个人喜好、个性、情趣、文化背景等主观因素和所处环境等客观因素的差异，旅游者对旅游产品和服务的需求及消费行为呈现出千差万别。

3. 复杂性

旅游消费行为的实施主体旅游者是一个复杂的消费群体，其中包含了多个亚群体，如根据性别差异有男性旅游者、女性旅游者，根据年龄差异有儿童、青年、中年和老年旅游者等，每一个亚群体都有其一定的特殊性，而多个亚群体的特征往往会由某一旅游者个体交织地呈现出来。另外，旅游消费行为的客体内容丰富，涉及酒店、景区、旅行社等诸多行业，这些客体在实际的消费过程中又有着多种多样的组合方式，而非固定单一的程式化组合。作为一种连接复杂消费主体与多样化消费客体之间的行为过程，旅游消费行为具有鲜明的复杂性。

4. 可诱导性

旅游者的消费行为容易受营销者推介、他人的消费行为和购买环境等外在因素的影响，表现出较强的可诱导性。这主要表现在两个方面：一是对于有时间和资金保证却没有实施购买行为的潜在旅游消费者，来自外界环境的变量因素，能够激发其购买行为，这其中也包括旅游供应商或中间商的促销、价格折扣、线路推介等引导；二是由于旅游产品及其组合的多样化，旅游者在消费过程中往往面临多种选择，最终促使其做出购买决策的，有可能是价格因素，也有可能是对产品或者线路的偏好。旅游者消费选择的多元化，使旅游消费行为具有一定的不确定因素，也具有一定的可诱导性。

（三）旅游消费行为的分类

受个人因素、社会因素和环境因素的影响，旅游者在现实的购买活动中，表现出复杂多样的消费行为。根据旅游购买的决策单位、购买的参与程度、购买时间的不同，大致可以进行如下分类：

1. 按照旅游消费决策主体的不同分类

根据决策主体的不同，可以将旅游消费行为分为个体消费者的旅游消费行为和组织机构的旅游消费行为两类。前者主要是个体旅游者单独出游的消费行为，后者则是企事业单位或社会团体等组织机构的消费行为。需要注意的是，组织机构的旅游消费行为与组织机构的旅游购买行为之间有明显的区别，旅游消费行为是指组织机构购买旅游产品后用于消费，而旅游购买行为中还包括中间商购买后用于零售经营的市场行为。

2. 按照旅游者消费目的的不同分类

根据消费目的，旅游消费行为可以分为观光型、娱乐型、求知型、公务型和保健型等类别。观光型的旅游消费行为以观光游览为目的；娱乐型旅游消费行为以娱乐、消遣等方式获得精神放松为目的；求知型则是通过参加文化旅游活动丰富文化知识的旅游消费行为；公务型旅游消费行为的主要目的是完成公务，在此之余参加旅游活动而导致的消费行为，最典型的是会议旅游；保健型旅游消费行为的主要目的则在于通过旅游活动增进消费主体的身体健康，如疗养度假旅游。

3. 按照消费目标的确定程度进行分类

（1）全确定型，又称例行反应行为类型。主体在消费行为发生之前，就已有明确的购买目标，如旅游产品的类型、数量、价格等。消费过程中，一般会根据已确定的目标和要求选择旅游产品并做出购买决策，他们购买的产品一般属于价格适中且经常购买的产品，因此通常不会花太多的时间选择旅游产品。对于全确定型的旅游消费行为，营销人员应注意在产品品质、服务价格方面保持水准，通过增加新的特色、价格折扣或额外赠品等吸引消费者。

（2）半确定型，又称有限度解决问题行为类型。主体对旅游产品有大致的购买意向，但具体要求尚不明确，因此需要对同类产品进行比较选择后做出购买决策。如旅游者有意向在国庆假日到某地出游，但尚未确定旅行社、价格档位和旅游线路。一般情况下，此类消费主体会搜集各方面的信息来降低消费风险，因此营销人员需要设计具体的方案增进消费者对产品的了解。半确定型旅游消费行为是营销工作中最为常见的一种类型，也是营销的重点对象，需要通过多种促销手段加以招徕。

（3）不确定型，又称广泛问题行为类型，主体没有明确的消费目标，甚至连购买与不购买都尚未确定。此类旅游消费行为的随机性较大，营销人员在研究潜在消费者心理特征的基础上，尽量激发其对某一旅游产品的兴趣，旅行社可以通过广告媒体主动地推介特色线路和精品线路来吸引此类消费者。

4. 按照消费者的性格特点分类

根据消费者的性格特点，旅游消费行为可以分为习惯型、理智型、经济型、冲动型、感情型、疑虑型六类。

习惯型是旅游者凭借已有的消费经验和习惯而采取的一种反复性消费行为，即上文中的确定型消费行为。它是消费主体基于对某种旅游产品的高度熟悉与信任而产生的特殊情感基础上的，如有些青年旅游者在出游时会尽可能地选择7天、如家等品牌连锁酒店入住，这类消费行为一般不易受时尚流行或是营销推介的影响。

理智型是主体在充分了解旅游产品相关信息并经过慎重考虑之后才实施的消费行为。这类行为的实施主体一般计划性强，有着丰富的旅游消费经验，并且乐于收集和比较产品信息，同样不易受外界因素的影响。

经济型又被称为价格型，主体对旅游产品价格非常敏感，特别重视价格的一类消费行为。一般体现为高价偏好和低价偏好两种倾向。高价偏好类钟情于高价旅游产品，认为高价意味着高质，同时也是经济实力和身份地位的体现，是高端旅游产品的消费主力；低价偏好类则偏爱价格低廉的旅游产品，购买时往往"货比三家"，希望买到物美价廉的产品。

冲动型是旅游者受到某种因素的激发，未经考虑和计划便做出购买决定的消费行为。此类主体易受宣传广告和产品外观等直观信息的影响，从个人兴趣出发，喜好追求新产品，购买时多态度明朗、成交迅速。

感情型旅游消费行为与冲动型有相似之处，即受到某一因素的激发而做出购买决策，但是此类主体往往是受感情左右做出的决策，也易受广告宣传诱导，注意力和兴趣都易发生改变。当激发购买的高涨情绪转为抑制状态时，易产生消极情绪而中断购买。

疑虑型是旅游者在购买旅游产品前三思而后行，购买后还担心上当受骗的消费行为。此类主体一般是性格内向且多疑的人，对营销人员的信任度低，对宣传介绍持怀疑态度，往往有犹豫不决和过分挑剔的表现。

【补充阅读1-1】

根据全国妇联直属单位中国妇女报社、中国妇女发展基金会、京润珍珠和天猫联合发布的《2016中国内地45岁+女性消费行为报告》，数据表明，"45岁+"女性的消费观在日益提升，她们的消费品类逐渐趋于多样化，消费倾向也更加健康化、个性化、理性化、智能化。

衣——性价比很重要，实体店先试再买更踏实。

服装消费方面数据显示，有64.1%的"45岁+"女性服装月消费在300元以内。购买服装关注因素前三名为：款式（62.9%），面料质量（58.8%），价格（50.5%）。而"45岁+"女性在线下实体店铺购买衣服的比例达86.2%。

美——"面子"消费被忽视，天然成分受欢迎。

报告数据表明，"45岁+"女性美妆护肤消费力有所提升，但依然有限。

31.5%的女性护肤品类月消费不到100元；近七成女性护肤品类月消费仅不到总消费10%，远远低于年轻人消费水平。在选择护肤品时，她们更青睐成分天然、价值感高的护肤品，这种护肤品更容易获得中年女性的信赖。

娱——娱乐更加多元化，主流3C设备普及率低。

"45岁+"女性娱乐类月均消费以100元内为主，她们喜欢逛公园、运动和旅游等慢节奏休闲方式，娱乐性消费逐渐升级。随着退休及子女独立，"45岁+"女性有钱也有时间，她们有更多的精力花费在旅游上，而旅游类消费成交额每年增长维持在50%以上。未来，"45岁+"女性想要到更多更远的地方去走走看看。她们最期望国内旅游地前三名是：北京、云南、海南；海外期望旅游地前三名是：韩国、美国、泰国。数据显示，"45岁+"女性手机普及率为96.2%，但电脑、平板、相机等主流3C设备普及率均不超过50%。

住——居住环境洁净，环保智能家电是好帮手。

"住"方面的消费主要体现在"45岁+"女性对家居用品类产品的消费。有超过60%的"45岁+"女性选购家居用品时更关注环保、健康方面，风格、智能等方面也日趋重视起来。

康——低额天然养生为主，青睐保健品和保健仪器。

健康方面月消费100元以内的占42.4%；近五成"45岁+"女性会服用保健品，但56.9%的"45岁+"女性月均保健品消费在100元内，保健品消费支出少；有超过五成的"45岁+"女性会购买血压仪等保健仪器监测和维持健康，以线下实体店铺消费为主，多为自购。

食品消费在"45岁+"女性的消费中占比最大，有79.9%的女性食品月消费占总月消费的三成之多。线下实体店铺仍是"45岁+"女性购买食品的主要渠道，电商渠道市场潜力巨大。

行——自行车+公交车，绿色出行比重大。

数据显示，有81%的"45岁+"女性每月交通费仅占总支出的10%；选择骑自行车或乘公共汽车出行的占86%；少有"45岁+"女性乘坐出租车出行。而私家车覆盖率也仅为50.3%，自驾车也并非"45岁+"女性日常出行的主要方式。"45岁+"女性远行方式也变得多样化，从单一的火车出行，升级为乘坐飞机出行，频次为每年1~3次。

资料来源：肖迪.消费升级"中国大妈"四面出击[N].消费日报，2016-12-19（A02）.

第二节　旅游消费行为的影响因素

从消费者的旅游意识被唤醒，到做出旅游决策、形成旅游体验和评价，在整个旅游消费过程中，影响旅游消费者行为的因素大致可以分为两类：一是内部因素，即消费心理层面上的因素，如旅游消费者的动机、态度、情绪、性格、认知结构、习惯等；二是家庭、社会阶层、文化群体、职业等外部环境因素。

一、外部环境因素

（一）文化因素

1. 社会文化

社会文化观念普遍渗透于社会群体每个成员的意识之中，左右着他们对事物和活动的态度，从不同方面影响着人们的消费行为。作为特定社会中的一员，旅游者心理与行为必然体现出所属文化的色彩，社会文化因素对旅游主体消费行为的影响主要表现在以下几个方面：

首先，文化因素制约着旅游者的某些心理欲求，禁止和限制旅游者表现出社会文化不赞同的旅游消费行为。不同文化背景的旅游者都有相对独特的文化追求与禁忌，引导、约束和限制旅游消费活动中的行为。例如，信奉伊斯兰教的穆斯林旅游者在旅游目的地的选择上，往往把伊斯兰圣地麦加作为首选，在饮食上也严格遵守伊斯兰的饮食习惯及有关规定。再如，在传统的阿拉伯文化中，人们对男子外出或旅游采取赞许的宽容态度，而对妇女的外出和旅游则有诸多限制，妇女甚至无法参加群众性的社会活动。

其次，不同的文化背景直接影响旅游者的旅游动机和需要，使旅游者的群体行为在表现出共性的同时，又具有突出的文化个性特点。例如，西方文化推崇冒险、创新的价值观。在旅游活动种类的选择方面，欧美游客往往倾向于参加探险性、刺激性的活动。一般来说，欧美游客到中国的主要目的是满足"求新求异"的心理需求，他们在选择旅游目的地时，除了基本的观光外，更多地选择那些语言生活环境差异较大，具有浓郁的中国特色和悠久历史的旅游目的地和旅游项目。东方文化讲求"中庸"，日本、韩国等访华游客更愿意选择具有宗教意义的旅游目的地，在旅游项目选择上更喜欢中等强度、动静结合或能修身养性的项目。

再次，文化因素决定了旅游者在消费活动中的消费观念和行为标准。受文化观念的影响，有的人把工作看作生活的主要乐趣，非生产性的休闲会使他们产生负疚感，因此他们通常把闲暇时间花在处理家庭事务上，而无意参加没有特定目的的旅游。有的人认为休闲是生命中的欢乐时光，他们很少会因为自己享受休闲的乐趣而感到不安，不喜欢有固定目标或任务的旅游活动。在不同的文化背景下，人们的旅游消费行为准则也是不同的。例如，日本文化主张尊卑有别、长幼有序。在日本旅游团队中，日本旅游者会按照民族文化的标准，如年龄、社会地位等排列次序，并以此来约束自己相应的旅游消费行为。

最后，文化因素通过社会风气、参照群体影响旅游消费行为的发展方向。文化因素对一定时代和地域的社会风气形成有着关键性的作用，任何一个文化群体的旅游消费趋向和潮流都与当时的文化背景密切相关。例如，可持续发展观念的普及促进了人们对生态旅游的兴趣。韩国旅游局和业界正是利用文化因素对旅游消费行为的影响力，开创了韩国旅游的新型营销模式，借助影视剧等流行文化产品在全球形成的吸引力，根据影视情节挖掘题材，将韩国各地区的旅游景区嵌入影视剧作品中对其进行宣传推广。这种营销方式获得了明显的成功，尽管韩国旅游的各项支出均明显高于国内消费，许多中国人还是在韩剧的"诱惑"之下纷纷去体验韩国人的生活。据统计，在《冬日恋歌》《大长今》等影视作品的影响下，2005年韩国的中国游客增加了25%，日本游客达到了240万人次。

2. 亚文化

每一种文化，都包含着能为其成员提供更为具体的认同感的较小的亚文化，亚文化群体成员除了拥有社会主流的信念、价值观和行为模式外，还具有与同一社会中其他成员不同的信念、价值观和生活习惯。因此，我们可以把亚文化理解为在某个较大的社会群体中一个较小的群体所共享的独特的信念、价值观、爱好和行为。

一个消费者可以同时属于若干个亚文化群体，如一名20岁的男性青年可能同时属于藏族、佛教徒、青少年、四川人等群体，每一种不同的亚文化成员身份，都会为他提供一套独特的信念、价值观、态度和习惯。这些亚文化成员身份往往意味着一系列的消费行为变量，如接触媒介的种类、饮食偏好、衣着、休闲活动以及尝试新产品的意愿等。亚文化的分类方法较多，目前比较有代表性的是按照民族、宗教、年龄、地理、性别等划分亚文化类型。从属于同一种亚文化的群体，往往会有一些共同的信念和习惯，如民族身份，通常是消费者自我意识的重要组成部分，每个民族在其繁衍发展过程中会形成独特的语言、仪式、风俗习惯、生活方式等，许多研究人员甚至认为，不同的民族具有不同的性格，这些因素都会影响旅游者的价值取向、出游目的、出游方式等方面。当然，某一项亚文化特征并不足以成为导致旅游者消费行为差异的唯一因素。在营销过程中，通过综合分析亚文化对旅游消费行为的影响，可以使营销人员更好识别和判断旅游者的需要和特征，进而采取有针对性的营销策略。

（二）社会因素

1. 社会阶层

社会阶层，是由具有相同或类似社会地位的社会成员组成的相对持久的群体，它是一种特殊的亚文化现象。个体获取社会资源的能力和机会的差别，是社会阶层产生最直接的原因，也就是人们在获取经济利益、政治权力、职业声望、生活质量、知识技能、发展空间等方面上所享有的机会不均等。相应地，我们可以采取职业、教育、收入、财富、家庭背景、住宅位置等指标，作为划分社会阶层的标准，识别人们的身份特征和社会地位。

由于价值观念、生活方式的相似，同一阶层的社会成员在消费行为表现上也具有共同的倾向。不同阶层的社会人群在消费支出结构模式、信息接收和处理、购物方式、品牌偏好上呈现出不同的特征。研究人员在对欧美消费者的研究中发现，人们所偏爱的休闲活动以及所购买的旅游产品，通常都与他们所处的社会阶层相适应。

一般来讲，上层社会成员比较重视旅游，他们把旅游作为生活的基本内容之一，与其他阶层相比较，他们中有较多人参加远距离旅游和出国旅游。他们比较强调旅游项目的知识性，注重旅游活动中的文化和审美内涵，要求旅游活动、交通工具、食宿等方面的接待规格符合自己的身份地位，在旅游中乐于购买艺术品、古玩等商品。由于上层社会成员所从事的职业，一般很少进行身体活动，作为补偿，他们在旅游和休闲时偏爱参加高尔夫球、网球等活动。与下层社会成员所喜好的钓鱼、划船等活动相比较，这类活动既能锻炼臂腿，又不占用大量时间，因而受到上层社会成员的欢迎。

与下层社会成员相比，中层社会成员的地位比较优越，因而他们的思想比较开放，更有自信，也更重视旅游的积极意义和教育意义。受更高的社会地位的吸引，中层社会成员更爱冒险和承担风险。他们的旅游兴趣比较浓厚且广泛，是所有旅游者中数量最多的群体。他们还是公共游泳池、公园、博物馆等商业性休闲和公共设施的主要使用者。

低层社会成员受文化教育水平和收入的限制，视野相对较窄。他们也参加旅游活动，但由于感觉外部世界有较大的风险，对去遥远的旅游地不感兴趣。他们通常把国内短途旅游观光或到某个旅游点短期度假，作为自己理想的旅游方式。与喜欢含蓄、幽默、富于变化的上层社会成员相比较，低层社会成员喜欢刺激性的活动项目，在旅游购物中，比较注重实用性。

2. 参照群体

参照群体，是指这样一个群体，该群体的价值观、态度和行为，被个体作为当前行为的依据，在旅游消费活动中，参照群体实际上是旅游消费者在形成其购买或消费决策时，用以作为参照比较的个人或群体。

参照群体与隶属群体不同，隶属群体又称为成员群体，是消费者实际参加或隶属的群体，如消费者的家庭、学校等。参照群体是旅游者在特定情境下，作为行为标准和指南，加以模仿和效法的群体。1942年，美国社会学家海曼（H.H.Hyman）提出了参照群体这一概念，用以描述个人心目中想要加入或理想中的群体。人们通过与参照群体的对比确定自己的地位，并把参照群体的价值和规范体系视为个人的目标或标准。例如，想考入大学的中学生往往把大学生群体作为参照群体。参照群体在帮助成员形成信仰、态度、价值观和人格等方面有着特殊的意义。

随着时代的变化，参照群体的含义也在变化。这个术语最初是指家庭、朋友等与消费者直接打交道的群体；现在，参照群体不仅包括直接与消费者互动的群体，还包括电影明星、体育明星、政治领袖和其他公众人物等与消费者没有直接面对面接触但对个体行为产生影响的个人和群体。甚至在街上穿着时尚、令人感兴趣的人的言行举止，均可作为消费者决策时的参考和指南。不同的参照群体在不同的时间内或不同的情境下，影响消费者的观念、态度和行为。例如，一个女大学生在购买服装时，倾向于选择与同龄人的服饰一致的服装，在看病时则与父母一样选择看老中医。换言之，虽然消费者可能有众多的参照群体，但在某种具体情境下，消费者一般只会使用一个群体作为参照群体。

人们总希望自己富有个性和与众不同，然而群体的影响又无处不在，不论人们是否愿意承认，每个人都有与各种群体保持一致的倾向，而且通常情况下，我们都是无意识地和群体保持一致的。参照群体主要通过以下三个途径来影响消费者：

在行为规范上影响消费者。规范是指在一定社会背景下，群体对其所属成员行为的合理期待，它是群体为其成员确定的行为标准。规范往往与一定的奖励和惩罚关联，为了获得参照群体的赞赏或避免惩罚，个体消费者会按参照群体的期望行事。例如，以参团方式出游的旅游者通常都会自我约束，在旅途中提高时间意识，不随意在集体活动时间在旅游景点的摊位前流连，以免耽误大家的行程。

在信息方面影响消费者。指参照群体成员的行为、观念、意见被个体作为有用的信息予以参考和仿效。在旅游消费决策中旅游者通常会向旅游专家咨询关于目的地和旅游企业的信息，或向旅游企业员工打听与旅游产品和服务相关的信息，或向朋友、邻居、亲戚、同事中对特定旅游活动有经验的人，咨询相关的知识和经验。

大多数旅游消费活动属于可见度较高的非必需消费，因而旅游消费者在购买旅游产品和服务时受参照群体的影响较大。一个可信的、有吸引力的或有权威的参照群体，能够导致旅游消费者态度和行为的改变。参照群体概念在旅游营销中的应用：名人效应；专家效应；"普通人"效应——运用满意顾客的证词证言来宣传旅游企业和旅游产品，是旅游营销常用的方法之一，人们往往把自己同与自己相似的人作比较，所以常常被与自己相似的人的生活方式所打动。

3. 家庭

家庭，是社会生活的基本单位，也是一个独立的旅游休闲群体。个体的性格、价值观念、消费决策等无不打上家庭影响的烙印。在旅游者的消费行为上，家庭是一个主要的影响因素和重要的参考群体，在重视家庭的中国社会中尤其如此。

家庭生命周期，在各个阶段，家庭的人数、家庭成员的生理状况与心理需求都具有不同的特点，由此使家庭消费呈现出不同的模式。旅游行为与家庭生命周期各阶段密切相关，传统的家庭生命周期理论将家庭的发展大致划分为五个阶段：单身阶段、新婚阶段、满巢阶段、空巢阶段、解体阶段。

单身阶段。年龄在25岁以下的年轻人。随着结婚年龄的推迟，这一群体的数量正在增加。收入不高，负担少，可自由支配收入较多，比较关心时尚，崇尚娱乐和休闲。

新婚阶段。新婚夫妇正式组建家庭，止于第一个孩子出生。大多有双份收入，因而结婚后的青年夫妇可以在这一阶段建立起一定的经济基础，为外出旅游创造重要的条件，此外，由于意识到一旦有了子女，自由支配的时间和收入就会减少，所以年轻夫妇可能会积极步入旅游市场。

满巢阶段。从第一个孩子出生，到所有孩子长大成人离开父母。子女的出生会改变家庭的生活方式与经济状况，这样的家庭必须花较多的收入在孩子身上。家庭的旅游兴趣受到子女的强烈影响，家庭旅游往往放在全家都能享用的假期上，包括专为加强对子女全面教育而进行的旅游。持续时间长，超过20年。

满巢Ⅰ，学龄前儿童+年轻夫妇，受年幼小孩的牵制，较少旅游。

满巢Ⅱ，学龄儿童+夫妇，以孩子为中心，积极地参加一些老少皆宜的旅游项目，一般选择迅速抵达的旅游地。

满巢Ⅲ，未完全独立的孩子+年纪较大的夫妇，在西方，家庭经济状况明显改善，旅游活动的参与度持续上升。中国，旅游模式比较复杂，高额的教育费用，照顾年迈父母，为孩子结婚、购房储备资金，部分收入不高的家庭反而会减少旅游活动。

空巢阶段。父母与孩子分开居住。

空巢Ⅰ，父母到孩子所在的城市看望孩子，成为主要的旅游目的。另一些父母，解脱，更大的经济自由，频繁地外出度假。

空巢Ⅱ，退休，可自由支配时间增加，对未来经济收入的预期却下降。悠闲地游玩，对价格的敏感程度有所提高，倾向于参加活动量小和有文化品位的活动。

解体阶段，夫妻一方去世。外出旅游的开销不会太大，旅游兴趣有限，活动参与度不高。探亲访友，到一些知名的宗教圣地和旅游胜地游览。

二、旅游者个体因素

（一）人口统计因素

1. 年龄

人类在不同的年龄阶段上会有不同的需求和偏好，其消费行为还会随着年龄的增长而不断改变。在现实生活中，青年旅游者一般偏好刺激性强、时尚新潮的旅游产品，而老年人一般选择休闲性的旅游产品。一般来说，18~30岁的青年人是旅游者的主流，他们的旅游目的主要是通过旅游释放压力、挑战自我、结交新朋友，在旅游消费决策中，更容易受到时尚的影响。而在青年人中，大学生是一个比较独特的消费群体，旅游动机强，但是受可支配收入的局限，对价格的敏感程度较高，对旅途中的舒适程度要求较低，关注旅游过程中的体验。而55岁及以上的老年旅游者则表现出不一样的特征，这个年龄段的旅游者多数已经退休，时间充裕、购买能力较强，随着我国人口结构老龄化的趋势不断显现，银发一族在旅游消费市场中所占的比重越来越大，老年旅游者消费比较理智，同时对价格较为敏感，一般倾向于选择休闲观光类的旅游线路，关注旅途中的舒适、安全和健康等因素。与其他年龄段的旅游消费者相比，中年旅游者的消费行为相对复杂，主要受收入、身份地位以及家庭生命周期所处阶段等因素的影响。

此外，消费者还会由家庭的生命周期不同，如单身期与新婚期、满巢期、空巢期及鳏寡期而有不同的购买行为。旅游营销人员必须注意旅游者在人生经历过程中兴趣的变化情况。

2. 性别

随着经济地位的提升、闲暇时间的增多以及传统观念的改变，越来越多的女性加入到旅游行列中来，女性旅游主体已呈大众化趋势。相较于男性，女性旅游者在消费行为方面体现出如下一些特征：易受美食吸引。据调查，如果酒店周边有当地特色美食以及可口佳肴的话，这间酒店的入住率和受欢迎程度比同级别的酒店会有30%的提升。女性在旅途中对于酒店的要求要远远高于男性，她们往往对于酒店的要求更为细腻，也更喜欢参考网友对于酒店的评论来选择酒店。女性对酒店的关注点包括安全性与归属感、房间的整洁度、床上用品的质量、是否有贴心的设备等。旅游交通方面倾向于选择安全方便快捷的交通工具。大部分研究表明，女性在旅游中热衷购买旅游纪念品、礼物以及珠宝和服装等。家庭出游时，主妇一般是旅游购物的主要决策者。

3. 职业

职业状况对人们的需求和兴趣也有较大影响，在购买行为中不同职业的旅游者的需求也存在很大差别。例如，医务工作者对旅游住宿的卫生条件可能较为重视；科学家希望导游对于景点的讲解中多一些科学性成分。因而，旅游企业对不同的职业对象进行研究分析后，可以开发适合于特定职业消费者需要的产品或服务。目前，针对商务客人设计的商务饭店就是用以满足这类特殊客人的职业需要的。

4. 受教育程度

一般来说，人们受教育程度越高就越可能去旅行。受教育程度较高的旅游者，对旅游审美的要求较高，并希望能参加有文化特色的活动；受教育程度较低的旅游者，则希望能在旅游目的地尝试日常生活中没有的新奇活动。旅游企业通常根据游客的学历对旅游者进行分类，把受过良好教育的群体视为重要文化景区或具有人文特色的节庆活动的目标顾客。

5. 收入

经济状况实际上决定了个人和家庭购买能力的大小。由于旅游消费是一种弹性较大的消费，因而个人经济状况和社会经济环境等方面的变化都会影响旅游者的购买决策。因此，旅游营销人员必须了解潜在旅游者的可支配收入变化情况及对旅游支出的态度。当经济景气变化时，旅游人员需要积极地重新进行市场定位，重新设计旅游产品的构成和价格。

6. 居住地

旅游者在常住居住地与旅游过程中的消费行为有巨大的差异，因此在选择旅游地时常有"求新、求奇、求异"之说。"你们城里人真会玩"，指的就是乡村居民对城市居民行为生活方式的调侃用语，入选2015年度十大网络用语。旅游的差异化需求，促进了人们在居住地和旅游地之间的短期流动，这在旅游市场营销过程中具有非常独特的意义和价值。

（二）个体心理因素

旅游者购买决策通常还要受心理过程的影响，包括需要与动机（needs and motivation）、知觉（perception）、学习（learning）及信念与态度（belief and attitude）。

1. 需要与动机

需要是人们在生存和发展的过程中，感受到的生理和心理上对客观事物的某种要求。而动机是指足以迫使人们寻找满足的需要。心理学家研究了人类动机的理论,其中亚伯拉罕·马斯洛的理论是最著名的理论之一。它试图解释人们为什么会在特定时刻受特定需求的驱使,为什么会出现一些人把大部分时间和精力放在安全问题上,而另外一些人则把获取人格尊严看得更为重要。在马斯洛的需要层次理论中,他将生理需要、安全需要、社会需要、尊重需要及自我实现需要按重要性排序。一个人首先要满足最重要的需要,当那个需要满足后就不再是一个动机了,但他会继续满足下一个需要。当每一个重要的需要被满足后,下一个需要就会开始发挥作用。对于不同层次的旅游消费者,营销者需采取不同的营销方案,并通过各种媒体宣传旅游产品满足人们的各种需要。旅游者参与旅游消费活动必然存在着五种需求,这五种需求可以同时成为动机,也可能是其中的一两种成为旅游者购买的主要动机。

2. 知觉

知觉是指人们为了解世界而收集、整理及解释信息的过程。由于知觉的过程不同,人们对同样的刺激会产生不同的知觉。知觉的过程分三种:选择性注意、选择性曲解及选择性保留。

选择性注意是人们剔除其面临的大部分信息的倾向,只关注具有吸引力的信息。它使旅游营销者在吸引消费者注意方面下功夫。

选择性曲解是指人们按已有的想法来解释信息的倾向。它意味着旅游营销者必须理解旅游消费者的思路,分析这些思路对广告和销售信息的解释所产生的影响。

选择性保留是指人们在遗忘他们所得到的大部分信息过程中,倾向于保留能符合他们态度和信念的信息。

3. 学习

学习指由于经验而引起的个人行为的变化,旅游消费行为的学习过程也一样。当旅游产品和服务能够满足其需求时,旅游者就倾向于再次进行购买,并且人们会对以往类似情况的反应概念化,以此判定当前状况或推定未来。旅游营销者可以利用概念化开发系列旅游产品,使消费者由对一种旅游产品的好感推及到其他产品上来。

接触学习是除了直接学习以外的另一种学习过程,旅游者获取学习的来源主要是通过广告宣传、朋友、同事及家人的谈论沟通等。多数旅游者倾向于出游前从朋友、熟人那里了解信息,认为此种信息比其他渠道更为翔实、可靠。旅游营销者能利用它抓住回头客并以此发展新客源。

4. 信念与态度

信念是指人们对自己的想法观念及其意识行为倾向,强烈的坚定不移的确信与信任。态度基于信念而存在,指的是一个人对某个客观事物或观念的相对稳定的评价、感觉及倾向。态度能使人们对相同或相似的事物产生大致相同的行为,从而避免对每一项新事物都以新的方式做出反应,节省了时间和精力。在大多数情况下,对某种旅游产品和服务持肯定态度的消费者,会倾向于购买该产品和服务。所以,通过了解旅游者的态度可以有效把握其购买偏好,吸引游客做出消费决策。

如果必须要改变游客对某产品的态度,旅游营销者需增加新的知识成分,从提供新信息和培育新感情两方面入手,逐步削弱旅游消费者对该旅游产品和服务的原有态度。

(三)其他因素

1. 闲暇时间

闲暇时间指人们在劳动时间之外，除去满足生理需要和家庭劳动需要等生活支出后，剩余下来的可供个人自由支配的时间。一般而言，闲暇时间包括每日闲暇、每周闲暇、公共假日和带薪假期四类，除每日闲暇之外，其他三类时间均可开展旅游活动。充裕的闲暇时间，是旅游者进行旅游消费的必要条件，个体闲暇时间的分布也会对其旅游消费行为产生直接的影响。闲暇时间有限且分散的旅游者，倾向于选择到近距离的目的地开展旅游活动，而闲暇时间集中且充裕的旅游者，则有更多的机会到远距离的目的地进行旅游消费。

2. 生活方式

在旅游者具有相同的文化背景、处于相同社会阶层的情况下，生活方式的差异与偏好也会形成不同的消费需求。生活方式主要表现为个人的活动、兴趣及意见等方面。旅游营销人员了解与研究旅游者的生活方式，可以根据旅游者的偏好建立起一致性关系，生产适销对路的产品。同时，旅游企业还可以通过生活方式观念的运用，不断调整营销策略，加强旅游产品对消费者生活方式的影响作用。

3. 个性和自我观念

个性在心理学中也称人格特质，它是指一个人独特的心理特征，个性促使个人对周围环境有相当持续一致的反应。著名心理学家荣格（C.G.Jung）关于外倾型个性和内倾型个性进行了划分。一般说来，外倾型个性的人性格开朗、活泼，易于流露自己的感情，独立性强，不拘小节，喜欢同人交往；而内倾型个性的人沉着、小心谨慎、不爱交际。

【补充阅读1-2】

据TripAdvisor（猫途鹰）2016年发布的一项全球旅游经济报告调研结果显示，19%的全球受访者表示曾因电视节目的影响而决定前往了某个目的地旅行，这一比例在中国受访者中更高，达到24%。此次调研共有来自32个国家和地区超过44000名的受访者。从年龄分布来看，"80后""90后"更容易被电视节目中的目的地所吸引。

作为《权力的游戏》剧组最钟爱的取景地之一，西班牙共有12个目的地分别作为君临城、多恩等的拍摄地。西班牙地标性景点扎弗拉城堡（Castle of Zafra）在第六季播出后，其在TripAdvisor（猫途鹰）网站及APP的关注度同比前一年增长了488%。位于奥苏纳的斗牛场在"弥林城的决斗"一集播出后，访问量也增长了215%。

冰岛作为剧中绝境长城及以北等地的取景地，自2011年播出以来，访问量呈显著增长（531%），以美国（684%）和英国（379%）游客为主。其中冰岛南部城市维克（Vik）在2012年至2016年期间增长达到1300%。

北爱尔兰的安特里姆郡从第1季开始便是剧中最重要的取景地之一，TripAdvisor（猫途鹰）网站及APP数据显示，较2012年年底，其访问量增长了229%，且每年4月至6月剧集播放期间，访问量均呈现出明显的高峰。克罗地亚的杜布罗夫尼克和斯普利特都作为君临城的拍摄地，自 2012 年年底以来，希望来此亲自踏上剧中君临城的街道的游客，推动克罗地亚相关页面的整体访问量增长了 300%。而 2016 年中国游客对克罗地亚的访问量较 2013 年也有了显著增长（364%），可见中国游客对这里也产生了浓厚的兴趣。

资料来源：TripAdvisor（猫途鹰）数据显示：《权力的游戏》全球热播带动取景地旅游热潮，http://www.tripvivid.com/articles/10821.

第三节　旅游市场消费行为过程分析

一般而言，旅游消费行为可分为五个阶段：需要识别、信息收集、评估与选择、购买决策及购后评价，如图 1-2 所示：

需要识别 → 信息收集 → 评估与选择 → 购买决策 → 购后评价

图 1-2　旅游消费行为过程

一、需要识别

一般而言，当旅游者意识到自己有某种需要时，就是其购买决策过程的开始。这种需要可能来源于旅游者的某种生理活动，也可能来源于外界的某种刺激，或是两方面的共同作用。根据先前已经讲过的心理学知识，这一需要会驱使旅游者寻找合适的购买对象以使这一需要得到满足。针对旅游者的这一心理特点，在这一阶段，营销者的主要任务应是：善于识别和触发旅游者需要，时刻注意能够引起顾客兴趣的各种细节。

二、信息收集

旅游者的某些需要能够通过常规购买行为随时得到满足。如日常生活需要和日用品的购买即是如此。但旅游者还有一些需要不能通过常规购买行为得到满足。因为他们不知道或不确切知道哪些旅游产品或哪种旅游产品能够满足自己的特定需要。为增进对有关旅游产品的了解，他们需要搜集与满足与其需要有关的各种信息，以此作为购买决策依据。根据经验，旅游者的信息来源主要有以下四个：①个人来源，如家庭成员、亲朋好友、邻居、同事等；②商业来源，广告、推销员、经销商、包装品、展销会等；③公共来源，大众传媒、旅游者组织等；④经验来源，如试验性使用。

一般说来，旅游者所得到的信息大多出自商业来源，但对旅游者影响力较大的信息大多来自个人。各种来源的信息对购买者决策都有相当的影响。在正常情况下，商业来源信息对旅游者主要起旅游产品通知作用，而个人来源信息对旅游者主要起旅游产品评估作用。营销者应仔细调研顾客的信息源，依据调研结果拟订广告及促销计划，设法扩大对自己有利信息的传播。

三、评估与选择

根据所得到的信息，旅游者要进行旅游产品及品牌的比较和选择。在比较和选择的过程中，旅游者有五种心理现象应引起营销者重视：①产品性能是旅游者考虑的首要问题；②旅游者对各种性能的重视程度不同；③旅游者心目中的品牌形象即其品牌信念与品牌实际形象常有差距；④旅游者对产品有各种效用期望；⑤旅游者在选择旅游产品时大多以个人理想作为比较标准。

营销者应根据旅游者以上心理特点，研究使顾客中意本企业旅游产品的对策。要点有三个。一是努力改进本企业产品质量和产品性能，使之尽量接近顾客需要。这称作"实际的重新定位"。二是设法转变旅游者对有关产品及品牌的不切实际的观念和期望，帮助旅游者正确认识产品性能差异。这称作"心理的重新定位"。三是向旅游者宣传本企业产品的相对竞争优势。改变某些旅游者对本企业产品的竞争性误会。这称作"竞争性反定位"。

四、购买决策

做出购买决定和实现购买，这是购买决策过程的关键环节。通过反复比较和选择，购买意图已基本形成。然而从形成购买意图到实际购买，中间还会受两个因素的影响。第一是他人的态度，特别是家人的态度，如果有关键人士反对，则购买意图十有八九会被修改；第二是出现意外情况，购买意图是在预期收入、预期价格和预期效用的基础上形成的，无论这之中哪一方面发生了意外情况，如失业、意外急需、产品涨价、新出现的有关该产品令人失望的信息等，都可能导致购买意图的修改。

旅游者修改、推迟或取消某个购买决定，往往是因觉察到某种风险。"觉察风险"的大小取决于涉及金额的多少、产品性能的确定程度和购买者自信心的强弱。因此，营销者有必要认真研究减少顾客"觉察风险"的有效对策。

五、购后评价

旅游者购回旅游产品后是否感到满意，直接关系到日后是否重购和向周围扩散什么样的信息。旅游者对其所购旅游产品的满意程度，决定于旅游者预期效果和实际效果之比。实际效果越好于预期效果，旅游者对所购旅游产品越感到满意。因此，营销者应与购买者建立购后联系，摸清购买者心思，做好各项售后服务，包括针对购买者心理应做的宣传服务。同时认真研究增加顾客购后满意度和重复购买的各种对策。

第四节　组织机构的旅游消费行为分析

一、旅游购买组织机构的分类

旅游购买组织机构按购买旅游产品和服务目的的不同可划分为两类：一类是一般的

组织机构，这些机构购买旅游产品和服务是为自身消费购买；另一类是以营利为目的的旅游中间商，其购买是为了转卖或是一种代理活动。

二、组织机构购买行为的特点

多人决策。几乎所有的多人决策问题都是冲突和共同利益的混合体，并且多种利害关系之间的相互作用、相互制约，最终达成一致。大多数企业有专门的采购中心，重要的购买决策往往由高级管理人员共同做出，其他人也直接或间接参与。因此，多人决策的过程较个体消费者决策复杂，决策时间一般较长。

过程复杂。由于多人决策过程涉及多个部门或个体的利益，因此，决策过程需要兼顾多个利益群体，其决策流程也相对复杂。通常先会经过协商就购买标准达成一致，然后在此标准上寻找供应商，再进行购买。

需求弹性较大。组织市场需求的波动幅度大于旅游者市场需求的波动幅度。由于组织市场需求是一种派生性需求，是由消费者市场需求引申出来的，所以消费者市场需求的小量波动会引起产业市场的巨大波动。组织购买者容易受组织的市场环境、政策环境、企业经济状况、企业战略等因素影响，其需求量随各种因素变化而变化。

提供周到服务。组织市场由于是群体决策，一般要求卖方提供售前和售后服务。组织市场与消费者市场相比，还具有其他一些鲜明的特征：购买者比较少、购买量较大、供需双方关系密切、购买者在地理区域上集中、专业性采购、影响购买的人多、直接采购等特点。

三、组织购买行为的影响因素

一般的组织机构有公司企业、政府机构及军事机构、大学、企业行业协会、社交性俱乐部以及会议机构等。影响一般的组织机构购买的因素主要有：一是外部因素，包括经营环境因素和竞争者因素、政治法律因素、技术的变化、社会文化因素；二是内部因素，包括该公司的经营宗旨、制度、组织结构以及购买中心或购买成员个人特点等。

（一）外部因素

影响企业旅游购买行为的外部因素主要包括经营环境因素和竞争者因素。企业的经营环境由宏观经济、政治法律、技术，以及社会文化等因素构成，这些因素对企业的旅游购买行为产生重大影响。

宏观经济因素中诸如产业政策、经济周期、通货膨胀率、税率、利率以及原材料价格、员工工资等的变化，都直接影响企业的现金流动、利润率等经营绩效，从而增强或削弱其经济实力，最终影响员工差旅、接待来访客人及员工奖励旅游、会议开支等旅游购买行为。当公司面临经济衰退、通货膨胀时，往往会降低旅游购买的档次和数量。

政治法律因素中对组织消费限制的立法、规定，会限制组织购买旅游产品和服务的数量，如1998年我国政府明确规定，党政机关不准在风景名胜区开会，这一政策的出台就导致党政机关等组织在随后几年的会议旅游的数量大大减少。

技术的变化一方面可以对企业的经营绩效产生重大影响，增强或削弱其经济实力，从而间接地影响旅游购买；另一方面，通信技术的发展可以使企业之间的商业信息得到更加及时而准确的传输。先进的通信技术，如互联网技术的产生在很大程度上代替了企业之间业务人员的商务来访，使一部分商务洽谈活动失去了存在的必要性。

社会文化因素会影响企业对员工福利及奖励举措的选择。在20世纪70年代以前，增加员工奖金和工资以及提供其他物质利益是通行的做法。随着社会结构及文化观念的变化，目前奖励旅游已经成为全社会普遍认可的较好的福利和奖励措施。奖励旅游及员工休假等往往成为企业之间进行人才争夺的有力手段。一些著名的跨国企业出于维护自身品牌形象和显示实力的需要，还专门规定员工在出差时必须入住某星级之上的豪华酒店。

（二）内部因素

影响企业购买旅游产品和服务的内部因素包括：企业的业务特点、经营宗旨、制度、组织结构以及购买中心或购买成员个人特点等。

企业的业务特点决定了该企业员工出差的方向、时间，并间接影响对交通工具、食宿设施的选择。例如，一家经销美国汽车品牌的总代理商需要经常去美国进行采购；还有一些公司的业务具有很强的季节性，因此，该公司的差旅购买也呈现出较强的季节性。

一个在经营目标和宗旨上以人为本的企业必然会重视员工福利及员工培训，工作休假作为现代社会的一种通行的福利手段，已为越来越多的企业所采用。目前，企业经销商销售培训过程中也经常安排企业主要客户顺带享受奖励性质的度假旅游，以便联络双方感情。

企业文化和公司制度在很大程度上影响着企业商务人员的旅游购买行为。一种强调节俭勤奋的企业文化和与之相应的公司差旅制度，必然会大大制约公司差旅人员对豪华商务旅游服务的购买。而在一个认为员工的商务旅游是企业声望和实力象征的跨国公司中，企业文化及差旅制度就会鼓励差旅人员购买豪华档次的旅游服务。

在任何一个组织中，除了专职的采购人员之外，还有一些其他人员也会参与旅游购买决策过程，所有参与购买决策过程的人员一起构成组织的决策单位，通常包括：

（1）旅游活动的实际参与者，即实际参与将要购买的某种旅游产品的人员。比如，某单位要组织一次职工考察旅游活动，参与考察活动的职工就是这次旅游活动的实际参与者。他们往往是最初提出购买某种旅游产品意见的人，他们在计划购买旅游产品过程中起着重要作用。

（2）影响者，即在组织外部和内部直接或间接影响购买决策的人员。他们通常协助组织的决策者决定购买旅游产品的品种、规格等。

（3）购买者，是指按职责有权选择服务提供者并进行实际购买的人。

（4）决策者，是指有正式或非正式的权力来选定供应商的组织成员。在公司日常的旅游预订中，购买人就是决策人。但当涉及大量订购时，一般由公司的高级管理人员以决策人的身份来批准。

组织的购买决策是所有参与旅游购买决策的人员共同作用、相互影响的结果，他们在公司的职位、影响力、号召力很大程度上影响着购买决策的结果。另外，参与购买决策过程的人员的个人特征，如性格、经验、受教育程度等也是影响购买决策的重要因素。

四、组织机构的旅游购买过程

组织机构的旅游购买过程要经过以下五个步骤：需求识别、确定消费标准、寻找供应商、选择供应商以及消费评估和反馈。

（一）需求识别

当组织机构中有人认识到了某个问题或某种需要可以通过得到某一旅游产品或服务得到解决时，便开始了采购过程。购买人员或组织及高层管理人员会对需要节能型重新判断和说明，并以此作为建立购买标准的前提。提出需要是由内部刺激和外部刺激引起的。内部刺激主要指组织内部的原有的奖励措施、福利补贴或团体活动不能满足组织成员的需求，产生对旅游服务产品的需求。外部刺激主要指组织采购中心成员在接受了旅游产品供应商广告宣传中的推荐，或者接受了某些推销员提出的建议而产生的需求。可见，组织市场的供应商应主动推销，经常开展广告宣传，派人访问用户，以发掘潜在需求。

（二）确定购买标准

由于组织购买涉及多利益群体，是多人决策过程，因此，当使用者及购买者明确了旅游购买需要和问题之后，必须确定相应的购买标准，以减少决策过程中的争议，降低决策成本。购买标准一般包括：①本组织应购买哪一类型的旅游服务；②有多少人参加本次旅游，旅游线路的选择；③具体旅游时间及活动项目安排；④交通及饮食租住设施的选择；⑤所需要费用的初步预算等。

（三）寻找供应商

购买人员可以通过各种方法寻找旅游服务企业，如可以通过查找企业名录，通过旅游协会或其他咨询机构推荐等获得相关信息。在此基础上，购买人员可以选择5个左右旅游服务企业，把购买标准拟定为招标书或招聘书寄送给各个旅行商，并让他们提出各自的建议书或投标书以作为选择的依据之一。

（四）选择供应商

选择供应商过程中，组织成员需要考虑旅游供应商的信誉、产品质量、价格、支付条款、营销人员素质以及对公司购买人员需要所做出的反应等。购买中心人员根据他们感知到的每个旅游企业的属性、提供利益能力的不同及属性的重要程度进行综合权衡，找出符合要求的旅游服务供应商。公司的购买中心成员一般会与两家以上的旅游服务企业进行洽谈，以便在价格和服务项目上获得更多的好处。有时，大公司还有可能将大批量的旅游购买分成几个小批量，选择几个旅游供应商，以便分散风险。

（五）购后评估和反馈

通过购买人员与旅游企业营销人员的交往来了解对产品的满意度。购后评估和反馈最终可以导致购买中心做出下次是否继续购买该旅游企业的产品和服务的决定。因此，旅游营销人员应注重购买人员和最终使用者两方面对自己产品和服务的反映，以便及时向其提供购后服务并更新产品。

【本章小结】

旅游者为了旅游而进行的消费，以及在旅途中和在旅游目的地的全部开销，都属于旅游消费的范畴。旅游消费行为是旅游者实施旅游消费的过程和表现，是指旅游者在旅游消费需求和动机的驱使下，做出购买、消费旅游产品决策并付诸实施的过程。旅游消费行为包括序列性、差异性、复杂性、可诱导性四大特征。根据旅游消费决策主体、旅游者消费目的、消费目标的确定程度、消费者的性格特点等可以将旅游消费行为分为不同的类型。

在旅游消费过程中，影响旅游消费者行为的因素可以分为两类：一是内部因素，即消费心理层面上的因素，如旅游消费者的动机、态度、情绪、性格、认知结构、习惯等；另一类是家庭、社会阶层、文化群体、职业等外部环境因素。在旅游者个体因素方面，人口统计因素包括年龄、性别、职业、受教育程度、收入和居住地六大方面，个体心理因素包括需要、动机、知觉、学习及信念与态度，其他因素包括闲暇时间、生活方式、个性和自我观念等。

旅游消费行为可分为需要识别、信息收集、评估与选择、购买决策及购买评价五个阶段。按购买旅游产品和服务目的的不同，旅游购买组织机构可划分为一般性组织和以营利为目的的旅游中间商两类。影响一般的组织机构购买的因素主要有：一是外部因素，包括经营环境因素和竞争者因素、政治法律因素、技术的变化、社会文化因素；二是内部因素，包括该公司的经营宗旨、制度、组织结构以及购买中心或购买成员个人特点等。组织机构的旅游购买过程要经过以下五个步骤：需求识别、确定消费标准、寻找供应商、选择供应商以及消费评估和反馈。

【关键术语】

1. 旅游消费
2. 旅游消费行为
3. 旅游购买组织机构

【复习思考题】

1. 旅游消费行为主要有哪些特征？
2. 旅游消费行为可分为哪些类型？

3. 影响旅游消费者行为的因素包括哪些方面？
4. 旅游消费行为可以划分为哪些具体阶段？
5. 旅游购买组织机构在旅游购买过程中主要受哪些因素影响？
6. 旅游购买组织机构在旅游购买过程中可以划分为哪些具体阶段？

【案例实训】

香港回归20年：从观光到融入　赴港游呈多元跨越式发展

2017年是香港回归20周年，20年来香港这个充满活力的城市成了内地游客最为喜爱的旅游目的地之一，而旅游互通也成了两地民众深入交流的主要方式。来自香港旅游发展局的数据显示，内地访港人次从1997年的236万攀升至2016年的4277万。而旅行社方面则表示，随着赴港游人次的增加，游客体验香港的方式也更加多元，自由行、主题游、深度游……内地游客已经真正深入到了港人的日常生活当中。

2003年至2011年这八九年时间，是香港游高速发展的黄金期，同时赴港旅游团也在旅行社出境游业务中占相当大的比重。据携程统计，在21世纪初期几年，90%以上的内地游客前往香港选择跟团游，而这一比例在2017年约为30%。此外，高星级酒店的入住率提升，2017年春节期间预订并入住香港高星级（四至五星）酒店的内地个人游旅客占比接近八成，而这一数字在2012年仅为不到五成。

香港旅游发展局方面表示，目前香港近90%是自由行游客，他们在港消费更倾向于采用深度游览模式，挖掘个性化的体验。越来越多的赴港游客不再追求模式化的景点"打卡"式玩法，而是喜欢深入当地生活，而且他们涉及的兴趣范围越来越广，涵盖艺术文化、演唱会、电影娱乐、医疗保健和体育盛事等多个方面。

根据携程美食林提供的数据，香港美食也已经成为内地年轻人赴香港旅游的重要原因之一，超过四成个人游客会去找当地人常去的餐饮店体验。而来自驴妈妈旅游网的数据显示，2017年上半年，女性游客仍是赴港游的消费主力，占比高达57%；男性游客占比近3年来显著提升近10个百分点；2~12岁儿童的订单占比，已经从2015年的14%上涨至2017年的22%，说明越来越多的家庭游客青睐赴港旅游。此外，驴妈妈相关负责人表示，随着汇率变化和日本等新兴旅游购物目的地的兴起，赴港购物游已经不再是内地游客的首选，越来越多的游客愿意放慢脚步，开始享受香港的美食、美景和独特的人文风情。如今，约有七成的赴港游客会提前预订香港地区的景区乐园门票，而这个数字在2015年仅为五成。2014年以后，赴港游市场开始回归理性，虽然赴港人数在增速上有所减缓，但是香港旅游的消费结构经历了升级，游客体验也有明显提升。

资料来源：http://travel.people.com.cn/n1/2017/0701/c41570-29376102.html

[案例思考题]

1. 20年来大陆赴港游客消费行为发现了哪些变化？
2. 针对游客消费发生的新变化，香港旅游界应如何应对？

第二章

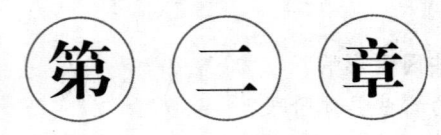

旅游市场调研与预测

【案例导入】

尴尬了！迪士尼实现盈利　王健林曾豪言壮语如今被打脸

记得王健林的豪言壮语吗？要让上海迪士尼20年赚不了钱！……然而，人家1年就赚钱了。

在上海迪士尼度假区迎来开幕1周年这个有着特殊纪念意义的日子里，上海迪士尼对外展示了一组有趣的数字，让我们可以直观地了解到游客的消费热情。

1. 如果把上海迪士尼乐园售出的玉米热狗和火鸡腿首尾相连，累计长度将相当于377座上海中心大厦的高度。上海中心大厦高度为632米，377座相叠的高度为23.8634公里。

2. 售出的米奇帽与米奇发箍两端相连，累计长度超过80公里，相当于上海到苏州的距离。

3. 售出13万个"梦想开幕"系列毛绒玩具，如果将其首尾相连，累计高度将相当于62座上海中心大厦的高度。

4. 上海迪士尼乐园已售出17万只气球，足以吊起一幢房子。

这么强大的消费数据，证明了迪士尼强大的"吸金"能力，迪士尼的品牌影响力使得上海迪士尼开业不满一年，游客人数就突破了1000万。

经《每日经济新闻》小编计算，11个月的时间里要吸引来1000万名游客，相当于每天平均接待3万名游客。

对比一下上海同类的主题乐园，据上海欢乐谷官网称，其在2009年至2015年的6年时间里总共接待了1500万人次，平均每年200多万人次，日均5479人次。

迪士尼的日均游客数量是欢乐谷的6倍左右，火爆程度可见一斑。

面对上海迪士尼突然递上的这份答卷，万达怕是只能尴尬地笑笑了！

资料来源：http://news.cnfol.com/chanyejingji/20170712/24985040.shtml

第一节　旅游市场营销信息系统

一、旅游市场营销信息

（一）营销信息

营销信息是一个由人、机器和程序组成的有机结构的互为影响的复合体，它从公司内部、外部收集信息，并产生有序的相关信息流，从而为营销管理决策提供依据。据此可知，旅游市场营销信息是关于旅游市场营销环境和营销活动的实际状况、特性以及相互关系的各种信息、资料、数据和情报的总称。

（二）旅游市场营销信息的构成

包括外部市场环境信息和内部条件信息两部分。

1. 旅游企业外部市场环境信息

主要指来源于外部宏观大环境和微观小环境的营销信息，具有不可控制的特点，包括以下几方面：

（1）外部宏观营销环境信息，即所有旅游企业都必须共同面对的经济、政治、法律、技术以及社会文化等外部大环境的信息。

①经济环境方面的营销信息，包括客源地和目的地的经济发展状况信息（如国内生产总值、人均国民收入、通货膨胀率、失业率等）、客源地和目的地双方的经济发展政策和产业政策（如财税政策、货币政策等）；

②政治环境方面的营销信息，包括国际政治环境、客源地和目的地的政治制度、政治活动、外交政策以及双边关系等；

③法律方面的信息，包括有关旅游企业经营管理方面的立法、政府为保护游客权益而制定的法律法规，以及客源地与目的地双边或多边的有关公约与协定等；

④社会文化方面的营销信息，包括客源地和目的地人们的基本价值观、生活观、审美观、宗教信仰、生活习惯、民族民俗，以及人口的年龄构成、性别构成、职业构成、受教育程度等；

⑤科学技术方面的营销信息，包括现代科技的发展现状和趋势，现代科技对游客生活方式、旅行方式以及对旅游企业市场营销活动的影响等。

（2）外部微观营销环境信息，即各旅游企业所面对的不同目标游客市场、旅游供应商、旅游中间商、旅游企业竞争对手及社会公众等方面的信息。

①目标游客市场，包括游客购买特点与购买能力，市场现有规模和增长情况，游客出游的频率、方式，游客对价格的敏感度等；

②旅游供应商，包括其商业信誉等级、产品价格、产品服务质量、供货能力等；

③旅游中间商，包括其实力、商业信誉、经营能力、合作意愿、佣金要求，营销渠道的长度和宽度等；

④旅游企业的竞争对手，包括对手的综合实力、竞争战略和策略、主要业务组合以及主要竞争对手优劣势情况等；

⑤社会公众，包括公众的态度和意见，尤其要密切关注当地居民、新闻媒体、政府机构以及NGO组织的态度与意见。

2. 旅游企业内部条件信息

主要是指来源于旅游企业的内部、影响本企业活动的各种信息，它具有可控性，主要包括以下四个方面：①旅游企业有形资产状况的信息，包括人力、物力、财力等有形资源方面的信息；②旅游企业组织管理状况的信息，包括管理者决策的有效性、企业组织结构的设置、领导者的综合素质、企业管理制度与企业文化等方面的信息；③旅游企业的市场营销组合状况，包括产品开发与组合、产品定价、分销渠道以及促销宣传等方面的信息；④旅游企业的无形资产状况的信息，包括本企业的品牌价值、美誉度、信誉等级以及产品的差别利益等方面的信息。

（三）旅游市场营销信息的分类

旅游产品是综合性服务产品，涉及面广，为此有必要按照不同的对象和要求对旅游市场营销信息进行分类。常见的分类方法有：

1. 按照旅游营销信息的时间划分

可分为历史信息和当前信息两种。历史信息是对过去旅游市场营销有关信息的描述和记录，当前信息是目前正在发挥作用的信息。

2. 按照旅游市场营销信息的状态划分

可分为原始信息和加工后信息两种。原始信息是指对信息的直接记录和真实现象的反映，如游客问卷调查；加工后信息是指在原始信息的基础上加工而成的信息，如各种统计资料。

3. 按照旅游市场营销信息的地理范围划分

可分为国际信息和国内信息两种。国内信息可以大区、省、市为单位细分，国际可以洲际、区域和国别为单位细分。

4. 按照旅游市场营销信息的流向划分

可分为纵向信息和横向信息两种。纵向信息是指上级部门与下级部门相互流动的信息，横向信息是指旅游企业或组织之间互相交流的信息。

5. 按照旅游市场营销信息的内容划分

主要有：政治法律方面的信息，如我国为加入WTO所做出的逐步扩大开放旅游市场的承诺、国与国之间互免旅游签证的协议、客源国的有关法律等；游客方面的信息，如游客对旅游产品、价格和服务要求的信息等。除了这些与旅游直接有关的信息外，还有其他间接方面的信息，如自然环境信息、社会文化信息、人口统计信息、科学技术信息等，都是旅游市场营销人员所应关注的。

（四）旅游市场营销信息的来源

旅游市场营销信息的来源是多方面的，归纳起来主要有各类组织机构、各种传播媒体、游客和旅游中间商。

1. 各类组织机构

（1）党和国家领导机关。中共中央、国务院、前国家旅游局经常通过各种会议、决议、公文等多种形式来组织实施和指导全国旅游的发展。比如，2009年的《国务院关于加快发展旅游业的意见》对我国各地旅游企业和营销活动产生巨大影响。

（2）统计部门，即国家和地方的统计部门。比如，国家统计局每年编辑出版的《中国统计年鉴》，汇总了我国经济和社会发展的全方位资料，对旅游企业有重要的决策依据和参考价值。

（3）旅游业的各级主管部门和旅游行业协会。我国旅游业主管部门为旅游企业搜集、分析并提供有关营销信息，有的还专门成立信息研究中心。旅游行业协会的主要职能之一就是为协会成员提供信息服务。

（4）市场调研机构、信息中心、信息市场等经营型的组织。随着信息技术的逐渐普及和旅游活动日趋频繁，旅游信息咨询中心等专业信息组织在我国各地相继出现，并以较快的速度发展。

2. 各种传播媒体

传播媒体是旅游市场营销活动借助的主要工具，也是旅游市场营销信息传播的主要载体。因此，传播媒体也就成为旅游企业主要的信息来源之一。这些媒体常见的有：

（1）广播。受电视的冲击，广播传递信息的传统重要地位被削弱，但其具有速度快、实效强、覆盖广、播放时间灵活等优势，故仍是主要的传播媒介。

（2）电视。社会经济的迅速发展和旅游活动的大量增加，利用电视传播旅游营销信息的广告、专题片等内容日渐增多，同时，根据电视提供的旅游信息而开发旅游新产品、调整旅游营销组合策略的现象也不乏其例。

（3）报纸。在我国除了专业报纸《中国旅游报》之外，绝大多数报纸辟有旅游栏目，刊登了大量的旅游信息。报纸信誉度较高、适应范围广，拥有较稳定的受众群体，而且售价低、广告费低，并具有保存价值。

（4）杂志。杂志同样受众稳定、适应范围广、能保存，并且专业性更强、信息量更大。专业旅游杂志含有大量的旅游信息，其他经济和生活类杂志一般也有旅游方面的专题篇幅。杂志的缺陷是时效性较差。

（5）网络。随着计算机技术的迅速发展，网络作为最新的现代化传播媒体正以强大的力量冲击着传统的旅游市场营销模式，如艺龙、去哪儿、携程等。

3. 游客和旅游中间商

游客代表了旅游市场真正的、最终的需求，他们是最重要也是最直接的信息载体，其信息最具价值。旅游营销人员必须充分意识到该价值的重要性，并通过观察、调查以及服务的方式去获取他们有意无意所传递的各种信息，这对旅游企业制定正确的营销战略和营销策略、高效率地进行营销活动是十分必要的。

旅游中间商有旅游批发商和旅游零售商之分。旅游批发商是从事旅游产品和服务"所有权"买卖的中间商；旅游零售商则是从事零售旅游产品业务的旅游中间商。

二、旅游市场营销信息系统

（一）旅游营销信息系统的概念

1. 营销信息系统

营销信息系统是经常性地有计划收集、分析和提供信息，为营销决策服务的一组程序和方法。科特勒认为，营销信息系统是一个由人、机器和程序组成的连续的和互为影响的结构，用以收集、挑选、分析、评估和分配恰当的、及时的和准确的信息，供营销决策者用于其营销计划的改进、执行和控制。

营销信息系统由人、设备和各种程序所构成，它们担负着为决策者搜集、分类、分析、评估和分配所需要的及时而准确的信息的任务，整个企业的管理人员都会介入营销信息系统当中。首先，它与管理人员在评估信息需要这一层面发生互动；其次，它通过各种公司内部记录、营销情报活动、营销调研过程发掘所需要的信息；最后，营销信息系统以适当的形式并在适当的时间将信息传递给各个管理人员，帮助营销计划、执行和控制过程的顺利进行。

2. 旅游营销信息系统

旅游营销信息系统是指在旅游企业中由旅游市场营销人员、机器和计算机程序组成的相互影响的复合体。它从旅游企业内部和外部搜集、分析、挑选、提供以及存储有效、准确而及时的旅游市场营销信息，为旅游市场营销管理人员对营销活动的决策、执行、改进和控制提供依据。

（二）旅游营销信息系统模型

目前普遍采用的是菲利普·科特勒所创的信息系统模型，它由内部报告系统、营销情报系统、营销调研系统以及营销决策支持系统四个子系统构成。这些子系统从旅游企业内部和外部营销环境中及时不断地搜集各种营销信息，然后进行分析、评价，最后再提供给市场营销决策人员。市场营销决策人员根据营销信息系统提供的信息制订、执行、控制旅游营销计划。

1. 旅游企业内部报告系统

它由旅游企业各职能部门共同建立，每一个职能部门都可通过这个系统向其他有关部门传递本部门的相关信息。旅游市场营销人员可以经常从内部报告系统获取需要的信息，并以此作为营销计划和营销决策的重要参考。

内部报告系统的信息搜集与传送在数量和质量上应有一定的界定，即有效、准确、及时和充分的信息是搜集和传送的标准。如果无效的、即时性太强的信息过多，会干扰旅游营销人员信息处理能力的发挥，甚至影响营销决策和营销执行。如何防止这种现象出现，或者如何降低过多过滥信息的不利影响？这需要在设计之初，建立一个旅游市场营销者（使用者）导向的报告系统，从而及时地向有关部门发出旅游营销人员（使用者）所需要的信息和时间期限，以及对特定信息的分析、解释等导向，以便这些部门依此导向及时搜集、传送相关信息。

旅游企业内部报告信息系统，又称为旅游企业会计系统，它致力于从旅游组织内部收集、储存和研究数据。这些数据主要指，根据内部信息通报制度要求企业内部相互传递或上报的各种销售单证和报表，如旅游产品的成本、销售额、利润、资金流动、应收应付账款等。目前，根据旅游业服务性强的特点，旅游企业逐渐建立起服务档案系统，如游客的建议与投诉、VIP信息等。

2. 旅游企业营销情报系统

旅游营销决策和营销执行需要内部报告系统提供事后的信息，但事后信息并不能充分满足营销活动的需要，因此，旅游营销管理人员还需要得到正在发生变化的营销信息，如新的消费潮流（团购、秒杀），景区突发事件的信息等。

旅游企业营销情报系统就是为旅游市场营销人员提供日常的关于旅游市场营销环境和营销活动发展变化的信息系统。这一系统与内部报告系统的功能区别在于，它提供的是正在发生的信息，而内部报告系统所提供的是结果数据。

旅游市场营销信息可以由旅游营销市场人员通过自身活动直接搜集。比如，可以上网、看报纸，看电视；同游客、供应商、中间商，甚至竞争者交谈可以获取直接的情报信息；积极同推销员交流也是获取信息的重要方法，因为推销员与游客、中间商、竞争者等外界人士接触频繁，容易收集到及时准确的情报信息。

旅游市场营销信息还可以从本企业内部信息中心获取，但通常只在实力雄厚、规模较大的企业建立。为了提高信息质量，要做到：①信息中心专业人员要有能力评估信息的可信程度，提供技术性意见；②精简、编辑各类信息，尽量方便旅游营销决策人员使用；③信息中心能够以及时、准确、恰当的方式传送有关信息；④储存和检索，将所有信息归档，定期清除过期信息。此外，旅游市场营销信息还可以向社会专业调研机构购买，如有必要，也可以付费请调研机构专门就某一问题进行调研。

营销情报系统通过一系列程序与渠道获得外部环境发展的系统性信息，如新法律通过、社会和文化的趋势、人口统计资料、旅游业内部新的竞争动态等。营销情报系统的来源主要有：一是训练和鼓励旅游企业内部营销人员收集和反馈外部环境信息；二是激励分销商、零售商及其他中间商向旅游企业提供环境情报信息；三是旅游企业从某些专门性的市场营销研究公司购买商业情报；四是旅游企业建立专门的组织，负责营销情报的收集和处理。

3. 旅游企业营销调研系统

旅游市场营销决策者除了从内部报告系统和营销情报系统获得有关信息外，还常常需要某个特定问题的信息。比如，旅行社准备开发或调整某项旅游产品，就需要了解和掌握有关该产品的信息。所以，某个特定问题的信息是旅游市场营销决策者在经营活动中所要掌握的一项重要内容。旅游企业营销调研系统就是根据特定问题的需要而进行调查、收集、分析信息，并提出数据资料和研究结果，以供营销决策者用来解决这些特定问题。

旅游市场营销调研是为了解决某个特定问题，或者寻找某个市场机会所需要的信息而组织的,因而它具有规划的意向性。但它研究的部分基础数据可能来自旅游营销信息系统,而其研究的结果也将进入营销信息系统,所以旅游营销调研系统可以被看作是营销信息系统的组成部分。

营销调研系统主要通过对采集数据进行动态的规划、收集、分析与解释,使数据信息可以应用于详细的营销决策。旅游市场营销调研人员通常需要针对一些特定问题,做出详细的研究,以减少主观判断所造成的失误。一般大型旅游企业与饭店自设有营销调研部门,小型旅游企业委托市场专业调研公司完成调研任务。

4. 旅游企业营销决策支持系统

旅游企业营销决策支持系统的主要功能在于,通过运用分析营销信息和数据的先进技术,从营销调研活动获取的大量信息中挖掘出更为精确可靠的研究结果。营销决策支持系统由数据库、统计库、模型库和显示部件组成。

(1)数据库具有数据信息储存、检索、操作与转换的功能。

(2)统计库是用统计方法从数据库中提取有价值信息的一个结合体,它能根据旅游营销决策的需要,提供各种统计分析方法,常用的有计算综合指标(绝对数、相当数、平均数等)、相关分析、回归分析等。

(3)模型库是营销模型的结合体,可用来表述某些系统或过程的变量及其相互关系,有助于旅游营销人员更好地进行营销决策,包括媒体选择模型、竞争模型、新产品规划模型、营销组合预算模型、市场反应模型等。

(4)显示部件是旅游营销决策支持系统与旅游营销人员之间的联系工具。系统通过显示部件提供信息,旅游营销人员通过显示部件向系统下达指令。

营销决策分析系统具有运用相关数学工具定量分析和处理各种营销信息的能力,由一系列先进的技术和模型组成,以对影响旅游营销活动各因素的因果联系和市场预测方面进行研究,并建立模型库,专门用以协助决策人员选择最佳的营销策略。营销决策分析系统中的数学模型中,一类是最为常用的数理统计模型,如回归分析、相关分析、因素分析等;另一类是专业模型,如雷坡尔提出的旅游供给——市场模型,希尔与兰德洛伦提出的中心—外围的经济关系模型等。

【补充阅读2-1】

5.89亿人外出度假　近600万人出境游

——中国旅游研究院、携程旅行网联合发布
《2016"十一"旅游趋势报告与人气排行榜》

2016年中国旅游研究院、携程旅行网基于超过2.5亿携程网用户群体数据及17亿下载量的App用户数据,对十一黄金周的旅游情况和游客行为进行了全面检测,发布《2016"十一"旅游趋势报告与人气排行榜》,内容包括旅游人次、消费规模、最热门的出发城市、目的地省市、国家和地区、旅游方式等。

近一半国人外出旅游，出境游人次近 600 万。

报告显示，受到多种有利因素推动，2016 年十一黄金周旅游消费信心稳定，旅游市场供需两旺。2016 年十一旅游市场接待 5.89 亿人次，同比增长 12%；旅游收入 4781.8 亿元，同比增长 13.5%，持续保持两位数增长。调查显示，国庆期间出游的居民首选国内跨省游，之后依次是出国游、港澳台旅游和近郊游。出境旅游需求依然旺盛，报告预计黄金周出境游人次预计将接近 600 万，创历史新高。

市民最热衷旅游的前 20 大城市，东西南北全面开花。

国庆假期，哪些地区的市民最热衷外出旅游？中国旅游研究院、携程旅游专家根据超过两百万跟团游、自由行、玩乐订单数据，发布了前 20 大出发城市，上海、北京、成都、广州、深圳、杭州、南京、武汉、天津、重庆、西安、长沙、厦门、昆明、青岛、沈阳、郑州、贵阳、合肥、宁波是国内出游人数最多的出发城市。上海、北京以明显优势获得冠亚军。经济发展水平、收入水平相对高、人口规模大的城市，一般来说旅游规模也更高。

人均旅游费用排名：上海、北京人均超 5000 元。

哪些城市居民黄金周最舍得在旅游上花钱？研究人员通过对国内游、出境游等产品的数据分析，上海、北京、沈阳、杭州、广州、大连、长春、天津、深圳和南京成为人均花费前十名的城市。上海、北京市民消费能力领先，在线旅游人均费用超过 5000 元。

品质升级：出境游人均超 8000 元，买买买变体验派。

出门旅游花钱享受更好的体验，"消费升级"是今年十一出游的主旋律。通过对携程跟团游自由行产品的用户研究发现，十一出国旅游人均费用超过 8000 元，住得好一点，安排奢华或者特色高端酒店；行程宽松一点，不忙着赶行程；吃高档料理和当地特色菜而非"泡面＋老干妈"；选择纯玩团而非低价购物团逐渐成为黄金周出游主流。携程国内游的订单中，80% 以上选择无任何购物的纯玩团。

资料来源：http：//www.ctaweb.org/html/2016-9/2016-9-30-16-55-97444.html

第二节　旅游市场营销调研

一、旅游市场营销调研的概念与内容

（一）旅游市场营销调研的含义

1. 营销调研的含义

科特勒将营销调研定义为：系统设计、收集、分析和提出数据资料以及提出与公司所面临的特定的营销状况有关的研究结果。

2. 旅游市场营销调研的含义

旅游市场营销调研是指旅游企业为达到预定的经营目标，运用科学的方法和手段，系统收集、记录、分析有关市场营销活动的资料和信息，为旅游经营提供可靠的依据的

经济活动。

（二）旅游市场营销调研内容

旅游市场营销调研内容一般由旅游市场营销调研的目的所决定，包括所有与本旅游企业有关的社会、政治、经济、环境及各种经济现象。可作专题调研，也可作全面调研，就旅游企业调研范围而言，其调研又具体分为企业外部调研和企业内部调研。

1. 旅游企业外部调研

主要指对旅游企业的外部环境予以调查研究。其主要对象为：旅游市场环境调研、旅游市场需求调研、旅游市场供给调研和旅游市场营销调研等。

（1）旅游市场环境调研。对旅游企业而言，旅游市场环境是不可控因素，旅游企业的生产与营销活动必须与之相协调和适应。旅游市场环境主要涉及政治环境调查、法律环境调查、经济环境调查、科技环境调研、社会文化环境调研和地理环境调查。

（2）旅游市场需求调研。旅游市场需求是在一定时期内、一定价格上，旅游者愿意并能够购买旅游产品的数量，即旅游者对某一旅游目的地所需求的数量。

旅游市场需求调研主要包括以下几个方面。①旅游者规模及构成调查。包括：经济发展水平与人口特征；收入与闲暇；旅游者数量与消费构成；旅游者对旅游产品质量、价格、服务等方面的要求和意见。②旅游动机调查。旅游动机是激励旅游者产生旅游行为、达到旅游目的内在原因。其中美国学者罗伯特·麦金托什的研究表明旅游动机包括身体健康动机、文化动机、交际动机、地位与声望的动机。③旅游行为调查。旅游行为调查就是调查客源地旅游者何时旅游、何处旅游、由谁决策旅游以及怎么旅游。

（3）旅游市场供给调研。旅游供给是一定时期内为旅游市场提供的旅游产品或服务的总量，可调查以下几个方面。

①旅游吸引物调查。凡是能够吸引旅游者到来并能引发游客情趣的事物、事件或现象，均属旅游吸引物范畴。

②旅游设施调查。分为旅游服务设施和旅游基础设施，是直接或间接向旅游者提共服务所凭借的物质条件。

③可进入性调查。可进入性是指旅游者进入旅游目的地的难易程度，表现为进入览点、服务设施和参与旅游活动所付出的时间和费用。

④旅游服务调查。旅游服务是旅游产品的核心，其调查内容包括：售前服务、售中服务和售后服务。

⑤旅游企业形象调查。旅游企业形象是旅游企业经营的无形资产。旅游者对旅游产品或旅游目的地的评价和态度直接导致他们的购买决策。

⑥旅游容量调查。调查包括：旅游基本空间标准、旅游资源容量、旅游感知容量、生态容量、经济发展容量和旅游地容量等。

（4）旅游市场营销调研。现代旅游营销活动是包括商品、价格、分销渠道和促销在内的营销组合活动。因此，旅游市场营销调研也应围绕这些营销组合要素而展开。

①旅游竞争状况调查。调查的内容包括：竞争者产品质量、数量、品种与价格，竞争者服务的种类、档次、质量、方式及其在旅游者心目中的声誉与形象，现实的和潜在

的竞争对手数量，市场占有率及市场覆盖率，市场竞争策略、宣传手段与广告策略等。

②旅游产品调查。调查内容包括：旅游资源与旅游设施相结合的旅游服务，资源的品位、级别以及旅游产品设计（产品的功能、特色、风格、组合方式等），旅游产品的市场生命周期，旅游产品的市场占有率和销售潜力，旅游者对旅游产品或服务的评价和接受程度，旅游者购买或接受服务的频率，旅游者对旅游产品还有哪些未体现出来的要求和意见，提供给旅游者的优惠条件和付款方式，新产品开发，等等。

③旅游价格调查。包括：旅游产品或服务的定价是否合理，旅游者的价格心理状态，旅游产品价格的供给弹性和需求弹性，各种旅游产品差价及优惠价水平是否合理，开发新的旅游产品如何定价等。

④旅游分销渠道调查。调查内容包括：旅游产品或服务销售渠道的数量、分布和营销业绩；现有销售渠道是否畅通；市场上是否存在经销此类旅游产品的权威性机构，市场主要的中间商销售渠道策略实施、评估、控制和调整情况及其对本旅游产品的要求和条件等。

⑤旅游促销调查。旅游促销调查着重于促销对象、促销方法、促销投入、促销效果四个方面。

2. 旅游企业内部调研

旅游企业内部调研的主要内容如下：

（1）企业的经济战略。旅游企业发展趋势，旅游企业形象，国内、外市场的需求量，旅游企业地域分布特点，旅游企业的规模生产能力，服务规格及档次，旅游企业生产或服务的软、硬件水平，人员规模、素质和员工需求。

（2）产品。企业现有产品的市场占有率，产品竞争力，产品商标及包装，新产品开发，竞争产品的比较研究以及对现有产品的改良。

（3）价格。主要调查旅游产品成本、利润及价格弹性。

（4）促销。新闻媒体、广告效果，旅游企业形象策划，促销策略与战略，促销人员的规模和素质。

（三）旅游市场营销调研的特点

1. 目的性

旅游市场营销调研具有明确的目的性，这是一切加工筛选、识别处理信息工作的基本特征。在于通过调查取得客观、翔实而可信的资料，从而为有关部门和企业进行营销决策提供科学而合理的依据，使企业能够更好地满足旅游者对旅游产品和旅游服务的需求，实现旅游企业经营目标。

2. 系统性

旅游市场调查是一个系统工程。一方面，调查围绕着一定的目的、需要一定的资金，依靠一定的人力支持，达到一定的成果，整个过程应该系统而综合考虑，紧密连接；另一方面，调研的实施过程也要系统、翔实，要有目的、有计划、有步骤、有系统地收集、记录、整理和分析有关营销方面的资料，才能保证市场调查以客观资料为依据，进而保证营销决策的客观性与精确性。

3. 科学性

旅游调研必须采用科学的方法和手段。只有科学的才是合理的、可靠的。对于市场营销调研方法，既可以采用理论性较强的方法，也可以采用实践性强、易操作的调研方法与思路，如采用观察法、实验法、调查法以及抽样法等进行调研。

4. 针对性

旅游市场营销调查是为了某一或几个方面的特定营销问题而进行的。如旅游饭店针对一项新提供的免费服务在吸引新老顾客方面所起作用的调研，旅行社针对新设计旅游线路，其价位是否符合市场需求的状况的调研等，围绕着具体调研问题而展开，市场营销调研活动具有明确的针对性。

二、旅游市场营销调研的类型

（一）按调查对象范围

旅游市场营销调研可分为全面调查和非全面调查。

全面调查是对调查对象中所有单位无一例外地进行调查的方式。非全面调查是对调查对象中的部分单位进行调查的方式，所选单位应具有充分代表性，以利于最终获取较全面的总体资料。非全面调查又分为典型调查、重点调查和抽样调查几种形式。

（二）按信息来源

可将营销调研的类型划分为第一手调研和第二手调研。

（三）根据调研方法的性质

可将营销调研的类型划分为定量调研和定性调研。

（四）按其调研问题的性质、目的和形式的不同

一般可分为以下四种类型：

1. 探索性调研

是在尚未确定具体的调研内容和范围之时进行的一种调研活动，在于发现问题或提出问题，为进一步深入研究打下基础。例如，某地区今年旅游淡季不淡的原因是什么，是当地居民收入增加还是消费结构发生变化，是旅游产品推陈出新而更具吸引力还是旅游新潮流的开始，抑或这些原因兼而有之等。

2. 描述性调研

描述性调研就是通过大量的调查和分析，对旅游市场营销活动中有关的客观事物和现象进行如实的描述，对找出的问题做如实的反映和具体的回答，从而为旅游营销决策提供科学依据的一种调研活动。比如，某家饭店近期客房出租率明显下降，旅游营销人员必须要分析产生这一现象的原因。在作具体分析之前，需要对相关现象进行描述性调研：近期服务质量是否出现大的纰漏，饭店声誉是否受到损害；同一地区、同一类型的饭店竞争者是否出台极具杀伤力的营销策略，如大幅降价等，客人方面出现什么异常的

现象等。

3. 因果性调研

因果性调研就是为找出旅游营销活动或旅游营销环境中某些关联现象或变量之间的因果关系而进行的调研活动。比如，某一旅游产品销售量的下降受到哪些因素的影响，这些影响因素所产生的影响程度有多大，变化趋势如何，等等。

4. 预测性调研

预测性调研是对未来旅游市场需求进行估测的一种调研活动。能否正确预测旅游市场未来的发展变化，事关旅游企业的命运和今后的发展，因此，预测性调研具有特别重要的意义。

三、旅游市场营销调研的程序

旅游市场营销调研可分为三步，即旅游市场营销调研准备阶段、调研实施阶段和调研结果完成阶段。

（一）调研准备阶段

旅游市场营销调研准备阶段主要围绕以下两个问题进行：

1. 确定问题与调查目标

明确调研问题是进行调研的基础，根据调研问题，确定所需信息并据此确立调研目标。否则调查方向不明，没有明确调研问题而盲目收集信息就会耗费大量的时间和费用。

旅游企业在市场营销活动中出现问题而引起旅游市场营销调研，针对这一问题，确立调研目标，找出原因，或者提出解决的建议。比如，某旅行社根据"暑假旅游市场"呈现良好发展趋势的现象，正在考虑是否将本地区大中学生选为7月、8月两个月的目标市场。针对这个问题，旅行社营销人员便将"本地区大中学生暑假旅游情况"作为调研目标。又如，根据近期企业旅游产品销售量下降的情况，旅游营销人员确定了"寻找旅游产品销售量下降的原因"和"我们需要采取哪些新的应对策略"作为自己的调研目标。

2. 制订调研计划

在明确调研问题、调查目标的基础上制订旅游市场营销调研计划。内容包括：选择调查执行机构、选择资料的来源、资料收集方法、选择市场营销的工具、确定抽样计划、编制市场调研预算并确定调研人员和时间进度等。

营销调研计划的制订应考虑以下几个方面的问题：

（1）考虑营销调研计划对实现营销调研目标有无价值，价值有多大。如果没有价值，则没有必要考虑制订这一调研计划；如果价值不大，也应当放弃。

（2）弄清楚营销调研计划需要哪些信息资料，何处可寻这些信息资料，如果无处可寻，或者很难取得，就要考虑放弃。

（3）测算完成营销调研计划所需之费用。旅游企业用于营销调研计划的费用有限，调研计划不同，调研规模、方式不同，所需费用也不相同。如果调研费用超过"目标实现"所增加的利润，就无必要进行这项调研。

（二）调研实施阶段

旅游市场营销调研实施阶段是整个市场营销调研活动的关键步骤，调研的效果如何主要取决于该阶段中对调研计划的实施情况。本阶段主要包括以下的内容。

1. 组织安排调研力量

确立调研人员并实施调研计划。根据旅游市场营销调研计划，在确定了调研机构以后，根据调研的规模，确定参与的调研人数，以及对调研人员的素质要求，以确保调研计划的实施与完成。

2. 设计调查表

调查表格是旅游市场营销调研得以实施的基本手段和工具。对于表格的设计，应具有科学性、合理性和艺术性，文字要简洁易懂，内容与难易要适当，不能被认为是一种负担。

3. 执行调研

调研的执行目的主要是获取第一手和第二手资料。通过现场或实验调查可获得第一手资料。旅游企业的第二手资料的来源主要是国家和地方政府出版物、国际性和国内行业组织出版物、专业性期刊等。

4. 整理资料

旅游企业对收集到的各种资料进行整理，并根据调研目的进行取舍。

（三）调研结果完成阶段

旅游营销调研的最后一个阶段就是提出调研结果，撰写简明扼要的调研报告，并呈送给营销决策者。该阶段主要是编辑整理资料：检查资料是否有误差，是否准确可靠；对资料进行评定，是否严谨、成熟、全面、真实等；并对资料进行分类、编号，以便统计；完成统计以便利用；运用调查所得出的数据和资料进行分析并得出结论；完成调研报告。

营销调研结果一般有两种类型：①专门性调研报告，包括调研报告纲要、调研目标、方法、资料来源、数据分析、结论与建议、附录（附表、附图、说明）等；②一般性调研报告，包括调研发现与调研结果、调研目的、方法、建议和附录等。

调研报告要做到突出主题、内容客观有重点、简明扼要、结构合理、严谨完整、实事求是。

四、旅游市场营销调研的方法和技术

（一）旅游市场营销调研方法

1. 文案调查法

又称间接调查法、资料分析法，是收集各种旅游统计资料，从中提取与实现营销调研目标有关的信息，再进行统计分析的一种调查方法。该方法的优点在于：花时不多，费用较少，一般可以为直接的主题调查提供有益的背景，甚至有时能够完全替代直接调查。比如，在正常的社会背景和经济形势下，某一地区的客房出租率的调查就可以从历史的动态统计资料中得出较为准确的数据。

文案调查法主要有三种方法：①文献资料筛选法，即依据旅游营销调研计划去收集并筛选有关文献资料；②媒体资料筛选法，即从报纸杂志等新闻媒体上收集、分析有关信息资料；③情报网络法，即根据旅游企业的需要在确定的范围内设立情报网，以收集有关资料。

2. 实地调查法

包括观察调查法、实验法和询问法。实地调查法是通过对有关的人、活动和情形进行观察来搜集原始资料的方法，可以得到一些人们通常不愿或不能提供的信息，非常适合于探测性描述。

3. 观察法

观察法是旅游营销调研人员使用仪器设备，或者亲自在调查现场进行观察、记录被调查者行为和事物信息的收集方法。该方法由于被调查者处于"无意识状态"而使调研结果比较客观，因此其准确度高于询问法。缺点在于：只能观察到表面信息，而很难了解其所以然；所花费时间比较长。如果观察法同询问法结合使用，可以收到比较好的效果。观察法一般可分为以下几种：

①直接观察法。旅游营销调研人员直接或派人到现场观察调查对象，获得相关旅游市场信息。

②亲身经历法。旅游营销调研人员通过亲自参与旅游活动而获取有关旅游市场信息。

③痕迹观察法。旅游营销调研人员通过观察调查对象所留下的痕迹来收集有关旅游市场信息。

④行为记录法。旅游营销调研人员用特定的装置在调查现场记录被调查对象在一定时间内的有关行为。

4. 实验法

实验法是旅游营销调研人员通过特定的小规模试验以获取相关信息的一种方法。该方法源于自然科学的实验室试验法。比如，假设某一旅游产品的其他经济变量不变，而增加广告投入后，该产品的销售量有所增加，从而得出对这一旅游产品的广告投入与其销售量增加有着密切的关系这一结果。实验法的优点是：因方法比较科学，实验所得信息资料比较客观，应用范围相当广泛。不足之处在于：实验中变量的影响因素错综复杂而往往难以准确控制，以致影响实验结果；实验时间较长，费用也比较高。实验法主要有几种：市场试销实验法、实验室实验法和模拟实验法。

5. 询问法

询问法是旅游营销调研人员以口头或书面询问被调查者的方式，收集与营销调研计划有关信息的一种方法。旅游营销人员需要了解旅游者的一般情况，如工作性质、学历、爱好、信仰、对旅游产品的满意程度、购买行为、经济收入、家庭人口等，对此可以采用询问法获得。依据与被调查者的接触方式，询问法又可分成以下几种形式：

（1）面谈式询问。面谈式询问是指旅游营销调研人员直接当面访问被调查者以获取有关信息的方法。

（2）电话式询问。电话式询问是指旅游营销调研人员根据抽样要求，选取样本，用电话询问被调查者，以此获取有关信息的方法。

（3）邮寄式询问。邮寄式询问是指旅游营销调研人员将设计好的调查表邮寄给被调查者，请他们根据要求填写调查表，填好后按时寄回的一种获取有关信息的方法。

（4）留置式询问。留置式询问是指旅游营销调研人员把调查表送交被调查者，请他们填写，再定期收回填写好的调查表，由此而获取有关信息的方法。这是面谈式和邮寄式两种询问方式的结合，其优点和缺点也在两者之间。

（二）旅游市场营销的调研技术

1. 问卷调研技术

询问调查法是收集第一手资料的主要方法之一，而问卷是询问调查的最常用工具。了解和设计问卷也就成为旅游调研人员必备的知识技能。

（1）问卷的基本结构。

①问卷标题。确定标题应简明扼要，易于引起被调查者的兴趣。如"旅游者消费状况调查"等。②问卷说明。旨在向被调查者说明调查的目的、意义，以引起被调查者对问卷的重视和兴趣。③被调查者基本情况。如性别、年龄、民族、文化程度、职业、单位、收入等主要特征。④调查主体内容。它是问卷的主体和核心部分，通常是以一系列问句形式提供给被调查者，这部分内容设计得好坏直接关系到该项调查所能获得资料的数量与质量。⑤编码。多数的调查问卷均加以编码，以便分类整理和统计分析。

（2）问句的基本类型。

①开放式问句。又称自由回答式问句，这种问句不需要事先拟定答案，让被调查者根据提问自由回答，充分发表意见，从中可以获得较为广泛的信息资料。②事实问句。要求被调查者依据已有事实回答问题，不必提出主观看法。③意见问句。用于了解被调查者对有关问题的意见、看法，不究其原因，为调查决策提供未来需求信息。④解释问句。用于了解被调查者的行为、意见、看法产生的原因，为解决问题提供依据。⑤二项式问句。这种问句的回答结果只有"是"或"否"两种选择，二者必选其一。⑥多项选择式问句。对一个问题事先列出三个或三个以上可能的答案，让被调查者从中选出一个或几个最符合被调查者情况的内容作为答案。⑦顺位式问句。要求被调查者对各种可能答案，按其重要程度或喜爱程度，排出先后顺序。⑧过滤式问句。又称漏斗式问句，调查者对被调查的主题用一种迂回的方式求得回答，然后缩小提问范围，转回主题得到答案。

（3）问卷设计的步骤。

①明确调查目的，把握调查主题。弄清调查目的和调查结果的用途，并在对其进行全面分析的基础上，确定调查的主题，由此确定所需收集的特定范围的第一手资料信息，以及调查问卷应侧重的方面、调查对象和对各种信息资料的取舍。

②确定调查内容。在充分分析调查主题前提下，拟定所要调查的项目，全面考虑，

把各种与调查主题有关的内容一一罗列出来，并针对被调查对象的特征，进一步分解成更详细的题目。

③决定问句类型。根据实地调查使用的方法不同和每一个详细问题所获取的信息差别，决定采用的问句类型。

④拟定问句的措辞。问句用词尽量使用简单、熟悉的词汇，避免含义模糊、生僻的词汇。问句不带倾向性和诱导。

⑤确定问句顺序。对每一个具体的问题及问句措辞，必须认真编排、梳理其前后序位，把被调查者感兴趣、容易回答并能调动其热情的问句作为先导，难度大的问句宜放在问卷当中或末尾，同时要考虑整个问卷的逻辑层次性，以利被访问者思维，最后组装成一份完整的问卷。

⑥预试审定问卷。在小范围内进行试验性调查，以弄清问卷还存在的问题，包括需要的资料是否都能得到、问卷的指示合适与否、问卷措辞能否引出其他问题、问句的排列顺序恰当与否、对答案整理分析方便与否等。

⑦修正问卷并定稿付印。通过预试问卷，针对问题做进一步的修改、定稿，按调查工作的需要，打印复制，最后制成正式问卷。

2. 抽样调研技术

在现实生活中，大部分市场调查项目的调查对象很多，分布面较广，加之调查费用等限制，非全面调查成为更多的旅游市场调查选择形式。而抽样调查作为非全面调查的重要方式，成为国内外市场调查普遍乐于选用的调查手段。

抽样调查按照调查对象总体中每一个样本单位被抽取的机会是否相等的原则，分为随机抽样方法和非随机抽样方法两大类。

①非随机抽样方法。指根据调查人员的需要和经验，凭借个人主观设定的某个标准抽取样本单位的调查方式。常用的非随机抽样方法有任意抽样、判断抽样和配额抽样三种。

②随机抽样方法。指从调查对象总体中完全按照随机原则抽取一定数目的样本单位进行调查，以样本调查结果推断总体结果的一种调查方式。常用的随机抽样方法有简单随机抽样、分层随机抽样、分群随机抽样和等距随机抽样四种。

【补充阅读2-2】

在第四届中国旅游产业发展年会上，中国旅游舆情传播智库首次发布中国旅游国际舆情2014年度调查成果。成果内容主要包括舆情项目的调查概要及主要结果和发现、丝绸之路认知度调查成果等，中国旅游国际传播力省（直辖市）10强、中国城市国际影响力20强、中国景区国际影响力20强榜单也同时发布。

据介绍，中国旅游国际舆情年度调查有三大特点：第一，是中国主导的首次最大规模的国际旅游舆情调查，调查对象覆盖23个国家和地区。第二，覆盖中国入境游90%以上的客源市场。第三，每年实施，构成国际旅游舆情与传播效果评估的数据库。

调查显示，从中国入境游的走向看，世界旅游市场不断扩大，各国民众来华旅游兴趣高，表明中国入境游潜在增长空间巨大。当前发展中国入境游的重要举措，应将强化和创新对外传播、提升旅华游的便利程度作为重中之重。

从2014年中国旅游国际传播效果评价看，中国旅游对外传播主要覆盖20%左右的人口，尚有很大提升空间。从海外民众获取旅游信息的渠道看，互联网是占压倒优势的第一渠道，其次是电视。而从中国旅游对外推广的手段看，主要还是集中在传统渠道，因此，改变传播手段与方式是今后的重要课题。除北京和上海外，其他省份与城市在海外的认知度均在一成以下。提升和扩大这些地区的自身影响力是中国入境游实现突破和提升的关键所在。

从有关丝绸之路"一带一路"的国际舆情看，丝绸之路旅游带在不同国家和地区的认知度存在较大差异；对丝绸之路"经济带"以及海上丝绸之路的认知度还比较低，需要持续加大传播力度；丝绸之路"一带一路"沿线国家对中国的好感度有很大差异，我国需要通过推动沿线旅游、互联互通来改善沿线国家对中国的认知，这具有重要意义。

据悉，此调查由中国旅游报社与中国社会科学院舆情调查实验室联合发起，调查时间从2014年8月到12月，采取了在线调查和面访的形式，调查报告陆续在《中国旅游报》开设的旅游舆情专版刊发。

此调查依托拥有60多年历史的国际调查联盟（WIN/Gallup）77个国家的顶级机构执行调查，对入境旅游客源市场进行科学、专业、精确的数据研究，建立国外受众对中国旅游印象、宣传营销评价等为基础的数据库，定期发布核心数据、调研报告、中国旅游国际传播力排行榜等。

主要调查内容包括五部分：海外游客的出境游行为与意识、海外游客来华旅游的行为与意识、来华旅游的意愿及阻碍因素、中国旅游目的地的认知与评价、对中国旅游国际传播效果的评价。

中国社会科学院中国舆情调查实验室首席专家刘志明表示，2014年开始，中国旅游舆情传播智库将实施每年一次的中国旅游国际舆情调查。2014年度调查的国家和地区分别是加拿大、澳大利亚、日本、法国、马来西亚、俄罗斯、泰国、新加坡、美国、韩国、英国、德国、西班牙、意大利、印度、巴西、南非、越南、阿联酋、瑞典、墨西哥以及中国香港、中国台湾。

资料来源：邢丽涛.中国旅游国际舆情2014年度调查成果发布［N］.中国旅游报，2015-01-14（6）.

第三节　旅游市场预测

一、旅游市场预测的概念与内容

（一）旅游市场预测

旅游市场预测是在旅游市场调查获得大量可靠数据的基础上，运用科学方法对引起旅游市场变化的各种影响因素进行研究、分析和评估，对未来一段时期内旅游市场的发展趋势做出的分析与判断。

（二）旅游市场预测内容

根据旅游企业的预测目的不同，预测内容可分为：旅游市场环境预测、旅游市场需求预测、旅游容量预测、旅游价格预测、旅游效益预测。

1. 旅游市场环境预测

旅游业作为一个具有高度依托性的行业，受环境因素变化的影响较大。因此，需要采用定性预测的方法对国际、国内乃至地区的政治、经济形势和产业结构变化做出评估，同时对国际、国内和地区的旅游形势进行预测。

2. 旅游市场需求预测

（1）旅游市场需求总量预测。

旅游市场需求总量是指在一定区域和一定时间内，旅游者潜在的购买力及购买力投向的总和。旅游需求总量可以用来预示旅游企业在一定时期和营销费用条件下，可能达到的最大销售额。通常测量旅游市场需求总量的公式为：

$$Q = \sum_{n=1}^{N} P_n \cdot q \ (n=1,2,3,\cdots,N)$$

式中：Q——旅游市场需求总量；

n——特定旅游产品的可能购买人数；

P_n——第 n 个旅游者平均购买数量；

q——特定旅游产品的平均价格。

（2）旅游客源预测。

主要预测客源地旅游者的变动情况，包括旅游者地区分布、旅游者数量变化、旅游者构成变化、出行时间变化和旅行游览时间长短变化等。

（3）旅游需求结构预测。

指对旅游者在食、住、行、游、购、娱六方面的消费情况预测，其变化直接影响旅游市场供给和旅游产品的销售。

3. 旅游容量预测

指对旅游容量或旅游承载力的预测，主要包括对旅游者心理容量、旅游资源容量、旅游生态容量、旅游经济发展容量和旅游地社会容量等的预测。准确地测定旅游地的现有旅游容量并预测旅游极限容量，使旅游地的接待能力处在一个合理容量之内，如在旅游规划中一般取极限容量的 50% 作为合理容量，并随时进行容量的动态管理和控制，以达到发展旅游和资源环境保护的双重目的。

4. 旅游价格预测

旅游价格是旅游市场波动的重要标志和信息载体，旅游企业应及时预测旅游市场价格变动对旅游市场需求带来的变化，进而掌握供给水平的变动趋势，以确定本企业在可控制范围内的最大价格优势。

5. 旅游效益预测

（1）市场占有率预测。

市场占有率是旅游企业某种旅游产品销售量占该产品市场总销售量的比重。对它的预测，不但可以预测本企业的销售量，而且可以预测竞争对手的实力以及本企业在旅游行业中的竞争力量和市场地位，以便掌握市场竞争的动态状况，进而采取相应的市场竞争策略。

（2）旅游收益预测。

旅游企业通过对经营成本和利润的预测，了解旅游总收入及其构成，有助于提高企业经营管理水平，并为营销决策和投资决策提供依据。

二、旅游市场预测的类型

旅游市场预测根据标准的不同，可以划分为以下不同的类型。

（一）按旅游市场预测的范围划分

1. 旅游宏观市场预测

旅游宏观市场预测是指对影响旅游企业营销活动的总体市场状况的预测。主要包括对未来政治、经济发展情况，社会文化发展趋势，科技水平以及旅游者需求变化和购买特点对旅游市场供求关系的影响等方面的预测，其目的是通过了解旅游市场的总体供求状况，确定企业经营方向、制定营销战略和策略。

2. 旅游微观市场预测

旅游微观市场预测是指从旅游企业的角度出发对其经营的旅游产品的市场前景预测。主要包括对本企业经营产品的市场需求和销售、市场占有率以及经营效益等情况的预测，其目的是为本企业制订相应的营销计划提供依据。

（二）根据旅游市场预测期的长短划分

1. 长期预测

长期预测一般指5年以上的预测，通常是对战略性问题进行的预测，适用于市场需求稳定的旅游产品。

2. 中期预测

中期预测一般指1~5年的预测，主要是对旅游市场的动态变化的预测，为制定中期发展规划提供依据。

3. 短期预测

短期预测指1个季度~1年的预测，适用于市场需求变化较快的产品，旅游企业通过短期预测可以及时调整营销策略，迅速适应市场需求的变化。

4. 近期预测

近期预测指1周~1个季度的预测，适用于生命周期很短、市场需求变化很快的产品。

(三)根据旅游市场预测采取方法的性质划分

1. 定性预测

指市场预测人员根据主观经验和掌握的营销调研资料,对预测目标性质的分析和判断,估计未来一段时期内旅游市场变化趋势的预测方法的总称。

2. 定量预测

指市场预测人员根据市场营销调研获得的数据资料,运用数学和统计学工具找到市场变化的一般规律,并依照这一规律对市场发展前景做出量的估计的预测方法的总称。

三、旅游市场预测的程序

(一)确定预测目标,拟订预测计划

首先明确预测的目标,即预测的对象、范围、时间等。预测计划是预测目标的具体化,它具体地规定了预测的精度要求、工作日程、参加人员及分工等。

(二)收集和分析资料

广泛收集与预测目标有关的一切资料,要求收集到的资料必须有针对性、真实性和可比性,并对资料进行整理、分析,剔除因随机事件产生的不真实资料,对无可比性的资料进行调整,以避免因资料本身原因对预测结果造成的误差。

(三)选择预测方法,建立预测模型

从预测目的、占有资料的数量、可靠度和精度以及预测费用的预算等方面,考虑预测方法的选择。例如,在定量预测方法的选择中,可以根据对数据变化趋势的分析,建立与历史资料相吻合的预测模型。

(四)确定预测值,做出预测报告

为避免预测误差过大,应对预测值的可信度进行评估,即分析各种因素的变化对预测可能产生的影响,并对预测结果进行必要的修正、调整,最后确定出预测值,写出预测报告和策略性建议。

四、旅游市场预测的方法

(一)定性预测

定性预测也称经验判断预测或主观资料预测,指凭借旅游市场预测人员的经验、知识和综合分析能力,通过对有关资料的分析推断,对预测对象未来发展趋势做出性质和程度上的估计、判断和推测的一种预测方法。定性预测相对而言简便易行,对数据资料和精确度要求不高,但预测结果受预测人员个人水平影响较大,缺乏可信度。具体方法有:

1. **专家意见预测法**

专家意见法是依靠专家的知识、经验和分析判断能力，对过去发生的事件和历史信息资料进行综合分析，从而对未来发展做出判断预测。这里的专家除了市场预测专家，还包括相关的经济、文化、管理以及理论研究等方面的专家。专家意见法的应用范围十分广泛，主要包含专家会议法和德尔菲预测法两种具体方法。

专家会议法，是指邀请相关领域的专家，通过举行专家会议对某个产品的未来发展前景做出评估，并在专家分析判断的基础上形成综合意见，对旅游产品的市场需求及其发展趋势做出预测。

德尔菲预测法，是在20世纪50年代由美国兰德公司创造的一种预测方法，它充分发挥了专家们的知识、经验和判断力，并按一定的工作程序进行。其主要特色在于：一切活动都由工作人员与专家单独交流，即专家之间不直接联系，从而使预测具有很强的独立性和较高的准确性。

德尔菲法的一般工作程序是：营销组织首先要拟定出预测提纲，明确预测目标，并准备好有关的信息资料及征询表格，还要选择既熟悉业务又善于与专家交流和责任心强的工作人员来专门负责预测工作；然后，由工作人员将预测提纲及有关信息资料、征询表格送交专家们，专家们按照提纲要求做出自己的主观判断，填好征询表格，定期交回给工作人员汇总整理。由于第一轮专家们的估计差异较大，由工作人员整理加工以后，把修改后的预测提纲及相关资料再次送交专家，进行第二轮循环。专家们根据新的提纲和资料，对原来的判断做出修改，提出新的判断估计，并说明修改理由，再交回给工作人员集中整理。一般情况下，这一轮专家们的意见还不能趋向一致，需要提出新的预测提纲，再进行第三轮循环，要求专家们进一步做出分析判断。如果需要预测的问题非常复杂，也可能需要第四轮或第五轮循环。为保证分析判断的效果，要求营销组织在具体操作中控制好预测时间和进程，每一轮循环时间以1周或10天左右为宜。

2. **主观概率预测法**

指根据预测人员某一次或多次经验，对目标未来发展趋势做出评估的预测方法。首先，要组织若干对预测对象熟悉的人员；其次，由这些人员提出各自的主观概率判断；最后，求出概率平均值，即得到事件可能发生的预测值。预测时主观概率判断必须符合概率论的基本原理，即某一特定结果的概率必须满足条件 $0 < P < 1$，整体事件中的每一事件概率之和等于1。

3. **集体经验综合判断预测法**

指集中旅游目的地的营销和管理人员，凭借其经验和智慧，通过思考分析、判断综合，共同对事物未来发展变化趋势做出评估的一种预测方法。该方法的优点是简单，便于发挥集体智慧；缺点是容易受主观因素或心理因素的影响，因此只适合于对旅游活动方向性问题的粗略性预测，或结合其他预测手段同时进行，以提高预测的准确性。

（二）定量预测

指营销组织以掌握的大量数据资料为基础，通过运用统计方法和数学模型来近似地揭示预测对象的数量变化程度及结构关系，对旅游市场变化趋势做出数量测算的一种预测方法，通常可分为时间序列预测法和因果关系预测法两大类。

1. 时间序列预测法

指利用预测目标的历史统计数据，按照时间先后排成数列，通过运用统计方法研究其发展变化的客观规律，并建立数学模型预测对象的一种方法。常用的时间序列分析法有简单平均法、加权平均法、移动平均法和指数平滑法等。

（1）简单平均法。指将过去实际销售量的时间序列数据进行简单平均，把平均值作为下一期的预测值。如果预测对象的需求形态近似于平均形态或处于成熟阶段，则可以使用此法进行预测。计算公式为：

预测销售量＝过去各期实际销售量之和／期数

简单平均法的缺陷在于将远期销售量和近期销售量的演变规律等同看待，而没有系统考虑市场潜在的变化趋势，因而其准确度相对较低，只适用于短期预测。

（2）加权平均法。指逐步加大近期实际销售量在平均值中的权数，然后予以平均，再确定下期的预测值。如果过去一段时间的实际销售量有明显的增长（或下降）趋势，则适用此法。

（3）移动平均法。指利用过去若干期的实际值来求取平均值，作为预测期的预测值。每测一次，在时间上逐次往后推移，每期预测均取若干期实际值的平均值作为当期的预测值。移动平均期取得越长，预测误差就越小。只有包括足够的期数，才足以抵消随波动变化的影响。

（4）指数平滑法。指用前期实际值和预测值的加权平均数作为后期的预测值，是一种特殊的加权平均法。

时间序列分析预测方法的特点在于它假定影响未来市场需求和销售量的各种因素与过去的影响因素大体相似和不变，并且预测对象的需求形态有一定的规律性。因而，只要将时间序列的倾向性进行统计分析并加以延伸，便可以推测出市场需求的变化趋势，从而做出预测。其优点是简单易行，但由于经济事件的未来状态不可能只是过去的简单重复，因此只适用于短期或中期预测。

如果出现时间序列数据随时间的变化波动很大，或者市场环境变化很大，或者经济增长发生转折，或者国家经济政策出现重大变化等情况时，则不宜再采用此方法。

2. 因果关系预测法

指通过对能够直接或间接影响预测对象的各种因素的分析，找出其中变化的因果关系，并根据这种因果规律来确定预测值，一般包括回归分析预测法和引申需求预测法。

（1）回归分析预测法。是一种处理变量与变量之间相互关系的数理统计方法。即通过对预测目标与各种影响因素的分析，找出它们之间的统计规律性，并建立回归方程进行预测，是一种比较科学的定量预测方法，一般用于研究精度要求较高的预测问题。

运用回归法进行定量预测时，预测对象必须同时具备以下三个条件：①预测对象与影响因素之间必须存在因果关系，基础数据在 20 个以上；②过去和现在的数据规律能够反映未来趋势；③数据分布有线性趋势时，可采用线性解；如果不是线性趋势，则采用非线性解。

运用回归模型进行预测的程序是：首先，利用相关图示判定变量之间的相关类型，确定要采用的回归模型;其次,计算相关系数,判定变量间的相关程序。如果变量显著相关,则配合回归线建立模型进行预测,在必要时最后还应对预测结果予以检验。根据选择自变量因素的多少,回归分析法又可以划分为一元线性回归法、二元线性回归法、多元线性回归法和非线性回归法。

（2）引申需求预测法。是相关预测法的一种,指根据产品需求之间的相关性和在时间上的先后顺序进行预测,可以从市场对最终产品的需求量开始逐步向前引申,根据层层递进的相互关系,预测与此相关的先行产品的市场需求量。

【补充阅读2-3】

重庆：建设智慧游大数据可科学预测旅游市场

中国科学院重庆绿色智能技术研究院召开新闻发布会宣布,该院开发出国内领先的智慧旅游大数据分析可视化平台,可对旅游市场进行科学预测和诊断。

重庆旅游资源丰富,去年接待境内外游客4.5亿余人次。如何利用科技手段,优化旅游资源,展现重庆自然风光和人文景观,吸引更多游客、提升用户体验呢？中科院重庆研究院开展了旅游行业大数据采集、管理和挖掘系统的开发。

经过两年多科技攻关,他们成功研发出一个智慧旅游大数据分析可视化平台。在采集到游客食、住、行、娱、购、游等行为数据基础上,该平台可进行智能分析,提出科学的预测和诊断,如某景区是否需要增加住宿点、是否需要在相邻游览点增加交通线路,及景区潜在客源地在哪里、游览A景区的游客下一站可能会去哪里等。

资料来源：http://travel.people.com.cn/n1/2017/0614/c41570-29338189.html

【本章小结】

旅游市场营销信息是关于旅游市场营销环境和营销活动的实际状况、特性以及相互关系的各种信息、资料、数据和情报的总称,由外部市场环境信息和内部条件信息两部分构成。旅游市场营销信息分类多样,来源广泛,主要有各类组织机构、各种传播媒体、游客和旅游中间商。旅游营销信息系统是指在旅游企业中由旅游市场营销人员、机器和计算机程序组成的相互影响的复合体。旅游营销信息系统模型由内部报告系统、营销情报系统、营销调研系统以及营销决策支持系统四个子系统构成。

旅游市场营销调研内容一般由旅游市场营销调研的目的所决定,包括所有与本旅游企业有关的社会、政治、经济、环境及各种经济现象,具有目的性、系统性、科学性、针对性四大特点。旅游市场营销调研可分为旅游市场营销调研准备阶段、调研实施阶段和调研结果完成阶段。旅游市场营销调研方法主要有文案调查法、实地调查法、观察法、实验法和询问法,旅游市场营销的调研技术包括问卷调研技术和抽样调研技术两大方面。

旅游市场预测是在旅游市场调查获得大量可靠数据的基础上,运用科学方法对引起旅游市场变化的各种影响因素进行研究、分析和评估，对未来一段时期内旅游市场的发展趋势做出的分析与判断。根据旅游企业的预测目的不同，预测内容可分为：旅游市场环境预测、旅游市场需求预测、旅游容量预测、旅游价格预测、旅游效益预测。旅游市场预测的方法主要分为定性和定量两种，定性预测主要使用专家意见预测法、主观概率预测法、集体经验综合判断预测法，定量预测主要使用时间序列法、因果关系预测法。

【关键术语】

1. 营销信息
2. 营销信息系统
3. 旅游营销信息系统
4. 旅游营销信息系统模型
5. 旅游市场营销调研
6. 旅游市场预测

【复习思考题】

1. 简述旅游市场营销的构成、分类和来源。
2. 简述旅游营销信息系统模型。
3. 旅游市场营销调研如何开展？
4. 如何准备预测旅游市场的规模与结构？

【案例实训】

UNWTO：2016世界旅游晴雨表 7个连续增长

2016年是国际旅游业实现的第7个连续增长年，这是自20世纪60年代以来连续增长时间最久的纪录。对比2008年金融危机前的国际游客统计数据，2016年到全球各地旅游的游客增加了3亿余人次。国际旅游外汇收入也基本以同样的速度增长。

时任UNWTO秘书长的Taleb Rifai表示："近年来，尽管国际挑战，尤其是安全问题不断涌现，旅游业始终保持着强劲恢复和增长能力，国际旅游业始终保持着强势增长，为全球就业问题和国民福祉做出贡献。"

世界旅游晴雨表分析了各地区的具体情况：

● 亚太地区以8%的卓越成绩引领着2016年全球游客到访量的增长势头。主要驱动因素是亚太地区间各旅游市场的旺盛需求；

● 非洲地区在经历了两年的疲软增长之后，2016年国际游客到访量也取得了8%的强势回弹；

● 美洲地区保持着增长势头，2016年国际游客到访量继续增长4%；

● 欧洲地区各国则有喜有悲，有些国家获得了两位数的强势增长，而相比之下也有国家因为遭受恐怖袭击国际游客大减；

● 中东地区的旅游需求则下降4%，不过具体到国家也是喜忧参半，一些目的地需求火爆，也有目的地遭受重创。

鉴于UNWTO已将2017年设为可持续旅游发展国际年。秘书长Taleb Rifai呼吁："在当今缺乏尊重和容忍的时代里，大家应携起手来，共同发挥旅游对经济增长、社会共融、文化和环境保护以及相互理解等方面的积极贡献。"

UNWTO最新的专家小组调查显示，2017年将延续这一利好局面。300位受访专家中，63%表示2017年将取得比2016年"更好"甚至"好得多"的结果。不过专家小组们为2017年的打分与2016年基本持平，因此预计增长也将保持类似水平。

基于UNWTO专家小组预测及经济发展目前的趋势，UNWTO预计全球范围内的国际游客到访量在2017年将以3%~4%的增长率上涨。就各地区而言，预计欧洲地区增幅为2%~3%；亚太地区和非洲地区都为5%~6%；美洲地区为4%~5%；中东地区由于地区动荡率较高，为2%~5%。

UNWTO注：非洲和中东地区的统计结果由于获得的可用数据有限，仅做参考，请慎用。

资料来源：http://www.pinchain.com/article/106392

[案例思考题]

1. 详细了解UNWTO世界旅游晴雨表编制来由及历年报告。
2. 根据上述材料，世界旅游市场将发生如何变化，有何特点？

第三章

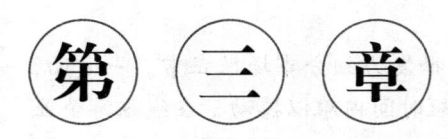

旅游目标市场选择与定位

【案例导入】

在线旅游为何聚焦细分市场

我国旅游已经发展到大众化旅游中高级阶段,向日常休闲回归,差异化游憩环境逐渐成为休闲的手段。与此同时,在线旅游企业则推出了面向不同游客群体的旅游产品,同程旅游继"百旅会"之后,又陆续启动了同程好妈妈、同程精英会以及同程企福会等社群品牌。阿里巴巴旗下旅游平台飞猪则聚焦年轻客户群体,聚焦出境游体验。就以上在线企业为何会做出这样选择等问题,《人民邮电》报记者日前分别采访了同程旅游创始人、同程国际旅行社(集团)总裁吴剑,飞猪有关负责人以及中国未来研究会旅游分会副会长刘思敏博士。

记者:请问贵企业为何会做出上述选择?专家如何看待这些企业选择发力在线旅游的细分市场?

吴剑:移动互联网的红利消失后,该如何面对竞争激烈的市场与对产品和服务越来越"挑剔"的用户,都是在线旅游企业一直在思考的问题。目前在线旅游行业同质化经营的特色明显,只有提升用户体验、抓住细分市场,在用户需求中寻找机会,才能寻找到新蓝海。同程旅游拥有线上流量和大数据优势,以及全国超过350家的线下直营体验店,为细分用户提供具有针对性、多元化的场景活动和特色服务,是同程旅游聚焦细分市场的初衷。同程旅游要在快增长的同时,以慢经营的心态来经营细分市场,在旅游产业链以及社群的消费升级方面达到生态共赢。

飞猪负责人:我们聚焦年轻客户群体是因为现在用户的年轻化,变革了旅游需求,造成了旅游产品表达和供给的年轻化。互联网时代成长起来的年轻人在为现实奋斗的同时,也敢于追求梦想,享受生活。飞猪平台用户超过83%是"85后"年轻人。

与此同时,阿里巴巴集团在2016年"双11"前夕开始实施全球化升级战略,要求打通海内外的买家卖家。在这样的大背景下,飞猪进行品牌更新后把业务发展重心放在出境游上。飞猪在2016年服务超过2800万人次的海外游游客,"原产地直供"的国际化策略取得阶段性成果。

刘思敏:在线旅游发展到现在这个阶段,企业选择发力细分市场很正常。一方面,随着携程和去哪儿的合并,在线旅游市场老大的地位短时间内难以撼动,在线旅游企业之间因位次之争而进行的激烈价格战基本告一段落。另一方面,随着旅游行业线上线下日趋融合发展,线上线下之争也不激烈了。因此,现在在线旅游企业开始改变过去追求市场份额的大水漫灌式发展,优质服务和市场细分被顺理成章地提到了日程上来。

……

记者:你们认为旅游领域还有哪些尚待开发的细分市场,企业应该怎样去开发?

吴剑:随着消费者对旅游服务品质的要求不断提升,对深度游、品质游需求的不断增加,都刺激着旅游行业消费的快速升级。在整体旅游市场同质化情况下,诸多细分人群还存在着很多痛点,他们的需求还并未得到很好的满足,这就是旅游企业的"新蓝海"。近年来中老年旅游、旅拍、蜜月、游学、亲子游、邮轮旅游等都成为增长较为迅速的细分市场。

飞猪负责人:未来仍会坚持平台模式,赋能商家,依靠阿里巴巴生态势能缩短消费者与商家之间的距离,区别于OTA依靠信息不对等及榨取商家利益的商业模式。实际上,我们的用户人群83%是"85后",这是个"后推导的过程",不是为了吸引年轻人而做的产品规划,而是有了年轻人的用户基础后才更针对年轻人去引导商家。而且飞猪始终坚持平台模式,所以互联网赋能给商家是重点,不会像OTA那样自营细分领域。

刘思敏:传统的旅行社实行的是工业化的生产方式,就是要通过规模化运作降低成本。现在旅游的人多了,需求呈现日趋个性化的趋势,而针对所有群体的大平台难以满足个性化需求。按照不同的分类标准,旅游行业的细分市场非常多,可以通过做专业市场的供应商,做好小而美的定制化服务等方式更好地满足旅游细分市场中小众游客的个性化需求。

资料来源:朱筠.在线旅游为何聚焦细分市场[N].人民邮电,2017-03-24(5)

第一节 旅游市场细分

在现代STP(Segmenting Targeting Positioning)营销体系下,市场细分是最基础也是最重要的工作,直接决定了旅游企业或旅游目的地的营销成效。正因为如此,许多市场营销专家们通常就讲:市场细分做好了,市场营销就成功了一半!

一、旅游市场细分的含义

(一)市场细分的提出和发展

市场细分思想是市场营销战略发展到一定阶段的产物。随着营销观念由大量营销阶段向产品差异性营销、目标市场营销阶段转化发展,市场细分概念也终于在1956年由美国市场学家温德尔·史密斯（Wendell R.Smith）首次提出。他所说的市场细分，就是根据消费者明显的不同特征，把市场分割为两个或更多的消费者群。消费者千差万别，需求多样，每一个消费者群就是一个分市场，各个分市场都是由需要与愿望相同的消费者组成，影响消费需求的各种因素都可以作为市场细分的标准。在此之后，众多营销专家纷纷提出了为数众多的市场细分概念。综合各家观点，所谓市场细分，就是企业的管理者按照细分变数，即影响市场上购买者的欲望和需要，购买习惯和行为诸因素，把整个市场细分为若干需要不同的产品和市场营销组合的市场部分或亚市场，其中任何一个市场部分或亚市场都是一个有相似的欲望和需要的购买者群，都可能被选为企业的目标市场。

进入20世纪90年代以后，市场细分理论被进一步发展，其中出现了两种相反的观点：超市场细分和反市场细分。超市场细分理论认为，为满足消费者个性化消费的需要，现有的许多细分市场应该进一步细分。同时，现代数据库技术和统计分析方法已能准确地记录并预测每个顾客的具体需求，企业可以进行超市场细分，对每个细分市场进行一对一的个性化营销。反细分理论并不是反对市场细分，而是指在满足大多数消费者的共同需求基础上，将过分狭小的市场合并起来，以便能以规模营销优势达到用较低的价格去满足较大市场的消费需求。反市场细分理论的实施主要有两种方式：一是由缩减产品线来减少细分市场；二是将几个较小的细分市场集合起来，形成较大的细分市场。

（二）旅游市场细分的内涵

市场细分理论的提出给旅游产业营销提供了新鲜思维，而这也是旅游产业发展的内在需要。旅游企业或旅游目的地的发展很大程度上有赖于旅游者群体的规模与质量，但是旅游吸引物的吸引范围和吸引边界往往是不全面的，这就需要我们对旅游者群体进行细分，了解每个群体的兴趣偏好，以便采取相应的营销策略。关于旅游市场细分的概念，国内外的学者提出了各自不同的见解，比较有代表性的如：

赵西萍等（2008）指出，旅游市场细分则指旅游企业把需求者按一种或几种因素加以分类，使分类后的市场在一个或几个方面具有相似的消费特征，以便旅游企业可用相应的营销组合尽可能地满足不同消费群的需要。

王洪滨（2004）指出旅游者需求的差异性是市场细分的关键，张俐俐（2004）强调细分就是划分旅游者群的过程。

苟自钧（2005）指出市场细分的出发点是从区别消费者的不同需求，然后根据消费者购买行为的差异性，把整体旅游市场分成两个或两个以上具有类似需求和欲望的消费者群体。

综合以上观点，我们认为：旅游市场细分实质上就是将旅游者划分成为若干部分和群体，其目的是根据不同的细分需求提出准确的营销对策，从而实现旅游企业或旅游目的地效益的最大化。本概念的具体含义包括四个层次：一是市场细分的对象是旅游者，包括现实的和潜在的两个方面；二是市场细分标准是多元化的，可以按照生理特征、社会属性、行为反应、地理区位等标准将细分对象划分为若干群体；三是市场细分的目的是效益最大化，包括经济效益、社会效益和生态效益的单一目标或者是综合目的；四是关于细分的层次要充分考虑细分对象的客观情况，也要同时考虑旅游企业或旅游目的地的具体需求。

二、旅游市场细分的作用

旅游市场细分是实现旅游市场营销的重要基础，实践证明，科学合理的市场细分对于旅游企业和旅游目的地至少具有以下四个方面的功效：

（一）合理分配资源

任何一个企业的人力、物力、资金等资源要素都是有限的，通过市场细分，可以集中人、财、物等资源有选择地主攻适合自己的目标市场，满足目标市场旅游者的需求。

（二）寻找最佳市场

通过市场细分，企业可以对每一个旅游细分市场的购买潜力、满足程度、竞争情况等进行分析对比，探索出有利于本企业的市场机会，使企业最主动最及时地掌握到相关信息资讯，开拓新市场，以更好适应市场的需求。

（三）制定最优策略

市场细分后的各旅游市场比较具体，比较容易了解消费者的需求，企业可以根据自己经营思想、方针及生产技术和营销力量，确定自己的专项服务对象，制订相应的营销方案。同时，由于长期关注某一个专项或某几个专项市场，企业能及时了解旅游者的需求变化情况，由此可以迅速改变营销策略，提高企业的应变能力和竞争力。

（四）获得最大效益

前面三个方面的作用都能使企业提高经济效益。除此之外，企业通过市场细分后，企业可以面对自己的目标市场，设计出适销对路的旅游产品，既能满足旅游者的需求，又可增加企业的收入。

【补充阅读3-1】

"酒店+"活跃　住宿业转型升级进程加快

我国已经进入大众旅游时代。消费升级、供给侧改革、"互联网+"等推动着饭店业服务向精细、高品质转变。精细服务成为酒店业发展的关键词。一方面，基于服务群体、服务需求的细分，酒店所提供的亲子、女性、老年、养生、度假、会议等服务逐渐获得消费者青睐。如稻香湖景酒店的亲子服务，宁波石浦豪生酒店的宴会服务，靖江国际大酒店的主题宴席服务等。另一方面，基于消费行为的转变，多样化和个性化的附加服务更受用户关注。

传统酒店业格局在新技术形态以及竞争格局变化影响下，开始以重新排列组合的方式来寻求最为适宜的生长环境。"互联网+"国家战略的提出，加快了住宿业转型升级进程。在移动互联和信息化新技术的作用下，住宿业正在从营销、品牌传播、支付、消费者体验等各个环节重新定义行业的运营和发展模式，云PMS、APP、微信、支付宝等技术变革改变着酒店业的服务模式。"酒店+支付""酒店+交通""酒店+教育""酒店+文化""酒店+餐饮""酒店+商业""酒店+目的地资源""酒店+众筹""酒店+联合办公"等打破传统经营管理模式，酒店业成为集住宿、餐饮、社交、娱乐、体验、休闲、创业孵化等功能于一体的平台。

一些酒店在这些方面进行了大力度的变革。万豪美食创业孵化器"美食美饮概念实验室"，提供场地、资源及近5万美元天使资金支持。四季酒店推出定制体验，可更换上层床垫的定制睡床，可购买全套的床垫、枕头和床上用品。W酒店为音乐人打造专属音效套房。希尔顿推出VR（虚拟现实）技术客房全景体验视频。雅高推行减少食物浪费计划，更多地使用当地原材料，将食物浪费减少30%。酒店已不再是传统酒店，跨界合作、融合创新已成为当前住宿企业进一步结构调整和升级的重要途径。

同时，在消费升级的背景下，中端酒店会是未来酒店行业最具潜力的细分市场，国内外各大酒店集团纷纷发力中档市场。

锦江在战略性收购了中档酒店品牌维也纳80%的股份后，又引入卢浮旗下中档品牌康铂，与原有的锦江都城共同发力中档酒店市场。首旅在并购了如家之后，也开始向存量要发展，从现有的经济型酒店物业中寻找合适的项目改建成为新的升级版酒店，比如如家精选、和颐酒店等系列产品。港中旅酒店也于2016年推出中端品牌睿景酒店。

发力中端酒店，国际酒店集团也没落后。希尔顿未来将大力发展中端新品牌TRU以及希尔顿花园；万豪与东呈酒店合作推出中端酒店品牌万枫；雅高与华住战略合作成立雅高美华，专注中国的中高端酒店市场；洲际开放智选假日酒店的在华特许经营模式；美利亚酒店集团也表示在中国将重点布局中端酒店市场。

除了酒店业巨头的青睐，大地产商也在布局中端酒店。保利商业推出艺术生活精品酒店ARTEL雅途。宝龙地产旗下"艺悦"面向中高档精品酒店市场，"艺筑"覆盖有限服务中档酒店领域。

而非标住宿更是成为酒店业角逐的新领域。去年11月《国务院办公厅关于加快发展生活性服务业促进消费结构升级的指导意见》发布后，以民宿、公寓为代表的非标住宿受到极大关注，各大集团纷纷布局非标住宿领域。

2016年4月，中国饭店协会成立公寓委员会、客栈民宿委员会，首次发布《长租公寓产业发展报告》《国内外民宿产业发展现状报告》。11月，商务部正式批准《租赁式公寓经营服务规范》《客栈民宿企业经营服务规范》国家行业标准立项。

首旅寒舍截至2016年6月已签署18家全权委托管理项目。如家推出"云上四季"民宿品牌平台，将符合条件的民宿业主以合作形式纳入旗下，并且随后推出"如家小镇"以及与之匹配的定制客房产品如家魔盒。开元酒店集团推出开元·颐居中高端精选民宿品牌。铂涛600万元投资房屋短租共享平台木西民宿。携程战略投资连锁精品客栈品牌"久栖"。布丁酒店民宿业务也已上线。去哪儿网数据显示，截至2016年9月30日，去哪儿网登记的民宿客栈数量达到48070家。

2016年4月，魔方公寓宣布完成C轮近3亿美元融资，成为长租公寓行业的独角兽。6月华住酒店集团宣布，将公寓等新型非标住宿领域确定为集团战略方向之一，除了2014年创立的城家公寓品牌，2016年3月华住又投资了连锁公寓品牌新派公寓。自2015年7月推出逗号公寓后，2016年4月如家宣布逗号公寓已拥有8家门店和超过600间客房。

资料来源：付连英."酒店+"活跃　住宿业转型升级进程加快［N］.国际商报，2017-02-10（A08）.

三、旅游市场细分的原则

（一）可衡量原则

可衡量原则总的要求是：各细分市场的需求特征、消费行为、市场规模等能被具体测量，具体体现在细分的标准和细分后的市场两个方面。首先，旅游企业或旅游目的地应分析旅游者的不同特点，确定细分市场的基本方法，明确是否可识别具有类似需要的旅游者群。在识别的标准中，有关年龄、职业、性别、收入、民族等是可以通过统计年鉴或者是问卷直接获得，具体的分段也非常容易区别不同时期的特征。如55岁以上的女性、60岁以上的男性是退休年龄，这个年龄段的前后在收入水平、时间分配、情感因素等方面将具有鲜明的差异。相反，像旅游者的胆量、勇气等对于旅游项目的选择虽有较大的影响，但这些因素却是很难测量的。其次，经过细分后的市场范围、容量、潜力等也必须是可以衡量的，这样才用于确定企业的目标市场，这样的细分标准对于旅游企业才有实际价值。

（二）可盈利原则

市场细分所得收益与相应的成本费用之间存在一定的差距，旅游市场细分主体应充分权衡这两者之间的正负关系，一旦成本费用超过所得收益，市场细分方案将不被使用。在此要特别注意三个方面的问题。一是不能过分细分市场，从而使该市场失去规模经济效益，如中国目前房车旅游市场规模较小的情况下，某景区却主打房车旅游项目就是不当之举。二是要考虑某细分市场的消费潜力，如户外探险群体虽然人数不多，但是由此而形成的户外用品生产、销售、租赁、使用等产业链条却能带动相当收益，因此该市场就应该被某些企业特别关注。三是开发某细分市场的成本问题，如果成本远远高于预期收益，至少在当前应该是不予考虑的市场。

（三）能进入原则

能进入原则包括可接近和可行动两个层面。可接近是客观层面上的，是指旅游营销主体要有与客源市场进行有效信息沟通的可能，同时还要具有通畅可达的销售渠道，因此现在的旅游广告就应实现多元化、多渠道化，尽量使更多的人群了解你的产品。可行动是主观层面上的，是指旅游营销主体要有吸引和服务于相关细分市场的实际操作能力，也就是自己的产品能否满足相应群体的需求。可接近与可行动是互相联系的两个方面，缺一不可。

（四）稳定性原则

本原则的总体要求是能在动态环境状态下保证一定规模的人群，具体包含两层含义。一是各细分市场必须具有一定规模，一个细分市场应该是值得为其设计一套营销规划方案的尽可能大的同质群体。"据全国老龄办公布的数据，截至2017年年底，我国60岁及以上老年人口2.41亿人，占总人口17.3%。预计到2050年前后，我国老年人口数将达到峰值4.87亿，占总人口的34.9%。人口老龄化趋势为中国老年旅游市场的发展奠定了庞大的客源基础。"二是细分后的市场应具有相对的稳定性，不要因市场一时波动而完全抛弃原定方案，如果波动太大，往往会使制订的营销方案很快失效，造成营销资源的浪费。对于许多大型景区而言，不可能也不必要完全由市场牵着鼻子走，而应在保持自身特色的前提下，适当地发展一些新兴市场。

【补充阅读3-2】

细分市场内外兼修，桂林的景区促销主动性加强

业内流行这样一句话："没有不好的景区，只有'卖'不出去的景区。"这句话并不是否认景区品质的重要性，而是在强调促销策略的重要性。由于自身特色、优势不同，桂林各景区在细分市场后，根据各自重点目标市场，采取了相应的促销策略。

古东景区建成初期，考虑到在外地知名度不高，首先将客户定位为市民。根据季节特色推出不同项目，如春季踏青、夏季戏浪、秋赏红枫、冬天参加农事活动等，吸引桂林人游览。同时，该景区还推出个性化服务，如在接待单位、学生团队时，根据其要求，为其设计"寻宝""挑柴""排雷"等特色活动。如今，古东景区市民接待量占到其游客总量的40%以上。

国庆黄金周，乐满地主题乐园的游客有40%来自广西区内，湖南占25%，其次是贵州、广东客人。"今年乐满地接待的本地及周边游客增幅明显，其中仅市民同比就增加了20%左右。"乐满地策划部负责人介绍。正因为定位周边市场，并加大了在这块市场的宣传，黄金周期间才出现"两头"不淡的情况。"1日主题乐园接待游客3100多人，6日为4500多人，同比增长较大。其中，因往返便捷，周边客人在这几天占了很大比例。"

《印象·刘三姐》将山水、人文、民俗相融合，在促销中强调文化内涵和品位，市场推广走的是国际路线，在境外游客及国内一些发达城市市场优势明显，目前其国内客源中，广东游客已成主打。

桂林旅游发展总公司所属"三山两洞"等传统景区、景点长期以来在中、长线游客和团队游客中很有影响。随着自助旅游、自驾旅游的兴起，这些景区、景点加大了散客市场开拓。目前，桂林旅游发展总公司在进入桂林的一些主要通道和市区内均设立了大型户外广告，黄金周还专门针对自驾游客在部分公路收费站发放宣传资料。

资料来源：罗雁：细分市场内外兼修，桂林的景区促销主动性加强［EB/OL］. http：//www.guilinlife.com/center/news/cnews.asp？ NewsID=119104

四、旅游市场细分的程序

美国市场营销专家麦卡锡（E. J. McCarthy）提出细分市场的一整套程序，这一程序包括七个步骤：选定产品市场范围；了解、列举分类顾客的基本需求；了解不同潜在用户的不同要求；排除潜在顾客的共同需求，选择具有鲜明特征的需求作为市场细分的标准；根据潜在顾客基本需求上的差异方面，划分不同的群体和子市场；进一步分析每一细分市场需求和购买行为特点，并分析其原因，以便在此基础上决定是否可以对这些细分出来的市场进行合并，并作进一步细分；估计每一细分市场的规模。旅游产业的市场细分基本上也遵循本套程序，具体操作过程如图3-1所示。

选定市场范围 ⇒ 初步细分市场 ⇒ 了解市场需求 ⇒ 明确细分标准 ⇒ 命名细分市场 ⇒ 确定细分市场 ⇒ 评估细分市场

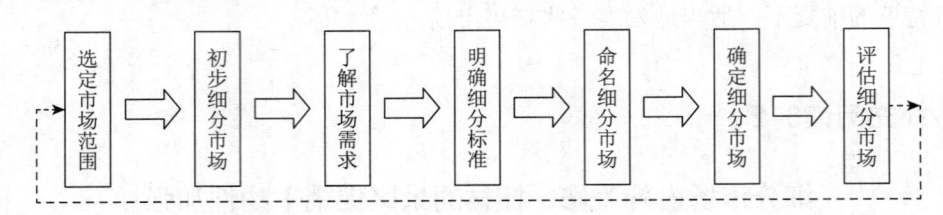

图3-1 旅游市场细分程序

（一）选定市场范围

市场细分最基础的工作是首先要了解自己的产品性质，由此再去考虑将要面向的市场范围。以温泉旅游景区为例，景区经营者将要充分考虑有哪些人群会来享受温泉沐浴，而那些对于温泉过敏者则明显不是本产品所要针对的范围。再进一步分析，因为温泉的水质、温泉中的矿物质成分的差异也可能导致不同的人群分类，在此也要做进一步的考虑。目前流行的城市周边的农业观光园项目，在具体产品设计和旅游设施建设方面也同样要先考虑自己的市场范围问题，要明确自己的项目到底是针对全球、全国、省域、市域市场，还是针对学生、教师、老年人、青年人、儿童等特殊群体范围。

（二）初步细分市场

在选定一个基本的市场范围后，即应对这个范围的市场进行初步分类。由于很多旅游企业可能是第一次进入该行业，之前没有任何直接、现实的细分数据，因此这就需要查询相关的数据资料。如根据某地的统计年鉴、某行业的统计年鉴去了解某地区的人均消费水平、人口年龄分布、旅游出游率、旅游消费水平、年旅游规模等基本资料，以便为本企业进入市场奠定基础。

（三）了解市场需求

当然，除了产品本身之处，市场需求态势是一个非常重要的内容。假如在一个偏远地区建立一个五星级酒店，即便是这个酒店的设施再豪华、服务水准再规范，也很难吸引到足够的客源，原因就在于酒店所在地没有足够的市场需求。因此，旅游企业对于市场需求要有清醒的认识，在开发景区、建立酒店之前一定要充分调研该产品所面向的具有可实现的潜在市场，这是保证旅游企业正常成功运营的前提条件之一。这也就不难理解，为什么在北京、上海、广州三地有着数量庞大的五星级酒店，而在偏远的中西部城镇很难有星级酒店。

（四）明确细分标准

目前有关细分标准的论述非常庞杂，包括传统的和现代的、单一的和复杂的、近期的和远期的等。但无论是采取何种标准，都是在初步细分市场的基础上的进一步深入，是作为旅游企业和旅游目的地未来发展的重要依据。由于标准上的差异，导致的市场类型也非常多，下面还有专篇内容涉及。

（五）命名细分市场

旅游企业和旅游目的地应对各个细分市场的特征进行分析，结合各种消费群体的特点给出相应的名称。具体的命名要注意与市场认可度保持一致，并且要易记易识别。比如，随着中国大众私家车购买力的进一步提升，国人拥有汽车的数量在不断地增长，由此成就了一个新的细分市场——自驾车市场，而当房车逐渐进入人们的生活后，房车旅游市场也应运而生。

（六）确定细分市场

深入分析各细分市场的特点特征，掌握各群体的规模大小，考虑各市场的不同需求及消费能力，由此决定各细分市场有无必要再作细分或重新合并，以不断适应市场的新变化。本步骤主要是要精确地确定具体的细分市场，不至于过度细分和过粗细分，避免超市场细分和反市场细分理论的不足之处。

（七）评估细分市场

本过程为反馈环节，是在实践运行过程中对以往的市场细分予以评价，由此决定旅游企业或旅游目的地是否仍按原计划继续实施，或者是进行调整的重要环节。

【补充阅读3-3】

定制游，游客看重产品性价比和服务保障

在线定制旅游网站6人游旅行网联合问卷网发起2016暑期定制旅游分析调研。报告显示，2016年，90%以上的家庭安排了出游计划，这也让暑期成为一年当中旅游企业最为重要的促销旺季。而在消费升级、大众富裕阶层崛起的背景下，定制旅行已经成为除跟团游和自由行之外的第三种旅行方式，大多数亲子家庭选择的出游时间为4~7天，

他们青睐短线出境游，最看重产品性价比和服务保障。

据悉，此次被调查对象拥有良好的教育背景，本科以上占比最高，年龄层主要为"70后""80后"，他们愿意尝试新鲜事物，大部分时间通过互联网工作、学习、沟通等，属于快速成长的中产阶层。

参与调研的性别比例为：女性54%，男性46%。在亲子游的旅游决策方面，多是父母同时参与决策，这也说明父母对于携子出游的重视程度。

"80后"父母带学龄前子女出游的比例较高，目的地的选择以自然风光为主；"70后"父母的孩子多数在上小学，父母们在考虑自然风光的同时，还会关注旅行主题，如人文历史、游学旅行等。在有暑期亲子出游习惯的家庭中，每年带孩子出游1~2次的占比68%，3~4次的占比28%，5次或者以上的占比4%。

在"跟谁去"的出游成员组合上，68%的被调查者选择家长和孩子，20%选择老人、家长和孩子，12%选择亲朋结伴和孩子。"在目前的6人游出游订单中，家长带孩子出游的占比超过50%。上有老下有小也是中产阶层的特征之一，带老人一起旅行，不仅是对父母的感恩，也是对孩子的一种教育。"6人游CEO贾建强说。

数据显示，暑期出游，最常见的出行时长为4~7天，占比51%；4天以内占比24%，7~12天占比22%。在目的地选择上，短线出境游更受欢迎，如东南亚及海岛旅游，行程安排上更加宽松，对目的地的体验也更加深入。在暑期出游人均预算上，预算在6000~10000元的占比45.62%，6000元以下的占比39.46%。2016年暑期出游热门目的地前十名依次为：新加坡、澳大利亚、德国、韩国、日本、法国、美国、中国台湾、马尔代夫、新西兰。排在前几名的目的地，既有寓教于乐的主题乐园，也有优美的自然风光。

报告显示，未来，考虑定制出游的占比65%，选择"看情况"的占比27%。"定制旅行既可以满足个性化需求，又能享受私密旅行，较受中产阶层欢迎。"贾建强说。

选择定制旅游，游客最看重"产品性价比"，占比73%；服务保障占比72%；公司品牌占比55%；能否提供个性化服务占比47%；接待人员素质占比38%。"由此可见，性价比依然是消费者最看重的因素，这也符合中产阶级理性的消费特点。"贾建强说。

资料来源：陈静. 定制游，游客看重产品性价比和服务保障[N]. 中国旅游报，2016-08-16（A02）.

五、旅游市场细分的类型

在对旅游市场进行分类时，首先要确定分类的依据和标准问题。根据可衡量原则，分类的依据和标准应是可以测度的，目前最具代表性的划分变量包括地理区位、人口统计、心理规律和行为特征四个单一变量，但在实际运用过程中往往又会使用综合变量法和系列变量法，即将两个或两个以上的变量组合应用，由此形成新的细分类型。

（一）单一变量下的细分类型

早在20世纪的六七十年代，就有许多专家提出了最早的市场细分类型，代表人物及其划分类型如表3-1所示。

表 3-1　早期的旅游市场细分类型

序号	代表人物	提出年份	划分类型
1	Cohen	1972	有组织的大众旅游者、单独的大众旅游者、探索者、漫游者
2	Plog	1977	自我中心型、多中心型
3	Perreault 和 Dorden	1979	做好预算的旅行者、喜欢冒险的旅行者、深居简出的旅行者、度假者、中间者（温和者）
4	Cohen	1979	娱乐型旅游者、探索型旅游者、经历型旅游者、体验型旅游者、存在型旅游者
5	Westvlaams Ekonomisch Studiebureau	1986	大海的热爱者、希望和别人接触的旅游者、喜欢大自然的旅游者、寻求休息的旅游者、探索者、以家庭为中心的阳光和大海的热爱者、传统主义者
6	Dalen	1989	现代物质主义者、现代理想主义者、传统的理想主义者、传统的物质主义者
7	美国运通	1989	冒险者、担忧者、梦想者、经济者、放纵者
8	Smith	1989	探索者、精英旅游者、脱离群体的旅游者、特殊的旅游者、喜欢新奇的旅游者、大众旅游者、契约旅游者
9	Wichens	1994	喜欢文化遗产的旅游者、"社交者的常客""雪莉情人""太阳的崇拜者""拜伦"爵士

以上九种分类方法对于旅游企业的产品开发、价格制定以及分销渠道等方面做出了显而易见的贡献，但是由于市场需求的发展，这些分类方法很难具体应用于市场营销领域。在新世纪到来之时，美国营销学大师科特勒提出了更为实用的分类体系，特别是在地理、人口、心理和行为四个方面的分类成为最经典的市场细分标准（表 3-2）。

表 3-2　旅游市场细分的主要变量

变量		典型分类
地理变量	地区	欧洲、美洲、非洲、大洋洲、亚洲东北部、东南亚、西亚等
	城市规模	10000人以下、10000~19999人、20000~49999人、50000~99999人、100000~249999人、250000~499999人、500000~999999人、1000000~3999999人、4000000人以上
	区位	城市、郊区和农村
	气候	热带、亚热带、温带
人口变量	年龄	6岁以下、6~11岁、12~20岁、21~30岁、31~40岁、41~50岁、51~60岁、61岁以上
	性别	男、女
	家庭规模	1~2人、3~4人、5~7人、8人或更多
	家庭类型	中等家庭、小型扩展家庭、大型扩展家庭

续表

变量		典型分类
人口变量	家庭生命周期	青年、单身；青年，已婚，无子女；青年，已婚，有6岁以下的子女；青年，已婚，子女在6岁以上；老年，单身；老年，已婚，无子女；老年，已婚，子女均在18岁以上等
	家庭月收入	1000美元以下、1001~2500美元、2501~4000美元、4001~5500美元、5501~7000美元、7001~10000美元、10000美元以上
	职业	专业技术人员、经理、官员和业主、职员、售货员、农民、学生、家庭主妇、服务人员、退休者、失业者
	教育	小学以下、中学、专科学校、大学本科、研究生
	宗教	佛教、天主教、印度教、伊斯兰教、基督教、道教、其他、不信教
	种族	中国人、菲律宾人、印度人、日本人、马来人、泰国人、其他
	国籍	中国、印度、印度尼西亚、日本、马来西亚、菲律宾、新加坡、泰国等
心理变量	社会阶层	下层、中层、上层
	生活方式	变化型、参与型、自由型、稳定型
	旅游者个性	冲动型、进攻型、交际型、权利主义者、自负型
行为变量	时机	一般时机、特殊时机
	追求利益	便利、经济、易于旅游
	旅游者地位	未曾旅游者、曾经旅游者、潜在旅游者、首次旅游者、经常旅游者
	出游率	不出游、少出游、中等出游、经常出游
	旅游忠诚度	无、中等、强烈、绝对
	旅游准备阶段	不了解、了解、熟知、感兴趣、想旅游、打算旅游
	态度	热情、肯定、不关心、否定、敌视

资料来源：根据科特勒等（2002）修改。

（二）综合变量下的细分类型

在单一变量分析的基础上，选择两个或两个以上的细分标准作为划分市场类型的依据，也称之为多元变量或者是市场细分组合。在考虑多个细分标准的条件下，旅游企业可以更加全面地权衡所要面对的市场状况，有助于企业做出更加准确、更加科学、更加合理的市场营销策略（图3-2）。在采取本方法时，要特别注意不能过分进行分类，也就是将年龄、性别、职业、收入、兴趣、城市、动机等全部考虑起来（图3-3），这种细分组合虽然能实现细分的唯一性和彻底性，但是对于旅游企业而言则是完全无意义的。

类别		1~2月份	3~4月份	5~6月份	7~8月份	9~10月份	11~12月份	
酒店客房需求	商务	▲	▲	▲	▲	▲	▲	工作日
	休闲	▲		▲	▲			
	会议	▲				▲		
	商务		▲	▲	▲	▲	▲	周末
	休闲	▲			▲		▲	
	会议	▲	▲	▲	▲	▲		

图 3-2　基于使用时机和利益划分的市场细分矩阵

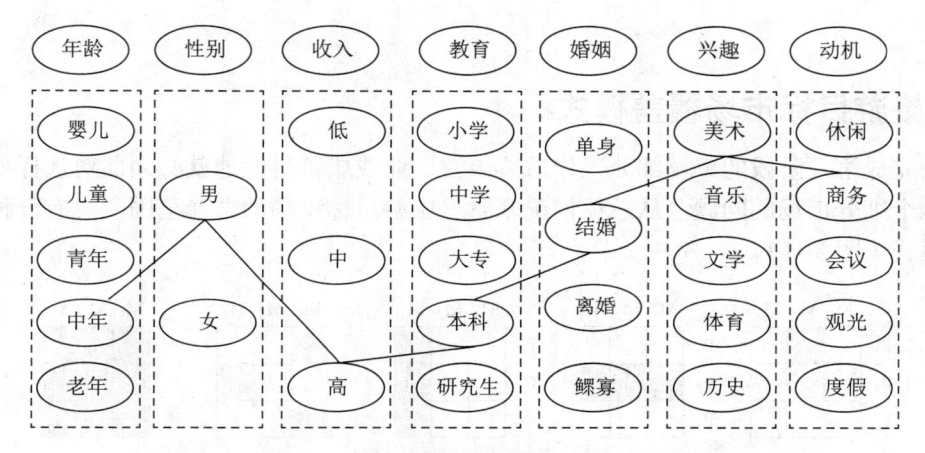

图 3-3　基于多变量的绝对市场细分组合

【补充阅读3-4】

老年女性的旅游生活方式剖析

为了解美国老年女性游客的旅游生活方式，道格拉斯·K.霍斯（Douglass K.Hawes）利用了美国1650个家庭样本数据，重点剖析了50岁及50岁以上老年女性的旅游偏好等问题。该项研究的结论包括8个方面。第一，55~59岁年龄组的女性构成了对出国旅游有浓厚兴趣的年龄细分市场。第二，最好的未来消费者是回头客：有过海外旅行经历的人更倾向于故地重游。第三，5个年龄组中有3个年龄组，70岁及以上年龄组，对在度假中休息和放松并不是最感兴趣。这一点表明，人们通常所认为的50岁以上的游客参加活动的能力降低是一种误解。第四，清教徒式的生活方式：大约60%的女性不认同"先旅行后付款"的度假方式。第五，对所有年龄组的女性而言，到大都市度假或旅游并不比到其他地方更受欢迎。第六，有旅游倾向的女性的总体情况是：教育和收入水平较高、家庭规模小、积极、能够接受旅游中的不确定事情。第七，旅游者之间存在明显的差异：有些喜欢激动和冒险，有些则更喜欢可预见性旅游，而还有一些则喜欢替代性经历和电视带来的幻想。大约1/3的调查回复者属于前两种之一，而1/5的调查回复者

59

属于"梦想者"类型。第八，电视似乎不是吸引两个旅游群体（"旅游者"和"懒散的旅游者"）的合适媒介，专门印刷品好像会更为有效；如果采用电视媒体，那么就要求节目的层次要更高，富有知识性；西部片和宗教片并不会吸引很多"旅游者"。以上结论证实：老年女性旅游细分市场已经是而且继续将是旅游业重要的目标市场。

资料来源：亚伯拉罕·匹赞姆，优尔·曼斯菲尔德.旅游消费者行为研究[M].舒伯阳，冯玮，译.大连：东北财经大学出版社，2005：325-350.

第二节 旅游目标市场选择

一、旅游目标市场覆盖模式

在完成第一阶段的市场细分工作后，旅游企业或旅游目的地就必须面对选择哪一个或哪几个细分市场的问题。从总体情况来看，旅游目标市场的选择范围主要有五种市场覆盖模式（图3-4）。

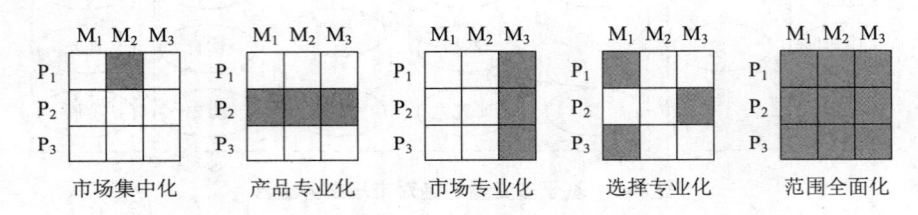

图3-4 五种市场覆盖模式

（一）市场集中化

这是最简单的市场营销方式，旅游企业只专注于某一种产品，企业的所有资源均集中于该产品的特定市场。本模式适用于四种情况：本来就具备了在该细分市场获胜必需的条件；资金有限，只能在一个细分市场经营；没有竞争对手；这个细分市场可能会成为促进细分市场继续发展的开始。本模式的选择有助于巩固某企业的市场地位，由此获得较高的报酬。但是，专一化的产品市场模式也存在较大的风险，易受外界因素的扰动。

（二）产品专业化

旅游企业只生产一种旅游产品，并向各类细分市场同时销售该产品，目前国内非常流行的素质拓展产品即属于此种覆盖模式。当然，由于面对的旅游者群体有所差异，该类产品在档次、质量、数量、功能等方面也可以有所差异。这种模式适用于那些有着非常广阔用途和功能的大众化旅游产品，而对于那些高端旅游产品则并不太适用。

（三）市场专业化

旅游企业针对某一个特定的市场，关注和致力于满足这个市场内各种需求并向这个特定的市场提供各类相关产品。目前在许多高校内开设了专门主攻大学生市场的旅行社，这些企业完全从事与大学生相关的观光、休闲、修学等旅游活动，也获得了较为可观的经济效益。

（四）选择专业化

企业根据对市场的分析，发现每个细分市场在客观上都有吸引力，并且符合公司的目标和资源。但在各细分市场之间很少有或者根本没有任何联系，然而每个细分市场都有可能盈利。由此，旅游机构可以根据各个不同市场的特点，分别设计和运营这些产品，实行差异化的营销策略。采用这种策略一般对企业规模、实力、管理协调能力和整体经营素质要求较高。

（五）范围全面化

这一般是大型企业或者市场领先的旅游企业采用的策略，这种策略可能致力于为市场上每个不同类型的消费者提供各类产品。旅游产业涵盖了食、住、行、游、购、娱等多种要素，目前尚未有哪一个企业能覆盖这些领域。企业的市场覆盖模式不是一成不变的，一般要根据市场和环节的变化动态调整，它既受到市场特性、市场环境的影响，也受到企业能力和条件的制约，同时还与企业经营战略、经营打算有关。

二、旅游目标市场选择过程

旅游企业确定目标市场是在细分市场的基础上进行的。选择目标市场就是企业确定到底要进入多少细分市场，以及确定要进入的各个细分市场的重要程度，对各个细分市场进行充分的评估，从而确定各个细分市场的优先级和重要性，制定市场营销策略。一般来说，旅游企业选择目标市场需要经过以下几个步骤，如图3-5所示：

初步细分市场 → 评价细分市场 → 预测发展趋势 → 选择目标市场 → 制定营销策略

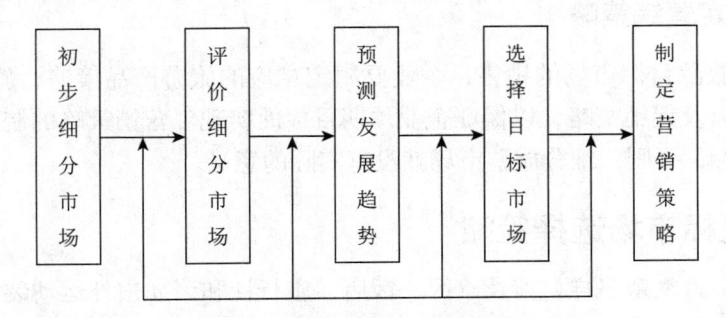

图3-5　旅游目标市场选择过程

（一）初步细分市场

值得旅游企业大力招徕的细分市场必须有足够的市场容量。只有通过对企业的经营特点和旅游整体市场需求状况的了解和研究，才能全面地对旅游市场进行细分。

旅游企业可以对历年来的各类细分市场的销售状况进行收集和统计，如销售额、盈利额、接待人数、有效旅游数、旅游者构成情况等；并以此为依据，对细分市场未来的需求量进行预测，确定发展潜力较大的细分市场，区分出增长潜力较小的市场，从而将整体旅游市场划分为不同的旅游子市场。

（二）评价细分市场

通过对旅游细分市场进行全面细致的分析，以利于旅游企业正确和及时地选择目标市场。旅游企业通过对积累资料的统计分析，了解各细分市场的销售状况，如接待人数、天数、住房天数、客房入住率等，旅游企业一般把目前业务量比例最高的细分市场作为短期内优先开发的重点进行开发。

（三）预测发展趋势

由于旅游活动具有很强的季节性和不确定性，因此在旅游市场上，各个细分市场在不同的季节和时段里，需求具有较大的差异。旅游旺季时需求量很大，旅游企业一般不需要做大量的广告宣传和推广工作，接待人数很多，旅游企业的接待能力可以得到充分的利用。旅游淡季的需求量相对于旺季来说要少，旅游企业要分析各个细分市场旅游者需求的旺、平、淡季，把营销精力放在季节变化不明显的细分市场上。

（四）选择目标市场

旅游企业根据本身的资源情况、营销能力以及细分市场吸引力的大小，进行旅游目标市场的最终选择，一般来说，有五种目标市场模式，可供旅游企业选择：密集单一市场、产品专业化、市场专业化、有选择的专业化、完全覆盖市场。企业在选择目标市场时还应该考虑旅游企业实力、产品同质性、市场的同质性、产品生命周期、市场竞争状况等因素。

（五）制定营销策略

为实现向旅游目标市场的销售，企业要制定相应的旅游产品策略、旅游价格策略、销售渠道策略以及促销策略，以保证企业预期目标的实现。营销策略的制定是细分目标市场的初步目标，否则，细分旅游市场就没有实际的意义。

三、旅游目标市场选择策略

旅游企业类型复杂多样，涉及景区、饭店、旅行社和诸如户外运动装备等特种经营行业，而且每个企业所在区位、规模大小、人力资源和经营目标等也存在很大差异，因此在具体的目标市场选择上也应选择不同的策略措施。就目前业界实战和理论研究成果来看，旅游企业选择的目标市场策略一般可分三种：无差异营销策略、差异性营销策略、集中性市场差异营销策略。

(一)无差异营销策略

无差异营销策略(Undifferentiated Marketing Strategy),即旅游企业以一种旅游产品、一种旅游市场营销组合,试图在整个市场上吸引尽可能多的消费者的一种求同存异的营销策略。这种营销策略以大众旅游为目标市场,旅游企业设计的产品和营销措施并不考虑市场内部的细分和差异(图3-6)。该策略特别适合大众都能接受的观光类旅游产品,这也是桂林、黄山、庐山等著名景区早期所采取的常规营销策略,对促进本地旅游业的发展起到了积极的作用。

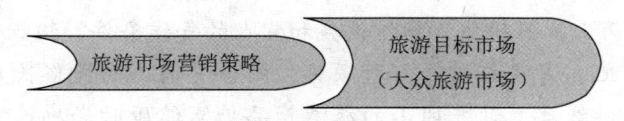

旅游市场营销策略 → 旅游目标市场(大众旅游市场)

图3-6 无差异目标市场策略

本类策略的优势在于:一是规模效应显著,由于可以大规模销售、分销渠道简化、市场调研和广告宣传开支较低,销售成本较低,从而获得规模经济效益;二是易于形成垄断性的名牌旅游产品的声势和地位,"桂林山水甲天下""不到长城非好汉"等简洁的宣传口号足以打动每个观光客,无须另外动用大规模的营销手段就能达到吸引广大游客的目的。

本类策略的缺陷在于:一是难以保证长期的市场竞争力,对于大部分的观光旅游地,很难成为游客多次回顾、多次重返的目的地,当一次生意做完后,该类旅游企业就很难生存了,最近几年来,井冈山就从传统的红色旅游向融合了红色、绿色、古色、蓝色和金色的五彩井冈形象跃进,以摆脱单一的目标市场;二是难以满足游客多样化的旅游需求,随着社会经济的发展,人们生活方式和兴趣爱好的变化迁移,旅游兴趣已经向休闲度假、背包自助、求知修学、健康养生等多元化方向延展,单一的旅游营销策略很难激发更多的人前往单一的观光胜地。

【补充阅读3-5】

"五个突破"绘就"五彩井冈山"

2008年4月1日至2日,全国精品景区提升核心竞争力研讨班在北京召开,时任井冈山管理局党工委书记、局长,井冈山市委书记、市长的王晓峰在研讨班上做了题为"'五个突破'绘就'五彩井冈山'"的专题发言,他从景区文化表现力、景区基础设施和配套设施建设、旅游产品、转型、旅游品牌建设、景区管理五个方面阐述五彩井冈山焕发出新的魅力和感召力。其中他重点谈到了全力实施"五彩之旅"工程,力争由单一观光型旅游景区向产品多元化旅游景区转变上有新突破的观点,以下是发言内容截录:

景区的生命力在于产品。只有打造出不断满足市场需要的旅游产品,旅游景区才能更具有竞争力。井冈山的旅游产品经历了一个由单一的"红色旅游",到"红绿交相辉映"，再到"五彩之旅"的过程。现在，我们致力于开发以"红色朝圣之旅""绿色观光之旅""蓝色休闲之旅""金色成功之旅""古色民俗之旅"为核心的"五彩之旅"。比如，我们开发了"六个一"的体验式红色朝圣之旅（走一段红军小路、听一堂传统教育课、向革命先烈献一束花、吃一顿红军套餐、学唱一首红军歌曲、看一场红色歌舞）；我们在全球同纬度保存最完好的原始次森林里，用最生态最环保的方式修建了一条5000米的悬崖栈道，让游客进入那神秘的腹地，去感受自然，去领略那十里杜鹃长廊的壮观，这就是我们新开发的笔架山景区，与我们原有的生态景观构成了全新的绿色观光之旅；我们还开发了山林穿越、野外拓展、越野车驾驶等项目，形成系列"冒险"型休闲产品，充分利用井冈山良好的体育场馆设施和宜人的气候条件，组织体育健身游；增设休闲场所，引入酒吧、青年旅馆等经营项目，结合井冈山的民俗民居，客家风情，形成系列民俗风情旅游线路，让井冈山的旅游产品更富健康时尚感；更符合休闲度假的需求。

资料来源：http：//tieba.baidu.com/f?kz=352505529

（二）差异性营销策略

差异性营销策略（Differential Marketing Strategy）是在无差异营销策略的基础上发展起来的，旅游企业把整个旅游市场划分为若干个细分市场，从中选择若干个细分市场作为自己的目标市场，并有针对性地进行营销组合以适应旅游者的不同需要，凭借旅游产品与市场的差异化，获取最大的经营利润（图3-7）。该策略特别适合旅游企业集团推出不同类型的旅游产品，小型旅游企业也可通过本类策略寻找适合自己的旅游商机，通过差异营销实行利润最大化。

旅游市场营销组合1 → 旅游目标市场1
旅游市场营销组合2 → 旅游目标市场2
旅游市场营销组合3 → 旅游目标市场3

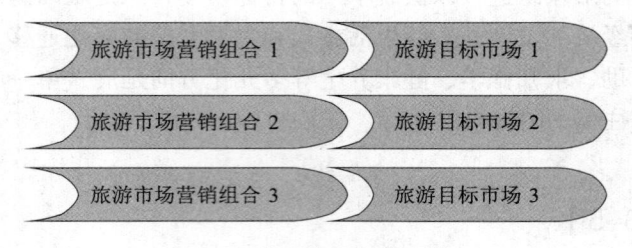

图3-7　差异性目标市场策略

本类策略的优势在于：一是重复购买率高，可以实现经营利润的最大化，由于能够较多较快地转变旅游产品的类型特点以适应和启发旅游者的需求，因而有利于增加旅游者对该旅游企业的信赖感并提高购买频率，提升企业的市场竞争能力；二是品牌曝光率高，可以实现经营品牌的知名化，如果同时在几个细分市场中占有优势，有利于树立旅游企业在旅游者心中的形象，从而有利于提高旅游企业在旅游者心目中的影响力；三是风险分担率高，可以实现经营风险的最小化，一家旅行社在同时做不同目的地、不同细分市场的旅游业务时，不会因为一个景区遭受洪灾而使整个旅行社的业务量直线下降。

本类策略的缺陷在于：一是由于差异性营销带来生产经营成本与营销宣传费用的增加，难以使旅游企业获得规模效益；二是经营目标市场数量越多，将会降低营销效率，使旅游企业管理难度加大;三是多元化分散经营可能使企业的资源配置不能有效集中,影响某些优势的发挥。

(三)集中性市场差异营销策略

集中性市场差异营销策略(Concentrated Marketing Strategy),又称"密集性营销策略",指的是旅游企业在旅游市场细分的基础上,选择一个或少量特定细分市场作为旅游目标市场,为充分满足某些旅游消费群特定的需求服务,而集中企业自身营销力量实行高度的专业化经营,以占领其大量市场份额(图3-8)。该策略适合资源有限的中小型旅游企业和一些旅游资源独具特色、能吸引一定类型旅游者前往的旅游地,对一些实效进入新市场的大企业也可以采取此类策略开拓新业务。

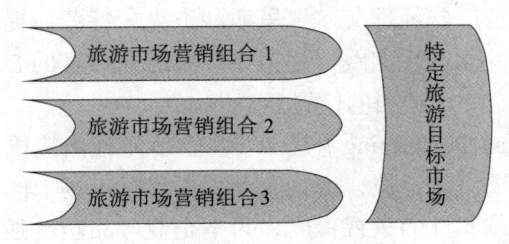

图 3-8　集中性目标市场策略

本类策略的优势在于:一是可以提高企业在特定细分市场上的占有率,由于企业销售的对象集中,因而对市场有较全面的了解,使产品容易满足消费者的需求;二是可以降低成本和减少销售费用,企业的生产实行专业化、批量化,因而可以降低生产成本,而单一经营也可以减少销售成本;三是可以使企业创名牌,增加销售量,提高利润率,因为产品单一,可以集中力量搞好产品设计,提高服务水平和服务效率,有助于企业产出质量良好的名牌产品,满足消费者需求。

本类策略的缺陷在于:一是企业经营具有很大的风险性,依赖于小部分市场生存的旅游企业承担的风险较大,一旦市场突然发生变化或者强大竞争对手的进入或者新的更有吸引力的替代产品的出现,都可能使企业没有回旋的余地而陷入困境;二是如果选定的不是较大的细分市场,则竞争者太多,市场竞争过于激烈。因此,采用这一策略的旅游企业必须密切注意目标市场的动向,并应制定适当的应急措施,以求进可攻、退可守,进退自如。

综上所述,不管旅游企业采用何种目标市场策略,都要受到旅游市场营销宏观环境、旅游企业自身条件、旅游产品或服务特点、旅游市场需求状况、旅游产品生命周期以及旅游市场竞争状况等因素的影响,应综合考虑各方面的因素来加以确定。

第三节　旅游市场定位

美国爱荷华州旅游营销规划中,将爱荷华州定位为:"一个旅游的好去处,放松的好机会,离开你有规律的生活,那种闹哄哄且乏味的生活。"这样的定位是当地友好的居民和传统的价值。这个定位打破了"爱荷华什么都有"的老套做法,突出了爱荷华州自身的特色和长处。荷兰旅游局在其策略规划中给这个国家出了一个明细的旅游定位:"与其他任何国家相比,荷兰在一个很小的地理区域里集中了大量多样的旅游吸引物,它还拥有好客的国际化的国民。"由此可见,好的定位能给人鲜明而深刻的印象,最终能够推动该目的地或该旅游企业的可持续发展。

一、旅游市场定位的含义

(一)市场定位的概念

定位这个词是由两位广告经理艾尔·里斯和杰克·特劳特提出后而流行的。他们把定位看成是对现有产品的创造性实践,是指要针对潜在顾客的心理采取行动,即要将产品在潜在顾客的心目中定一个适当的位置。

市场定位(Marketing Positioning)是 20 世纪 70 年代由美国都阿尔·斯顿提出的一个重要营销学概念。所谓市场定位,就是企业根据目标市场上同类产品竞争状况,针对顾客对该产品某些特征或属性的重视程度,为本企业产品塑造强有力的、与众不同的鲜明个性,并将其生动地传递给顾客以赢得顾客认同。市场定位的实质就是使本企业与其他企业严格区分开来,使顾客明显感觉和认识到这种差别,从而在顾客的心目中占据特殊的位置。

在西方市场营销学中,市场定位(Marketing Positioning)、产品定位(Product Positioning)、竞争性定位(Competitive Positioning)三个术语经常交替使用。市场定位强调的是企业在满足市场需要方面与竞争者比较,应处于什么位置,使顾客产生何种印象和认识;产品定位是针对企业的营销产品属性而言,企业与竞争者的现有的产品,应在各自的目标市场时处于什么地位;竞争性定位是指企业在目标市场上,与竞争者相比自己突出的企业形象和比较优势在何处。虽然这三个术语在表达上有细微的差别,但从本质上而言,它们是相通的,是从不同角度认识同一事物。

(二)旅游市场定位的含义

针对旅游业,美国营销学者戴维斯(Davies)从一个清晰的角度给市场定位下了一个定义:从根本上说,定位实际上是一种理念的表达,是消费者(旅游者)理念的感知和凝固。在较理想的状况下,这种感知定位(实际上,区域旅游组织和企业很难控制)是定位策略(旅游组织和企业可以完全控制)作用的结果。但事实往往难以预料,因为人们理解和接受一个策略,要经过许多途径,所以实际发生的变化是很大的,这些变化体现在旅游产品的供给、价格结构、促销组合、广告等方面,其中最主要的是广告的变化。

我们认为,旅游市场定位就是旅游企业或旅游区在全面地了解、分析竞争对手在目标市场上的位置后,确定自身的旅游产品及营销组合如何吸引旅游消费群的一种营销活动。其实质就是强化或放大某些产品因素,寻求建立某种产品的特色和树立某种独特的市场形象，以赢得旅游者的认同。

（三）旅游市场定位的核心内容

旅游市场定位的核心内容，即努力实现旅游产品差异化与旅游形象差异化。

1. 旅游产品差异化

旅游市场定位的出发点和根本要素在于确定区域旅游企业或旅游区旅游产品的特色，即旅游企业或旅游区必须在进行市场调研、了解竞争对手旅游市场定位的基础上，充分挖掘和创造自身的特色，避免与竞争对手定位的雷同。旅游产品差异化主要体现在旅游产品设计中的价格、服务属性与利益等方面的差异。

2. 旅游形象差异化

旅游市场形象分为功能性形象和象征性形象。旅游市场的功能性形象是指由价格、服务内容与服务效果等方面所反映的旅游产品的实际功效形象；旅游市场的象征性形象是指旅游企业塑造的旅游产品的人格化形象，如友好的形象、贵族化的形象等。旅游产品从整体产品上应重视象征性形象的可塑性，在单项产品上则应重视功能性形象的外显性。

二、旅游市场定位的过程

旅游市场定位是在市场细分和目标市场选择之后的第三个阶段，是旅游市场营销过程中最为重要的一个环节。目前对于旅游市场定位的步骤，一般将其划分为三个步骤：确认潜在的竞争优势，准确地选择竞争优势，有效、准确地向市场传播政府旅游机构和旅游企业的定位观念。不过，该种定位过程并没有考虑到定位的可行性问题，也就是缺少了评估环节，因此，我们认为市场定位过程可分为选择定位层次、明确定位优势、传播定位特色和评估市场定位四个步骤。

（一）选择定位层次

对于旅游企业以及旅游目的地而言，我们一般应考虑三个层次的定位：组织定位、产品线定位以及单一产品定位。组织定位是指一个企业整体或目的地整体的市场定位。例如，某旅游城市可将本城市定位为海滨度假和历史文化并重的目的地，而城市中的某一家饭店可定位为最富创造力的奖励旅游及会议饭店。产品线定位是对一组或一系列产品和服务的定位。例如，上述城市中旅游经营商，可以将自己的城市一日游系列定位为最适宜家庭旅游的项目。单一产品定位是对某一项产品或服务的市场定位。一般情况下，营销人员不会随时在这三个层次上同时进行市场定位，组织定位往往与企业的长远发展战略紧密相关，短时间内很难发生变化。更多的情况是企业会针对不同目标市场的组合开发不同的产品，并为其定位。

（二）明确定位优势

旅游产品营销中的优势无外乎五种情况：一是高质高价；二是高质低价；三是低质低价；四是高质同价；五是同质同价（图3-9）。高质高价要求旅游产品供应商向旅游消费者提供最优的产品和服务，但同时也要求旅游者支付最高的经济费用，目前旅行社开出的"纯玩团"、行业界里推出的高端旅游即属此类定位。高质低价是应对日益激烈的市场竞争而推出的，是在同样条件下要比竞争者制定出更低的价格，从而获取旅游消费者支持的举措。低质低价虽不值得称道，但是对于许多处于起步阶段的旅游企业而言，是可以考虑采取的定位策略，如许多新开发景区，在初期投资力度较小而景区设施和服务并不完备的情况下，可以采取低票价方案吸引初级大众旅游者。高质同价和同质低价刚好是两个相反的优势定位，前者强调同一价位上的质量优势，后者则强调同一质量上的价格优势。对于具体采取何种定位优势，则应将本企业同竞争对手在产品、管理、经营等方面进行全面权衡，最终选择最适合本企业的优势项目。

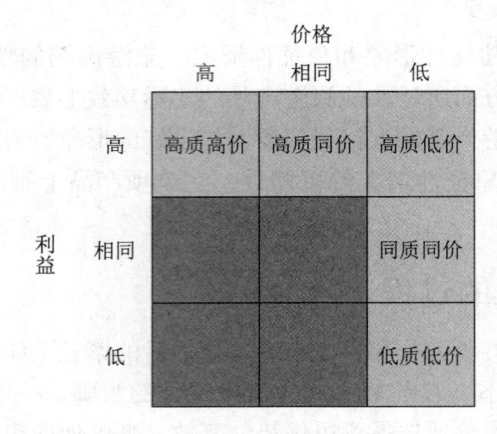

	价格		
	高	相同	低
高	高质高价	高质同价	高质低价
利益 相同			同质同价
低			低质低价

图 3-9　可能的五种定位优势

（三）传播定位特色

市场定位的最终确定是通过企业与目标市场的互动过程完成的，这些互动过程包括企业各个部门、员工以及市场销售活动对目标市场的各种接触和作用。而企业的运营制度、内部的人力资源、财务方面的政策则直接影响着各部门、员工及市场营销活动对目标市场的接触和作用。因此，不但企业的市场营销活动和对顾客的服务过程，而且企业的内部制度以及政策的制定也反映并适应市场定位战略。毫无疑问，市场营销各环节或称市场营销组合是实施定位战略的主要环节。在传播定位特色时，旅游营销者应特别关注目标顾客对其市场定位理解出现偏差，或者是由于机构在宣传上的失误而造成的目标市场的曲解或误解。

（四）评估市场定位

市场定位是一个长期连续性的工作，我们应特别关注市场定位后的反馈环节，要对以往工作进行多方面的综合评估。在进行定位评估时，应充分考虑的因素：哪一种市场定位最能够把本企业同竞争对手区分开来，企业的竞争对手已经确认了什么样的市场定位，什么样的市场定位能使目标市场感觉到产品和服务最有价值，什么样的定位经常为竞争对手使用，什么样的定位较少为竞争对手考虑。除此之外，营销人员还应了解竞争对手、消费者以及本企业三者之间复杂的认知关系对市场定位选择的影响。市场定位反馈评估时，应搜集相关反馈信息，由专业机构定期或不定期开展评估工作，以便及时调整或充实市场定位的优势，使更多的旅游者接受该种定位。

三、旅游市场定位的方法与策略

（一）旅游市场定位的方式方法

旅游市场定位的具体方式和方法多种多样，如可以根据自身旅游产品的利益定位，也可以根据产品的服务内容和产品特征属性等定位。根据业界的实际操作方法，我们将旅游市场定位的方式方法分为以下四种。一是最初定位，即旅游企业向市场推出一种全新的旅游产品而进行的第一次定位。二是重新定位，也称为二次定位，是指旅游企业改变产品特色或改变目标顾客对其原有的印象，使目标顾客重新认识其新形象的过程，如山东省的旅游定位就从原来的齐鲁文化调整为好客山东。三是避强定位，旅游目的地通过创造性的思维提出自己的市场定位，避免与周边强有力的竞争对手直接碰撞的定位方式，如在皖南古村落阴影下婺源就定位为"中国最美乡村"。四是对抗定位，就是与市场上最强的市场竞争者"对着干"的定位方式，当庐山脚下的天沐温泉如火如荼之际，龙湾温泉则迎头而上，最终取得了较好的经营业绩。

【补充阅读3-6】

"婺源之路"这一社会化发展模式的运行机制可以表述为：以多样化的社会资源进行科学的社会化运作，以科学的社会化运作积淀丰厚的社会资本，以丰厚的社会资本打造一流的旅游目的地，以一流的旅游目的地构造综合性社会产业，以综合性社会产业带动县域经济的跨越式发展，最终实现社会经济、环境文化以及人的全面发展。

婺源周边知名景区众多，在500公里范围内就有黄山景区、千岛湖景区、庐山景区、西递宏村景区等。如何在众多知名景区中脱颖而出是婺源旅游发展的主要命题。婺源旅游发展"中国最美的乡村"这一定位，与周边景区形成了差异化发展格局，成为旅游强县中"以村兴旅"的创新者，并与周边地区形成良好的竞合关系，联合而成"名山、名镇、名湖、名村"的旅游发展新格局。

资料来源：石培华，冯凌，唐晓云，等. 解读"婺源之路"——模式本质与推广价值［J］. 今日国土，2008（12）.

（二）旅游市场定位的策略

旅游营销人员可遵循的几种定位策略包括：根据产品的具体属性定位、针对另一类产品来定位自己的产品、产品差异化定位。但无论选择哪种定位策略，都必须考虑具体业务的实际情况，其中以下四个因素又是特别值得关注的：一是对目标市场清晰的认识，必须了解该定位对所有关键目标市场及旅游者的作用，以及预测对非目标细分市场的冲击，全面衡量旅游产品定位的市场反应。二是了解旅游者对旅游产品的要求，应准确把握旅游目标市场的行为特点和旅游者心理因素，才能够切实了解旅游者对旅游产品的实际需要。三是以旅游产品优势的现实为基础，利用旅游企业资产最有效的创造性竞争定位，保护旅游企业自身，使企业既具有防御能力，又能够在旅游者心目中拥有持久的地位。四是旅游市场定位的可沟通性，可以使用有吸引力和有创造性的广告或其他营销沟通方法使定位更具有吸引力，真正体现定位是以顾客为出发点的。

【本章小结】

任何一家企业都不可能满足所有消费者的需求，旅游企业必须根据一定的变量来细分旅游市场，然后根据市场的需要、自身的优势和竞争对手的经营策略，制定出适合自身发展的战略，并进行市场定位和选择目标市场。

目标市场营销战略包括市场细分、目标市场的选择和市场定位三个步骤。其中，市场细分是指将特定市场按照客户需求的差异划分为一系列具有不同特征的细分市场过程；对市场进行细分以后，旅游企业需要从不同的细分市场中选择适合自己的对象，最终选择的细分市场就是企业的目标市场；市场定位的实质是要专门针对目标市场顾客心目中某一特定的需求，为本企业产品或服务设计鲜明、独特以及深受欢迎的营销组合，以形成本企业产品或服务的竞争优势。旅游企业成功定位建立在有效的分析竞争者的基础之上，通过对竞争者的分析，旅游企业可以准确识别自身所处的市场位置，并确定有针对性的营销组合战略，以实现对旅游企业的可控制要素的最佳配置。

通过本章的学习，应了解旅游市场细分的目的、原则、意义，掌握旅游市场细分的一般原理和方法，学习如何运用营销战略以及市场定位，并在此基础上掌握旅游营销的特点原则以及构成要素。

【关键术语】

1. 市场细分
2. 市场定位
3. 旅游市场定位
4. 无差异营销策略
5. 差异性营销策略
6. 集中性市场差异营销策略

【复习思考题】

1. 为什么要进行旅游市场细分？
2. 旅游市场可细分为哪几种类型？
3. 简述旅游目标市场的覆盖模式。

4. 旅游目标市场选择策略有哪些？
5. 简述旅游市场定位的核心内容。
6. 简述旅游市场定位的方法与策略。

【案例实训】

旅游细分市场受累野蛮生长

近年来，随着旅游行业格局的逐步稳定，细分市场不断被开拓，涉及境外中文包车、亲子游、定制游、邮轮游、老年游、度假短租等，由此也出现了一批创业企业。

在这些创业企业崛起之际，融资消息也相继伴随。专注于亲子游的偶们亲子出行获得5000万元A轮融资，境外中文包车旅游公司皇包车获得4800万元A轮融资，周边游企业一块去旅行网获得A+轮2500万元融资，海岛游品牌趣旅网获得2000万美元A轮融资等。而这些融资，全部集中在去年下半年。

对于细分市场的崛起，有业内人士指出，经过多年轮番竞争，主流旅游市场已经被大型企业占据，而细分市场有许多商机，因此创业企业扎堆，融资密度也相对较大。"现在旅游基本趋于成熟，只有在细分领域才可能存在用互联网改造的机会，因为细分领域可能是早期的互联网公司不太看重的地方。"6人游CEO贾建强对《北京商报》记者表示。而对于细分领域企业的融资热潮，中投顾问研究总监郭凡礼也指出，旅游垂直细分领域兴起时间不长，对聚集资金有"洼地效应"。

不过，目前细分领域已经发展到新的阶段，资本不再像以往那么密集，用有限的资金做尽可能亮丽的数据成为创业企业必然要面临的问题。另外，不少创业企业通过进入细分市场试图开拓更大的局，如境外中文包车就被业内认为是进军出境游市场的切入口。

然而，在细分市场逐渐加速发展的同时，也出现了不少问题，包括价格战、游客纠纷、产品名不符实等。

近日，在2016欧洲旅游界华人年会上，司导对以皇包车为代表的国内电商进行讨伐，指责相关企业开打价格战，压榨海外劳动力。在该年会上，皇包车创始人孟雷现身，指出打价格战的并非皇包车一家。实际上，在境外中文包车这一细分领域，价格战早已出现。唐人接CEO安晶对《北京商报》记者表示，在境外中文包车领域，价格战最严重的时间和地点应该是2015年夏天的泰国和秋季的中国台湾，但唐人接并未参加，"因为客单价很低"。

此事在业内外备受关注，由此也引发了一系列讨论。对于境外中文包车领域出现的价格战，安晶对《北京商报》记者表示，很多公司参加价格战的逻辑是迅速起量、证明业绩、融资、抢占市场份额。对此，皇包车市场部VP张楠也对《北京商报》记者表示，价格战是电商进入市场初期的常用手段，皇包车也会顺应大市场在特定时期使用，但并不是长期行为。

而由此事件也让业者看到整个旅游细分市场出现的问题。2015年夏季，邮轮市场出现多起纠纷事件在当时引发热议，同时，由包船带来的低价策略亦备受业内瞩目。而在亲子游领域，产品不符合亲子出游需求、亲子设施不达标亦受到诟病。偶们亲子出行创始人兼CEO曹李涛在接受《北京商报》记者采访时指出，亲子游市场中，海岛游、乐园游是较为普遍的产品，但并未解决家长的痛点。他同时表示，偶们亲子出行中大部分还是供应商提供的产品，但要想真正做好亲子游，需要依靠自营，而非供应商。

资料来源：关子辰.旅游细分市场受累野蛮生长［N］.北京商报，2016-01-28（A01）.

[案例思考题]

1. 细分市场创业公司面临的机遇与挑战有哪些？如何应对出现的各种问题？
2. 研究寻找出一个新的细分市场，写出一份创业计划书。

第四章

旅游产品策略

【案例导入】

森林旅游产品如何瞄准市场需求而动

优化供给森林观光益智、森林养生度假、森林运动探险、森林科普研学和森林文化体验共五类森林旅游产品，可以进一步激活森林旅游市场需求。

当前，观光旅游市场仍然是我国森林旅游市场的主体，森林观光益智产品的优化主要从景观细节品质、观光方式、观赏内容三方面着手。森林公园内部的垃圾箱、灯座、木栈道等细节对游客的视觉体验有重要影响，其形状、大小、材质等都应该从旅游者的真实感受出发，优化空间尺度、色彩等单要素和综合要素的视觉表达效果；在环境可行的前提下，适当采用玻璃栈道、观光缆车等观光设施，丰富观光方式；发展主题观光旅游，拓展观赏内容，如观鸟旅游、天象观光、野生动植物观光等；培养森林观光引导员，引导游客从不同空间距离、角度、节奏去感知不同的"森林美"。

面对近年来频现的雾霾天气，加之工作生活压力引起改善亚健康诉求，以及老龄化社会出现的养生养老需求等，使人们的森林养生需求愈加旺盛。森林养生度假产品优化应根据森林公园的植被、地貌及水文特征，界定植物精气、负氧离子、杀菌素等元素的空间分布特征，科学发挥森林养生保健功能；加强森林养生产业链的融合发展，如融合中草药产业、森林康复医疗业、健康餐饮业，建设森林康复中心、森林医院、森林餐厅等，延伸区域产业链，丰富创新森林养生业态；完善森林养生设施，如林下按摩步道、森林浴场等，推动森林养生基地的标准化；培养森林养生指导师，发展养生解说，向旅游者介绍不同环境、设施、疗养方式等养生功效，指导旅游者通过精神舒缓、饮食调养、运动锻炼等方式达到保健、养生、净心之效。

被誉为"天然的抗忧郁剂"的运动探险，能够促进人体内多巴胺、内啡肽等激素的分泌，而这些激素与人体愉悦感密切相关。优化开发漂流、攀岩、速降、徒步、森林瑜伽、森林射箭等运动休闲产品及野外露营探险、自驾探险、树冠探险、洞穴探险、森林探险主题公园等探险旅游产品,深化旅游体验;按照不同的运动探险产品的风险程度,配备相应的安全防护和应急救援系统,并加强对旅游者的安全引导和监管;加强与运动探险俱乐部、户外用品销售商和装备制造商等在产品供应、市场信息和技术技能等方面的合作;加强森林运动探险目的地的信息化建设,利用无线定位、无人遥控飞机、智能手环等智能硬件,实现森林运动探险向移动化、智能化方向发展。

森林科普研学以森林生物群落特征、森林生态系统服务功能为主要内容,面向以青少年为主的旅游者,以其喜闻乐见的方式,开展科普自由行、科普研学冬(夏)令营等活动;提高旅游从业人员科普素质,完善科普解说系统。可在游道沿线设立森林科普的图文解说牌、负氧离子监测LED屏、健康体验点等,建立景区手机自助解说系统,使游客在观光游览的同时也能了解到森林资源的形成、生态资源的价值、保护森林的意义等,丰富游客在游览过程中的审美情趣,激发科学兴趣,提高创新实践能力。

森林文化是人类与森林长期相处形成和发展的文明成果,其精髓在于人与自然和谐发展。构建由禅观冥思、丛林静养、佛乐欣赏等宗教文化体验,鄂伦春族、傣族等民族民俗文化体验,驯鹿文化、汉字寻踪等特色森林文化体验,森林文学艺术作品鉴赏、童话森林等现代节庆文化体验等组成的森林文化体验产品体系,建设森林文化博物馆、森林民族风情园等特色设施,丰富文化体验活动,发展森林创意文化旅游,突出地域特色。

资料来源:钟林生.森林旅游产品如何瞄准市场需求而动?[N].中国绿色时报,2016-07-12(A04).

第一节 旅游产品概述

一、旅游产品的概念

(一)产品的概念

目前对于产品的概念解释最为常用和权威的仍然是科特勒提出的:产品是向市场提供的,引起注意、获取、使用或消费,以满足欲望或需要的任何东西。产品不仅包括有形产品,广义定义的产品还包括实务、服务、事件、人员、地点、组织、观念或者上述这些的组合。由此可见,产品的涵盖内容和范围非常广泛,包括了有形物质和无形服务两大方面,更多的人则直接把产品称为"产品服务组合"(product/service mix)。不过,在实际操作中,有形物质是可视的、可量化的、可标准化的,而无形服务则是只能体验于心的,每个人对于具体服务的态度也可能存在较大的差距。

(二)旅游产品的概念

将产品概念引入旅游业就成了我们通常所说的旅游产品,但是对于这种简单叠加而成的专业词汇,在概念内涵探讨上却存在很大的争议。从目前搜集到的相关文献材料来看，对于旅游产品的定义基本上可以分为旅游线路说、旅游商品说、服务产品说、综合产品说、消费经历说等数种，最近则又流行了旅游新业态一词，以区别于传统的旅游产品（表4-1）。

表4-1　旅游产品定义类型

序号	类型	代表性定义	作者及年份
1	旅游线路说	旅游产品是提供给旅游者消费的各种要素的组合，其典型和传统的市场形象表现为旅游线路。	魏小安、冯宗苏，1991
2	旅游商品说	所谓旅游商品，是指旅游者在旅游活动中购买的，他所需要的产品和服务的总和。……是旅游者在食、住、行、游、购、娱等旅游活动过程中所需要的产品和服务的总和。因此，旅游商品是相对一次旅游活动而言的综合性概念。	罗明义，1994
3	服务产品说	在市场经济条件下，旅游产品是旅游服务诸行业为旅游者满足游程中生活和旅游目的需要所提供各类服务的总称。	申葆嘉，1999
4	综合产品说	旅游产品是旅游经营者所生产的，准备销售给旅游者消费的物质产品和服务产品的总和。旅游产品可以分解成为三个部分：旅游吸引物、交通、接待。其中旅游吸引物的地位和作用是首要的，因为它是引发旅游需求的凭借和实现旅游目的的对象。	肖潜辉，1991
5	消费经历说	旅游产品是旅游者为了获得物质和精神上的满足通过花费一定的货币、时间和精力所获得的一次旅游经历。	陶汉军、林南枝，1994
6	旅游新业态	旅游新业态是相对于旅游主体产业有新突破、新发展，或者是超越传统的单一观光模式，具有可持续成长性，并能达到一定规模，形成比较稳定发展态势的业态模式。	杨玲玲、魏小安，2010

以上仅仅是列出了旅游产品定义中的典型代表，对于具体的旅游产品内涵认识起到了一定的促进作用。由于本书所谈的是营销学范畴，因此，我们从旅游营销的角度来讨论这一概念，这与旅游规划开发领域内的概念可能存在一定的差异。我们认为：旅游产品是以无形服务为主导，以有形产品为依托，能够满足现实或潜在游客需要的综合体。在旅游营销领域，产品往往是被幻化成为一种感觉，而这种感觉的来源最重要的还是服务感触和景观知觉，也正因为如此，一个热情好客的餐馆老板可能比美味佳肴更能吸引食客。

【补充阅读4-1】

　　消费者购买某一款品牌产品，其消费的动机是对某一款产品的认知和感受，这就是一个品牌产品的感觉。消费者对品牌的需求首先是建立在其产品的基本功能上，然后是情感上的，继而是精神上的，终极需求就是消费者一种成就自我的满足感。

　　这种品牌的感觉实质上是产品附加价值的体现、品牌内涵的体现，感觉直接影响产品，因为感觉才是消费者心中对品牌的定位。

　　这种感觉可以是休闲、时尚、体验与传播快乐，也可以是创造怀旧、感受历史，也可以做形象、找内涵、拥有特性，还可以在不同人群求差异、细分市场找蓝海。

比如，北京一直以历史古都、文化名城形象出现。而从2005年开始，围绕"新北京、新奥运"和"绿色奥运、人文奥运、科技奥运"为主题，北京旅游连续几年不间断地进行奥运主题形象宣传，使得北京这个旅游目的地又有了新的内涵，极大促进了北京旅游业的发展。

丽江对外的形象宣传一直是"给你不一样的感觉和味道"，不一样的感觉和味道成为丽江旅游的核心价值，游客去丽江感受的是一种浪漫、一种悠闲。丽江向全世界征集新生活的体验者，就是把这里的生活环境和潜在消费者日常的生活环境作比较，让游客来体验和感受，把这些不一样的感觉、不一样的味道元素展示出来、描述出来，并通过游客传播出去。

《禅宗少林·音乐大典》和一系列的事件营销，体现出中国古老宗教文化与现代文明交相辉映，从而打造出独有的少林文化内涵。

资料来源：孙长胜.旅游营销卖产品不如卖感觉［N］.中国旅游报，2010-06-21.

二、旅游产品的特征

（一）综合性

旅游产品的综合性体现以下三个方面：一是旅游产品内部的综合特征，传统提法上的食、住、行、游、购、娱六大要素以及体、疗、修等内容都是共同组成旅游产品的要素；二是旅游产品外部的关联特征，旅游产品的生产涉及文化、体育、农业、工业、林业、商业、水利、地质、海洋、环保、气象等相关产业和行业；三是旅游产品效用上的综合性，对于不同类型的旅游产品，其效用可以体现在满足旅游者观光需求、宗教朝觐需求或者健康疗养需求及其他，甚至有些旅游产品可以一次性给旅游者多重效用的满足。

（二）无形性

无形性又称为服务性、非实物性。就营销学而言，旅游产品的主要层面是服务产品，而服务往往是不可储存的、易损坏的、非标准化的，旅游者前往旅游目的地旅行，实际上他也参与了产品的生产过程，而旅行中的特定情境也是旅游产品的组成部分，因此，旅游产品的好坏、质量高低更重要的是取决于游客的体验和感觉。与工业制造品强调有形部分不同，旅游业的产品更多的是指无形部分，旅游者前往庐山、黄山旅游时，付出的货币并不是购买到像冰箱、电视一样的有形实体，而仅仅是享受一次旅行经历，最多也只是带回一些有形的照片和特产。

（三）时间性

时间因素是旅游产品的组成部分，是旅游者评价旅游产品质量的一个重要方面。时间因素包括两个方面的内容：一是在顾客需要的时间提供服务，二是服务的持续时间要满足客人需要。消费者的任何购买行为的支出都包括精力支出、费用支出、时间支出等成本。就时间支出而言，旅游产品的消费者支付的时间成本要远远高于购买其他产品时所支付的时间成本，这也是为什么闲暇时间被列为产生旅游需求必要条件的原因。由于旅游产品消费需要较高的时间成本，旅游者往往要腾出一段比较集中的闲暇时间才能购买旅游产品，而这段时间对旅游者往往十分珍贵，所以旅游者非常看重他们在旅游过程中的时间是否得到充分利用，对旅游产品供应商提供产品的效率提出较高的要求。

（四）替代性

旅游产品的替代性体现在旅游产品和其他商品之间的替代性及旅游产品之间的相互替代。同种类产品之间会相互替代的现象存在于所有产品中，对于山岳观光产品而言，同类型的产品提供方在我国就非常普遍，如黄山、泰山、庐山、三清山等；同样在暑假时选择去大连或青岛看海玩沙，对于旅游者来说都没有太大的差异，两地是可替代的。在旅游营销中，除了要关注两个同类型景区、宾馆或交通可能存在的替代问题外，同时还要注意不同类型景区、宾馆、交通间存在的替代性。随着城市间铁路系统的快速发展，原本处于不同领域的铁路运输、航空运输和公路运输间就成为竞争对手，而选择哪种出行方式则成为产品组合时必须考虑的头等大事。

三、旅游产品的结构

根据不同的分类标准，我们可以将旅游产品的结构划分为三种不同类型的结构。

（一）整体旅游产品和单项旅游产品

整体旅游产品是基于需求认知角度而提出的。整体旅游产品是指以在旅游目的地的访问活动为基础，构成一次完整旅游活动的各项有形因素和无形因素有组合或集成。在旅游者看来，这一整体旅游产品是其通过支付费用而获得的一次完整旅游经历。整体旅游产品的内容构成包括：旅游目的地吸引物或旅游资源、往返该旅游目的地的交通运输条件及其相关服务、旅游目的地提供的游客生活接待设施及其相关服务、该地为来访游客提供的其他各种社会服务。单项旅游产品是基于旅游企业的认知角度而提出的。单项旅游产品是指借助一定的设施设备面向旅游者提供的各类服务项目，这些服务项目是由不同类型的旅游企业分别提供的，如旅行社主要提供导游服务，旅游包车公司提供客运租赁服务，景区景点提供游览和讲解服务等。

（二）核心产品、有形产品和扩展产品

本项分类是基于工业制造品而提出的，现在被称为传统的"三层次"说。核心产品是指该产品能够给消费者带来最为根本利益的部分，是能促使消费者购买该产品的核心原因，如旅游者前往主题公园最看重的就是刺激和（或）氛围。有形产品是指将核心产品有形化，使其转化成为能够满足顾客某种需要而使其购买的有形产品，如主题公园内的刺激性的游乐项目、品牌、安全等。扩展产品是产品的附加利益部分，是指生产者或供应商在其所提供的形体产品之外，为使自己的产品有别于竞争产品而特意提供的某些可供旅游者免费使用的设施或服务项目，如主题公园中的开放时间延长、免费停车场等（图4-1）。

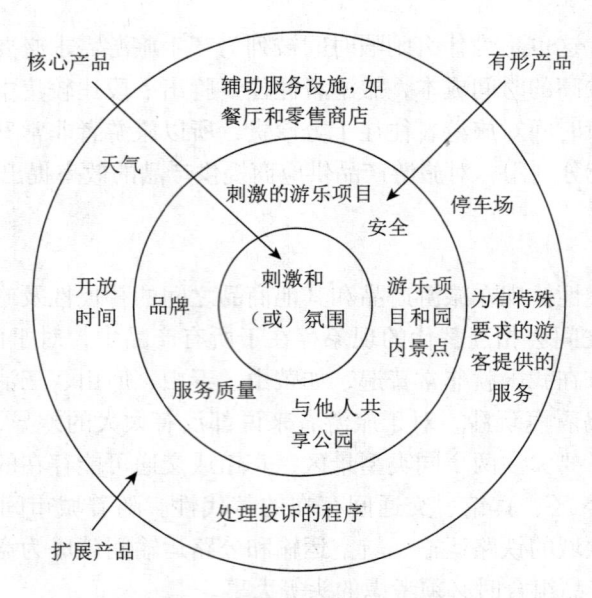

图 4-1 主题公园产品的三个层次

（三）核心产品、配置产品、支持产品和扩展产品

在传统"三层次"产品的基础上，有关学者进一步提出了"四层次"说，即指核心产品、配置产品、支持产品和扩展产品。与传统的"三层次"说相比，"四层次"最大的调整是将原来的有形产品转换成为与核心产品相对应的配置产品和支持产品，同时将原来的三圈变化为两圈，使核心产品、配置产品和支持产品同处于内圈中的三角上（图 4-2）。核心产品仍然是旅游者购买该产品时所追求的核心利益。配置产品是指旅游者在使用核心产品时必须依托的物品或服务，如一家星级商务酒店在提供最核心的住宿服务时，还应提供电话、就餐、购物、娱乐等服务。支持产品是用以增添核心产品之价值的其他某些辅助性设施和服务项目，是区别于竞争者而特意额外提供的某些设施或服务，如免费饮料、免费报纸等。扩展产品包括可进入性、氛围、顾客与服务机构的互动、顾客参与以及顾客之间的互动等内容。

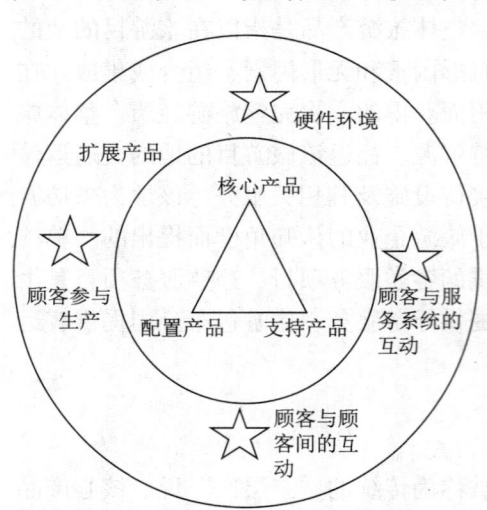

图 4-2 旅游产品的四个层次

四、旅游产品的谱系

旅游产品是一个开放的系统，随着行业竞争和市场需求的不断变化，旅游产品的内容和形式也在不断地增减改变。根据旅游产品的功能和市场存在形态，我们一般可以将旅游产品分为观光旅游产品、度假旅游产品、节庆旅游产品、生态旅游产品、专项旅游

产品等类型。以下重点介绍两种旅游产品的分类系统：一是吴必虎提出的综合旅游产品谱；二是朱孔山提出的专项性质的生态旅游产品谱。

（一）综合旅游产品谱

1. 传统旅游产品

（1）观光旅游。观光旅游是人类为了满足其好奇心而产生的初级旅游产品，可分为自然观光、城市观光和名胜古迹观光等数种。

（2）升级的观光旅游。为了适应新的市场需求，弥补天然或历史遗产在区位上与客源市场的不一致，开发商或政府公益机构创建了多种新型的升级产品，具体包括缩微景观，"外国村"或"外国城"，"仿古村"或"时代村"，主题公园，野生动物园，海洋观光和水族馆，城市旅游，都市旅游等。

（3）文化旅游。文化不仅本身就是直接的产品形式，同时也是所有产品开发需要加以关注的对象，具体可分为一般文化旅游、遗产旅游、博物馆和美术馆旅游、艺术欣赏旅游、民俗旅游与民族风情旅游、怀旧旅游与历史人物遗迹旅游、祭祖旅游、宗教旅游、文学旅游等。

（4）商务旅游。具体又分为一般商务旅游、政务旅游、会议旅游、奖励旅游、大型活动与节事旅游、购物旅游等。

（5）度假旅游。度假旅游是指利用假期在一地相对较少流动性进行休养和娱乐的旅游方式，包括海滨旅游度假、山地度假和温泉度假、乡村旅游、度假村和旅游度假区、环城游憩带度假旅游（周末一夜游度假）、休闲旅游、水库旅游和水利旅游、野营旅游等具体产品。

（6）社会旅游。社会旅游是指通过某种形式的社会团体的组织支持，而使因某些限制而不能顺利得到假期享受的人们得到旅游经历的旅游方式。

2. 新兴旅游产品

（1）军体健康旅游产品。包括一般体育旅游、高尔夫运动和高尔夫旅游、体育观战旅游、滑雪、漂流、汽车旅游、军事旅游、医疗保健旅游、疗养保健旅游。

（2）业务旅游产品。包括修学旅游、教育旅游和校园旅游、工业旅游、观光农业和农业旅游、学艺旅游、科学考察旅游与地质旅游、边境旅游。

（3）享受旅游产品。包括休闲娱乐旅游、豪华列车旅游、豪华游船旅游、美食旅游、超豪华旅游（极品旅游）。

（4）刺激旅游产品。通过制造适当的旅游冒险经历使旅游者体验到胆战心惊的场面或官能感受，刺激各种神经系统使其感受紧张、惊奇、眩晕、幻象等独特信息，从而使旅游者获得旅游消费过程的一种产品形式。包括特种旅游、探险旅游、赛车旅游、秘境旅游、海岛和海底旅游、沙漠旅游、斗兽旅游、狩猎旅游等。

（5）替代性旅游产品。替代性旅游产品是相对于大众旅游而言的一组产品簇，它突出体现环境意识和小规模开发，包括生态旅游、国家公园与自然旅游、自然保护区、森林公园与森林旅游、摄影旅游、社区旅游等。

（6）活化旅游产品。对于人体、对于心灵或者对于参与社会活动的一种刺激，这种刺激可以来自他人（人为活化）、媒体（媒体活化）或物质（物质活化），包括运动、业余爱好、娱乐活动、制造经历、郊游、指导游客享受特殊时间、促进交流。

3. 非主流产品

性旅游和旅游博彩业。

（二）生态旅游产品谱

1. 自然生态观光旅游产品

以观赏、体验、感悟自然生态为主题，重点开发以山地、森林、海滨、水体湿地、温泉、洞穴、观赏性动植物、地质奇观、特种自然现象等为资源基础的生态观光旅游产品。

2. 原生态文化旅游产品

流传于民间、历史悠久、原汁原味的乡土文化，可称之为原生态文化。要注重其产品的观赏性、趣味性、参与性和科学性，并从中培育旅游者生态保护的传统理念和价值取向。

3. 产业生态旅游产品

依托区域农业、工业等特色生态产业，开发生态产业生产流程观光、生产体验、生态产品购物、生态产业知识咨询与教育等生态旅游产品。生态农业旅游应以集中连片的大面积无公害果园、茶园、林草地、农业科技示范基地的开发为主，生态工业旅游可选择具有循环经济特点的企业、生态工业园，围绕工业生产场所、过程、技术、结果、管理等方面进行旅游开发。

4. 生态休闲养生旅游产品

对生态环境好，但差异化程度小、吸引力不足的生态旅游资源，通过特色休闲养生产品的设计与开发，可提高生态旅游产品的吸引力、竞争力。由于旅游者对生态养生诉求的多样性，产品设计可考虑不同的主题，如长寿养生类、山林养生类、日光养生类、花卉养生类等产品。

5. 生态度假旅游产品

度假旅游本身是一种复合型产品，其功能涉及观赏、休闲、娱乐、康体、度假等几个方面。在追求良好生态环境本身的同时，在度假设施配置上的要求也较高，应区别不同区域的生态环境条件，开发山地森林度假、海滨度假、湖滨度假、温泉度假、乡村田园度假等类型的生态度假旅游产品。

6. 生态科普旅游产品

生态科普旅游市场需求的规模越来越大、层次越来越高，各地应以具有代表性、典型性的生态环境与资源，设计开发内涵不同、各具特色的多种生态科普旅游产品和相关旅游线路。

7. 生态节庆旅游产品

应充分利用自然环境要素的季节变化规律和社会节庆日及假日，根据各地资源特点和旅游需求趋势，开发梨花节、桃花节、蔬菜节、采摘节、农耕节、垂钓节、登山节、生态文化节等各种生态节庆旅游产品。

8. 特种生态旅游产品

特种旅游产品是有特殊兴趣和较强自主性的旅游者在特殊的旅游目的地或线路上实现其带有参与性、探险性、刺激性和竞技性的个人体验目的而进行的旅游活动及其产品的总称，主要方式有探险、野营、科学考察、特种体育等。

【补充阅读4-2】

世界自然遗产地、世界地质公园、国家5A级旅游景区、国家重点风景名胜区、中国十佳魅力名镇……泰宁风景区名声在外，备受海内外游客青睐。

然而，面临激烈的市场竞争，如何做足旅游这篇文章？

泰宁的方向很明确——持续升级旅游产品，进一步提升景区核心竞争力和吸引力。

为此，该县编制了《泰宁景区互动提升规划》，按照"神画金湖、谜团寨下、传奇上清、九龙仙潭、尚书福第"主题定位，新建金湖景区丹霞岩穴"天眼"、仙寿山观景台、甘露寺荷花池、水上喷射艇游乐园等景点，进一步增强游客的体验性、参与性、互动性。

"泰宁重点打造'五朵金花'旅游特色专业村，'耕读李家'项目是其中之一。该项目致力于打造集'耕读文化、养生度假、田园生活、岩穴苦读'为一体的耕读文化村落。"泰宁县旅游管委会干部黄兴学说，除"耕读李家"外，旅游特色专业村还有"渔悦水际""花样音山""鹭嬉南会""水趣崇际"。

此外，泰宁县还明确布局"四大旅游板块"，让景区提质增效。提升滨水休闲板块，重点改造金湖景区，增强休闲体验性元素；突破古城开发板块，丰富古城休闲业态，打造"悠闲古城"；培育高山安养板块，利用峨眉峰独特的资源优势，建设高山避暑胜地；丰富乡村旅游板块，建设特色旅游村镇。

如何充分发挥旅游辐射带动功能？"旅游+"，让全县产业融合风生水起。

推进"旅游+工业"，利用具备条件的生产场所和工业设施，打造具有地域特色的工业旅游示范项目。除一点石外，县里还开发出石乳甘泉、状元茗生态茶业、三佰两茶业等旅游商品加工企业"生产—展销—体验"项目。

实施"旅游+农业"，围绕"一条鱼、一只鸡、一粒种、一袋茶、一朵菇、一棵草"，开发了瑶坪提子采摘庄园、长兴生态鹿园、镜元茶庄，大金湖有机鱼发展配送连锁店近40家；金湖乌凤鸡获国家地理标志证书商标；科荟种业成为全省首家在"新三板"挂牌交易的种业企业等。

拓展"旅游+文化体育"，加快建设明清园（二期）、文创基地、东方圣城书画苑等一批丹霞文化产业园项目，成功举办国际帐篷节、环大金湖骑行等系列活动。

提升"旅游+度假养老"，候鸟式新型养老项目大金湖怡养中心、峨眉峰避暑山庄建成投入运营；泰宁古城旅游休闲区成功列入首批全省现代服务业集聚示范区。

资料来源：项裕兴，李远明，邱灿旺．泰宁：旅游"龙头"舞起来［N］．福建日报，2017-05-26（2）。

第二节　旅游产品生命周期与营销策略

产品生命周期理论是现代营销管理中的一个重要理论，由美国哈佛大学教授费农于1966年率先提出。所谓产品生命周期理论，是指产品从进入市场到最后被淘汰出市场的全过程。这一理论应用于旅游业，对旅游业有效地利用、开发特色旅游产品、制定营销策略具有重要的指导意义。

一、旅游产品生命周期理论

同其他产品一样，旅游产品在市场营销过程中，都有一个生产、成长、衰退到被淘汰的过程。所谓旅游产品生命周期理论，是指旅游产品从进入市场到最后被淘汰出市场的过程。典型的旅游产品生命周期是呈 S 形正态分布曲线，如图4-3所示，包括产品开发期、导入期、成长期、成熟期、衰退期5个阶段，最关键的是后4个阶段。

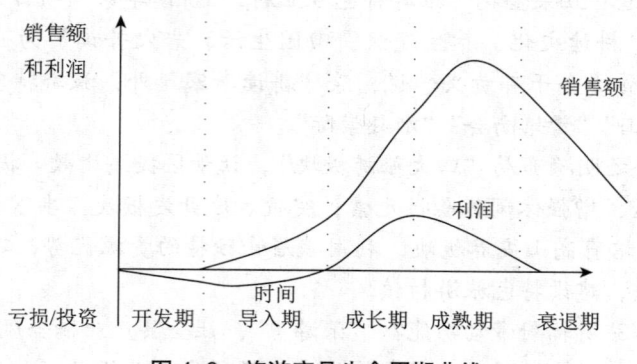

图 4-3　旅游产品生命周期曲线

（一）开发期

起始于旅游企业找到并形成新产品创意。在产品开发期，销售量为零，而企业的投资成本却逐渐增加。

（二）导入期

该阶段是旅游产品进入市场的初级阶段，也叫介绍期或引入阶段。具体表现为新的旅游景点、旅游饭店、旅游娱乐设施建成，新的旅游线路开通，新的旅游项目、旅游服务推出，即出现新的旅游产品。这一时期旅游产品的设计和生产都有待于进一步完善，旅游服务质量尚不稳固，旅游者对旅游新产品还不甚了解，旅游者的购买行为不够踊跃，仅有少数追求新奇的旅游者可能做尝试性的购买。这一时期属于旅游产品的试销期，企业投资额很大，销售额低，此时还没有真正盈利，同行竞争者很少甚至没有。

（三）成长期

该阶段是指旅游产品在市场上普遍销售的饱和阶段，也叫增长期或者发展期。这一时期旅游产品设计与生产都已经趋于完善，服务质量大大提高，旅游企业的利润大幅度提高。同时产品销路已经打开，购买量开始增加，利润迅速上升，旅游广告费用也随着产品的畅销而降低。在这一阶段，市场上开始出现不断增加的竞争者，模仿抄袭现象普遍。

（四）成熟期

该阶段是指旅游产品在市场上普遍销售饱和的阶段。这一时期旅游产品已经成为名牌产品或者老牌产品，在旅游市场中享有较高的知名度，旅游产品的销售量逐渐达到顶峰而趋于饱和状态，旅游产品的成本降至最低点，旅游企业的利润也达到最高水平。为了在竞争中保护自己的产品，营销费用相应增加，利润增长停滞，甚至开始下降。在这一阶段，竞争者大量涌现，旅游企业间的竞争日趋激烈，竞争的核心问题是产品的差异化。

（五）衰退期

该阶段是指旅游产品逐渐退出旅游市场的阶段。这一时期旅游产品的内容与形式都显陈旧，其他更为先进的旅游产品层出不穷，旅游消费者对原旅游产品的兴趣已经大幅下降，转而倾向购买其他类型的旅游产品。因此，旅游产品此时的销售额是大幅度下降的，旅游企业的利润甚微直至在竞争中被淘汰。

在实践中，以上描述的生命周期并不完全依照这种S形的五阶段过程。受各种条件的影响，旅游产品生命周期曲线可能会呈现出双峰形或者是三角形，有的可能会经历较长的生命周期波动，而有的可能一进入市场就很快消失。对于具体的旅游产品而言，像经典观光类的景区可能很难界定会进入衰退期；而对于一些主题公园来说，可能尚未进入成长期就搁浅和衰亡了。因此，对于产品生命周期理论，要具体问题具体分析，理论模型与现实问题是存在较大差距的。

二、旅游产品不同生命周期阶段的营销策略

产品在不同的市场其生命周期阶段有不同的特征，企业必须针对各阶段的不同特征制定相应的策略。有关产品开发阶段的发展策略问题将在后一节的新产品开发中讨论。

（一）导入期的营销策略

旅游企业在导入期的战略思想重点应突出一个"快"字，要抢先占领市场。这一时期旅游企业所采取的营销策略实际上就是新产品营销策略，旅游企业必须把销售力量直接投向最有可能的购买者，促使产品尽快进入成长期。从定价和促销的角度来考虑，有以下四种策略可供选择，如图4-4所示。

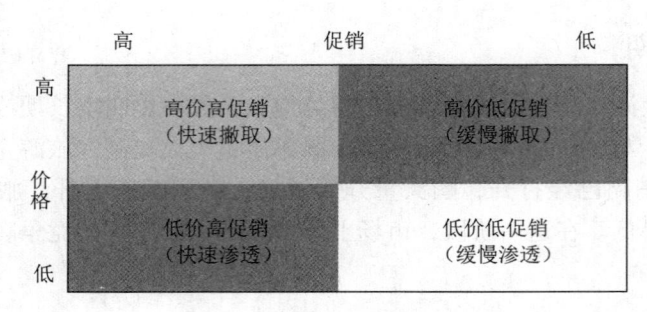

	促销	
	高	低
价格 高	高价高促销（快速撤取）	高价低促销（缓慢撤取）
价格 低	低价高促销（快速渗透）	低价低促销（缓慢渗透）

图 4-4 导入期旅游产品促销策略

1. 快速撇脂策略

快速撇脂策略即以高价格和高促销水平的方式推出新产品。企业采用高价格是为了在每单位销售中尽可能获取更多的毛利润。同时，高促销费用产品的顾客的信任度，说明该产品物有所值，从而加快产品的市场渗透力。采用这一策略的假设条件是：新产品有特色、有吸引力；有较大的潜在市场需求；目标顾客的求新心理强，急于购买新产品，并愿意为此付出高价；企业面临潜在的竞争威胁，须尽快培养消费者的品牌偏好。

2. 缓慢撇脂策略

缓慢撇脂策略即以高价格和低促销水平的方式推出新产品，主要目的是撇取最大的利润。推行高价格是为了从每单位中获得尽可能多的毛利，而推行低水平促销是为了获取大量的利润。采用这一策略的假设条件是：旅游市场规模有限，现实的和潜在的竞争威胁不大；新产品具有独特性，有效地填补了市场空白；适当的高价能为市场所接受。

3. 快速渗透策略

快速渗透策略即以低价格和高促销水平的方式推出新产品。这一战略期望能给企业带来最快的市场渗透和最高的市场占有率。采用这一策略的假设条件是：市场规模较大；旅游消费者对该产品不了解，且对价格十分敏感；面临潜在的竞争威胁；旅游产品因规模生产或引起的新技术而使生产成本大大降低。

4. 缓慢渗透策略

缓慢渗透策略是采用低价格、低促销费用的方式推出新产品。低价通常可以刺激市场尽快接受新产品，而低促销费用可以使企业降低营销成本，实现更多的利润。采用这一策略的假设条件是：市场有较大的开拓余地；消费者对产品已经了解，且对价格十分敏感；潜在的竞争较大。

（二）成长期的营销策略

旅游企业在成长期的营销策略重点应放在一个"好"字上，即提高产品质量，增加产品特色，切忌因产品畅销而急功近利，粗制滥造，片面追求产量和利润。针对成长期的特征，旅游企业可以采取如下策略：

1. 改善产品品质

提供优良的售后服务等措施，可以提高产品的竞争能力，满足旅游者更广泛的需求，吸引更多的游客。

2. 寻找新的细分市场

通过市场细分，找到新的尚未满足的细分市场，根据其需要组织生产，迅速进入这一新的市场。

3. 改变广告宣传的重点

把广告宣传的重心从介绍产品转到建立产品形象上来，树立产品名牌，维系回头客，吸引新来者。

4. 适时降价

在适当的时机，可以采取降价策略，以激发那些对价格比较敏感的消费者产生购买动机和采取购买行动。

（三）成熟期的营销策略

旅游企业在成熟期的市场营销重点应突出一个"占"字，即提高市场占有率，维护已有的市场地位，通过各种改进措施延长产品的生命周期。这一阶段，可考虑采用以下策略：

1. 调整市场

具体可以使用的方法有：促使非使用者使用该品牌、争取竞争对手的顾客、进入新的细分市场、设法让当前的使用者增加使用量等。

2. 调整产品

产品管理人员通过改变产品特征、产品质量、产品用途或产品风格，以便吸引新的使用者和刺激人们购买更多的产品。成熟期的产品调整策略最为重要的是质量提升，当产品质量改善能使旅游者切实感受到所带来的核心利益时，这一策略将会收到很好的效果。

3. 调整营销组合

改变某些市场营销组合因素，刺激销售量。如降价、加强服务、增加广告费用、改进包装、增加销售人员数量、开辟多种销售渠道、开展送赠品促销形式等。但这一策略如处理不当，可能会因销售费用的增大而削减旅游企业的利润。

（四）衰退期的营销策略

旅游企业在衰退期的营销策略应突出一个"转"字，即有步骤、有计划地转换经营目标，或转到其他新产品，或设法延长现有产品的生命周期。通常有以下几种策略可供选择：

1. 继续策略

继续沿用过去的策略，仍按照原来的细分市场，使用相同的分销渠道、定价及促销方式，直到这种产品完全退出市场为止，这是一种完全消极的处理办法。

2. 集中策略

把企业能力和资源集中在最有利的细分市场和分销渠道上，从中获取利润。这样有利于缩短产品退出市场的时间，同时又能为企业创造更多的利润。

3. 收缩策略

抛弃无希望的客源细分市场，大幅度降低促销水平，尽量减少促销费用，以增加目前的利润。这样可能导致产品在市场上的衰退加速，但也能从忠实于这种产品的旅游者中得到利润。

4. 放弃策略

对于衰退比较迅速的产品，应该当机立断，放弃经营。可以采取完全放弃的形式，如把产品完全转移出去或立即停止销售；也可采取逐步放弃的方式，使其所占用的资源逐步转向其他的旅游产品。

需要说明的是，在现实生活中把旅游产品的生命周期严格地区分为四个阶段是很困难的。事实上，由于各种主客观因素的影响，有些产品可能很快进入衰退期，而有些产品则可能死而复生，一跃而居于热门货的地位。旅游企业应根据实际情况采取相应的营销策略，并把重点放在延长旅游产品的成熟期上。

【补充阅读4-3】

这是一个老故事，一个被列举过无数次的旅游市场的典型教材，它就是上海环球乐园。

1995年，在主题公园投资热潮的带动下，上海南翔经济发展公司、上海土地发展总公司等10家单位投资了5亿元兴建了上海环球乐园。这是一个整体布局气势宏伟，被称为中国第二大的大型主题乐园。

上海环球乐园位于上海嘉定区南翔镇北侧，沪嘉高速公路东侧，毗邻312国道，距市中心约23公里。可谓占据地位优势。

1996年9月，经过周密筹备的占地1200亩的上海环球乐园问世，它将五洲风貌融入一园，荟萃了世界著名景点36处，其他景观100余处，大多数景点按1∶1原型仿造，内有世界各国的名胜、建筑、园林风格，使游客领略异域奇观，品味他乡情调。

游人可以参与丛林探险、太空影院、跑马、赛车、泛舟、滑水等大型娱乐项目。园区内有别具特色的树屋、古堡、傣寨等餐饮、住宿等全新的旅游环境。

自9月正式开园到年底，上海环球乐园共接待游客70万人次，营业收入2708万元，最多一天有2.3万人次，门票收入超过100万元。

然而，环球乐园未能摆脱失败的命运，生意日渐清淡。

为了挽救乐园，上海环球乐园曾与江苏盐城市大发房地产有限公司（以下简称'大发公司"）签订协议，约定环球乐园将其院内5亩土地的使用权出租给大发公司，供后者建造宾馆和经营使用，租期48年，租赁期满大发公司拥有5亩土地的使用权和宾馆的产权。

此举，也未能扭转危局。

两年后，其走上被其债权人上海市嘉定区绿洲房地产有限公司于1998年向法院申请破产之路。至此，一座游乐园沦为了"失乐园"。

在业内人士看来，其失利主要原因在于创新不足。开园两年多来，由于管理落后，经营管理机制严重与市场脱节，内部管理问题严重；并且创新乏力，产品老化，后期投入不足，产品更新缓慢，规划设计时软硬件投入的比例不当，只注重硬件建设，忽视市场调研和可行性分析等软件的投入，最终导致缺乏新鲜感和趣味性，重游率极低。

而上海嘉定区政府对环球乐园的倒闭也做出了五点总结，分别是：投资资金未到位，造成资金严重短缺；缺乏总体规划；项目上马仓促，娱乐项目少，缺乏吸引力；交通不方便，宣传促销投入少；经营管理不规范，服务意识差。

资料来源：马琳.上海环球乐园倒闭记[N].中国房地产报，2011-08-08（3）.

第三节 旅游新产品开发

在产品生命周期理论中，第一阶段即是新产品开发阶段，这是旅游企业适应市场发展变化的必然选择，更是实现长期生存与发展的手段。

一、旅游新产品开发的内容和意义

（一）旅游新产品的概念

市场营销意义上的新产品含义很广，除了包含因科学技术在某一领域的重大发现所产生的新产品外，还包括：在生产销售方面，只要产品在功能或形态上发生改变，与原来的产品产生差异，甚至只是产品从原有的市场进入新市场，都可以视为新产品；在消费者方面，则是指能进入市场给消费者提供新的利益或新的效用而被消费者认可的产品。因此，旅游新产品可以理解为相对于旅游老产品而言具有新的特点，且能适应旅游者的文化精神需求以及其他需求的产品。我们要正确理解旅游产品的"新"概念，千万要避免被"新"字所误导，以为旅游新产品就一定要是"全新"的产品。事实上，旅游生产者初次设计生产的，或者原来生产过，但又做了重大改进，在内容、结构、服务方式、设计性能上更为科学、合理，更能体现旅游经营意图，与原有旅游产品存在显著差异的产品，我们都可以称之为旅游新产品。

（二）旅游新产品开发的意义

旅游企业要保证自身企业的生存与发展，就必须十分注重旅游产品的开发工作。因为：

（1）只有通过旅游新产品的开发，才能使旅游企业适应国内外旅游市场变化的需求，更好地满足旅游者不断变化的旅游需求；

（2）只有通过旅游新产品的开发，才能保持和扩大旅游企业在整个旅游市场的占有份额，保证和提高本企业的经济效益；

（3）只有通过旅游新产品的开发，才能转变在原有产品销售量下降时企业的人力、物力、财力资源得不到充分利用的不良局面，更好地综合利用旅游企业的人力、物力、财力资源；

（4）只有通过旅游新产品的开发，才能使自己的产品做到"人无我有，人有我新，人新我优，人优我转"，从而增强企业的竞争力，保证在激烈的市场竞争中立于不败之地。

【补充阅读4-4】

泰国是亚太地区最受欢迎的旅游目的地之一，其成功经验除了好客氛围、资源禀赋、优质服务、规范管理、持续推广之外，产品开发无疑是重中之重。经过多年的探索，泰国在海滨度假、山地生态、户外运动、遗产体验、城市娱乐、乡村休闲、特色购物、浪漫主题旅行等旅游产品开发方面积累了丰富的经验，值得其他国家和地区借鉴。在创意旅游开发方面，泰国各旅游地重视文化展示与人员解说，并设立了泰餐烹饪学校、古法泰式按摩学校、布料彩绘DIY教室等基于深度参与的技能提升型旅游项目。这里以清迈的泰餐烹饪学校为例进行分析。

泰餐烹饪学校又称泰国料理厨艺学校、泰国菜烹饪教室，是专门面向外来游客、旨在传授泰国特色美食制作技艺的短期培训课程，一般包括到酒店迎接客人、到菜市场认识和采购原料、选择自己想做的菜品、学习制作香料和酱料、学习自选菜品的制作过程、品尝大家自己完成的菜品、赠送食谱、送客人回酒店等环节。由于项目经营者的理念和资源不同，加之厨艺教师的个性、阅历和技能各异，清迈的泰餐烹饪学校在上课地点、教学方式、延伸服务方面表现出不同的特色。总体来看，这些泰餐烹饪学校可以根据上课地点分为家庭式、农场式、酒店式。

家庭式烹饪学校设立在个人庭院中，多是依托自家厨房和庭院空间完成授课，收费价位合理，在烹饪学校中所占比重最大。这类烹饪学校带有家庭访问的成分和私家庭院特有的人情味，更贴近日常生活，游客除了学习厨艺之外，还可以感受当地人的居住环境和起居方式。The Art of Thai Cooking 就是家庭式烹饪学校的代表，属于较为典型的家庭私人教育，从到市场买菜到在家后院认识种植的各类蔬菜香料，以及厨艺课程的其他所有环节，都是由具有多年烹饪经验的知名厨师Poon亲自操作。他还会告诉游客各种原料的区别，以及在游客常住地无法买到情况时的替代品。

农场式烹饪学校把郊外的农场作为主要学习地点，如 The Chiang Mai Thai Farm Cooking School（清迈泰农场烹饪学校），拥有自己的有机农场和可供5个团队同时学习的教室。游客在农场参观的同时，可以认识并采摘里面种植的各种新鲜果蔬作为食材，然后到U形厨位布局的教室内跟着教师学习如何制作自己选择的菜品。

酒店式烹饪学校通常设立在度假酒店内、收费较高，厨房环境优美、设施齐全而且豪华，多以英语授课，同时面向本店住客和非本店客人（需要提前预订）提供服务。如清迈四季饭店的 Four Seasons Cooking School，每天上午的课程从7点开始，持续六个半小时，传授4道菜肴的制作方法，费用是7150泰铢（约合人民币1430元），包括学费6500泰铢（约合人民币1300元）加上总计10%的税金和服务费。下午的课程从3点开始，持续两个小时，分常规课程班、泰式咖啡大师班、泰式烹茶大师班、健康果汁课程班、果蔬雕刻课程班、儿童课程班，收费从2900泰铢（约合人民币580元）到4900泰铢（约合人民币980元）不等（不含税金和服务费）。除了常规环节外，该烹饪学校还有拜厨神（做祷告）、颁发证书等内容；课堂容纳人数为 8 人，也可面向不超过 16 名学员的较大团进行专门设计和定制服务。

这些泰餐烹饪学校顺应了体验经济、创意经济、真实经济的发展趋势，迎合了游客自己制作美食、短时间内成为"烹饪大师"、实现"转变"的需求，整合农贸市场、自家庭院（或农场、酒店）、厨师（或其他具有厨艺才能的人员）等社会资源，形成了从迎客、认识和采购原料、学习烹饪技艺到品尝劳动成果、提供延伸服务、送客的基本流程。根据学习时间和烹饪基础，部分烹饪学校还提供可供灵活选择的课程套餐。

这一创意旅游产品的特点主要有以下四点。一是新奇感：平时很少下厨房的游客自己做精美复杂的泰餐。二是真实感：跟着烹饪老师逛当地的菜市场，到烹饪老师的家里学习，体验当地人的"慢生活"，是"挖掘真正的泰国""原汁原味的泰国之旅"的支撑。三是参与感：在老师示范和指导下学做泰国菜，投入自己的劳动、情感和创意，成为新型的"生产者"。四是成就感：展示、品尝自己亲手做成的泰餐，部分学校还提供具有纪念意义的结业证书。根据猫途鹰（trip advisor）的游客留言，参加过烹饪课程的游客大都给予了高度评价，认为"自己做的泰式料理超美味，非常有趣""有趣、完美的经历""好玩又好吃""生动、有趣且受益匪浅""梦幻般的一天""非常好玩且具有教育性意义""最喜欢的泰国经历"。从这些留言不难看出，游客因深入观光客无暇顾及的"后台"、自身深度参与而获得了丰富的真实体验，因学习烹饪技能而释放了创造欲、产生了常规参观游览无法替代的成就感，因而普遍给予了较高的评价。目前，以泰餐烹饪学校为主要载体的"在清迈学做泰国菜"这一创意旅游产品受到外国游客普遍青睐。在一些泰国旅游指南或攻略中，"学做泰国菜"已被列为在清迈必须体验的十种活动之一。

资料来源：李庆雷，徐磊.泰国创意旅游产品开发的经验与启示［N］.中国旅游报，2017-06-06（3）.

二、旅游新产品的类型

根据对旅游新产品的定义，实际上我们又可以将旅游新产品分为四类产品：

（一）创新型旅游产品

创新型旅游产品是指运用现代科技手段创造出来的具有全新内容的旅游产品。这种旅游产品能够满足旅游者的一种新需求，无论对旅游企业还是旅游市场而言都是新产品，可以是新开发的旅游景点，也可以是新开辟的旅游线路或者是新推出的旅游项目。全新型旅游产品在创意策划上难度较大，同时受到旅游企业技术水平、资金等诸多因素的影响，研制开发时间一般较长。例如，据西班牙《国家报》报道，美国国际自由轮船公司即将在洪都拉斯建造一艘可容纳 4 万名乘客的"海上城市"——"自由号"巨型邮轮。这个未来长期在热带海域游弋的现代都市，每两年绕地球一周，它三分之一的时间在航行，剩下的时间则在世界各旅游港口外停靠。目前不少人已经为这种"全新刺激的生活方式"动心，15% 的豪华套间已被预订。

（二）换代型旅游产品

换代型旅游产品是指为满足新的市场需求而对原产品进行调整升级的产品。纵观各国旅游业，一般都会经历由传统的"一般性观光旅游产品"到"主题型观光旅游"的升级换代过程。即第一代观光旅游产品主要以自然文化资源为主，旅游方式以参观为主，旅游范围则以热点城市为主。第二代观光旅游产品仍是以自然文化性资源为主，但不同于第一代的机械连接与强行搭配，而是主题独特、集中的旅游路线，更具有文化性和历史性，旅游方式已由单向参观逐渐过渡到双方参与。第三代旅游产品在前两代旅游产品发展的基础上，强调人文资源与自然资源结合的一致性，特种旅游与专项旅游并重。换代型旅游产品意味着旅游产品结构正向高级阶段发展，它与原有的旅游产品在时间和空间上是继起的，但空间上可以并存，相互补充、互为促进。

（三）改进型旅游产品

改进型旅游产品是在原产品的基础上通过包装、性能、结构、服务等方面加以改进的新产品，亦可称为改良型产品，如在原采摘旅游的基础上增加了烧烤、垂钓、游园等活动内容。河北涉县是著名的革命老区，有八路军129师司令部旧址等。从旅游观光角度看，每项资源都有特色，但都不太突出，而且老区接待设施、交通条件均较差。在开发这一产品时，采取重新包装法，向社会推出"当一天八路军"活动，导致了客流量的迅速增大。

（四）仿制型旅游产品

仿制型旅游产品是指旅游企业模仿别的已经出现的新产品而在本区域内推出的产品，该产品在生产销售过程中有可能有局部的改进和创新，但基本原理和结构是仿制的。这种旅游产品在旅游市场上极为普遍，如仿照"锦绣中华""民俗文化村"而产生的北京"世界公园"。这类产品只要市场需要，一般容易立即生产销售，不需要太多的资金和尖端的技术。不过，在采取该类产品模式时，切忌对原产品的全盘照抄，而应结合实际情况适当改良使用。

三、旅游新产品开发程序

旅游新产品开发是一项艰巨而又复杂的工作，它不仅需要大量的资金投入，而且其最终能否被消费者所接受，还存在很大的不确定性。从市场营销学的角度出发，旅游新产品从设想到开发成功的过程，大体要经历创意形成、创意筛选、概念测试、营销策略、商业分析、产品试制、市场试销和批量上市八个阶段（图4-5）。

（一）创意形成

即旅游新产品创意产生的阶段，这是旅游新产品开发过程的第一个阶段。虽然并不是所有的创意设想都可以变成新产品，但寻求尽可能的创意机会，可为开发旅游新产品创造较多的可能性。为了得到源源不断的新产品创意，我们可以从以下几个方面寻找创意点：

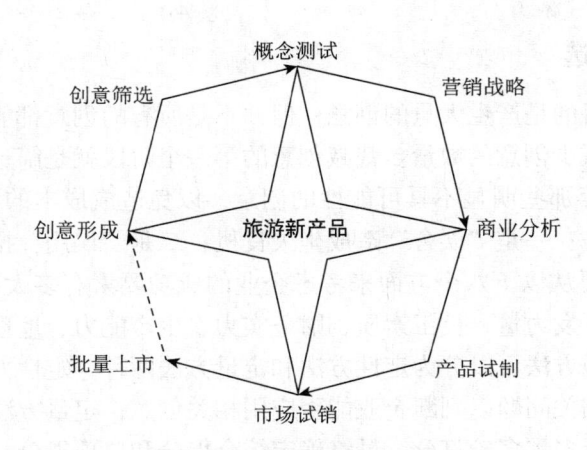

```
           概念测试
    创意筛选      营销战略

  创意形成    旅游新产品    商业分析

      批量上市        产品试制
           市场试销
```

图 4-5　旅游新产品开发过程

1. 旅游消费者

消费者的需求和欲望是寻找新产品构思的出发点，旅游企业可以通过对消费者的直接调查、建议和投诉信件来确定顾客的需求和欲望，从而得到不同的新产品构思。通常情况下，征询意见和处理投诉是获得新产品构思极为重要的来源。

2. 旅游企业营销人员及其他人员

本企业的一线员工或营销人员、经销商，是新产品构思极好的来源。他们掌握着顾客需求和抱怨的第一手资料，通常也是最先知道竞争发展情况的人。为了产生新的构思，越来越多的企业正在培训和奖励它们的销售人员和经销商。

3. 旅游企业基层服务人员

一项研究显示，有超过 55% 的新产品创意来自公司内部。重要的是调动职工的积极性，让全体职工来为企业的新产品构思出谋划策。旅游企业应建立制度化的合理化建议处理体系，包括对合理化建议的有效奖励，也就是说，在保证服务质量的同时，也要提倡和鼓励创新意识。这在旅游市场激烈竞争的情况下尤为重要。

4. 专家和调研人员

旅游专家、旅游企业调研人员可根据国内外的信息和情报以及供需间的变化等进行可行性研究，然后提出建议和方案。目前有许多专业调查公司和咨询公司，可以委托其展开第三方调查，从而获得更为确切的信息资料。

5. 竞争者

分析竞争者产品的成功和失败之处，特别是客人的评价意见，往往可以发现新的创意。或者模仿、或者改造、或者避其锋芒，从而可激发对新产品的构思，一个旅游企业应该对谁在购买和为什么购买竞争者的新产品做出评估。

6. 企业领导者

企业领导人要对市场规模和游客兴趣做彻底的调查研究，以统揽全局，从而领导和监督新产品的开发。

创意形成的方法有很多，包括头脑风暴法、垂直思维法、水平思维法、联想思维法和逆向思维法等。

（二）创意筛选

第一个阶段的目的是产生大量的创意，但并不是所有的创意都能够实施，因此其后的各个阶段都在于减少创意的数量。裁减创意的第一个阶段就是筛选。筛选就是为了尽可能早地发现和放弃那些明显不具可能性的创意，以免造成成本的浪费。在这一阶段，要注意避免两种过失：一是"误舍"造成坐失良机；二是"误用"招致失败。对新产品创意进行筛选时，要从以下八个方面来考虑企业的成功要素有多大：企业声誉和影响、营销力量、研究和开发力量、员工素质、财务实力、生产能力、地理位置和设施、采购供应等。筛选的实施方法可以分为定性方法和定量方法两种，定性方法是通过设置定性筛选表，回答各种相关问题以判断企业能否应用相关创意；定量方法是通过对各项评判标准设置权重并进行多重多轮打分，最终确定综合得分和单项得分，如对上述八项评判要素进行打分筛选。

（三）概念测试

新产品创意经筛选后，就要将这些想法具体化，并以某种为消费者所理解的术语加以表达，如用文字、图像、模型等对产品的功能、形态、结构以及基本特征的详细描述，形成可立即照其进行生产的具体设计方案。世博旅游在2010年的上海世博会期间无疑是一个旅游热点，但是仅仅是去上海看几个场馆则显得有些单薄，因此在许多旅行社的产品线路中都分别加入了附近地区的行程，对于江西出行的选择哪些目的地，对于香港出行的选择哪些目的地，则应根据两省不同的客源情况提出不同的旅游产品概念。在概念提出的基础上，要进一步对这些产品进行测试，在旅行社中的第一次测试称为踩线，由旅游经营人员先去测试该产品的效果效率，根据反馈情况再次调整产品概念和创意。

（四）营销策略

制订市场营销策略计划是新产品开发过程的一个重要阶段。一般来说，它由三个部分组成：第一部分是描述市场的规模、结构和消费者行为，新产品在目标市场上的定位，前几年的销售额、市场占有率、利润目标等。第二部分是规划新产品的预期价格、分销渠道及促销重点、广告费用。第三部分是阐述较长期的销售额和利润目标，以及不同时期的营销组合策略等。

（五）商业分析

商业分析是新产品设想的一个更加详细和重要的评价阶段。所谓商业分析就是经济效益分析，通过分析了解新产品投产后成功的可行性，详细审核预计销售量、成本、利润和投资收益率等是否符合企业既定目标。旅游新产品的开发归根结底是为了给企业带来良好的经济效益，如果一件新产品的投资开发最终出现了亏本或无利可图，那么这件新产品是不值得开发的。商业分析的方法很多，常用的有：盈亏平衡分析法、收期法、投资报酬率法、净现值法、内部收益率法等。其中最常使用的一种方法，就是所谓"产品回审法",即在对新产品创意分析时,把本公司的市场营销人员、生产人员、工程技术人员召集到一起,共同对拟推出的产品提意见。

(六)产品试制

经过商业分析的新产品概念,就可以进入到具体的开发试制阶段。这一阶段,文字、图表及模型等要转变成为旅游者真正能够消费的实体产品。旅游企业将开发出该产品概念的一个或数个实体性的模型,希望从中找到一个能满足下列标准的样品:消费者能感受到该产品具有那些在产品概念描述中所包含的各种关键特征,在正常使用过程是安全的,可以在预算的成本框架内予以生产。不过,产品试制只限于样品阶段,对于以服务为主导的旅游产品而言,导游服务质量、游览舒心程度等内容包含在内。

(七)市场试销

在国际市场上,旅游业发展日新月异,所以旅游产品的开发周期要尽量缩短,推出要快。可邀请目标市场的消费者进行尝试,以观察其反映,根据不同的结果提出不同的决策。通常会出现以下几种情况之一:消费者反映结果良好,决策为全面上市;反映结果一般,可考虑全面上市,或再次试销,或改进产品后再上市,或停止上市;试销结果欠佳,可考虑再次试销,或改进后再上市,或停止上市。

(八)批量上市

旅游新产品试销成功后,即可正式投放市场。这时需要进行大量广告宣传,派出推销人员进行促销,并研究游客心理和游客对待新产品的不同态度。在正式上市之前,企业还要做出以下四项决策。

1. 时机选择

新产品上市要选择最佳的时机,最好是应季上市,以便立即引起消费者的兴趣。同时要考虑新老产品的交替问题,新产品上市过早,会加速原有产品的老化;新产品上市太迟会因新老产品都不盈利,给企业造成损失。一般来说,当老产品由成熟期进入衰退期时,新产品应大量投放市场,力争既能满足顾客需要,又能使企业提高或保持原有的市场占有率,获得较好的经济效益。

2. 地点选择

一般来说,新产品开始上市的地点,小企业可选好一个中心城市,迅速占领市场,然后再逐步扩展到其他地区;大企业可先在一个地区推出,然后再逐步扩展;如有把握,也可以在全国各地同时上市,迅速占领市场。

3. 目标客源

企业推出新产品时,应针对最佳顾客群制订营销方案。新产品的目标顾客有以下几类:早期使用者中的经常使用者、用户中有影响力者、潜在消费者等。对此,企业要做到心中有数,针对不同类型的消费者采取相应的策略。

4. 营销策略

指针对产品不同特点和不同消费者做出相应的营销组合。例如，产品定价、确定分销渠道、广告和用户调查等。

【本章小结】

旅游产品是以无形服务为主导，以有形产品为依托，能够满足现实或潜在游客需要的综合体。旅游产品具有综合性、无形性、时间性、替代性等特征。根据不同的分类标准，我们可以将旅游产品的结构划分为三种不同类型的结构：整体旅游产品和单项旅游产品，核心产品、有形产品和扩展产品，核心产品、配置产品、支持产品和扩展产品。本章重点介绍了综合旅游产品谱和生态旅游产品谱。

同其他产品一样，旅游产品在市场营销过程中，都有一个生产、成长、衰退到被淘汰的过程。旅游产品生命周期，是指旅游产品从进入市场到最后被淘汰出市场的过程，典型的旅游产品生命周期是呈S形正态分布曲线，包括产品开发期、导入期、成长期、成熟期、衰退期5个阶段。产品在不同的市场其生命周期阶段有不同的特征，企业必须针对各阶段的不同特征制定相应的策略。

旅游新产品可以理解为相对于旅游老产品而言具有新的特点，且能适应旅游者的文化精神需求以及其他需求的产品。旅游新产品的开发对于旅游企业的生存和发展具有重要的意义。根据对旅游新产品的定义，实际上我们又可以将旅游新产品分为全新型旅游产品、换代型旅游产品、改进型旅游产品、仿制型旅游产品四类产品。旅游新产品从设想到开发成功的过程，大体要经历创意形成、创意筛选、产品概念、营销战略、商业分析、产品试制、市场试销和批量上市八个阶段。

【关键术语】

1. 产品
2. 旅游产品
3. 旅游产品生命周期
4. 旅游新产品

【复习思考题】

1. 简述旅游产品的内涵，旅游产品、旅游商品、旅游线路三者之间的联系与区别。
2. 以主题公园为例，简述旅游产品的结构。
3. 旅游产品生命周期各阶段的特点是什么？应采取何种相应的策略？
4. 简述旅游新产品开发的内容和意义。
5. 简述旅游新产品的开发程序。

【案例实训】

国家"十三五"旅游业发展规划的产品创新

2016年12月7日，国务院正式印发了《"十三五"旅游业发展规划》（国发〔2016〕70号）。根据规划，旅游产品成为创新驱动的重要内容，成为扩大旅游新供给的重要支撑。

一、推动精品景区建设

全面提升以A级景区为代表的观光旅游产品，着力加强3A级以上景区建设，优化5A级景区布局。重点支持中西部地区观光旅游产品精品化发展。强化A级景区复核和退出机制，实现高等级景区退出机制常态化。

二、加快休闲度假产品开发

大力开发温泉、冰雪、滨海、海岛、山地、森林、养生等休闲度假旅游产品，建设一批旅游度假区和国民度假地。支持东部地区加快发展休闲度假旅游，鼓励中西部地区发挥资源优势开发特色休闲度假产品。加快推进环城市休闲度假带建设。

三、大力发展乡村旅游

坚持个性化、特色化、市场化发展方向，加大乡村旅游规划指导、市场推广和人才培训力度，促进乡村旅游健康发展。建立乡村旅游重点村名录，开展乡村旅游环境整治，推进"厕所革命"向乡村旅游延伸。实施乡村旅游后备厢行动，推动农副土特产品通过旅游渠道销售，增加农民收入。实施乡村旅游创客行动计划，支持旅游志愿者、艺术和科技工作者驻村帮扶、创业就业，推出一批乡村旅游创客基地和以乡情教育为特色的研学旅行示范基地。创新乡村旅游组织方式，推广乡村旅游合作社模式，使亿万农民通过乡村旅游受益。

四、提升红色旅游发展水平

突出社会效益，强化教育功能，以培育和践行社会主义核心价值观为根本，将红色旅游打造成常学常新的理想信念教育课堂，进一步坚定中国特色社会主义道路自信、理论自信、制度自信、文化自信。推进爱国主义和革命传统教育大众化、常态化。坚持实事求是，相关设施建设要体现应有功能，保障基本需要，同红色纪念设施相得益彰。加强统筹规划，注重与脱贫攻坚、区域发展、城乡建设相衔接，促进融合发展。改革体制机制，创新工作模式，引导社会参与，增强红色旅游发展活力。

五、加快发展自驾车旅居车旅游

建设一批公共服务完善的自驾车旅居车旅游线路和旅游目的地，培育营地连锁品牌企业，增强旅居车产品设计制造与技术保障能力，形成网络化的营地服务体系和比较完整的自驾车旅居车旅游产业链。

六、大力发展海洋及滨水旅游

加大海岛旅游投资开发力度，建设一批海岛旅游目的地。加快海南国际旅游岛、平潭国际旅游岛建设，推进横琴岛等旅游开发。制定邮轮旅游发展规划，有序推进邮轮旅游基础设施建设，改善和提升港口、船舶及配套设施的技术水平。推动国际邮轮访问港建设，扩大国际邮轮入境外国旅游团15天免签政策适用区域，有序扩大试点港口城市范围。支持天津、上海、广州、深圳、厦门、青岛等地开展邮轮旅游。制定游艇旅游发展指导意见，发展适合大众消费的中小型游艇。支持长江流域等有条件的江河、湖泊有序发展内河游轮旅游。

七、大力发展冰雪旅游

以办好2022年冬奥会为契机，大力推进冰雪旅游发展。支持黑龙江、吉林等地做好冰雪旅游专项规划。建设一批融滑雪、登山、徒步、露营等多种旅游活动为一体的冰雪旅游度假区或度假地，推出一批复合型冰雪旅游基地，鼓励冰雪场馆开发大众化冰雪旅游项目。支持冰雪设备和运动装备开发。推动建立冰雪旅游推广联盟，搭建冰雪旅游会展平台。支持院校与企业合作，培养冰雪旅游专业化人才。

八、加快培育低空旅游

结合低空空域开放试点，选择一批符合条件的景区、城镇开展航空体验、航空运动等多种形式的低空旅游。开发连接旅游景区、运动基地、特色小镇的低空旅游线路。提高航油、通信、导航、气象等保障能力。出台低空旅游管理办法，强化安全监管。支持低空旅游通用航空装备自主研制，建设低空旅游产业园。

[案例思考题]

1. 对比国家"十二五"旅游业规划，"十三五"期间的旅游产品有何创新之处？
2. 传统旅游产品和新兴旅游产品如何对接和响应旅游市场需求？

第五章

旅游产品价格策略

【案例导入】

珠海酒店价格一夜暴涨，政府该不该管

2016年10月30日，珠海市内的酒店还维持着日常的价格。7天连锁酒店价格为200~300元。在距离机场较近的三灶镇，房价不足百元的宾馆比比皆是，并有大量空房。但一夜之间，珠海的酒店就从默默无闻，转变为众人争抢的香饽饽。订房网站信息显示，10月31日起，珠海市步行街附近的7天酒店双床房价格为658元，大床房为539元，其中，大床房已全部被预订。而平时，该酒店这两种房型的价格分别为239元、219元。在三灶镇，有的普通宾馆价格上涨幅度甚至超过8倍，直接从日常的150元/晚飙升至1200元以上。尽管价格高得令人望而却步，但在记者拨打电话的多家酒店中，大部分酒店前台告诉记者，剩余的房间数量仅为1~2间。

珠海酒店客房价格暴涨的原因很简单，那就是11月1日到6日，"中国国际航空航天博览会"将在珠海召开。据了解，珠海航展是以实物展示、贸易洽谈、学术交流和飞行表演为主要内容的国际性专业航空航天展览。对于普通观众来说，最有吸引力的自然是飞行表演。在来自世界各地的参展商及观众的"推动下"，航展期间，酒店住宿费用便水涨船高。

值得注意的是，酒店价格暴涨让部分航空爱好者们感到不满。有网友在珠海市物价部门的网站上投诉，认为酒店涨价严重影响了珠海的城市形象，损害了消费者利益，希望政府予以重视和干预。对此，珠海市物价部门的回复是，酒店涨价是市场行为，其价格通过市场竞争形成，由经营者自主制定。

资料来源：每日经济新闻网，2016年10月30日。（有删改）

第一节　旅游产品价格概述

一、旅游产品价格的概念与类型

（一）概念

旅游产品是商品，是人类劳动的成果，和其他所有商品一样，它凝结了人类的一般劳动并具有特定的使用价值。旅游经营者在向旅游者提供旅游产品、满足其对特定使用价值的需求时，必然要求得到相应的价值补偿，这就是旅游产品价格。旅游产品价格是旅游产品价值的货币表现形式，是旅游产品价值、旅游市场供求关系和一个国家或地区的币值三者变化的综合反映。

（二）类型

1. 按照出售内容划分

按照出售内容，旅游产品价格可以分为一次性价格和多次性价格。餐馆的食品、旅游纪念品等旅游产品是使用权与所有权都出售，一件产品只能出售一次，称为一次性价格。旅游景点、宾馆客房、飞机仓位、卡拉OK厅包房等旅游产品均只出售使用权而不出售所有权，因此可以同一件产品多次反复销售，称为多次性价格。

2. 按照销售方式划分

旅游产品可以通过单项产品或组合产品两种方式出售，相应地，旅游产品价格分为单项产品价格、组合产品价格。旅游者在旅游过程中有食、住、行、游、购、娱等多方面的需求。旅游企业经常将满足旅游者某一方面需求的产品单独定价出售，这个价格称为单项产品价格，如餐馆菜单上所列菜式的价格。旅游企业还经常将满足旅游者多方面需求甚至一次旅行全部需求的产品整体定价打包一起销售，这个价格称为组合产品价格。

旅行社通常以组合产品的方式销售旅游产品。实际上，不仅是旅行社，酒店、游船公司也经常进行组合定价。比如，有些酒店的客房价格包括了早餐和报纸的费用，有些游船公司提供"飞机—游船"或"飞机—汽车—游船"组合产品。

使用组合产品价格时必须清楚地告知旅游者他购买了哪些产品或服务，否则很容易引起主客双方的纠纷。比如，在游客对旅行社的投诉中，相当一部分是指向旅行社在组织包价旅游过程中的额外收费的，这其中很重要一个原因是旅行社没有清楚地告知游客他支付包价旅游费用后可以得到什么，还须另外花钱购买什么。

【补充阅读5-1】

饥肠辘辘的乘客

有一个英国人到美国去旅游。一周后,他打算乘船回国。在买票时发现自己身上的钱只够买船票,而没有多余的钱买食物吃了,但他还是狠下心买了票上了船。他躺在床上,心想:我要挨过这三天,抵达英国。于是每天当他听到叫人们去吃饭的铃声时他就用双手塞住耳朵。到达英国前一天的早晨,他又想:做个饱死鬼总比做个饿死鬼好。于是,他决定走到餐厅大吃一顿后跳水自杀。他来到餐厅,吃了许多食物却没有付一分钱,然后问服务员:"我吃了许多食物而且一分钱都没有付,你们为什么不把我捆起来扔进海里呢?"服务员微笑着对他说:"在你买票的同时餐费一起付了。"

二、旅游产品定价的影响因素

旅游企业在定价时要综合考虑企业内外的各种因素。影响旅游产品定价的主要因素如图5-1所示。

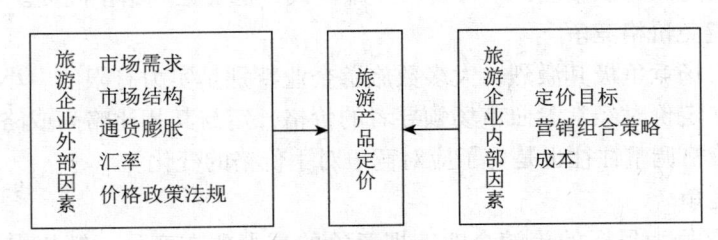

图 5-1 影响旅游产品定价的因素

(一)定价目标

当企业确定了一种产品的目标市场和市场定位后,会根据营销环境为其确定阶段性的营销目标,并通过对营销组合的科学决策去实现这一目标。作为营销组合的一个因素,产品价格当然要为实现营销目标服务,从这个意义上说,营销目标也可以称为定价目标。旅游企业确立定价目标的逻辑起点可能是利润,可能是销售,也可能是竞争。定价目标相应地分成利润、销售、竞争三种导向。在旅游企业的营销实践中,常见的定价目标有:

1. 最高利润

旅游企业希望制定合理的价格以获得最高利润。做法是,通过制定适中的价格,使单位利润和销售额的乘积即总利润最高。由于价格对单位利润和销售额都有影响,因此,旅游企业追求最高利润,并不意味着把价格定得最高。

2. 满意利润

由于受各种因素的影响,理论上的最高利润在现实中往往难以实现,因此,许多旅游企业转而追求满意利润。所谓满意利润,是指低于最高利润,但能够使企业股东或经营者满意的利润水平。企业采取此目标定价，往往明确提出在将来的一段时间内实现的利润额或利润增长率。

3. 目标收益率

根据目标收益率倒推价格，是旅游企业最常用的定价方法之一。目标收益率有两种表现形式：一是获取占营业额一定百分比的收益，即收入利润率；二是获取一定的投资收益率。

4. 最大销售量

企业希望通过合理的定价实现最大的销售量，即生产能力的充分利用。因为，在旅游企业的成本中，固定成本往往占较大的比例，人员、设施是否充分利用对赢利大小有至关重要的影响。销售量的最大化一般通过较低的价格来实现。这一目标的具体表现是"薄利多销"。

5. 保持与中间商的关系

很多旅游产品是通过中间商进行销售的。中间商赚取价格差额或从销售额中提取佣金。旅游产品的价格关乎中间商的销售量、销售额和利润，对中间商依赖性较强的旅游企业经常会从中间商的角度考虑价格，制定能为中间商带来足够收益的价格。有的旅游企业为了调动中间商的积极性，宁可自己少赚些钱，也要让利给中间商。

6. 应对或避免价格竞争

由于旅游市场竞争极其激烈，大多数旅游企业特别是实力有限的中小企业，为了避免价格竞争，在定价时经常参照市场领导者的价格，定与其相比略高或略低的价格。这些企业平时的价格调整往往也是为了应对竞争对手价格的变化。

7. 非价格竞争

以非价格竞争为目标的旅游企业，把竞争的重点放在产品、销售渠道、促销等方面，定价时自主性强，不追求与竞争对手保持一致，也不加入对手发起的价格竞争，其价格因此相对稳定。价格的基本稳定有利于避免"价格战"的负面影响，也有利于建立起企业良好的形象。

8. 提高市场占有率

在一段时间内，一种产品的总需求量基本上可以看作常数。以提高市场占有率为定价目标，其目的是通过低价抢占竞争对手的市场份额，并令潜在竞争对手因无利可图而放弃进入该市场。这种目标一般为实力较强、有较大成本优势的旅游企业所采用。采用这种目标时要掌握一个度，避免陷入低价竞争的泥潭。

9. 生存

当市场竞争异常激烈、企业资金周转不灵、财务极其困难时，为保证能够继续经营下去，企业往往以生存作为定价目标。通过制定很低的价格来吸引顾客，力争提高销售量、减少亏损。只要价格高于变动成本，提高销售量就能够减少亏损。近年来，我国航空业运力相对过剩，在淡季，以生存为目标的定价较为普遍。

（二）营销组合策略

定价只是旅游企业借以实现其营销目标的诸多营销组合工具当中的一种。价格一定要与产品设计、分销以及促销等营销手段相互协调，构成一个统一而有效的产品营销计划。

价格当然要与产品策略相一致。例如，豪华饭店的所有者通常要在5~7年时间内对饭店重新进行装修，以便使饭店处于良好的状态之下，那么，价格就必须能够弥补未来的装修成本。

价格还要与营销渠道策略相一致。例如，那些计划通过旅行社来分销其大多数客房的度假村必须在客房定价上留有足够的利润空间，以便能使他们可以给旅行社打比较大的折扣。

促销策略对定价也有影响。例如，相对于为周边社区服务的餐馆，景区餐馆的回头客比例一般比较低，因而必须持续不断地进行促销。如果一家景区餐馆的管理人员在定价时不考虑促销成本，就很可能遇到收入与成本失衡的问题。

一般来说，在营销组合的四要素中，企业最先决策的是产品。但有时也会先做出价格决策，而其他营销组合决策则根据价格策略来加以制定。例如，马里奥特酒店集团看到了经济旅馆这一市场当中潜在的机会，于是便开发了集市客栈。集团首先使用价格策略将产品定位于汽车旅馆连锁店市场当中，此后才进行了客栈建筑设计、经营地点、促销组合、营销渠道等其他决策。

（三）成本

成本分为固定成本、变动成本。固定成本包括固定资产折旧、办公费用、土地使用费、贷款利息、员工基本工资等相对固定的支出，一般不随接待量的变化而变化。唯一的特殊情况是，旅游企业因接待能力不足而增加设施或人力。变动成本包括原材料、燃料成本、计件工资等。一般认为，单位产品的变动成本是一个常数，或者说变动成本总数与销售量成正比。但这也不是绝对的。比如旅行社支付给导游的带团补贴是按天数计算的，人数不一样的旅游团，只要天数一样，带团补贴是一样的。

旅游产品的成本中，固定成本占的比例往往较大。因此，随着销售量的增加，单位产品的总成本快速下降。故酒店、航空公司、出租车公司为了实现销售量的最大化，通常24小时不间断营业。

（四）市场需求

成本决定了价格的下限，而市场与需求则决定了价格的上限。市场需求对价格的影响表现在以下几个方面：

1. 目标市场对产品价格的理解

消费者对产品的成本和价格会有一个大致的分析和判断，他会将自己判断的价格与实际价格进行比较，然后得出价格是否合理的结论。这就是消费者对价格的理解。消费者对产品价格的理解因人而异，有较大的个体差异。比如，北京市中心一个西餐厅的一杯冰水卖5块钱，一个白领阶层人士会认为价格合理，因为他知道这个地段寸土寸金，餐厅的装修也花费巨大；而一个很少到外面用餐、经济意识淡薄的老年人很可能会觉得这个价格高得离谱。在定价时，企业无须知晓所有人对价格的理解，而应重点调研目标市场对价格的理解。

2. 供求关系

和其他商品一样,旅游产品的价格受其供求关系的影响。旅游产品的供求关系一般有明显的时间变化和空间差异。比如,在大多数旅游景区、旅游城市,供求关系在旅游淡、旺季有很大的差别。在旅游旺季,旅游产品价格是平抑旅游需求、获得最大利润的有力手段;而在旅游淡季,旅游产品价格则成为吸引旅游客流、增加利润或减少亏损的重要途径。

3. 价格需求弹性

一般情况下,价格与需求量成反比例变化,即价格越高需求量越少,如图 5-2(a)所示。然而,在一些场合,消费者将价格高低视作产品质量的象征。这时,在一定的价格范围内,随着价格的提高需求量不降反升,超过了这个价格范围,需求量才会下降,如图 5-2(b)所示。例如,饭店自助餐定价过低时,客人可能很少;当把价格提高到一定程度,需求量可能反而增多,这是因为消费者往往认为价格较高的自助餐食品品种多,质量也好。但是,如果价格过高超过了消费者的承受能力,其需求量就会下降。

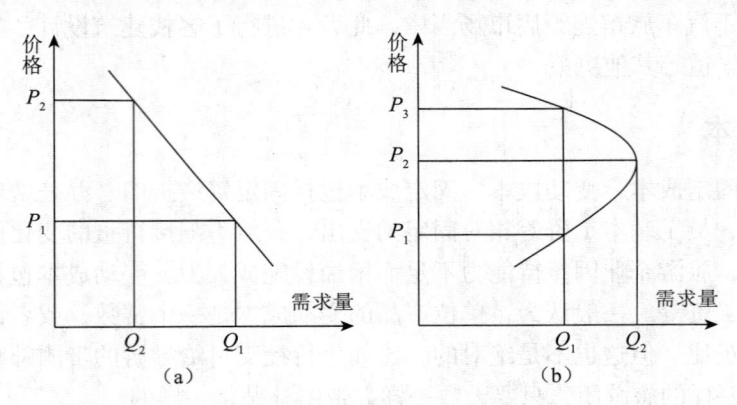

图 5-2 价格与需求量之间的关系

价格对需求的影响程度可以用价格需求弹性系数来衡量。若用 P 代表价格,Q 代表需求量,E 代表价格需求弹性系数,则计算公式如下:

$$E = \left|\frac{\Delta Q/Q}{\Delta P/P}\right| = \left|\frac{(Q_2-Q_1)/(Q_1+Q_2)}{(P_2-P_1)/(P_1+P_2)}\right|$$

其中,P_1、P_2 为变动前后的价格,Q_1、Q_2 为价格变动前后的需求量。

一种产品的价格需求弹性系数大于 1,说明它富有弹性,降价可以大幅度增加销售量或销售额;一种产品的价格需求弹性系数等于 1 或接近 1,则降低或提高价格会增加或减少销售量,但对销售额影响不大;一种产品的价格需求弹性系数小于 1,说明这种产品缺乏弹性,在提高产品价格时,产品销售量有所下降,但下降幅度较小,销售额反而增加。

影响旅游产品价格需求弹性系数的因素主要包括:

(1)产品与生活的密切程度。与生活密切程度越高,价格需求弹性系数越小。旅游是一种高层次消费，旅游产品大多不是日常生活的必需品，相对于粮食、牙膏等生活必需品，旅游产品的价格需求弹性系数较大。如果把旅游看作一种生活方式，各类旅游产品在旅游生活中的必需程度是不一样的，它们的价格需求弹性因此也有一定的差别。

（2）替代品、竞争产品的多少和效用。替代品、竞争产品越多，在满足游客需求方面效用越强，旅游产品的价格需求弹性系数越大；或者说，当旅游企业提高价格时，游客转而购买竞争产品、替代品的倾向越明显。

（3）购买旅游产品的支出占生活总支出或一次旅游总支出的比例。这个比例越高，价格变化对需求的影响越大。由于这个原因，当一个景区提高门票价格的时候，本地需求下降的幅度一般会大于中、远程游客。所以，景区一般都会通过月票、年票等形式利用低价吸引本地人光顾。

（4）消费者对价格变化原因的判断。当游客认为旅游企业是由于成本、汇率等原因被迫提高价格时，他们的反应会比较平静。而当他们认为企业是因追求更高的利润而提高价格时，他们的反应则会比较激烈。比如，最近几年，很多人对黄山等景区频频涨价怨声载道，因为他们断定景区涨价的原因并不是所谓的调控旅游客流，而是追求更多的经济利益。

（5）游客对旅游产品供应全局的了解程度。了解程度越低，价格需求弹性系数越小。例如，某旅游城市火车站附近的一家餐馆价格比较高，但刚下火车、第一次到这个城市的游客在看到菜单后还是很可能留下来消费，因为他们不清楚该城市食品价格，不知道要花多少时间、多少交通费用才能找到一个更便宜的餐馆。

（6）消费支出的来源。一般来说，公务、商务游客的价格需求弹性系数小于观光游客。因而，有的商务酒店会去了解各个层次商务客人的报销额度，作为定价的重要参考依据。

（五）市场结构

市场结构是指产品的市场竞争态势。在不同的市场结构下，企业定价的自由度是不一样的。根据竞争程度划分，产品的市场结构分为完全竞争、垄断竞争、寡头垄断、完全垄断4种类型。

1. 完全竞争

完全竞争表现为经营某种产品的企业众多，它们的产品基本相同，在无限制的市场环境中自由竞争。在这种市场结构下，企业没有定价的主动权，只能被动地接受竞争中形成的市场统一价。

在苏州，有一种标准款式的香囊，在苏州大街小巷随处可以买到，其市场结构就接近完全竞争，纪念品、商品，街头小贩都是以三四元的价格出售。

2. 垄断竞争

表现为经营某产品的企业数目若干或很多，进入不受限制，产品有较大的差别。这时候既有垄断又有竞争。由于产品差别的存在，每一个经营者都对自己的产品有垄断权。同时，可替代的同类产品较多，彼此之间存在激烈的竞争。在这种市场结构下，每一个经营者都有一定程度的定价自由。

例如，在香港，总统套房产品就呈现垄断竞争市场结构。有十多家酒店提供总统套房，它们的总统套房各有特色，如香格里拉酒店的总统套房有私人专用入口和电梯，中心饭店的总统套房是中西合璧的装饰风格，洲际酒店的总统套房面积大、配套服务全面并可饱览维多利亚港的风光。由于各家酒店总统套房产品差别较大，价格也比较悬殊，从三四万港元到七八万港元不等，以洲际酒店价格最高。

3. 寡头垄断

表现为少数几家企业操纵产品的生产和定价，市场进入受到它们的限制。此时，由于各垄断企业的相互牵制，公开的价格竞争趋于和缓，隐蔽的非价格竞争仍很激烈。产品的价格不宜随意改变。

4. 完全垄断

是指产品的市场完全被一家企业独占，可以是政府的垄断或政府特许的私人垄断。在这种市场结构下，垄断企业可根据自己的经营目标在法律允许的限度内自由定价，形成垄断价格。例如，我国的铁路客运基本上是由铁道部门垄断经营。

分析市场结构有一个市场区域的问题。市场区域应涵盖本企业和主要竞争对手的经营地点。所谓主要竞争对手，可以理解为游客会在它与本企业之间做出慎重选择的对手。按照这个标准，餐馆、酒店的主要对手都在本地，分析本地本行业的竞争形势即可。而景区的竞争对手不局限于本地，要分析更大区域的竞争形势。

（六）通货膨胀

通货膨胀是指在流通领域中的货币供应量超过了货币需求量而引发的货币贬值、物价上涨等现象。出于保持常客、树立旅游企业形象的需要，旅游产品价格一般要保持一段时间，而成本却因通货膨胀因素在这段时间内不断变化。为了协调这对矛盾，旅游企业应在定价时充分考虑通货膨胀因素的未来趋势。

（七）汇率

汇率变动对旅游产品或服务价格的变动也有着明显的影响。世界经济的国际化进程使得很多旅游企业的成本和市场国际化。如果一个旅游企业部分原材料从另一国进口，当本国货币相对该国货币贬值时，它就得花更多的本国货币来进口这些原材料。如果一个旅游企业的部分顾客来自另一国，当本国货币相对该国货币贬值时，则会因报价相对下降为它带来更多的该国客源。

【补充阅读5-2】

冰岛货币大幅贬值麦当劳遗憾退出该国

金融危机中遭受重创的冰岛最近又多了个头衔：没有麦当劳的欧洲国家。

2009年10月31日午夜，全球最大快餐连锁店麦当劳在冰岛仅有的3家分店，将因经营长久不赢利而全面结束营业。麦当劳当地时间10月27日宣布了这一计划，并表示没有重新开张的打算。

麦当劳总部昨日发布声明，将关闭餐厅归咎于在冰岛开展业务"极具挑战性的经济环境"，以及"独特的运作复杂性"。地处北极圈边缘的冰岛，仅有30万人口。

奇怪的是，麦当劳冰岛总经销商欧曼德森却如此表示：麦当劳在冰岛的生意十分兴隆，"人潮从未如此汹涌，但是获利却是空前的低"。

原来，麦当劳在冰岛使用的大部分配料均进口自德国。受金融危机影响，冰岛克朗大幅贬值，在过去19个月里，欧元兑冰岛克朗大涨80%，经营成本增加将近一倍。

"做出这个决定是因为经济困难，冰岛克朗大幅贬值。"欧曼德森说。目前，在冰岛首都雷克雅未克，一个巨无霸的售价为650冰岛克朗；但如果要获得必需的利润，就必须让价格上涨20%，达到780冰岛克朗（约6.36美元），而这个价钱甚至高于瑞士和挪威的5.75美元，将使冰岛的巨无霸售价登上全世界最贵的宝座。

"这等于说，我现在要花买一瓶好威士忌酒的钱去买一斤德国产的洋葱。"欧曼德森无奈地说，"过去几个月，我们的汉堡销量比以往任何时候都大，但成本太高了。这样下去根本没有意义。"

失去金色M标志凸显出冰岛经济瘫痪的程度。在危机前的景气时期，有"维京掠夺者"之称的冰岛企业家将雷克雅未克变成了国际金融中心，并掀起了一股抢购引人注目的欧洲资产的狂潮。而在全球信贷危机最严重的时候，冰岛的银行纷纷倒闭。这摧垮了冰岛的经济，使这个岛国只能靠一份由国际货币基金组织牵头的总值100亿美元的经济援助计划勉强度日。

冰岛首家麦当劳于1993年开张，当时的总理达维兹·奥德松吃了第一个汉堡，没想到16年后竟因"无利可图"而吹熄灯号。此举也将使冰岛加入阿尔巴尼亚、亚美尼亚和波黑的行列，成为少数几个没有麦当劳的欧洲国家。而在去年该国银行业崩溃之前，冰岛是近年全球人均最富有的国家之一。

资料来源：http://finance.ifeng.com/stock/roll/20091028/1399505.shtml

（八）价格政策法规

1. 限价政策

在特殊的市场条件下，政府会出台限价政策，要求企业严格执行。例如，在我国的一些旅游城市，由于旅游市场竞争异常激烈，各旅游企业竞相降价、打起了恶性的"价格战"，严重干扰了旅游市场秩序，损害了旅游企业利益，对旅游目的地的形象和声誉也造成极其不利的影响。为了保证旅游业的健康发展，政府制定出台了最低保护价政策，要求企业在定价时，其价格不能低于最低保护价。另一种情况是，当市场需求量远大于产品供应量时，政府会制定出最高限价，以保护消费者的合法权益。如每年春季、秋季广州举办中国进出口商品交易会期间，商务旅游者云集广州，广州市宾馆饭店爆满，为保护旅游者的利益，广东省政府制定了最高限价政策，要求宾馆饭店的价格不能高于最高限价。

2. 有关价格行为的法规

《中华人民共和国价格法》《中华人民共和国反不正当竞争法》中都有一些有关价格的法律规定。这些法规主要禁止下列四种价格行为：

（1）价格垄断。《价格法》第十四条第一款规定，经营者不得"相互串通，操纵市场价格，损害其他经营者或消费者的合法权益"。

（2）价格欺诈。《价格法》第十四条第四款规定，"经营者不得利用虚假或者使人误解的价格手段，诱骗消费者或其他经营者与其进行交易"。简言之，就是禁止价格欺诈。价格欺诈行为主要有：

虚假降价。指谎称降价而实际上没有降价的行为。

模糊标价。指故意用模糊语言、文字、计量单位等表示价格的行为，如餐馆菜单上有些菜只标明"时令价"，而不说明具体价格。

两套价格。指经营者对同种商品或服务恶意使用两种标价签或价目表，以低价招徕顾客、高价结算的行为。

（3）价格歧视。所谓价格歧视，是指商品或服务的提供者提供相同等级、相同质量的商品或服务时，使同等交易条件的接受者在价格上处于不平等地位。

（4）禁止低价倾销。"反不正当竞争法"和"价格法"都规定除降价处理鲜活商品、季节性商品、积压商品等商品外，不得以排挤竞争对手或者独占市场为目的，以低于成本的价格销售商品。

三、旅游产品定价步骤

旅游企业在了解了影响定价的因素后，必须进一步明确旅游产品的定价步骤。旅游企业一般可以通过6个步骤确定旅游产品的价格：

（一）选择定价目标

选择定价目标是整个定价步骤的第一步，它为产品的价格确定了基调。例如，以提高市场占有率为定价目标就意味着把价格定得比较低，以非价格竞争为定价目标就意味着把价格定得比较高。企业确定定价目标，必须做到具体情况具体分析。例如，当企业羽翼尚未丰满时，就不应立即把非价格竞争作为定价目标；当低价有可能引发价格战，而自己的实力又不够强时，就不应当把提高市场占有率作为定价目标。

（二）分析市场需求

市场需求决定价格的上限。企业必须从宏观、微观两个层面全面分析旅游市场需求。宏观上，要分析旅游产品的供求关系现状与趋势，评估在不同价格上的需求水平。微观上，要调查分析目标市场对价格的理解、对价格的承受力、对价格的敏感程度、对产品的偏好程度，以及目标市场是否接受各种非价格竞争方式，接受程度如何。

（三）估算产品成本

成本决定价格的下限。企业不仅要考虑生产总成本，还要考虑流通总成本。大多数情况下，随着产量的上升，产品平均成本会相应下降，尤其是在固定成本比重较大时更是如此。另外，企业要注意通货膨胀对成本的影响，跨地区经营的企业还要注意成本的地区差异。

（四）分析竞争者的产品成本、价格和质量

当企业推出的产品与市场上竞争者的产品类似时，了解一下竞争者的产品价格是十分必要的。假设，某西餐厅在分析市场需求和生产成本后，初步确定摩卡咖啡的售价为每杯 8 元，但若同档次西餐厅的摩卡咖啡为每杯 10 元或更高，则应考虑把摩卡咖啡的售价也定为 10 元左右。否则，过低的价格会造成利润的流失，还有可能导致一场价格战。当然，如果企业的定价目标是提高市场占有率，并且一旦发生价格战也有实力应对，则每杯 8 元的价格也是合适的。

（五）选择定价方法

定价方法与定价目标是密切相关的，但定价方法更加具体。定价方法有成本导向、需求导向、竞争导向三种类型。它们侧重考虑的因素不同，各有各的合理性和局限性。理论上讲，在使用一种定价方法时应参考其他定价方法，而在实践中通常只采用一种定价方法。

（六）确定最终价格

在使用定价方法确定产品的基本价格后，还要综合考虑更多的因素，如中间商的反映、地域差别、季节变化、汇率、价格政策法规等，经调整后确定最终价格。最终价格既要避免引起法律上的纠纷、社会舆论的非议、消费者的抵触和竞争对手的过激反应，又要能保证企业目标的实现。在调整基本价格的过程中，经常要用到定价策略。

第二节 旅游产品定价方法

旅游产品定价时需要考虑的因素很多。然而，实践中常用的定价方法却只是重点考虑某一种因素。正因为如此，由任何一种定价方法得到的价格都只是基本价格，需要根据其他影响因素、使用恰当的定价策略进行适当的修正。根据重点考虑因素的不同，定价方法分为成本导向、需求导向、竞争导向三种类型。

一、成本导向定价法

成本导向定价法是以旅游产品的成本为主要依据来进行定价的方法。这类定价方法主要有：

（一）成本加成定价法

成本加成定价法，是将产品的单位成本加上预期的单位利润得出产品价格。单位利

润是按单位成本的一定比例计算的。在具体应用中又分为两种形式：

1. 总成本加成定价法

是指在总成本基础上加上一定比例的预期利润。用公式表示为：

$$单位产品价格 = \frac{单位产品成本（1+成本利润率）}{1-税率}$$

总成本加成定价法计算简便，最容易操作。如果同行业都采用这种计算方法，在成本加成类似的情况下，可能因为制定的价格水平大致相同而避免了削价竞争的损失。但是，这种方法只考虑了静态因素成本，使得价格没有反映需求和竞争的动态变化。另外，这种方法对单位成本的计算也不科学，因为，在价格确定之前销量是难以确定的，销量不确定就无法计算单位产品分摊的固定成本。

2. 变动成本加成定价法

又称为边际贡献定价法，就是在定价时只计算变动成本，而不计算固定成本，在单位变动成本的基础上加上预期的单位边际贡献而得到价格。由于预期单位边际贡献会大于、等于或小于单位固定成本，旅游企业就会出现盈利、保本或亏损三种情况。

这种定价方法一般在旅游企业之间竞争十分激烈时采用较为合适，尤其在产品必须降价出售时对企业的定价有着重要的指导意义，因为只要产品的销售价格不低于变动成本，说明生产可以维持，若产品出售价格低于变动成本，则表明生产越多企业亏损越大。

在实际应用时，为了简单起见，一般是直接用单位变动成本乘以一个大于 1 的系数就得到价格。在这样做时。一个常见的误区是，企业对变动成本悬殊的产品乘以相同的系数，而导致消费者的不满和抗拒。假设某餐馆在给酒水定价时，进价 4 元的啤酒、进价 98 元的白酒都乘以 1.5 的系数，白酒加价高达 49 元，会使得消费者因为不愿意消费昂贵的白酒而自带酒水。餐馆如坚持"不准自带酒水"的行规，就很容易造成双方的冲突和客源的流失。

（二）千分之一法

千分之一法，是以固定成本为中心的一种传统的客房定价方法，20 世纪初期到中期，在国际饭店业中应用很广。由于饭店业固定资产的投资额占饭店总投资额的比例高达 70% 左右，饭店因此认为建筑造价应与客房价格有直接的关系。这种方法以酒店建造总投资额为基础，总投资中包括两大类，一类是建材、设备、内装修及各种用具的成本；另一类是建设过程中耗用的时间、所需的各种技术与人员培训等费用。总投资额除以饭店客房数，即为一标准客房平均建造成本，然后再除以 1000，便得出该饭店的平均房价。如某饭店总造价为 4000 万美元，拥有客房 400 间，每间客房的平均造价为 10 万美元，通过千分之一法就能计算出客房日收费标准为 100 美元。

千分之一法使饭店销售人员可以迅速地做出价格决策，但是这种方法仅仅把房价同客房的平均造价联系在一起，而不考虑当前的各项费用、市场的变化和经营环境的变化，因此使用上有很大的局限性。例如，由于宏观环境的原因，建筑材料价格上涨，饭店的造价与十年前相比提高了一倍以上，如果机械地套用千分之一法定价，则有可能与新建的同档次饭店价格相差一倍以上。又如，本地区饭店供不应求，如受千分之一法约束，则可能因未按市场需求定较高价格，而使企业利润减少；而当本地区饭店供过于求时，如采用千分之一法定价，则可能因价格高于竞争对手的价格而失去顾客。在饭店客房的价格决策中，千分之一法只能作为定价的参考。

（三）目标收益定价法

目标收益定价法指企业根据目标收益率推算产品的价格。做法是，首先确定目标收益率，再依次预测销售量、总成本，最后确定产品的价格。这种方法用公式表示为：

$$单位产品价格 = \frac{总成本 + 目标利润}{预期销售量}$$

目标收益定价法能帮助企业确定能够补偿成本、实现目标利润的价格水平，一般用于饭店客房和景区门票的定价。没有考虑到价格和需求之间的关系是这种方法的一大缺陷。因此，企业在运用这种方法时，必须考虑到价格对实现目标利润所需销售量的影响，以及在每一可能的价格上实现所需销售量的可能性。要做到这一点，价格决策者必须对竞争者价格和销售信息了如指掌。

（四）投资回收定价法

投资回收定价法是旅游企业为确保投资按期收回，并获得预期利润，根据投资生产的产品的预期产量和成本费用，去推算产品价格的定价方法。所确定的价格包括三部分：单位产品分摊的投资额、单位产品分摊的营运后新发生的成本、单位产品获得的投资回报。

$$饭店单位客房年均销售收入 = \frac{投资总费用}{客房数 \times 回收期} + 单位客房服务管理费$$

$$饭店单位客房日收费 = \frac{单位客房年均销售收入}{单位客房年均销售间天数}$$

服务管理费就是饭店投入运营后新发生的成本，即固定成本折旧以外的所有成本。由于回收期小于固定资产的使用年限，投资总费用除以客房数和回收期之积，得到的数字大于固定成本折旧，或者说由固定成本折扣和利润两部分构成。

投资回收定价法为静态计算方法，未考虑资金投入的时间价值等动态因素，因而所计算的结果只能供旅游企业确定产品价格时参考，而不能作为唯一的依据。

投资回收定价法在旅游业中应用广泛。饭店业中常用的赫伯特公式法其实就是投资回收定价法的特殊形式和具体应用。

【补充阅读5-3】

赫伯特公式法（Hubbart Formula）

赫伯特公式是20世纪50年代由美国旅馆和汽车旅馆协会主席罗伊·赫伯特主持发

明的。其实质就是以目标投资回收率这个经济指标作为定价的出发点，预测饭店经营的各项收入和费用，测算出计划平均房价。具体公式如下：

计划平均房价＝客房部需达年销售额/（可供出租客房数 × 客房出租率 × 年营业天数）

客房部需达年销售额＝饭店总投资额 × 目标投资回收率 − 客房以外其他部门经营利润 + 饭店管理、营业费用 + 客房部经营费用

这个公式的定价原理是：计划投资回收率指标与投资额相乘，就是企业要获得的净利润。客房应该获得的销售额，连同其他部门的经营利润一起，扣除了支付饭店管理费用和其他各项营业费用外，还必须包括要求的净利润。

赫伯特公式法比千分之一法更加准确合理。使用赫伯特公式法计算房价时充分考虑了饭店的目标利润、经营成本和费用，以及非客房部的收入，对制定房价中的相关因素也做了综合考虑。但是公式中营业支出、投资收益、客房出租率以及其他部门的收益额都是估算的，如果这些数据假设得不合理，由此推算的房价也不合理。并且整个饭店的管理、营业费用全部让客房部承担也是不合理的，特别是当一些部门成本控制不力时，就必然导致客房价格的升高。此外，这个公式还有一个概念性的错误：企业是根据预计的营业额来确定房价的，而价格又是影响营业额的一个重要因素。可见，这个公式是从企业赢利的需要出发的，没有考虑市场需求的变动。

二、需求导向定价法

需求导向定价法是以旅游者对价格的感知、价格需求弹性等旅游市场需求因素为主要依据来进行定价的方法。由于反映旅游市场需求的因素很多，并且旅游企业对这些因素的重视程度不一，具体的定价方法形式多样。在这里主要介绍三种方法：

（一）习惯定价法

指旅游企业依照长期被消费者接受和承认的已成为习惯的价格来定价的方法。如果在某地，在特定的地域，如果长期以来所有经营者都以同一价格销售具有特定属性的某种旅游产品，消费者就会认为这种旅游产品就应该是这一价格。这就是习惯价格。例如，在某旅游城市，中型桑拿浴室浴资都是 20 元，拳头大小的白面馒头都是 0.5 元，久而久之就会形成习惯价格。一旦区域市场上某种旅游产品形成了习惯价格，旅游企业在推出属性类似的产品时，就应当顺应习惯价格。另外，在旅游产品形成习惯价格的背景下，即使需求很旺，成本提升，旅游企业也不宜改变价格，而应以减少原材料分量等方式增加盈利或抵消成本上涨。因为这种情况下，涨价会影响产品的市场销路、降价会使消费者怀疑产品的质量。

（二）理解价值定价法

所谓理解价值，是指旅游者在观念上对产品所理解、认可和接受的价值。理解价值并不一定是产品的实际价值，它是消费者基于对产品形象、质量、服务水平等方面的认

知而估测出来的价值。旅游产品的定价只有与旅游者的理解价值相一致，才能被认可和接受，游客才有可能采取购买行为。

采用理解价值定价法时应注意以下几点：

1. 引导旅游者的价值评价趋向

如果消费者对产品价值的判断过低，企业就无法按他们的理解价值进行定价。所以，在使用理解价格定价法时，企业一般会通过多种手段对消费者施加影响，引导他们对产品的功能、质量、档次有一个较为准确的认知，然后再确定价格。比如，有的旅游度假村在项目立项之后，就积极向潜在游客宣传其宜人的自然环境、齐全的设施、无微不至的服务。然后，在开业之前，根据消费者对价格的预期，来确定门票、住宿设施、娱乐设施的价格。

2. 正确测定消费者的理解价值

通过市场调查研究，全面掌握旅游者对本企业产品价值的评价，同时收集竞争者的情况，把自己的产品与市场上同类竞争产品进行比较，从而正确测定旅游者的理解价值，为制定旅游产品价格提供客观依据。

3. 产品价格尽可能接近旅游者的理解价值

只有旅游产品价格与旅游者的理解价值相一致时，旅游者才乐意购买，过高或过低的价格都可能导致旅游者对产品的质疑。旅游企业在定价时往往参照竞争者产品的价格，各企业产品的价格无形中存在着一种比价关系，这种比价关系的基础就是理解价值。

（三）价格需求弹性定价法

一般说来，当旅游产品价格变动后，其市场需求量或多或少会有所改变。价格需求弹性定价法就是利用价格需求弹性系数值的大小来判断产品定价的合理性，以便为企业提高或降低价格提供决策依据。该定价方法主要在调整价格时使用，价格需求弹性系数是由企业过去调整价格时采集的数据统计得出。

三、竞争导向定价法

竞争导向定价法是以同类旅游产品的市场竞争状态为依据，以竞争对手的价格为基础的定价方法。这类方法是以竞争为中心，同时结合旅游企业自身的实力、营销目标等因素的要求来确定价格。主要包括三种定价方法：

（一）率先定价法

这是一种主动竞争的定价方法，一般为实力雄厚或产品独具特色的旅游企业所采用。在制定价格时，旅游企业首先将市场上竞争产品价格与企业估算价格进行比较，分为高于、低于、一致三个层次；其次将企业产品的性能、质量、成本、产量等与竞争企业进行比较，分析造成价格差异的原因；再次根据以上综合指标确定本企业产品的特色、优势与市场定位，在此基础上按定价所要达到的目标，确定产品价格；最后，要根据竞争产品的价格变化，及时分析原因，相应调整本企业的价格。这种方法所确定的旅游产品价格若能符合市场的实际需要，将有助于旅游企业在激烈的市场环境中获得较大的收益，居于主动地位。

（二）追随核心定价

这是以同行业的平均价格水平或领军企业的价格为标准来制定价格的方法。旅游企业之所以经常追随行业平均价格水平，是因为平均价格易被消费者接受，常被认为是合理的价格，而且追随平均价格能保证企业获得与竞争对手相对一致的成本利润率，并有助于减少价格竞争。在少数实力雄厚的企业控制市场的情况下，大多数中小旅游企业的竞争力有限，无力也不愿与生产经营同类旅游产品的大企业做"硬碰硬"的正面竞争，就跟随大企业同类产品的价格，并随其价格变化而相应地调整本企业的价格。

（三）排他性定价法

这是以较低的价格排挤竞争对手、争夺市场份额的定价方法。如果说追随核心定价是防御性的，排他性定价法则具有很强的攻击性。这种定价方法包括两种形式：

1. 绝对低价法

就是制定低于同种同档次旅游产品的价格，以争取更广泛的顾客，排挤竞争对手，并使一些潜在竞争对手望而生畏，选择放弃。一般为具有规模和成本优势的大企业所采用。

2. 相对低价法

意为名牌旅游产品缩小与一般旅游产品的价格差，以迫使一般旅游产品降低价格，最终使得一些成本相对较高的企业因无利可图而退出市场。消费者在购买名牌产品时感知到的购买风险要小得多，因此，即使名牌产品定价比同档次一般产品稍高一些，他们还是更愿意购买名牌产品。所以，相对低价法能够有效排挤对手。

第三节　旅游产品定价策略

定价策略是有关定价的经验、技巧和谋略。为了实现定价目标，旅游企业在对旅游产品进行定价时，应综合使用定价方法和定价策略。定价方法体现的是价格制定的原则性，科学的定价方法能保证旅游产品价格的合理性；定价策略体现的是价格制定的灵活性，恰当地运用定价策略能保证旅游产品价格更好地适应市场环境。这就好比打仗时既要有常规的排兵布阵方法，又要有"三十六计"这样的奇谋妙计。按照功能的差异，可以把形式多样的定价策略分为五个类型：新产品定价策略、心理定价策略、折扣定价策略、区分需求定价策略、招徕定价策略。

一、新产品定价策略

定价必须考虑产品所处的生命周期阶段。填补市场空白的新产品的价格应与一般产品有所差异。在对新产品定价时有三种策略可供选择：

（一）撇脂定价策略

意为在新产品上市初期，定以很高的价格，目的是借助新产品的垄断地位在其上市初期获取高额利润。这种定价策略因与从牛奶上层中撇取奶油相似而得名。

撇脂定价能在短期内获取大量利润，而且在竞争加剧时可以采取降价手段，既可限制竞争者的加入，又符合旅游者希望价格下降的心理需求。

撇脂定价策略是一种短期策略。一般不能长期使用。因为竞争者会注意到消费者愿意支付高价格，也想尽快进入该市场，最终使供应增加、价格回落。在制药、计算机等研发成本较高、研发周期较长的产业当中，撇脂定价很常见，高价位维持的时间相对较长。在旅游业中，大多数新产品的市场进入比较容易，撇脂定价的时间更加短暂。

应用撇脂定价策略，要具备三个条件：第一，产品的质量和形象必须能够支持产品的高价格，并且有足够的购买者想要这个价格的产品；第二，虽然有可能销售量不大且单位产品成本较高，但企业仍能获得高额利润；第三，竞争对手不能轻易进入该产品市场打压价格。因此，它适用于具有独特的技术，不易被仿制、生产能力不太可能迅速扩大等特点的旅游产品，同时市场上存在高消费或时尚性的需求。

（二）渗透定价策略

与撇脂定价相反，渗透定价是一种采取低价以便迅速而深入地渗透到市场中，吸引众多买者，并赢得大的市场份额的方法。

这种定价策略由于价格偏低，有利于迅速打开旅游产品的销路，扩大市场占有率，并有效地抑制竞争者进入市场。较高的销售额能够降低单位成本，从而使企业能够进一步降价。

应用渗透定价策略必须具备三个条件：第一，市场对价格高度敏感，只有这样低价才能够吸引越来越多的购买者；第二，企业有迅速扩大生产的能力，这样才能保证需求增加时有足够的供应；第三，随着产量增加，管理、销售经验积累，单位产品成本明显下降。不具备这个条件，市场占有率优势无法转化为成本优势，就无法通过低价防止潜在对手进入。因此，渗透定价策略适用于特点不突出、易仿制、固定成本比例较高的旅游新产品。

（三）满意定价策略

这是一种折中的定价策略，它吸取上述两种价格的长处，采取比撇脂价格低但比渗透价格高的适中价格，既能保证旅游企业获取一定的初期利润，又能为旅游消费者接受，因而这种策略所定的价格称为满意价格，有时又称为"温和价格"或"君子价格"。

企业新产品刚投放市场时，采用这种方法，虽然赢利很少或者少量亏损，但市场销路打开后，很快就能转亏为盈。虽然这种价格比较稳定，但是从长期来看，这种策略比较保守，不适应复杂多变及竞争激烈的市场环境。

二、心理定价策略

消费者对价格有着复杂的心理反应。如果价格顺应了他们的某种心理，就可能促进其购买产品或服务。与此有关的定价策略被称为心理定价策略，具体包括：

（一）整数定价策略

整数定价就是将产品价格有意地定为整数，以显示产品的档次和声望。这是针对求名或追求自尊心理的旅游者所采用的定价策略。旅游饭店的总统套房、豪华套房等常运用这种策略。它能使消费者产生一种自豪感，从而促进购买。

（二）尾数定价策略

尾数定价策略与整数定价策略正好相反，指的是企业有意将产品制定一个有零头的价格，使顾客产生便宜感、信任感，从而促使其购买。例如，经济客房定为89元，就显得比100元便宜许多。有零有整的价格会让消费者觉得企业定价认真，价格经过了科学严谨的计算。

尾数定价策略主要运用于价值较低的产品和服务，在运用时要注意三个问题。第一，价格的第一个数字很重要。第一个数字对消费者的购买决策影响最大。例如，280元和310元的价格差就显得比280元和250元的价格差要大。第二，价格的位数应该尽可能少一位。例如，三位数的房价显得比两位数的房价贵很多。第三，消费者会将某一价格范围看作一个价格，比如960~1039元都看作1000元。当企业试图通过调整价格改变需求量时，要注意把价格调到范围以外。

（三）吉利数字定价策略

指的是企业利用消费者对某些数字的偏好和美好联想来制定价格，以满足其心理需要，促使其购买产品。例如，中国人喜欢数字"6""8""9"，商家定价时常用到这些数字，取顺利、发财、长久之意，以博取顾客的欢迎。

涉外旅游企业在使用吉利数字定价策略的时候，要注意各国数字吉凶观念的差别，比如日本人特别忌讳"4"字，印度人认为奇数比偶数更吉祥。

（四）分级定价策略

消费者一般不会感觉到价格的细微差别，但是对大的差别很敏感。因此，旅游企业可以为不同档次的同种产品制定不同的价格，以满足不同层次顾客的需求心理，这被称为分级定价策略。高价位产品可以满足高消费者的优越感，中低价位产品可以留住普通顾客，消费者可以按需选择，各得其所。比如，旅行社的旅游团有经济团和豪华团之分，航空公司的票价有头等舱、商务舱、经济舱之别，饭店分设标准间、套间、行政套房、总统套房等房型。

使用分等级定价策略注意两个问题：其一，价格的差别应与产品的差别相对等，一定要让消费者能够感知到不同价位产品的明显差异，并相信不同等级产品的价格差别是合理的；其二，等级不要太多，并根据消费者结构控制好各等级产品的比例。一般来说，中等价位的产品需求量最大。

（五）声望定价策略

消费者经常把价格看作是产品质量的标志，同时一般都有求名心理。根据这种心理，知名旅游企业凭借其在旅游者心目中的良好信誉，可以制定比市场中同类产品更高的价格，是为声望定价策略。声望定价策略使旅游者产生"一分钱、一分货"的感觉，从而消除其对产品质量、功能的担忧，并可使旅游者消费高价产品的虚荣心得到满足。如恰当使用，将在提高旅游者满意度的同时获取高利润。如瑞士日内瓦 President Wilson 酒店的总统套房价格高达 33000 美元 / 天，仍令来自世界各地的名流富贾趋之若鹜。

声望定价策略适用于购买风险较大的旅游产品，但仅限于行业中名气大、形象佳的企业采用。高级工艺品、文物古玩、字画等购买次数不多、质量不易鉴别的旅游商品，尤其适合采用声望定价策略。这类产品在很多情况下必须定以高价才能销售出去。例如，1989 年，我国在巴黎世界博览会上，展出了景德镇瓷器精品，许多人饶有兴趣地询问价格，但在得知价格仅为 300 法郎后，便转身离去。展销人员立即大幅度提价，很快被抢购一空。

（六）最小单位定价策略

指的是企业把同种产品按不同的数量包装，以最小包装单位量制定基数价格。销售时，参考最小包装单位的基数价格与所购数量收取款项。通常，包装越小，单位数量产品的价格越高。这一策略的优点是：其一，能满足消费者在不同场合下的需求，如宾馆客房内的"迷你吧"摆放的酒水以小包装为主；其二，利用了顾客的心理错觉，因为小包装的价格使人误以为便宜，大多数顾客不愿意费脑筋计算单位产品的价格。

三、折扣定价策略

指企业出于特定目的，在销售产品或服务过程中，基本标价不变，而实际售价以一定比例适当降低的定价策略。按照折扣目的的差异，折扣定价策略分为现金折扣、数量折扣、季节折扣、同业折扣。

（一）现金折扣

随着信用消费时代的来临，不少旅游企业都允许购买者采用信用购买，有的旅游企业还用"先消费，后付款"或分期付款等方式来吸引顾客。但可能存在一些顾客不讲信用，长期拖欠欠款不愿支付的情况，因此，允许信用购买的旅游企业往往要承担很大的风险。现金折扣又称付款期限折扣，是应降低信用销售风险之需要而产生的一种定价策略，指的是企业对现金交易或按期付款的购买者给予价格折扣。目的是鼓励买方提前付款，加速资金周转。例如，旅游企业的交易合同中经常出现"2/15 净 28 天"的字样，这表示付款期为 28 天，如买方在 15 天内付款，给予 2% 的折扣。

旅游企业在运用现金折扣策略时要为产品确定一个合理的折扣率，该折扣率的确定应足以吸引顾客，同时不至于让自己入不敷出，因为折扣只是一种手段，加速资金周转才是企业的最终目的。旅游企业在使用现金折扣策略的同时，还应对那些逾期仍未付款的顾客采取措施。

（二）数量折扣

数量折扣是根据顾客购买数量来决定价格折扣程度。购买数量越多，折扣幅度越大。这是鼓励和吸引顾客长期或大量购买的一种定价策略，可分为累计数量折扣和非累计数量折扣。

1. 累计数量折扣

指顾客在规定的时间内，当购买总量累计达到折扣标准时，可享受折扣或类似折扣的优惠，目的是吸引消费者成为企业的长期顾客。如南京有家餐馆，对招牌菜"酸菜鱼"实行累计数量折扣，顾客每消费一盆酸菜鱼可得到一张卡片，累计10张即可免费享用一盆"酸菜鱼"。

2. 非累计数量折扣

又称一次性折扣，指顾客购买的数量达到折扣标准时给予相应的折扣。通常是购买数量越多，折扣就越大。这种折扣策略一可鼓励消费者大量购买，二可减少交易次数和时间，节约人力、物力等开支。酒店客房的团队价、会议价低于散客价就是对非累计数量折扣的应用。

（三）季节折扣

旅游产品的销售有很明显的季节性。旺季需求量很大，而淡季时需求量很小。旅游企业通常在淡季时给予顾客特别优惠的价格，以刺激需求。旅游产品的不可贮存性，迫使旅游企业想方设法刺激淡季需求，提供季节折扣则是最简单有效的办法。例如，有的酒店在平季时的价格通常比旺季优惠20%左右，而淡季又比平季优惠20%。

（四）同业折扣

也称作功能性折扣，是指企业根据中间商在产品销售中所担负的职责大小，给予不等的价格折扣。一般来说，旅游企业给旅游批发商的折扣较大，给予旅游零售商的折扣较小，这有利于促使批发商大量进货，并有可能进行批转业务。由于旅游市场营销的复杂性和多样性，同业折扣的具体形式多样。如美国雷迪逊旅馆公司给予旅行社15%的佣金；赫艾特旅馆公司则规定，旅行社每预订24间客房，该旅馆公司就免费向旅行社提供1间客房。

四、区分需求定价策略

指的是企业根据需求的时间差异或个体差异，出于增加盈利、刺激消费等目的，对本企业的同一产品定以多个价格出售。旅游业中常用的区分需求定价策略有地理差价策略、时间差价策略、对象差价策略、混合搭售策略。

（一）地理差价策略

指跨地区经营的旅游企业在各地区以不同的价格销售同一旅游产品。这种差价的最主要原因是不同地区的旅游消费者具有不同的产品偏好和价格感知，因而各地旅游市场就具有不同的需求曲线和需求弹性。如国内旅游者与海外旅游者对行、宿产品的要求就明显不同；对同样的旅游工艺品，当地旅游市场和异地旅游市场的需求强度不一，前者弱于后者。

地理差价是合理的，因为企业在不同地区面临不同的营销环境。地理差价没有政策法规方面的限制，也不会遭遇消费者的抵触。因此，旅游业中广泛使用这种策略。

（二）时间差价策略

意为企业在不同时间对同一经营地点的同一产品定以不同的价格。旅游市场需求有明显的时间差异，不仅淡季、旺季有差异，工作日、周末也有差异，甚至一天中的不同时段都有很大的差异。因此，旅游企业要善于根据各个时间段的旅游需求差异制定不同的价格，努力通过价格手段实现供需的相对平衡。

南京新街口繁华地段有一家叫作"哈啰哈"的夏威夷风格主题自助餐厅，就很巧妙地在午间、晚间分别定出 38 元、58 元的价格。这是一家中档的自助餐厅，它的顾客多为工薪阶层。为了吃得划算，顾客们当然更希望延长进餐时间以增加进食量。因此，他们更愿意利用下班后的晚上而不是上班间隙的中午去这家餐厅消费。餐厅深知这一点，因此晚上的价格高出 20 元。但这么以来，晚上光顾的客人可能会对价格有所抱怨。餐厅想到了这一点，在晚上增加了具有浓郁夏威夷风情的歌舞表演。虽然只是简单的几个节目，因此增加的成本分摊到每个顾客不过数元，但足以打消顾客对 20 元价格差的抱怨。

（三）对象差价策略

这是指企业出于稳定老顾客、开辟新市场等目的，对各消费者群体制定不同的价格。例如，景区团队门票价格一般远低于散客门票价格，饭店针对商务、会议顾客的定价与普通顾客有较大的悬殊，景区、航空公司经常会推出优惠的学生票，公园采用年票收取较低费用以吸引常客。

使用对象差价策略时，要设法避免价格歧视方面的纠纷。经营者没有正当理由，就同一种商品或者服务，对条件相同的若干买主实行不同的售价，就构成价格歧视行为。差别定价要有人们容易认可的理由，如给学生、军人以低价就比较容易获得认可，因为学生靠家人供养，军人服无偿兵役。差别定价要注意方式，如景区在给市民定价时，年票的形式就比直接凭本地身份证低价购票要好。因为，年票人人都可以买，只是外地人不会去买，表面上是公平的。而本地人凭身份证直接低价购票则会让外地人感到不公平。

（四）混合搭售策略

指两种或更多种产品既分别单独出售，又以比单价之和低的价格组合在一起销售的定价策略。如肯德基餐厅既单卖汉堡包、炸薯条、可乐，又将三者组合成套餐进行销售。与混合搭售相对立的是纯搭售，即两件或更多产品只组合销售，不单独出售。在产品边际成本较高，且消费者对各种产品的保留价格呈负相关的情况下，混合搭售可以比单独出售、纯搭售获得更多的边际利润。消费者对产品的保留价格是指他愿意为该产品出的最高价格，当定价高出这个价格时他将保留货币、拒绝消费。假设有两种产品，所谓消费者对产品的保留价格呈负相关，意为消费者对其中一种产品保留价格越高，对另一种产品的保留价格就越低。混合搭售策略本质上是利用消费者保留价格的差异而增加盈利的一种谋略。

五、招徕定价策略

指以特殊价格吸引消费者光顾的定价策略。常见的招徕定价策略有亏损价格、特殊事件价格等。

（一）亏损价格

这是指企业在自己的产品或服务结构中，把某些产品或服务的价格定得很低，甚至亏损，以低廉价格迎合旅游者的"求廉"心理而招徕顾客，借机带动和扩大其他产品的销售。例如，某些餐厅向消费者免费提供饮料，虽然旅游者享用这些饮料会使餐厅在饮料上亏损，但消费者必然会购买甚至增加购买菜肴等产品，餐厅就可通过菜肴等产品的销售弥补饮料上的亏损，还可提高总的销售收入和利润。再如，有的旅行社在激烈的市场竞争中向旅游者提供的包价旅游产品中，游、食、宿等分项产品仅以成本价计算，企业无利可图，但通过游客量的增加，旅行社就可以依靠机票折扣获取利润。

（二）特殊事件价格

这是指企业在某些节日、季节或在本地区举行特殊活动的时候，适度降低产品或服务的价格以刺激消费者，招徕生意，增加销售。这种定价策略往往在旅游淡季时受到旅游企业的重视。采用这种策略必须有相应的广告宣传配合，这样才能将这一特殊事件和信息传递给广大消费者。

第四节　旅游产品价格调整

旅游企业在确定了产品的价格之后，在一定时间内，应该保持价格的相对稳定。但是，旅游企业的内外环境处于不断变化之中。营销环境的复杂多变要求旅游企业必须因时就势地调整产品价格。旅游业是一种典型的相互联系、相互依存的企业群体，其中任何一种主要成员（航空公司、观光度假地、饭店等）的价格变动都会对其他成员产生多米诺效应。另外，价格是营销组合中弹性最大、最灵活的因素，竞争对手很容易仿效，消费者及整个市场会对此做出反应。所以，旅游企业无论是主动调价还是被动调价都必须审慎。

一、旅游企业主动调整价格

主动调整价格是在市场整体运行比较稳定的外部环境下，旅游企业根据自身的市场份额、利润额、产品供求关系等经营业绩及市场变化而做出的先期价格调整。从竞争的角度来说，这是一种攻击性的价格调整。这种调整不外乎两种表现形式：调低价格或调高价格。

（一）发动降价

下列几种原因可能促使旅游企业调低产品价格：

1. 生产能力过剩

在这种情况下，旅游企业首先会改进产品和服务，努力促销，如果效果不明显就可能采用攻击性减价的方法来提高销售量。

2. 市场占有率降低

面对强有力的竞争时，旅游企业的市场占有率逐渐降低，为了恢复市场份额，旅游企业可能采取更有进取心的定价行动。

成本优势明显。具有成本优势的旅游企业可能通过降价排挤竞争对手，巩固、扩大自己的市场份额优势，甚至希望借此控制整个行业。

收益和风险总是相生相伴的。旅游企业主动发起降价可能带来可观的效益，但也可能遭遇各种风险和陷阱：

（1）低质量陷阱（low-quality trap）：消费者认为降价一方的产品质量低于其竞争对手。

（2）脆弱的市场占有率陷阱（fragile-market-share trap）：低价能买到市场占有率，但是买不到市场的忠诚，顾客会转向另一个价格更低的企业。

（3）浅钱袋陷阱（shallow-pockets trap）：因为售价高的竞争者具有深厚的现金储备，他们也能降价并能持续更长时间。

（二）发动提价

在一些情况下，企业可能会提高价格。成功的提价能够增加利润。提价的原因主要有：

1. 成本上涨

旅游业对相关产业的依赖性大，如果相关产业产品价格上涨，使得旅游产品的成本大幅提高，或者劳动力成本上涨，都会给旅游企业带来提价的压力。

2. 供不应求

由于旅游供给在一定时期的稳定性和旅游承载力的限制等因素，许多旅游企业在面对这种情况时使用价格手段来调节。

3. 预期通货膨胀因素也可能使旅游企业提前提价

提高价格往往容易招致顾客、中间商甚至本企业销售人员的不满，下面的一些方法也许能够避免这种情况：

（1）不要忘记围绕着任何一次提价必须存在一种正当的理由，如燃料价格上涨导致提高机票价格；

（2）要让顾客意识到价格即将上涨，以便有一个心理上的过渡期；

（3）要让消费者理性地了解价格上涨的原因；

（4）尽量限制提价的幅度，保持在消费者愿意接受的范围内；

（5）使用不引人注目的价格策略。在顾客们意识到价格上涨之前，先采用一些隐蔽的方法，如取消折扣、对从前免费的服务改为收费等；

（6）努力提高顾客的理解价值。

（三）主动调整价格时对竞争者反应的预测

旅游企业主动调整价格能否取得预期的效果在很大程度上取决于各主要竞争对手的反应。因此，在主动调整价格之前，旅游企业应该预测主要竞争对手的反应，并把预测结果作为价格调整的重要参考信息。

竞争者的反应无非有两种模式：一是启动实现事先制定好的、固定的政策；二是临时加以应对。所以，预测竞争对手的反应可以分两步进行：

（1）假设对手有固定政策，努力通过情报搜集去获得相关文件，如果行不通，则利用历史资料分析对手过去如何应对价格变化，发现其中的规律。

（2）如果无规律可循，说明对手没有固定政策，是临时做出反应。则可基于以下两方面去估计对手的临时反应：

①对手会怎么看待本企业做出的价格调整。

②对手当前最看重的利益是什么。比如，当本企业降价时，如果竞争者当前最看重的是市场占有率，它就很可能跟进同步降价；而如果它当前最看重的是其产品的形象和声望，它更可能采取降价以外的应对方法，如增加广告预算、提供更多的附加利益等。

二、旅游企业应对竞争对手降价的策略

旅游企业经常会面临竞争者降价的挑战。如何对竞争者降价作出及时、正确的反应，是旅游企业面临的最棘手的难题之一。

面对竞争者降价，企业在响应之前，必须认真调查研究如下问题：竞争者为什么降价？竞争者打算暂时改变价格还是永久改变价格？本企业该怎么做？如果做了，竞争对手会有什么反应？产品在本企业营销体系中重要性如何？产品的生命周期处于什么阶段？消费者对降价会做出什么反应？其他企业是否会降价？

在对上述问题有清醒的认识后，旅游企业可以根据具体情况采取适当的对策。可供选择的对策有：

（一）维持原价

一般在以下情况时采用：

（1）降价会大大减少现金流量及目标利润；

（2）维持原价会使目标市场增加对本企业的信心，并不会失去很多市场份额。

在维持原价的同时，企业可以同步使用非价格竞争策略。改进旅游产品质量，提高服务水平，并通过信息沟通，使目标市场了解到本企业的产品性价比要高于竞争者。如果能够成功，企业不但不会丧失市场份额，而且会增加利润。

（二）降价

企业也可以随竞争者降价而降价，使价格抵近竞争产品的价格水平或与竞争产品的价格保持一致。一般在以下场合采用：

（1）消费者对价格很敏感，维持原价将使销售量大幅度减少；

（2）企业具有明显的成本优势，保证降价后的利润不至于大幅下降；

（3）非价格竞争措施效果不佳，不足以吸引和保持一定市场份额。

（三）提价

提高本企业产品价格也是应对竞争者降价的一种措施。如果目标市场并非价格敏感型顾客，企业可以在提高产品品质、强化品牌优势的同时提高价格，通过高质高价赢得市场。

（四）设立一种低价格的"战斗品牌"

所谓"战斗品牌"是指一个受到降价威胁或潜在降价威胁的企业可能引入一种品牌，这一品牌由于其与竞争产品相近而具有对竞争者的警告或威慑作用。

【补充阅读5-4】

休布雷公司巧妙定价

休布雷公司在美国伏特加酒的市场中，属于营销出色的企业，他们生产的史密诺夫酒在伏特加酒的市场占有率中达23%。20世纪60年代，另一家公司推出了一种新型伏特加酒，其质量不比史密诺夫酒低，而每瓶酒的价格却比史密诺夫酒低1美元。

按照惯例，休布雷公司面前有三条对策可用：

第一，降低1美元，以保住市场占有率。

第二，维持原价，通过增加广告费用和推销支出等手段与竞争对手周旋。

第三，维持原价，听任市场占有率降低。

由此看来，不论休布雷采取上述哪种策略，都很被动，似乎将是输定了。

但是，该公司的市场营销人员经过深思熟虑后，却采取了令人们大吃一惊、意想不到的第四种策略。那就是，将史密诺夫酒的价格再提高一美元，同时推出一种与竞争对手的新伏特加价格一样的瑞色加酒和另一种价格更低的波波酒。

这一做法堪称绝妙，它的妙处体现在以下几个方面：其一，它使史密诺夫酒从单一产品演变成了系列产品，大大提高了产品的声望与地位。实际上，这三种酒的成本、制作工艺和味道相差不大，但在消费者心目中留下的印象却不一样。其二，它使另一家公司推出的新型伏特加酒在价格上处于休布雷公司产品的"夹击"之中，消费者无论是想喝好一点的伏特加酒还是便宜一点的伏特加酒，或者喝原先水平的伏特加酒，都有可能选购休布雷公司的产品。况且休布雷公司的品牌已在消费者心目中有一定的印象。其三，这一做法使休布雷公司从无差异目标市场策略转向了差异性目标市场策略，这为更加广泛地占领市场奠定了坚实的基础。

事实证明，休布雷公司依靠这一策略不仅渡过了难关，还增加了市场份额，提高了利润。

【本章小结】

本章介绍了旅游产品价格的概念和类型，重点论述了旅游产品定价的影响因素、步骤、方法与策略，并讨论了旅游企业主动调整价格和应对竞争者价格变化的方略。

旅游产品价格是旅游产品价值、旅游市场供求关系和一个国家或地区的币值三者变化的综合反映。按照销售内容，旅游产品价格分为一次性价格、多次性价格；按照销售方式，则分为单项产品价格、组合产品价格。

在对旅游产品定价时必须统筹考虑企业内外的各种因素，尤其是定价目标、成本、营销组合策略、市场需求、市场结构、通货膨胀、汇率和价格政策法规。定价的一般步骤是，首先确定定价目标，然后分析需求、成本和竞争，在此基础上选用适当的定价方法确定产品的基本价格，最后，在考虑更多的因素后对基本价格进行修正，得到产品的最终价格。

常用的旅游产品定价方法都是侧重考虑某一种因素，兼顾其他因素。根据重点考虑因素的差别，旅游产品定价方法分为成本导向、需求导向、竞争导向三种类型。每种方法都有其优点和局限性。正因为如此，通过任何一种定价方法确定的价格都需要进行修正。

定价策略是有关定价的经验、技巧和谋略。在修正基本价格的过程中，经常要用到定价策略。按照功能的差异，可以把定价策略分为新产品定价策略、心理定价策略、折扣定价策略、区分需求定价策略、招徕定价策略五种类型。每种定价策略都要求一定的适用条件，运用得当的话都能带来一定的效益。

在特定的市场环境下，旅游企业会主动调整价格。调整价格时要预测竞争者的反应，要警惕随之而来的各种风险和陷阱。旅游企业还要善于应对竞争对手的降价，应在对竞争者降价的背景和连锁反应有全面的认识后，采取适当的对策，可选择的对策有维持原价、降价、提价、设立"战斗品牌"。

【关键术语】

1. 市场结构
2. 定价目标
3. 非价格竞争

4. 价格需求弹性系数
5. 成本导向定价法
6. 需求导向定价法
7. 竞争导向定价法
8. 撇脂定价策略
9. 渗透定价策略
10. 心理定价策略
11. 区分需求定价策略
12. 亏损价格
13. 战斗品牌

【复习思考题】

1. 旅游企业内外因素对旅游产品定价有什么样的影响？
2. 成本导向的各种定价方法分别有什么样的缺陷？
3. 你所在的校园，有没有什么产品形成了习惯价格？
4. 使用排他性定价法有什么风险？如何避免这些风险？
5. 撇脂定价策略、渗透定价策略分别要求什么样的适用条件？
6. 如何预测竞争对手对本企业调整价格的反应？

【案例实训】

高档酒店婚宴价格的悲喜剧

餐饮是酒店的龙头，在提高收入、凝集人气、营造声誉、打造品牌等方面举足轻重，关系到酒店的长线效果和竞争地位。四、五星高档酒店也不例外。对这一点，似乎酒店管理者都明白，但实际操作时却往往走样，餐饮成为酒店经营失败的重灾区。

上海浦东有家国内著名旅游集团投资兴建的五星级酒店，开业后聘请法国一家酒店管理公司管理。该公司按照成建制、系统化、集权式原则派出一支管理队伍，带队总经理来自印度。一年后的总结表明，房价、出租率、境外客人数量上升，但餐饮毫无起色。来自欧洲的餐饮总监虽定位于婚宴、会议宴和高档宴请，但由于不熟悉当地人的需求、习俗和消费偏好，在价格弹性、产品组合、促销方面一筹莫展，毫无办法。餐饮价格政策（含最低价和毛利）是总经理决定的，并且一年不变，下属如有违犯，加重处罚。

婚宴、宴请10桌以上最低菜肴价位每桌2600元。一次，张江开发区的一对年轻的IT高级白领欲办婚宴，但提出调整婚宴菜谱，由粤菜改为他们所钟爱的淮扬菜，价格下降100元，同时要求酒店赠送两道扬州点心。中方餐饮副总监认为客人的要求合理，就同意了。其结果是菜肴毛利率64%，比酒店要求的低了1个百分点，而酒水的毛利率高达80%。

总经理知道后大为不满，在大会小会上严厉批评，再三强调，婚宴、大型宴请的价格，非经他本人同意，任何人不得改变，否则严惩不贷。

事后不久，江南造船集团欲举办300多人参加的厂庆酒会，人均消费350元，但希望免服务费。预订人员不敢答应，层层请示，但总经理决定，不让利，不降价，结果这笔生意"黄"了。附近的一家中资五星级酒店以免服务费、提高主桌摆台规格的方式接了这单生意，综合毛利也超过了65%，并获得了宾客的高度好评，成了长期客户。

数次之后，这家外方管理的酒店流失了一批高端客户，餐厅散客寥若晨星，宴会厅使用率也不高，而总经理则坚持进店前制定的价格政策，一年后，他被管理公司调离。

资料来源：餐饮经营失败与案例评析［M］.沈阳：辽宁科学技术出版社，2007

［案例思考题］

1. 这家酒店采用的是什么导向的定价目标？
2. 请从定价影响因素、定价方法、定价策略三个方面分析这家酒店餐饮定价的失败之处。

第六章

旅游产品营销渠道策略

【案例导入】

美团点评危机：团购被商家抛弃，全国餐厅大逃离

线下餐饮商家与美团点评之间的关系变得剑拔弩张。

记者发现，近期北京、上海、长沙等地均有大批餐厅与美团点评决裂，摆出了"不接受美团团购"的告示，其中就包括天意小馆、田趣园、湘水谣等品牌。有业内人士认为，近一年商家逃离美团点评团购业务越发普遍，背后其实是商家对团购模式不再抱有期望。

各地的用户爆料显示，近期北京、上海、长沙等地出现了"反团购风潮"。知名烤鱼品牌鱼非鱼近期下架了在美团的团购套餐和代金券，在长沙，湘水谣、斗牛士和田趣园等品牌也纷纷从美团点评下架。

"团购没有为店里带来额外顾客，大部分顾客是到店后再买团购券付款，餐厅相当于白白损失了至少15%的收入。"对于下架美团团购的原因，某湘菜餐厅负责人这样总结道。也有餐厅发现，团购带来的顾客基本都是价格敏感性客户，对餐厅没有忠诚度，而且容易给出差评，对餐厅口碑带来非常大的负面影响。

更让商家不堪重负的在于，美团点评的每单交易都要从商家处抽取至少4%的佣金。近几年餐饮行业竞争越发激烈，原本行业的平均利润就只有5%左右，美团点评的抽佣成了压垮餐厅的最后一根稻草。

"美团点评为了上市，还在不断提高抽佣的比例，还要收一堆莫名其妙的其他费用。如果这样逼商家，索性就不和他玩了！"北京东直门一家餐厅的老板介绍说，餐厅起初尝试团购都是抱着试试看的心态，既然看不到预期中的效果，和美团"撕破脸"的商家肯定就会越来越多。

资料来源：http：//www.linkshop.com.cn/web/archives/2016/364150.shtml

第一节　旅游产品营销渠道概述

一、旅游产品营销渠道的概念与类型

（一）旅游产品营销渠道的定义

旅游产品营销渠道是指旅游产品使用权转移过程中所经过的各个环节连接起来而形成的通道。旅游产品营销渠道的起点是旅游产品的生产者，终点是旅游产品的消费者，中间环节包括各种代理商、批发商、零售商、其他中介组织和个人等。

工业产品的营销渠道不仅是产品使用权转移的通道，同时也是工业产品传输的通道；但是旅游产品的营销渠道并不是旅游产品传输的通道，因为旅游产品不可转移，而是旅游产品的消费者逆向到达旅游产品生产企业的通道。

（二）旅游产品营销渠道的长度与宽度

旅游产品营销渠道的长度是指旅游产品从生产者到旅游消费者整个过程中所经过的中间环节的层次数。长短只是相对而言的，层次少为短渠道，层次多为长渠道。旅游产品营销渠道的宽度，是指一条营销渠道中旅游中间商的数目及销售网点的数目和分布格局，既涉及中间商的数目，也涉及本企业和中间商面向市场所设立的销售网点的数目及其分布的合理程度。

（三）旅游产品营销渠道的类型

1. 直接营销渠道

简称直销，是最短的营销渠道，它是指旅游企业在其市场营销活动中不通过任何旅游中间商，不经过任何中间环节，直接把旅游产品销售给消费者的营销渠道（图6-1）。通过直销，旅游企业直接和消费者交流，有利于直接获得消费者的信息，有助于改善旅游产品的质量，强化旅游企业的形象。在旅游产品直接销售量大和旅游消费者购买力较为稳定的情况下，旅游企业可以省去中间商的营销费用，以较小的成本获取较大的收益。尽管旅游产品的营销渠道越来越多样，但是直接营销作为最传统的销售方式，至今仍被旅游企业广泛使用。

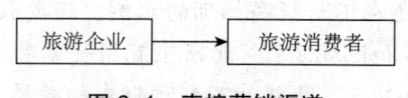

旅游企业 → 旅游消费者

图6-1　直接营销渠道

2. 分销渠道

简称分销，又称间接营销渠道，它是指旅游企业通过旅游中间商向旅游消费者销售旅游产品的营销渠道。从整体旅游行业看，分销渠道已经成为旅游产品主要的营销渠道。分销渠道按中间环节的多少分为两种：

（1）一级分销渠道。

指旅游企业通过旅游零售商把旅游产品销售给旅游消费者，如图6-2所示。由于只有一个中间环节，这种营销渠道具有降低销售成本、易于控制的优点，但一般只适宜于营销批量不大、销售地域狭窄或相对集中的旅游产品。

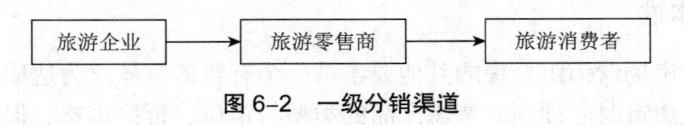

旅游企业 → 旅游零售商 → 旅游消费者

图6-2　一级分销渠道

（2）多级分销渠道。

指旅游企业通过两个或更多层次的旅游中间商把旅游产品销售给旅游消费者。如图6-3是最简单的多级分销渠道，当图中旅游批发商、旅游零售商两个层次中间再增加一个或多个层次的旅游批发商，营销渠道会变得更长、更复杂。使用多级分销渠道需要给予中间商更多的佣金或折扣，也加大了渠道控制的难度，一般仅适用于营销批量大、销售地域广的旅游产品。

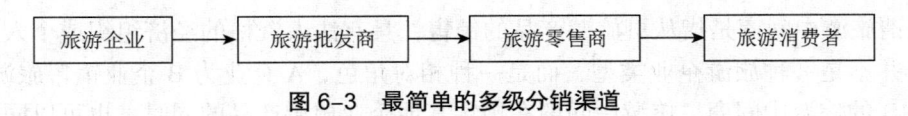

旅游企业 → 旅游批发商 → 旅游零售商 → 旅游消费者

图6-3　最简单的多级分销渠道

二、旅游企业营销渠道的一般特点

（一）组合采用多条营销渠道

大多数旅游企业根据不同层次或地区消费者的不同情况而采用不同的营销渠道，以增加销售机会，力求实现产销平衡。由于旅游产品不可储存，旅游企业生产能力和设施的闲置将大幅度增加单位产品的固定成本。再加上旅游消费的异地性、旅游企业经营规模的扩大、旅游市场竞争的加剧等方面的考虑，旅游企业比其他类型的企业更重视广开营销渠道。

（二）相对稳定性

旅游企业的营销渠道不仅是产品的销售网络，也是对于企业拓展市场、生存发展非常重要的一个关系网络。这个网络的构建需要花费大量的时间、精力和资金，需要企业与中间商的长期合作与相互磨合。所以，旅游企业一旦构建了营销渠道，将在一定时期内依赖营销渠道，一般不会对其做出重大变革，所以营销渠道存在着一种强大的保持现状的惯性，具有相对稳定性。

（三）协调性与销售效率密切相关

营销渠道系统中，执行不同功能的机构必须"分工不分家"，相互配合，协调一致，才能有效完成销售任务。任何一个中间环节的失误都会导致整个营销链条的断裂，使销售目标无法实现。在实践中，营销渠道的运营往往由于渠道成员的矛盾冲突或动作的不一致而导致失败。只有各层级步调一致，互相支持，互相配合，渠道才能够实现良好的销售效率。

（四）整体性

营销渠道与市场营销组合中的其他要素是一个有机的整体。为达成营销目标，企业在做出营销渠道决策时必须同时考虑产品的类型与定位、价格策略、促销方式等其他营销环节。假设泰国观光客是香港某家酒店的重要客源，如果这家酒店选择泰国最大的旅行社作为中间商，并给予其较多的折扣以激发其销售积极性，那么酒店本身就没有必要再在泰国投入过多的广告费用。

三、旅游中间商

（一）概念与类型

所谓旅游中间商是指从事旅游产品的销售，具有法人资格的经济组织或个人。旅游中间商并不是一种旅游企业类型，而是一种相对角色，A 企业为 B 企业销售旅游产品，A 就是 B 的旅游中间商。旅游中间商在销售其他企业旅游产品的同时，也可以同时经营自己的旅游产品。

旅游中间商主要有两种分类方法。按其业务方式，旅游中间商可以分为旅游批发商和旅游零售商。其中旅游批发商不直接向旅游者销售产品，旅游零售商则直接向旅游者销售产品。按其经营性质，旅游中间商分为旅游经销商和旅游代理商。其中，旅游经销商是通过预付定金或足额购买的方式批量订购旅游产品，再直接转售或加工组合之后销售给旅游者，也就是买进以后再卖出。旅游经销商在购买之后对产品拥有所有权，与旅游产品的生产者共同承担市场风险，其利润来自旅游产品销售过程中买入价和卖出价之间的差额。而旅游代理商则只是接受旅游产品生产者或供给者的委托，在一定区域内代理销售其旅游产品，不需要预付定金或购买产品，对产品不具有所有权，其收入仅来自被代理旅游企业按协议支付的佣金。

对同一旅游企业来说，在不同的营销渠道中可能会存在多种角色并存或交叉的情况。比如，A 旅行社为一个来自美国的旅行团组织一次中国包价旅游活动，再转包给其他旅游企业，此时该企业是以旅游批发商的身份进行销售活动的；同时，它又向本地游客推销 B 旅行社经营的包价旅游线路，此时该企业又是旅游零售商。

（二）旅游中间商的主要功能

1. 市场调研

旅游企业可以通过旅游中间商获取有用的市场信息。旅游消费者是旅游企业生产经营成败的关键所在,其数量的多少、层次的高低、购买力的大小对旅游企业的经济效益有着直接的影响。旅游中间商利用自己直接面向旅游消费者的有利地位,真实、客观、全面地调查、掌握旅游消费者的意见和需要,从而为旅游企业提供准确、及时的信息,帮助旅游企业对市场的变动作出及时的反应,使旅游产品和服务的供应能不断适应旅游消费者的需求。

2. 市场开拓

中间商是旅游企业销售部门的延伸,可以帮助旅游企业占领更广阔的市场。旅游市场需求的频繁变化和强有力竞争,客观上要求旅游企业不断开拓市场,才能在市场中生存和发展。旅游中间商直接面向旅游市场,对旅游市场的变化及走向有着强烈的敏感性,能对旅游市场的未来发展有较为准确的判断,并善于寻找旅游市场的空隙,捕捉旅游市场机会。旅游企业与旅游中间商友好沟通、协作,就能将旅游产品的生产优势与市场开拓的营销优势结合在一起,使旅游生产企业与旅游中间商都得以顺利发展。

3. 促进销售

旅游产品要获得大量的旅游消费者的欢迎,一定要促使市场中潜在的旅游需求转化为现实的旅游需求。旅游中间商往往是旅游营销的专门人才,各自拥有自己的目标群体,与社会各方以及市场中各部分有可能形成良好的公共关系,它们依靠自身所特有的宣传、广告、咨询服务和其他多种形式的促销活动,来激发旅游消费者的购买欲望,促进市场需求的形成。另外,旅游企业还可借助中间商增加销售网点,更广泛地接触旅游消费者,同时方便旅游消费者的购买,从而增加旅游产品的销量。

4. 组合加工

任何一个旅游企业均不能提供旅游者在完整的旅游活动中所需的食、住、行、游、购、娱等环节的各种旅游产品。旅游中间商运用自身与多家旅游企业的联系,具有对多种旅游产品进行加工、组合的能力。例如,旅行社为满足旅游消费者多方需要,将各种旅游产品组合起来,形成系列化的完整的旅游产品,提供给旅游者,其内容包括了代售车票、机票,安排接送、代订饭店、餐饮、观光游览,组织会议,提供导游,安排商务、文化体育等活动。这种组合还可按旅游消费者的不同要求,形成不同的组合方式和价格形式。

5. 减少交易次数

旅游中间商是社会分工和商品经济发展的产物,在旅游市场营销活动中有着客观存在的必然性。如图6-4所示,由于中间商的加入,顾客与供应商的交易次数得以减少,从而节约了社会劳动和时间,提高了交易效率和经济效益。

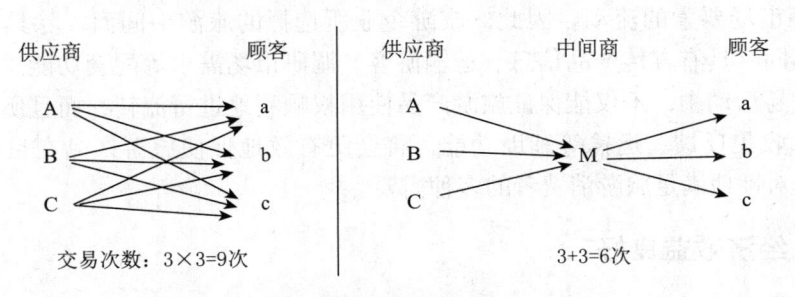

供应商	顾客	供应商	中间商	顾客
A	a	A		a
B	b	B	M	b
C	c	C		c
交易次数:3×3=9次		3+3=6次		

图6-4 中间商存在与否对交易次数的影响

第二节　旅游企业营销渠道决策

一、优良的旅游产品营销渠道的特点

旅游企业营销渠道决策的目标是构建一条或多条优良的旅游产品营销渠道。因此，营销决策者必须清楚营销渠道优劣的判别标准。一般来说，优良的营销渠道应同时具备以下4个特点：

（一）连续性明显

这是优良的旅游产品营销渠道的首要特征，是指旅游企业建立的营销渠道环环紧扣，能够保证规模适中且较为稳定的旅游客流通过营销渠道源源不断地到达旅游产品生产企业消费，在每个中间环节都不发生脱节、阻塞和不必要的停滞。所谓脱节，是指逆着营销渠道向旅游产品生产企业流动的游客数量不足，或者说下游的旅游中间商的销量不足，使上游的旅游批发商或旅游产品生产企业的人员和设施闲置。阻塞则恰好相反，指逆着营销渠道流动的游客数量偏大，超出上游的旅游批发商或旅游产品生产企业的接待能力。停滞是指整条营销渠道或营销渠道的某一部分无法正常运转，如在组织长途旅游的过程中，客源地的组团社和目的地的接团社之间可能因为财务纠纷停止合作。

（二）辐射性突出

营销渠道的辐射性是指从营销渠道的起点旅游产品生产企业到终点旅游消费者，渠道在不断加宽，或者说下一个层次中间商的数量远大于上一个层次的中间商。旅游产品营销渠道的辐射性直接影响到产品的市场覆盖面和渗透程度，从而一定程度上决定了该营销渠道所能够带来客源的多少。优良的营销渠道的市场辐射性突出，有着较大的市场覆盖率和渗透率。

（三）配套性全面

旅游产品的销售过程，不仅是旅游产品使用权的转移过程，也伴随着旅游者、旅游产品信息等市场要素的流动。因此，旅游企业所选择的旅游中间商，除具有销售能力外，最好还同时具有宣传产品信息、运输游客、调研市场需求等配套功能。这样，旅游中间商在交易活动中，不仅能保证旅游产品使用权顺利地进行流转，而且所具备的市场调研、信息收集反馈、运输等辅助功能，将会更有效地促使旅游产品在目标市场中销售，更有针对性地满足旅游消费者的多种需要。

（四）经济效益良好

旅游产品营销渠道的选择必须考虑其交易成本，交易成本的高低主要取决于交易中间环节的多少、交易批量的大小、交易成功率的高低和旅游产品生产者与中间商之间利益的划分是否合理等因素。优良的营销渠道单位产品交易成本低，销量大而稳定，能够为旅游企业带来良好的经济效益。

二、旅游产品营销渠道决策的影响因素

（一）旅游产品

1. 旅游产品的种类和性质

一般来说，餐厅、旅游景点、商务性饭店、汽车旅馆、旅游汽车公司等旅游企业主要是采取直接营销渠道销售自己的产品或服务，而游船、度假饭店、机场旅馆、包机公司等类型的旅游企业则由于市场销售面广，往往主要通过间接营销渠道销售产品和服务。

2. 旅游产品的档次和等级

高档的旅游产品购买者较少，回头客比例高，而且消费者在购买高档产品时感知到的购买风险也较高，如果通过中间商购买会进一步增强其风险感，所以这类产品的销售往往采用直接营销渠道，如高尔夫球俱乐部就是如此。而大众化的、较低档次的旅游产品，由于市场面较广、消费者较多、购买风险低，更适合通过间接营销渠道销售，因为这样有利于在更大的空间内吸引、争取广大的客源。

3. 旅游产品包含服务内容的全面程度

一般来说，旅游产品的使用价值越全面，越适应旅游者在旅途中的多样化需求，越容易通过直销渠道销售出去，使用分销渠道的必要性越低。反之，则越有必要通过间接渠道进行销售，这样一来可以借助中间商的组合加工功能方便游客一次性购买多件旅游产品，以满足其多样化需求。

（二）市场和竞争环境

1. 旅游消费者的数量、购买频率与分布

旅游消费者对营销渠道的影响首先表现为产品消费面的大小。消费面大的产品要求能在市场上广泛分布，并具有一定的区域延伸性，营销渠道就应当既"长"又"宽"。旅游者的消费习惯对于营销渠道的选择也会产生很大影响。如旅游者购买频次较高，交易工作量就会相应增大，旅游企业一般应当多利用一些中间商开展销售活动；相反，如果购买频次低，每次购买量大，企业就可少利用一些中间商，而采用较短的渠道来进行销售。此外，有的旅游产品的消费者分布比较集中，营销渠道就可短一些，直接一些；而如果旅游产品的消费者分布于全国各地，甚至于世界各地，营销渠道就应当长一些、宽一些。

2. 旅游中间商的类型、数量、布局、规模、档次与功能

旅游企业对旅游产品营销渠道进行决策的过程，在很大程度上就是谋划如何更好地利用旅游中间商的过程。所以，旅游企业在进行渠道决策时，必须大量收集本企业目标市场区域内旅游中间商的信息，以了解旅游中间商的类型、数量与空间分布，以及每家

旅游中间商的规模与经营网点多少、目标市场范围与顾客消费能力、业务内容与服务项目、销售能力，从而根据本企业的需要选择适当的中间商。

3. 竞争者营销渠道

在进行旅游产品营销渠道决策时，还要调查研究主要竞争对手的旅游产品营销渠道。这样做主要出于两个目的：一是在选择旅游中间商时避开强劲竞争对手的中间商，以防止本企业的产品因性价比不及对手而难以销售出去；二是模仿对手成功的营销渠道样式。如果对手的销售很成功，说明它所采用的营销渠道类型、长度、宽度适合本地同类同档次产品的销售，所以本企业可以模仿其样式构建产品营销渠道。

（三）旅游企业因素

旅游营销渠道的选择还必须考虑旅游企业自身的多方面情况，并进行实事求是的判断。首先，应考虑旅游企业的规模与组织接待能力。一般来说，大型旅游企业多采用间接营销渠道，而小型企业则以直接营销渠道为主。这主要是因为旅游企业自身规模决定着其实现盈利所需的客源量以及自身组织接待能力所决定其所能负荷的客源量。小型企业实现盈利所需要的或能够负荷的客源量相对有限，采用直销的方式就可能获得所需的客源量。大型企业所需实现的销售量较大，需要采用多种营销渠道去争取企业生存和发展所需的客源量。其次，应考虑旅游企业的实力，本企业销售部门的人员配备与组织管理。如果旅游企业资金实力雄厚，并且在营销队伍和营销管理方面具备较好条件，则可自行设立较多的直销网点，减少对分销渠道的利用和依赖，即使采用分销渠道，也可以从自己的意愿出发挑选中间商。反之，则需要尽量依靠旅游中间商帮助销售。

（四）宏观环境因素

包括政治、法律、经济、科技、文化等方面。例如，全球网络化进程的飞速发展，使越来越多的顾客希望通过网络与企业直接异地交易，迫使企业大力发展网络营销。当经济不景气时，旅游企业为减少成本，往往减少渠道环节。有些国家不允许外国企业进入本国旅游市场，迫使他国旅游企业只能借助分销渠道，利用这些国家的中间商开发其旅游市场。

三、旅游产品营销渠道决策的原则

在对旅游产品营销渠道进行决策时，要坚持两个大的原则，以保证设计的营销渠道有利于企业销售活动的开展和利润的取得。

（一）经济效益原则

所有的旅游市场营销活动的根本目的是获得最佳的经济效益。如何在旅游产品销售过程中给旅游企业带来最佳的经济效益是营销渠道设计首先要考虑的问题。在营销渠道设计过程中，应考虑每条渠道的销售额与成本的关系，不同的营销渠道给旅游企业带来的经济效益不同。设计中是否一定要选择能给旅游企业带来最多销售额的一条渠道呢？未必。在建立和维持营销渠道过程中要支付一定费用，这些费用当然要从营销渠道带来的旅游营业收入中扣除。不同的营销渠道建立和维持的费用是不同的，能给旅游企业带来最多销售额的营销渠道，其渠道建立和维持的成本不一定最低。因此，在设计渠道时应当在诸多的渠道中选择能给旅游企业带来最大利润的一条或多条渠道。有的渠道尽管能带来高的销售额，但除去其自身建立和维持的费用外，所剩利润无几，这种渠道就不应该考虑。

（二）方便购买原则

目前旅游市场已由原先的卖方市场变成了买方市场，因此，生产符合市场需求的旅游产品，制定出合理的价格，开展各种促销活动，提供良好的售后服务保障，在整个市场营销活动中都是非常重要的。但如果忽视了市场中旅游者购买方便程度，将会使其他各种营销努力大打折扣，没有便利的营销渠道也就无法将旅游产品转移到旅游者手中，经济效益也就无从谈起。只有让旅游者在方便的时间、地点顺利地购买到有关旅游产品，才可能使这些商品真正走向市场，才能在激烈的市场竞争中取代那些购买不便的同类旅游产品。由此可见，在营销渠道的设计中，应当遵循经济导向和旅游者导向并举的原则。实际上经济效益原则和方便购买原则，不仅是设计产品营销渠道的原则，也是评价产品营销渠道优劣的主要标准。

四、对旅游产品营销渠道长度的决策

在构建旅游产品营销渠道之前，旅游企业要对营销渠道的长度进行决策。通俗地说，就是要考虑选用直接营销渠道还是分销渠道，如果选用分销渠道，选用由几个中间层次构成的分销渠道。

一般地说，短渠道优于长渠道，其相对于长渠道的优点主要表现在四个方面。首先，比较短的渠道，特别是生产企业直接面向消费者销售，会给人以价格较为便宜的感觉，符合人们的消费心理；其次，在旅游产品零售价格相同的情况下，短渠道由于中间环节少，旅游企业需要支付的佣金或给予的折扣就少，企业从单位产品获得的收益更多；再次，较长的产品营销渠道所经过的中间环节较多，中间层次的增多，会影响到旅游产品生产者与旅游者之间信息沟通的速度和质量，有的甚至因此产生信息传导失误，所以短渠道在信息传递方面更有优势；最后，选择较短的营销渠道还有利于旅游企业对市场与旅游中间商的控制，使得旅游企业能够根据市场变化更快、更有效地向中间商发出调整价格等指令。

在旅游企业经营实践中，由于各种原因，旅游企业有时会建立较长的营销渠道，以便在广大的区域面向众多游客销售产品和服务。但是，如果所选择的中间商，特别是上游的批发商没有优先或努力推荐和销售某一旅游企业的产品，甚至有意回避销售某一旅游企业的产品，所带来的对旅游产品销售的消极作用是很大的，有时甚至会导致区域市场的萎缩或丧失。所以，旅游企业在建立较长的旅游产品营销渠道时，要充分考虑本企业与中间商的合作基础与利益分配，同时想方设法协调各层次中间商之间的利益关系。由于旅游中间商消极作用的存在，旅游企业自身零售网络的建立就显得十分重要。托马斯·库克旅游公司和美国运通公司等国际知名旅游企业在建立分销渠道的同时，都非常重视经营自己的零售网络。

当然，对绝大多数旅游企业来说，究竟选择何种长度的营销渠道为宜，则需要根据前述影响因素展开调研和分析。不过有一点可以肯定的是，在某些因素的制约下选定出来的营销渠道不会是"最佳"的渠道，而只是在诸多选择中比较合适的渠道而已。

【补充阅读6-1】

航空公司或大幅提高直销比例

2016年1月4日，国航发布公告称，近期收到大量关于去哪儿网的旅客消费投诉，内容涉及加价销售机票、擅自变更机票使用条件、多收退票费或改期费用及航班时间变更不通知等内容。为保障旅客权益，国航决定自1月5日起，关闭在去哪儿的国航官方旗舰店。东航4日9时也发布了公告，表示为保护旅客权益，即日起暂停与去哪儿网的商务合作，并关闭东航在去哪儿网的旗舰店。此外，南航子公司重庆航空4日也跟进宣布暂停与去哪儿的合作，海航旗下首都航空也同样"拉黑"了去哪儿。不过，虽然旗舰店撤出了去哪儿，但在去哪儿网站上，仍然能通过代理正常出售以上航空公司的机票。

航空公司跟平台、代理其实"宿怨"已久，今年南航、国航、东航相继将机票代理佣金下调至0%，由此削减代理销售的比例，提高直销份额。事实上，中小代理商对机票代理业务的依赖度较大，如果航企纷纷实施"零佣金"，他们的盈利空间也会受到挤压，届时大批中小代理商将濒临倒闭。据易观智库高级分析师朱正煜介绍，从整个行业来看，目前民营航空公司机票直销的比例相对高些，如春秋航空，在80%左右。但像南航等四大航，直销的比例都非常低，仅在20%左右，可见目前航空公司对代理商的依赖程度非常大。

但是，下调佣金对以OTA（在线旅游代理）为代表的大型代理商影响不大。携程网就表示，近几年因为行业竞争激烈，价格战打得太凶，在线旅游早就已经将佣金收入直接让利给消费者了。由于早就意识到单纯依靠机票佣金收入无法做到长期可持续发展，过去十年携程都在想办法降低对机票佣金的依赖性，主要从改善产品和服务角度出发，多方位满足的消费者的需求，提供更多增值服务。

业内人士认为，国有航空公司提高直销比例是大势所趋。此前，南航曾推出官网价格不是最低就赔付一类的活动，并明确表示要大幅提高直销比例。

资料来源：http: //finance.southcn.com/f/2016-01/05/content_140209627.htm

五、对旅游产品营销渠道宽度的决策

根据旅游产品营销渠道宽度的含义，这种决策包括两个方面，一是销售网点数目和分布的决策，二是中间商数目的决策。在经营实践中，旅游企业采取的营销渠道宽度策略主要有以下三种。它们各有优缺点，旅游企业要根据实际情况灵活选择适合自身的策略。

（一）广泛营销

广泛营销也称密集营销，是指在一定的区域内选择尽可能多的中间商，以充分与旅游产品的市场相接触，使本企业的产品取得最大的展露度、更多的销售机会。在旅游消费者集中的地方，或者企业的主要目标市场，就应采用这种渠道形式。例如，西班牙一个大的旅馆集团以英国度假市场为目标，于是通过尽可能多的英国旅游公司广泛销售自己的产品，取得了良好的效果。中国的许多旅游产品生产企业也往往通过中国国旅、青旅和中国旅行社等大型旅游批发商销售旅游产品，以利用这些企业庞大的销售网点。

广泛营销策略的优点是方便消费者购买，广告效果好，能迅速提高产品的知名度。但是运用这种营销渠道宽度策略，对旅游企业可能会造成一系列不利后果，如建立庞大的销售网络可能会给旅游企业带来巨大的开支。如果采取广泛营销策略的旅游企业希望中间商对本企业有所贡献的话，就必须为他们每一家都提供至少最低水平的协助服务，包括宣传册、告知新产品变化的资料、产品报价，以及为丰富中间商产品知识的各种培训等。所有这些服务都是在付给旅游中间商销售报酬以外另加的，因此，广泛深入市场的同时加大了营销的成本。一个每年仅有 5000~6000 名顾客的小型旅游企业是不会考虑采用广泛销售策略的，因为平均下来从每个代理商那里只得到一个顾客预订的话，显然是得不偿失的。另外，采取这种策略还可能导致企业对产品营销失去控制，产品因竞争激烈而跌价，渠道成员良莠不齐使产品形象受损等问题。因此，旅游企业采用这种渠道宽度策略时要充分考虑其负面后果。

（二）选择性营销

选择性营销渠道策略是指旅游企业根据自己的销售实力和目标市场的分布格局，在一定市场区域范围内只选择数量有限、信誉好、服务水平高的中间商销售其产品。这种策略尤其适用于销售价格较高或数量有限的旅游产品。例如，我国各国际旅行社对境外旅游市场销售包价旅游产品时通常采用这一策略。

使用这种营销渠道策略的优点是：第一，旅游企业只与少数中间商合作，可把精力集中在这些精选的中间商上，增强对渠道的控制；第二，旅游企业与旅游中间商联系紧密，有利于建立良好的关系，从而使中间商能够更好地完成旅游企业赋予的营销职能，扩大产品的销售；第三，经过认真挑选，旅游中间商都有着较强的经营能力与良好的声誉，有利于提高绩效，降低成本，建立产品声誉。但在激烈的市场竞争中，旅游企业与中间商是双向选择的，如果旅游企业的规模不大，知名度不高，挑选满意的中间商就会受到限制，就很难实施选择性营销策略。

（三）独家营销

独家营销是指在一定的市场区域内仅选用一家经验丰富、信誉卓著的中间商来推销旅游企业的产品。这是最窄的渠道形式。产销双方一般都签订合同，规定双方的销售权限、利润分配比例、销售费用和广告宣传费用的分担比例等。旅游企业开拓新市场时，这种营销渠道可以密切与中间商的协作关系，提高中间商的积极性，从而有利于旅游产品市场的开拓和信誉的提高。另外，一些特殊的高价旅游产品也常采用这种营销渠道。

独家营销的优点是双方关系紧密，利益互动，有利于双方真诚合作，共同开拓有利的市场机会，提高销售能力和企业赢利能力；同时，有利于对营销渠道的控制。不足之处在于只与一家中间商合作，风险较大，如果选择不当，将失去这一地区的市场；再者，销售面窄，灵活性小，不利于旅游消费者的就近购买和产品选择。

六、对旅游中间商的选择

选择旅游中间商是旅游企业营销渠道决策的最后一步，也是非常关键的一步，它是根据旅游企业的渠道结构决策，选择合适的中间商的过程。旅游企业在选择旅游中间商时要建立明确的标准体系，对中间商的销售能力、信誉、发展状况、历史背景、工作积极性、发展潜力等因素综合考虑。旅游中间商的销售能力包括从业人数、人员素质、一定时期的销售业绩等。旅游中间商的信誉包括对信守对旅游消费者的承诺、与其他企业的真诚合作、付款及时等方面。在进行中间商的选择时，尽量将销售实力强大、信誉良好、工作热情高的中间商纳入企业的营销渠道，作为企业产品的批发商。对销售能力较弱、信誉较好、工作激情较高，但不能大批量预订产品的中间商，可发展为旅游代理商或零售商。对信誉差、工作懒散、敷衍了事的中间商要认真对待，尽量排除在渠道之外。

企业在选择中间商时很难找到各方面都符合标准的合作伙伴，所以应以满意为原则，只要中间商的主要标准符合要求即可。同时，在旅游企业选择中间商的同时，旅游中间商也在选择企业。对中间商吸引力弱的旅游企业，应对中间商提供更多的服务和更大的让利，以此来吸引中间商的加盟合作。对中间商吸引力强的旅游企业，主要是对中间商进行分析评估，从中选择最适宜的中间商销售产品。

第三节　旅游产品营销渠道的管理

一、对旅游产品营销渠道冲突的调控

组成旅游产品营销渠道的旅游产品生产企业、诸多旅游中间商之间有着共同的利益，这正是它们形成合作关系的基础。但是，由于它们是不同的企业和主体，相互之间的利益冲突也在所难免。因此，不管渠道设计如何精良，渠道管理如何优秀，在旅游产品营销渠道中总会或多或少存在一些冲突。为了避免渠道冲突影响渠道的销售销量，旅游产品生产企业，或者在渠道中占据主导地位的旅游中间商有必要对渠道冲突进行调控。调控的目标不是消灭渠道冲突，而是减少无谓的冲突，把冲突控制在良性范围内，引导渠道成员团结协作。

（一）营销渠道冲突的类型

1. 垂直渠道冲突

垂直渠道的冲突是指在一条营销渠道中，上下游企业之间的冲突。渠道上、下游企业之间存在交易关系、上游企业委托下游企业销售产品的关系，这两种关系处理不当都有可能引发冲突。因此，这类冲突最为常见。例如，一家酒店采用酒店—地接旅行社—组团旅行社—住宿客人的营销渠道。在交易过程中，酒店和地接旅行社之间，或者地接旅行社和组团旅行社之间可能因为客房质量、价格争议、付款拖延、违反订房合同等原因发生冲突。另外，酒店减少支付给地接旅行社的佣金、地接旅行社在组团旅行社所在地大量签约其他组团旅行社等事件都可能引发垂直渠道冲突，这类事件就属于委托销售关系处理不当。

2. 水平渠道冲突

水平渠道冲突是指在一条营销渠道中，同一层次中间商之间的冲突。它们之间是竞争关系，冲突的发生与竞争有关。如旅游企业的各个零售商如果销售区域划分不清晰、销售价格差别较大，便可能发生一方在另一方隔壁设立分店以占领其销售区域、恶性价格竞争等事件，形成水平渠道冲突。

3. 多渠道冲突

多渠道冲突产生于同一企业的多条营销渠道之间，不同营销渠道的中间商在向同一市场销售产品时可能因为竞争而发生冲突。比如，在一座城市，某家航空公司既通过机票代售点单独销售机票，又通过旅行社组织飞行旅游线路的方式销售机票，如果某一天机票代售点尝试把机票和目的地的酒店客房、景区门票打包销售，则必然影响到旅行社的利益，旅行社可能会投诉机票代售点无照经营旅游业务，双方可能因此爆发冲突。

【补充阅读6-2】

时下正是3月出行淡季，尽管人工、燃油等成本在不断上涨，各航空公司的机票却在拼抢折扣，打折机票随处可见。同样一张去北京的机票，通过航空公司官网、机票代理公司和网上在线平台来购买，消费者需支付的金额各不相同，机票营销渠道"掐架"现象普遍存在，渠道冲突加剧。

只要不亏本，推低价票成了航空公司在出行淡季的主要策略。进入3月份以来，有出行经历的消费者或有一个直观的感受，机票太便宜了。不过，受制于不同渠道的优劣势，消费者拿到的折扣价也会出现差异。比如，从重庆飞北京，同一家航空公司，记者分别从航空公司官方网站、机票代理销售点和网上在线平台三方进行询价，得到的答复各不相同。其中，从某航空公司官网上购票，当日出行的最低票价是370元；而从去哪儿网查询到的最低价则是359元；市内一家大型代理公司给出的最低价格则超过了370元。

渠道竞争给消费者带来的是更低的机票价格。在采访中，记者发现，同一家航空公司开出的机票，不同渠道之间上演的是价格战。供职于市内一家大型机票代理公司的吴后坤举了一个例子，原本定价为1000元的一张机票，航空公司给代理公司进行分销时，预留了5%的返点。代理公司在进行二级分销时，给予其他代理商4%的返点，从中赚取1%的差价。对航空公司来说，通过这种方式成功售出一张机票，实际上只回收了95%的票款。若采用航空公司直销的方式出售这张机票，由于省去了中间销售成本，通常会让利2%或者3%，这样，如果代理机构仍以1000元的价格出售机票，那么航空公司的价格在竞争中就有优势。

去哪儿网等B2C平台在和直销以及传统代理机构竞争时，"杀价"仍是其主要策略。"B2C仅是一个平台，该平台的供货商仍然属于二级代理机构，这些代理商从一级代理机构处以较低价格拿到机票后，会采取一些竞价策略进行销售。"吴后坤说。在网上"摆摊"售票可省去开实体店的成本，加之进货成本较低，利用这些优势，甚至会有部分"疯狂"的商家，不惜将折扣"杀"到最低。

资料来源：谭亚. 三方"互掐"机票营销渠道"冲突"加剧［N］. 经理日报 2012-03-23（A01）.（有删改）

（二）营销渠道冲突产生的原因

营销渠道冲突的根本原因是相关经济主体的利益不一致，职权划分不清晰则可能诱发利益冲突。另外，知觉差异则可能造成误解，从而导致利益受损的主观臆想，最终引发冲突。

1. 利益不一致

以旅行社订购酒店客房为例，酒店为了实现自身利益，不愿给旅行社较多的折扣；而旅行社为了自身利益，希望从酒店获得更多折扣，双方可能因此讨价还价，然后因不能达成一致而发生冲突。在旅游旺季，酒店为了提高收益，可能故意拒绝旅行社的订房要求，因为旅行社比散客给的价格低。而到了旅游淡季，旅行社可能利用酒店出租率很低的时机，为了自身利益极力压低客房价格。此类做法都可能引发冲突。

2. 职权划分不清晰

旅游企业往往采用多种渠道销售产品，不同渠道的成员任务与边界划分不清，可能造成经营混乱，以及同一地区的不同层级和不同渠道间的相互冲突。如旅游企业在某地既通过直销网点批发、零售产品，又借助经销商零售产品，就可能因为零售业务上的竞争导致直销网点、经销商两种营销渠道间的冲突。

3. 知觉差异

不同的渠道成员因个人偏好、生活阅历、家庭背景以及个人经济实力的不同，对相同的决策、相同的绩效、同一行业的前景有不同的看法，从而引起他们的知觉差异，导致思维方式和行为的冲突。

（三）避免或解决营销渠道冲突的方法

数量有限的营销渠道冲突可能产生建设性的作用，因为它能带来适应环境变化的更多动力，促进渠道的变革，防止渠道的僵化。但是，冲突数量过多则有碍于渠道整体利益的最大化，甚至会产生破坏性的作用。我们要视具体情况而定，采取适当的措施，有效地避免或解决冲突，以便将冲突控制在一定的限度之内。避免或解决冲突的方式主要有：

1. 超级目标的制定

渠道成员以某种方式签订一个以他们共同追求目标为指导的协议，如市场份额的扩大、顾客的高度满意、提高产品和企业知名度等，使成员意识到渠道是一个协作的整体，彼此间息息相关、利益互动、风险共担，从而有效地协调他们的行动，将冲突内部化。

2. 慎重选择经销商

中间商的市场观念和销售才能极大地影响着彼此间的合作。良好的营销素质和正确的市场观念，是减少冲突的"预防针"，为中间商与旅游企业之间建立共同目标打下了基础。选择那些与自己的观念、目标基本一致的中间商，有利于沟通与合作。因此通过选择，可以挑选合适的中间商，并适时加以培训，灌输旅游企业的理念。这对以后进行有效管理、控制冲突很有好处。

3. 制定完善的营销政策

制定完善的营销政策是有效管理冲突的保证。即使良好的中间商，也需要一套完善的政策来激励和制约，同时也能保护中间商的正当利益。这体现在各方面的措施要切实可行，主要是指中间商的销售区域划分与价格策略等。在销售区域划分方面，旅游企业应合理分配销售区域，要求中间商只能在指定的区域内销售产品，不许跨区销售。如果遇到特殊情况，经多方协商许可后才可跨区域销售。对跨区域销售现象严加监督检查，视情况而定，给予不同的处罚，禁止恶意竞争。价格策略是协调冲突的有力手段，但有时也会带来一定的负面影响，所以要正确利用价格手段。为了促进销售，应该理顺价格机制，对不同等级的中间商实行不同的价格策略，并辅以数量折扣、季节折扣等，形成公平、公正的竞争格局。

4. 人员互换

旅游企业的一些营销人员可到分销渠道中的某些销售机构工作，分销渠道的某些工作人员亦可到旅游企业或其他营销渠道工作，通过人员互换，双方更好地进行沟通交流，以便更好地相互理解，形成更多的共识，从而减少知觉偏差和渠道冲突。

5. 协商、协调或仲裁解决

以上措施主要着眼于渠道冲突的预防，当渠道冲突发生时，我们必须采取强有力的措施来解决，使冲突得以有效化解。解决冲突的方法主要有协商、调解和仲裁三种。协商是双方正面交涉，面对面磋商解决方案，以免冲突尖锐化。调解是指由第三方出面，根据双方的利益进行调停。仲裁是双方同意把纠纷交给第三方，接受第三方的仲裁决定。

二、对旅游中间商的管理

在间接营销渠道中，旅游产品生产者与旅游中间商的联合从本质上看属于一种不稳定的联盟。这主要是因为其中参与各方仅仅是建立在协议基础上的一种合作关系。旅游经销商之所以能够积极销售某一旅游产品，是因为它签约订购了该产品；旅游代理商之所以愿意并积极销售某一产品是为了获取佣金。在这样一种销售系统中，旅游产品营销渠道的控制权并非完全可以人为决定，而是在很大程度上取决于市场供需状况。旅游产品供不应求时，生产者或供给者往往具有更多的控制权；旅游产品供过于求时，旅游中间商的控制能力更强。许多市场因素都会对这种不稳定的联盟产生影响，因此，对旅游中间商的管理也就十分必要，管理的内容主要包括对中间商的激励、对中间商的检查评估。

（一）对中间商的激励

一个中间商可以代理这家企业的产品，也可以代理其他企业的产品；它可以销售一个国家的旅游产品，也可以销售另一个国家的旅游产品，有的中间商甚至同时销售两个竞争对手的同类产品。旅游中间商与旅游企业实质上是两个相互独立的经济实体，是通过签订协议甚至口头协议建立的合作关系，因此，加强与旅游中间商的合作，调动其积极性，是旅游中间商管理的重要工作。激励中间商的方法主要有：

1. 对中间商以诚相待

这是赢得中间商合作的首要前提。信守对中间商的种种承诺，严格按照协议或对中间商的承诺办事。对不能实现的承诺，要提前说明理由并给予一定的补偿。

2. 帮助中间商增加收入

因为中间商收入来自旅游产品的差价或佣金，他们十分关心旅游产品的销售量和差价及佣金比例。旅游企业可以根据旅游中间商的组团能力、企业规模、销售计划和付款情况，给予不同的折扣和佣金，但一定要保证它们都能获得比较满意的利润。

3. 给予中间商形式多样的优惠

如简化中间商的购买或预订程序，减收或免收预订金，组织旅游中间商的奖励旅游、考察旅游，实行15人以上团队1名领队免费旅游政策，颁发奖品以及进行其他物质和精神奖励。

4. 主动提供旅游产品信息资料

旅游企业应主动为旅游中间商提供旅游产品信息资料，如图文并茂的广告画册、多媒体光盘等，以方便旅游中间商更加直观地向潜在顾客宣传介绍旅游产品。

（二）对中间商的检查评估

旅游产品分销渠道中的中间商并不是旅游产品生产企业的从属机构，它们之间没有所有关系，因此，对中间商进行检查评估是非常必要的，它可以反映中间商的可信赖程度，有助于增强企业对中间商的控制能力。如果某一渠道成员的绩效过分低于企业的标准，那就必须找出其主要原因，同时还要考虑可能的补救办法。考评标准一般包括：第一，销售定额完成的情况；第二，向旅游者交货的时间；第三，对企业促销与培训计划的合作情况；第四，款项返回的状况；第五，中间商与其下游中间商的合作情况。

一定时期内各中间商所达到的销售额是一项重要的评估指标。旅游产品生产企业可以将各中间商的销售业绩分期列表排名。这样可促使后进的中间商为了自己的荣誉而奋力上进，也可以使已领先的中间商继续努力，保持自己已有的绩效。这里需要注意的是，在进行排名时不仅要看各旅游中间商销售水平的绝对值，而且要分析每个中间商各自面临的不同销售环境和不可控制因素。因此，在进行各中间商销售业绩排名的时候，还要用另外两种方法进行比较：一是将中间商的销售业绩与其前期的销售业绩比较；二是根据每一中间商所处的市场环境和它的销售实力分别制定出其可能实现的销售定额，再将其销售额实绩与定额进行比较。通过横向和纵向的比较之后才能科学地发现每个中间商的能力和作用，从而对不同的中间商实行不同的激励措施。除此之外，所开辟的业务和中间商承担的责任也是营销渠道考评的主要内容，它们反映了该中间商发展业务的能力和履行合同的情况。通过对中间商的考评，可以使旅游产品生产企业及时发现存在的问题，以便更有针对性地对不同类型的中间商开展激励和推动工作，从而提高渠道的销售效率。在此基础上，旅游产品生产企业可以考虑对中间商的取舍。表现良好的中间商可以作为企业进一步加强合作的对象，表现不尽如人意的中间商可考虑中止与它的业务合作关系。

三、旅游产品营销渠道的调整

为了适应多变的旅游市场环境，旅游产品的生产者往往需要对产品的营销渠道和中间商进行适时调整。例如，随着旅游市场中散客比例的提高，许多旅游企业在努力发展直接营销渠道，并且努力建立和扩大与广泛分布的旅游代理商的合作关系。对旅游产品营销渠道的调整主要包括四个方面：

（一）增减营销渠道中的中间商

在对中间商进行评价的基础上，对旅游中间商进行筛选，或根据竞争对手营销渠道的变化，对自己的中间商进行调整，从而保证旅游产品的销售量。

（二）增减某一营销渠道

在波动的旅游市场中，旅游企业有时会发现其营销渠道过多或有的营销渠道作用不大，从高效率的原则出发，可以适当缩减一些营销渠道；当发现营销渠道不足，不能使旅游产品有效地抵达目标市场时，则应增加营销渠道。

（三）局部改变某一营销渠道

旅游企业根据市场需要，对某一条营销渠道进行局部调整。例如，当旅游产品生产者在某一区域市场的销售量有较大的发展，而且旅游产品的品牌又能得到当地市场认可的情况下，为获得更大的经济效益，可以考虑在这一区域市场摆脱中间商，设立自己的分支机构进行直接销售，而在其他区域市场继续保留中间商。

（四）重建营销渠道

重建营销渠道意味着取消原来建立的所有营销渠道，重新构建新的营销渠道。通常发生在旅游企业无法解决原有营销渠道存在的问题，整个销售网络混乱或严重丧失功能；或者旅游企业的战略目标和营销战略发生重大调整，需要对营销渠道进行重新设计和组建时。重建营销渠道对旅游企业的经营活动影响巨大。旅游企业必须认真细致地进行市场调研，充分论证，方可做出这种决策。

第四节　旅游产品营销渠道的发展趋势

一、旅游产品营销渠道逐步"扁平化"

由于市场环境的变化，传统的营销渠道方式已经露出了许多弊端。分销渠道越长，取利者就越多，游客就面临更高的价格，旅游产品生产企业的价格优势就会一步一步被削弱，同时也不利于渠道中市场与产品信息的传送，还会增加企业控制中间商的难度。因为旅游产品生产企业与下游的中间商没有直接的合作关系，也就难以对其发布指令、施加影响。分销渠道越窄，如一个地区只授权一家总经销，不但使旅游产品生产企业在该地区的销售机会减少，也会增加企业对中间商的依赖性，使得企业受制于中间商而难以灵活调整在该地区的销售政策。所以，越来越多的旅游企业开始重建分销渠道，选择又"短"又"宽"的扁平型营销渠道。这种渠道既有利于增加产品销售的机会，又有利于旅游产品生产企业对中间商直接而有效地控制，同时便于市场和产品信息的快速而准确地收集或传播。当然，营销渠道变宽也有负面影响，最突出的是会增加旅游产品生产企业的交易次数，使之要与众多中间商进行小批量、多次数的交易。所幸的是，由于信息技术的发展，特别是网络营销的日益风靡，单次交易的时间成本、人力成本、资金成本大幅度下降，使得旅游产品生产企业有能力同时与众多的中间商进行交易和信息往来。由此可见，信息化是旅游产品营销渠道"扁平化"的重要原因和驱动力。

二、营销渠道成员企业由"各自为政"走向联合

过去，营销渠道成员企业之间是松散的交易或竞争关系。每个营销渠道成员各自为政，只是追求自身利益最大化，而不顾渠道中其他企业或旅游消费者的利益，结果导致整条渠道销售效率和经济效益的降低。而现在，激烈的市场竞争使越来越多的营销渠道成员企业在经营理念上走向成熟，他们逐步意识到本企业的效益是建立在渠道整体效益基础上的，于是渠道成员企业开始由独立走向联合，试图建立起更加全面、更加长久的合作关系。主要表现在：

（一）渠道成员纵向联合，形成垂直营销系统

垂直营销系统是近年来营销渠道最重大的变革。它最初是为了控制渠道行为和管理渠道冲突的目的而发展起来的。传统的营销渠道由一个或多个独立的生产者、批发商和零售商构成，每个成员都是独立的企业实体，追求个体利润最大化，甚至会以牺牲整体利益为代价。成员之间的合作是非常松散的，如大部分饭店向旅行代理商支付佣金，但它们之间没有签订正式的合同，饭店只是遵照自己的原则，有时也会随心所欲地不向代理商提供客房。垂直营销系统则不同，它是由生产者、批发商和零售商组成的一种统一的联合体。在这个联合体中，由一个或几个占据支配地位的成员来协调整条渠道的运

作。占据支配地位的成员可以是旅游产品的生产商，也可以是批发商或零售商。其之所以具有支配地位，可能是由于它拥有其他成员的产权，也可能是由于它与其他成员建立了合同关系，还可能是这个渠道成员拥有相当实力，其他成员都愿意与之合作。具体来说，垂直营销系统分为三种类型：

1. 公司式垂直营销系统

公司式垂直营销系统是由隶属于同一所有权的相关的生产部门和分销部门组合而成的。例如，红色龙虾餐馆连锁店（Red Lobster）拥有自己的食品加工厂，加工厂将食品原料销售到自己的餐馆。英国的某酿酒厂拥有自己的酒吧，专门出售自己酿制的酒。由于渠道上下游之间有密切的产权联系，公司式垂直营销系统中的冲突比较容易防止或处理。

2. 管理式垂直营销系统

在管理式垂直营销系统中，渠道中某家或某几家规模大、实力雄厚的成员来协调整条渠道。例如，在20世纪70年代，一种很流行的啤酒品牌利用其商标的声誉获得了向饭店和酒吧供应生啤酒的专营权，该厂商不允许经营本品牌散装啤酒的酒吧出售其他品牌的啤酒。他们声称：在同一管道中的其他啤酒会降低他们产品的质量。其他啤酒公司会使用不卫生的工具清理管道，并且不能正确设置管道内的压力。实际上，这些都是托词，他们是在利用品牌的实力消除竞争。

世界航空业从诞生开始就体现出管理式垂直营销系统的特点。许多航空公司受到国家财力和政策扶持，实力雄厚，往往依靠其实力对预订系统、旅行社施加很大的管理压力。

3. 合同式垂直营销系统

指营销渠道成员通过合同缔结深入而广泛的合作，以使整条渠道获得更大的经济收益，同时实现更合理的利益分配。当然，合同的达成还可起到减少营销渠道冲突的作用。

著名餐馆经常通过与饭店签订合同来扩充它们的经营网点。根据合同，餐馆在饭店中设立分店，获得了接近饭店客人的机会。饭店也得到了餐馆品牌带来的价值，因为许多顾客认为饭店自设的餐馆价格高、质量差，将知名餐馆连锁店引入饭店解决了这一问题。比如，著名餐馆商人威克（Trader Vic's）在多家希尔顿饭店、曼谷的马里奥特河畔皇家花园饭店、东京和新加坡的新奥特尼饭店中都设有分店。

各国航空公司正通过合同缔结联盟，这样他们就可以争取到其他国家的旅客，并且为他们的乘客开辟更多的目的地。例如，瑞典斯堪的纳维亚航空公司与美国大陆航空公司达成了战略联盟，这为它开辟了拓展美国市场的通道。在联盟前，受美国政策法规限制，斯堪的纳维亚航空公司的客机只能飞往美国少数城市。达成联盟后，大陆航空公司赢得了斯堪的纳维亚航空公司飞往其他美国城市的客源，这些乘客通过斯堪的纳维亚航空公司购买机票，然后乘坐大陆航空公司的客机飞往美国。

（二）旅游产品营销渠道的横向联合正在加强

旅游产品营销渠道的横向联合，是指两个或更多的旅游产品生产企业为了开发同一市场而构建共享的营销渠道，或者互相利用对方已有的营销渠道。这种横向联合又可分为松散型联合和固定型联合两类形式。最常见的松散型联合是多家旅游企业为了共同开发某一市场，共同策划、建立辐射该市场的营销渠道。比如，某地的航空公司可以与当地的酒店、景区组成同盟，在某客源地联合寻找中间商，构建共享的分销渠道。还有一种松散型联合是企业利用他人已有的营销渠道。比如，香港海洋公园把门票优惠券送给连锁的健身俱乐部，供其开展营业推广，作为回报，自己得到这些健身俱乐部的客源。固定型联合则以建立同时为各有关企业销售产品的公司为主要形式。比如，旅游目的地的景区、酒店、餐饮企业共同出资成立以地接业务为主的旅行社。

三、旅游产品网络营销日渐风靡

计算机网络的发展为旅游企业和旅游者之间的直接沟通和交易提供了可能，因而正成为一种越来越流行的销售方式。网络营销的发展将导致旅游产品利益链的重新构建，利润将重新分配，旅游产品生产企业将获得更高的利润，消费者则有了更多的选择并可以获得更低的价格。在网络营销条件下，传统的中间商将面临旅游企业通过计算机网络直销所带来的威胁。他们必须转变角色，才能适应社会的需要。于是，计算机网络支持下的新中间商应运而生。新中间商通过计算机网络实现传统中间商的功能，并借助更高效率的信息流、资金流降低交易成本。当前，旅游业中常见的网络销售方式有：

（一）专业旅游销售网络系统

近年来较为流行的专业旅游销售网络系统主要有两种：一种是中央预订系统（Central Reservation System，CRS）；另一种是全球分销系统（Global Distribution System，GDS）。

1. 中央预订系统（CRS）

一般是由大型旅游企业集团开发、建立并拥有，目标是通过系统的统筹安排，更大程度地发挥各单个成员企业组合而形成的整体合力，降低集团运行成本，从而为全体成员企业服务。该系统在不同的旅游市场区域和成员企业内设立预订终端，直接或通过互联网、电话、传真等方式向旅游者销售每一个成员企业的产品。同时，这些销售终端又通过专门的计算机网络相互连通，并与预订中心系统相连接，从而使每一个成员企业都可以通过预订中心获得其他成员企业的旅游产品和服务信息、价格信息、产品和服务存量信息等。这种销售模式，有助于旅游企业集团的成员，根据自己的决策有意识地控制其产品和服务、价格和存量信息；也可以通过该系统为旅游者提供有着集团统一标准的产品和服务，保证优良的服务质量；还可以通过预订中心系统中保存的客户资料信息数据库实现各成员企业之间的资源共享。在国内旅游企业中，上海春秋旅行社十多年前就已经率先开发运行了自己的CRS，目前有超过百家成员企业加入，取得了良好的经济效益。

2. 全球分销系统（GDS）

全球分销系统是应用于民用航空运输及整个旅游业的大型计算机信息服务系统。通过它，遍及全球的旅游销售机构可以及时地从航空公司、旅馆、租车公司、旅游公司获取大量的与旅游相关的产品和信息，从而为顾客提供快捷、便利、可靠的产品预订和信息咨询服务。

全球分销系统源于航空业，最初是由各航空公司建立的，连接航空公司与机票代理商的计算机预订系统。起初这些计算机预订系统相互独立，数量较多，后来经过一系列的联合与兼并，形成了目前的 Amadeus、Galileo、Travelport、Worldspan、Sabre 等巨型网络预订系统，统称全球分销系统。各种全球分销系统均通过国际航空电讯协会的通信专网，将加入系统的旅游产品生产企业和旅游代理商连成一个旅游专业网络系统，并实现对"最终用户"世界各地旅行者的销售。现在，这类系统的功能不再仅是传递航空旅行信息和机票预订，而是扩大到所有旅游相关产品的预订和信息咨询服务。

这类全球分销系统的出现和发展，一方面为加盟该系统的旅游产品供应商面向旅游消费者开展网络销售提供了新的便利条件；另一方面，旅游零售代理商也可利用这些全球分销系统为顾客购买机票、预订客房、租车等需求提供一站式服务，在方便顾客购买的同时，增加自己的佣金收入。但是，这种全球分销系统的设立和维护需要有足够的资本实力和专业技术条件。这种实力和技术条件非一般企业所能具备。因而，几乎所有的旅游产品供应企业都是在缴纳使用费的前提下加盟和使用某一这类全球分销系统。在这个意义上，对于这些旅游产品供应企业来说，这类全球分销系统实际上扮演着零售代理商的角色，只不过与传统上向旅游零售商支付的佣金相比，缴费使用全球分销系统更为经济划算而已，因为一次缴费就可获得世界范围内数以万计代理商的销售服务，而且全球分销系统提供的客源多数来自欧美发达国家，消费能力较强。

（二）互联网

互联网（Internet）始建于 1969 年，是全球最大的计算机网络系统。20 世纪 90 年代初，互联网开始成为游客制订旅游计划、预订旅游产品或服务的工具。

作为旅游产品的营销渠道，互联网的应用可给旅游产品供应商和旅游消费者带来诸多益处。对于旅游产品供应商来说，这些益处主要表现为：

（1）互联网将市场从传统上的"地域"转化为"网络"，从而可以使旅游产品供应商的营销触角得以无限延伸，覆盖所有的地域和人群；

（2）通过开展网上直销，不仅可免除向旅行代理商支付佣金，而且可省却自设分销网点时租用店铺、购买设备等方面的费用，从而有利于降低营销渠道交易成本；

（3）在线营销的开展可以使旅游产品供应商以图片、录像等形式向潜在消费者展示本企业的产品和服务设施，从而有助于使无形的旅游产品有形化；

（4）在线受理顾客预订有助于提高本企业销售部门的工作效率；

（5）互联网是建立客户关系的有力工具，通过与顾客的网上互动，旅游产品供应商可能获得潜在顾客或常客。特别是通过电子邮件这一低成本的沟通方式，旅游产品供应商能够更为频繁地与顾客联系，从而在增强对顾客信息的控制的同时，有助于培育和增强顾客对本企业品牌的忠诚。

对于旅游消费者来说，互联网所带来的益处集中表现为便利。第一是获取信息方面的便利。随着很多专业旅游网站的出现，各旅游产品供应商也都纷纷设立了自己的网站，从而给消费者搜索自己关心的旅游信息带来了极大的方便。旅游消费者中的网民规模也因此而迅速增大。第二是预订旅游产品方面的便利。在通过互联网进行预订的情况下，由于不存在地域限制，消费者坐在自己家中便可以随时预订世界各地的旅游产品。第三是"货比多家"的便利。借助不同网站上的相关信息，消费者坐在自己家中便可对诸多旅游目的地或旅游供应商提供的同类产品及其价格进行比较，而不必再像过去那样四处奔波，前往旅游零售商的营业现场打探信息。事实上，无论是在其他国家还是在我国，相当比例旅游消费者使用互联网的主要目的就是寻找"物美价廉"的旅游产品。就我国旅游业中目前的情况而言，互联网作为营销渠道的发展大致分为三个方向：旅游门户网站、专业在线旅游代理商和旅游服务企业的自建网站。作为一种基本的搜索旅游信息的渠道，旅游门户网站的内容一般仅限于简单介绍各地的旅游景点和旅游线路，如新浪、搜狐等旅游网站均属此类。后两者是目前我国境内旅游网上预订的主要实现渠道。2015年，在我国专业在线旅游代理商中，携程、途牛、同程的市场份额排在前三位。

【本章小结】

旅游产品的营销渠道是指旅游产品使用权转移过程中所经过的各个环节连接起来而形成的通道，旅游者会沿着这条通道"逆流而上"到达旅游产品生产企业消费。旅游企业可以直接向旅游者销售本企业的产品，也可以通过一个或多个层次的旅游中间商销售产品，这两种销售方式分别被称为直销渠道、分销渠道。旅游中间商是一种相对角色，为某一旅游企业销售产品的企业或个人就是这家旅游企业的中间商。营销渠道中中间环节的多少被称作渠道的长度，中间商数量、销售网点的数量与布局被称作渠道的宽度。

旅游企业应在经济效益、方便购买两大原则的指导下，综合考虑本企业情况、旅游产品、旅游市场、竞争、政策法规等因素，以构建优良的营销渠道为目标，对本企业营销渠道的形式，主要是宽度和长度进行科学决策。在此基础上，根据旅游中间商的销售能力、信誉、发展状况、历史背景、工作积极性、发展潜力等因素，谨慎选择恰当的旅游中间商。在构建营销渠道之后，旅游企业还要对营销渠道进行常规的、动态的管理，内容主要包括对营销渠道冲突的调控，对中间商的激励与定期检查评估，以及对营销渠道的适时调整。

随着旅游市场环境的变化，以及旅游企业经营理念的不断成熟，旅游产品的营销渠道呈现出三大发展趋势。首先是旅游产品营销渠道的扁平化，旅游企业越来越青睐又"短"又"宽"的渠道，这不仅与扁平化渠道的优点有关，还与网络营销的发展降低了交易成本有关；其次是营销渠道成员的合作不断加强，一方面表现为渠道上下游企业之间形成垂直营销系统，另一方面表现为不同旅游企业开始共同构建或互相利用营销渠道；最后是网络营销的日渐风靡，旅游者可以通过互联网或专业的旅游预订网络方便地选购众多企业的产品。

【关键术语】

1. 营销渠道
2. 中间商

3. 营销渠道策略
4. 营销渠道管理
5. 营销渠道冲突
6. 网络营销
7. 全球分销系统

【复习思考题】

1. 对于当今的很多旅游企业来说,"地点,地点,还是地点"这一传统的三字黄金法则为什么会失灵？迫使旅游企业广开营销渠道的主要原因有哪些？
2. 试列举并解释旅游业中常见的直接营销渠道。
3. 试列举并解释旅游业中常见的间接营销渠道。
4. 旅游企业在进行营销渠道决策时应考虑哪些因素，遵循哪些原则？为什么？
5. 防止或解决营销渠道冲突的常用措施有哪些？
6. 为了促使中间商积极销售本企业的产品，旅游企业应采取哪些措施？
7. 如果你是一家高星级酒店的总经理，你觉得携程等在线旅游企业的兴起对你的企业有怎样的影响？在这种情况下，如何趋利避害？

【案例实训】

携程5亿美元豪赌价格大战业绩下滑行业地位恐难保

携程发起价格战

线上旅游终于彻底开打价格战了。奇怪的是，这一回首先出手的居然是携程。此前任谁对其发动价格攻势，携程的反应都有些无动于衷。这次主动出击，意欲何为？

战火在2012年7月初点燃，携程宣布投入5亿美元，从7月开始全面启动"月月狂减，天天低价"活动，公司主营的酒店、机票、旅游度假产品全线出击。

这是携程13年来首次大规模促销，对此，携程旅行网市场营销资深副总裁汤澜表示，此前对是否介入价格战持克制态度，本意希望同行能够理性，但从目前的情况来看，期待对方自觉理性已无可能。

字里行间，透露出携程将自己定位成行业领头羊的自信，表明发动价格战意在促进行业洗牌。

与高调的价格战不同的是，携程财报表现出的尴尬，营业利润持续下降，股价更是从前一年7月45美元的高位一路跌至15.94美元，近一年内股价下跌了288%，市值蒸发40亿美元。

携程的麻烦还不止这些。在宣布大促销后，老对手去哪儿也宣布要投入3000万美元打造旅游智能化服务平台，并向所有旅游在线供应商免费开放其旅游服务平台，此举被业界人士看作是对携程价格战的另类回应。

此外，有消息称，淘宝网也准备在7月中旬启动大规模的在线旅游促销活动。拥有港资背景的芒果网也表示，将追加促销资金，绝对奉陪到底。

内忧外患之下，携程这步棋能否险中求胜

创立于1999年的携程，在在线旅游网站中的确算得上老资格。随着去哪儿等一批在线商家的兴起，携程的地位受到后起之秀们的有力挑战。

为了应对艺龙、去哪儿之前发动的价格战，携程所有酒店团购产品立减10%，这一招直接打击了对手艺龙。艺龙甚至一度打出史上最直白的广告，"携程没有的，艺龙有！携程有的，艺龙全部9折再减1元"。

这一回，携程被彻底触怒了。它拿出了这份5亿美元（约合32亿元人民币）的促销计划，促销范围涵盖了目前主营的酒店、机票、旅游度假业务。

携程发怒的结果是，引来了同行的"围攻"。老对手去哪儿三天后向媒体发布消息称要用3000万美元打造旅游智能化服务平台。虽然去哪儿CEO庄辰超表示，其实这个智能化服务平台已经计划了一年多了，这3000万美元是进一步的追加投资，但业内人士普遍将此举解读为针对携程大促销的回应。

此外，与携程同属OTA（在线旅行代理）模式的同程网，也宣布投入9000万元人民币，为其周年庆让利造势。活动覆盖了其酒店、机票、景区门票、度假、演出等几乎所有可预订产品。

业绩飞流直下是开战的真正原因

面对后起之秀群起而攻之，携程的回应依旧"淡定"，用"大乱之后必有大治"来为其价格战打气，但是狂烧32亿元人民币是为了促进行业健康发展的宣言，听起来虽有些美好却难以让人相信。

有分析人士指出，与其说携程高调宣战，不如说是被逼无奈。携程已经难以遏制其盈利持续下滑的态势了。其股票价格近日创下近三年来的新低，截至7月6日，携程股价报收15.94美元，股价下跌了288%，市值蒸发40亿美元。

而在携程的业务中，营收下降速度最快的当数酒店业务。这也是携程的主打业务，2011年占到营收的40%。根据易观智库分析，今年第一季度携程酒店业务的增长率已降至18%，比起2010年36%的增长率，可谓风光不再。

酒店业务增长乏力直接导致今年第一季度携程的财报很不好看：毛利率下降至75%，净利率也跌到20%以下。对比2004年，携程的毛利率一度高达85%，净利润率达到40%。

有分析人士指出，出现这样的情况，与在线旅游市场的容量有关。10年前，携程进入这个领域，可谓独孤求败。几年后去哪儿、艺龙等后起之秀如雨后春笋般冒出，再加上淘宝网利用已有的流量优势，对携程形成直接的冲击。

"市场就这么大，切蛋糕的人多了，携程拿到手的就少了。"有分析人士指出。

13年来携程一直靠酒店代理模式维持，即每卖出一间酒店客房就收取一定的佣金。携程代理的酒店中以三星级以上为主，因此决定了其价位不低。

当艺龙等主打团购的网站进入这个市场后，迅速拉低了行业整体报价。在这样的情况下，携程依旧死守着自己的价格，对互联网用户而言失去最大的价格诱惑，在用户黏性不高的情况下，酒店业务的迅速流失成为必然。

此外，近年来在线旅游团购化趋势和酒店自建网络销售平台走向也让携程的利润继续下降。酒店方面的态度也在变得强硬，让携程雪上加霜。在携程与艺龙开打团购战时，经济型酒店集团锦江之星要求，7月1日起与该公司总部签约的二十多家OTA渠道，包括携程、艺龙，停止预订返现。

一位不愿透露姓名的酒店负责人则直言，现在酒店不再重视来自OTA平台上的订单了，而是转为自建网站，靠自己的品牌来提高用户的忠诚度。这样做对维护酒店品牌、提高利润都是最优选择，同时还能摆脱第三方对酒店的控制。言下之意，自立门户的目的在于摆脱携程等OTA渠道的制约。

多方夹击之下，携程股价持续下降，身价不断缩水，也是一种必然的结果。

5亿美元是灵丹妙药？

此次携程豪掷5亿美元（约32亿元人民币），打算搅动市场。然而2011年携程营收37亿元人民币，净利润只有10.8亿元人民币。也就是说，此次携程豪掷5亿美元，相当于丢出了携程去年一年的营收、三倍的年利润，拼死豪赌的心态展现无遗。

事实上，从携程今年第一季度的财报看，携程现金及短期投资余额为8.19亿美元，而由于股价持续下跌，今年6月携程发布消息要拿出3亿美元回购股票，扣除这部分资金，携程账面可用资金为5.19亿美元。

如果此次携程一举将这剩余的5亿美元全都投入，那就是将13年辛苦打拼下来的积蓄全部投入。若是没有得到携程预期的"大乱之后必有大治"的效果，携程将面对十年耕耘一场空的局面。一位人士估算，届时携程市值就要下降5亿元，股票将会继续下跌20%以上。

对此，去哪儿网CEO庄辰超称，作为携程在这块市场上遇到的最强劲的对手，去哪儿将自己定位于在线旅游媒体平台及提供高服务品质的旅游搜索引擎，通过自己的搜索平台帮助推广酒店、航空等业务从中收取广告费等，有别于携程的OTA模式。未来无论是航空公司、酒店集团、单体酒店还是旅行社，在线旅游代理商都会通过多渠道进行线上营销，且与线下销售相比，在线预订的比例将会大大增长。

他认为，在线旅游会让旅游信息更加透明，消费者会更加容易获得多渠道的价格信息和服务信息，不同旅游供应商的服务能力将趋于一致化，真正的竞争力还是集中在价格竞争力方面。

言下之意，在市场充分竞争的情况下，行业整体利润早已被摊薄，如今各家所占有的市场份额相对稳定，十年前一家独大的暴利局面绝对不会重演了。

（资料来源：《IT时代周刊》，2012年第15期。略有修改）

[案例思考题]

1. 你觉得携程发起的这场价格战会危及哪些企业的利益？携程能否通过这场价格战取得预期的目标？

2. 去哪儿网的CEO认为，旅游供应商的服务能力将趋于一致化，真正的竞争力还是集中在价格竞争力方面。你对这句话是否赞同？你觉得除了价格战，在线旅游企业还可以采取哪些竞争策略？

第七章

旅游产品促销策略

【案例导入】

"博"动江西：引领旅游"微时代"

由江西省旅游局主办的"博"动江西·风景独好大型旅游推广活动，联合腾讯、新浪、搜狐网邀请海内外 120 名微博达人组成江西旅游"博"士团从 3 月 19 日至 4 月 16 日分三批畅游江西。活动中，"博"士团博主原创微博 2 万余条，原创文 400 余篇，拍照 20 余万张，视频近百条，吸引网民评论近 60 万条。在网上、网下形成了"江西风景独好"的热议话题与宣传旋风。接踵而来的是国外包机、加密航班，国内开设专机、专列……涌现一股江西游热潮。

活动不但在网上引起广泛关注，同时借助报纸、电视等传统媒体，在网下也引来关注如潮。网络媒体以微博为主战场，辅以新浪、搜狐、腾讯等门户网站的专题推介，加上大江网等省内各大网站的密切关注，在网上形成"江西风景独好"宣传热。而在网下，《中国旅游报》《江西日报》、江西卫视、《江南都市报》等省内外媒体纷纷派出强力报道阵容，强势关注，重点报道，让活动的影响力从网上走向网下。让江西风景独好品牌更加深入人心，一波波来江西旅游的热潮从国内涌动到了国外。

"博"动江西·风景独好大型旅游推广活动以其独特创意，在社会各界引起强烈反响。作为全国首创的微博旅游推广模式，毫无悬念地被品牌中国产业联盟发展研究中心评为今年 3 月十大"中国品牌大事记"之首。

国务院发展研究中心研究员刘锋接受记者采访时说，此次江西采用微博推广旅游模式形式新、传播广、体验深、花费少，是引领全国旅游营销宣传的新标杆。他建议，这种精彩、大规模的新媒体营销范例，要持续完善发展，进一步提升和创新。

"博"动江西·风景独好大型旅游推广活动除了博得广泛关注，同时也助推江西旅游发展红红火火。5 月 7 日，记者在省旅游局采访时，该局有关负责人如是说，"今年'五一'小长假天天雷雨相伴，尽管天公不作美，全省接待总人数同比增长 16.78%；旅游总收入同比增长17.41%。一些原本游客量不大的景区，参与这次'博'动江西·风景独好旅游推广活动后，旅客量与去年同期相比均增长，如鄱阳湖游客量猛增700%，景德镇游客量增长38.15%"。

"博"动江西·风景独好大型旅游推广活动取得了有目共睹的成绩，省旅游局局长王晓峰对记者说，微博促销是江西旅游业营销的有益尝试，这种"低成本、快传播、高效益、大影响"的活动形式将成为江西旅游创新的主渠道。

资料来源：http://www.jxnews.com.cn/jxrb/system/2012/05/10/011976193.shtml

第一节　旅游促销概述

旅游促销，顾名思义就是促进旅游产品的销售，是一种有明确目的的市场营销活动，是营销中重要的手段，是旅游企业"攻城略地"的有力武器。随着旅游市场的发展，旅游促销在提供旅游信息、突出旅游产品特色、树立旅游企业良好形象、刺激潜在旅游需求等方面发挥着越来越重要的作用。

一、旅游促销的概念与作用

（一）旅游促销的概念

旅游促销是指旅游营销者通过人员和非人员的方式，将有关旅游目的地、旅游企业、旅游产品和服务的信息传递给旅游消费者，以帮助其了解旅游目的地、旅游企业、旅游产品和服务，引导其消费需求，激发其消费欲望、并促使其产生购买行为，从而扩大销售的活动。从这个概念不难看出，旅游促销具有以下几层含义：

1. 旅游促销的核心是沟通信息

旅游营销者与旅游消费者之间达成交易的基本条件是信息沟通。若旅游消费者对旅游营销者提供的产品和服务等有关信息一无所知，自然谈不上认购。只有旅游营销者将自己提供的产品和服务等有关信息传递给旅游消费者，才能引起旅游消费者的注意，进而产生购买欲望。

2. 旅游促销的目的是引发旅游消费者的购买行为

在旅游消费者可支配收入既定的条件下，旅游消费者是否产生购买行为主要取决于旅游消费者的购买欲望，而旅游消费者购买欲望又与外界的刺激、诱导密不可分。旅游促销正是针对这一特点，通过各种传播方式把旅游产品和旅游服务等有关信息传递给旅游消费者，以激发其购买欲望，使其产生购买行为。

3. 旅游促销的方式有人员促销和非人员促销两类

人员促销，亦称直接促销，是旅游营销者通过推销人员向旅游消费者推销其产品和服务的一种促销活动，它主要适用于旅游消费者数量少且相对集中的目标市场。非人员促销，又称间接促销，是旅游营销者通过一定的媒体传递其产品和服务等有关信息，以促使旅游消费者产生购买欲望、发生购买行为的一系列促销活动，包括广告、公关和营业推广等。它主要适用于旅游消费者数量多且相对分散的目标市场。在旅游促销活动中，旅游营销者往往将人员促销和非人员促销结合运用。

旅游促销依据促销主体的不同，可以分为旅游目的地促销和旅游企业促销两大类。旅游目的地促销一般由旅游目的地行政部门或旅游组织来开展，其目的主要在于宣传旅游目的地的整体形象而不是具体的旅游产品；旅游企业促销主要致力于宣传本企业产品及企业自身的形象，这主要由旅游企业来完成。

（二）旅游促销的作用

1. 传递信息，沟通供需

旅游促销的首要作用是信息传递。通过信息传递，实现旅游营销者与旅游消费者之间的信息沟通：一方面旅游营销者将旅游产品和服务的信息传递给旅游消费者，使旅游消费者了解旅游产品和服务的情况，引起他们的注意和好感，从而为旅游产品和服务销售成功创造前提条件；另一方面又将旅游消费者的意见反馈给旅游营销者，使旅游营销者根据旅游消费者的需求，适时调整自己的经营决策，不断改进自己的旅游产品和服务，确定旅游产品和服务提供的最佳时间、地点和方式，以达到卖者卖其所有、买者买其所需的目的。

2. 创造需求，扩大销售

旅游消费者的消费需求、购买动机具有多样性和复杂性的特点，因此，旅游营销者只有针对旅游消费者的心理动机，通过灵活地运用各种促销手段，积极地倡导新的休闲生活方式，创造和引导旅游消费，唤起旅游消费者内心的消费需求，激发他们的购买欲望，引发他们的购买行为，从而扩大市场份额，巩固市场地位，提高经济效益，实现旅游营销者与旅游消费者之间的双赢。

3. 突出特点，强化优势

随着社会经济的发展，旅游已逐渐成为人们生活的必需品，旅游市场的竞争也日趋激烈，要增加旅游产品对旅游消费者的吸引力，旅游营销者就要通过促销活动，有效地突出自己的经营理念、企业文化，突出自己产品的功能和特点，传播自己产品市场定位的特色，以及给旅游消费者带来的特殊利益，加深旅游消费者对自己产品品牌的认识和信任，并由此形成对自己产品的购买偏好，从而强化自己的竞争优势，提高自己的市场竞争力。

4. 塑造形象，巩固市场

旅游是一种高层次的消费和审美活动，通过生动而有说服力的旅游促销活动，可以塑造与众不同的、更具亲和力的市场形象，赢得旅游消费者的信赖、厚爱和品牌忠诚，巩固市场地位，提高市场占有率。即使出现不利于旅游企业发展的因素时，也可以通过有效的促销手段，改变旅游消费者的消极印象，树立旅游企业诚实、有信誉的积极形象，以达到恢复、稳定甚至扩大市场份额的作用。

二、旅游促销的主要工具

旅游促销工具，是旅游企业或组织为实现促销目的而采取的方式方法或手段技巧，通常包括旅游广告、旅游营业推广、旅游人员推销、旅游公共关系等。

（一）旅游广告

旅游广告是指旅游企业或组织采用付费的方式，把有关旅游目的地、旅游产品和服务等信息通过一定的媒体，有计划地传递给旅游消费者，以影响旅游消费者的购买行为，从而促进销售、扩大市场占有率的信息传播活动。

旅游广告按其所选择媒体可分为电视广告、报纸广告、杂志广告、广播广告、户外广告、流动媒体广告、网络广告、印刷广告等。

（二）旅游营业推广

旅游营业推广又称旅游销售促进，是指旅游企业为刺激需求、鼓励消费，在特定的目标市场中，运用多种短期诱因，激发旅游消费者的购买欲望的沟通活动。

旅游营业推广经常采取的方式有：赠券、纪念品、奖励、积分、折让等。

（三）旅游人员推销

旅游人员推销，是旅游销售人员与旅游消费者之间就旅游产品和服务的相关信息所进行的面对面的对话和沟通，是一种传统的、直接的旅游促销方式。

（四）旅游公共关系

旅游公共关系是指旅游企业为了树立企业良好的公众形象，创造良好的社会环境，通过传播、沟通等手段，谋求社会各方面的信赖和好感，以扩大企业知名度和美誉度，从而达到促销目的的非直接付费方式的促销活动。

三、旅游促销组合策略的制定依据

（一）旅游促销组合概念

旅游促销组合就是有计划、有目的地把旅游广告、旅游营业推广、旅游人员推销、旅游公共关系四种促销工具结合起来，综合运用，形成一个有机的促销策略。

旅游促销组合是一种系统化的整体策略，四种基本促销工具是这一策略系统的四个子系统。每个子系统都有各自的特点，旅游企业或组织开展促销活动往往会根据特定环境里的特定条件发挥每个子系统各自的优势，进而使全部促销活动互相配合、协调一致，最大限度地发挥整体效果，从而顺利实现促销目标。

（二）四种促销工具的特点

1. 旅游广告的特点

广告是一种高度大众化的信息传递方式，其主要特点是覆盖面广，传递信息快；形式多样，表现力强；对于地域广阔而分散的旅游消费者而言，成本较低，但针对性不强，不能因人而异；单向信息传递，难以形成即时购买；有些媒体促销投入较高。

2. 旅游营业推广的特点

营业推广是一种短期内刺激销售的活动，其主要特点是吸引力大，刺激性强，激发需求快；但有效期短，营销面窄，耗费较大。

3. 旅游人员推销的特点

人员推销是一种与顾客面对面促销的方式，其主要特点是针对性强；灵活性大；双向沟通，反馈及时；易强化购买动机，及时促成交易；易培养与旅游消费者的感情，建立长期稳定的客我联系，但费用支出较大，对推销人员要求较高。

4. 旅游公共关系的特点

公共关系是一种促进与公众良好关系的方式，其主要特点是影响面广，影响力大，可信度高，有利于赢得公众好感，树立企业的良好形象；但活动牵涉面广，活动设计难度大，且没有直接销售效果。

（三）旅游促销组合策略

最常用的旅游促销组合策略有以下四种：

1. 推式策略

推式策略是指旅游企业通过以人员推销为主，辅之以营业推广和公关活动的促销组合方式来影响旅游中间商，使旅游中间商接受旅游企业的产品并加强销售活动，以强化旅游消费者的购买动机，说服旅游消费者迅速采取购买行为。其运作程序如图 7-1 所示：

旅游运营商 →推销→ 旅游批发商 →推销→ 旅游零售商 →推销→ 旅游消费者

图 7-1 推式策略

2. 拉式策略

拉式策略是指旅游企业通过以广告宣传和营业推广为主，辅之以公关活动的促销组合方式直接向旅游消费者展开强大促销攻势，把旅游消费者的消费欲望刺激到足够的强度，形成强劲的市场需求，从而"拉引"旅游中间商纷纷要求经销这种产品。其运作程序如图 7-2 所示：

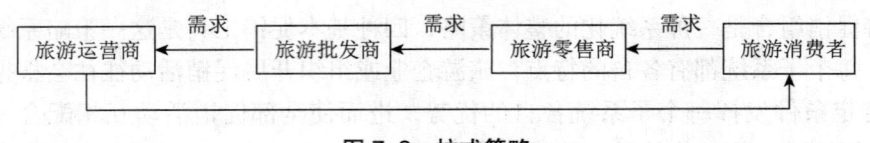

旅游运营商 ←需求← 旅游批发商 ←需求← 旅游零售商 ←需求← 旅游消费者

图 7-2 拉式策略

3. 锥形辐射策略

锥形辐射是一种很奏效的非均衡快速突破策略。它是指旅游企业将本企业多种旅游产品排成锥形阵容，而以唯我独有、最具招徕力的拳头产品作为开路先锋（锥尖），以求其像锥子一样迅速突破目标市场，然后分梯级阶段连带，层层推出丰富多样的旅游产品。这种策略多采用以人员推销、营业推广为主，辅之以广告宣传的促销组合方式。

4. 创造需求策略

创造需求策略是指旅游企业通过换位思考，深入了解旅游消费者的消费欲望，并根据自身的优势和特点，举办一些独具特色的旅游项目或活动，引导旅游消费者认识自己的消费需求，进而诱发旅游消费者的购买欲望，促使旅游消费者采取购买行为。这种策略多采用以广告宣传为主，辅以人员推销的促销组合方式。

（四）制定旅游促销组合策略应考虑的因素

由于每种促销工具都有各自独有的特性和成本，因而旅游企业应该根据不同的需要和情况来选择主辅促销工具，制定相应的促销组合策略。旅游企业在选择最佳促销组合时必须考虑如下因素：

1. 促销目标

促销目标是影响促销组合策略的首要因素。如促销目标为树立企业形象，提高产品知名度，则促销组合应以广告为主，同时辅之以公关宣传；如促销目标是让旅游消费者充分了解某种产品和服务，则印刷广告、人员推广或多媒体展示是好办法；如促销目标是要在短期内迅速增加销售，宜采用营业推广，并辅以人员促销和适量的广告。从整体上看，广告和公关宣传在旅游消费者购买决策过程的初级阶段成本效益最优，因为其最大优点为宣传面广；而人员促销和营业推广在购买决策的较后阶段更具成效。

2. 市场特点

除了考虑促销目标外，市场特点也是影响促销组合决策的重要因素。市场特点受市场地理范围的大小、目标地区的文化、风俗习惯、经济政治环境等的影响，促销工具在不同类型的市场上所起作用是不同的，所以我们应该综合考虑市场和促销工具的特点，选择合适的促销工具，使它们相匹配，以达到最佳促销效果。如目标市场范围小且相对集中，应以人员促销为主；对于范围广且较分散的市场，则应以广告宣传和公共关系为主。

3. 产品性质

旅游消费者对于不同性质的旅游产品具有不同的购买动机和购买行为，因此必须采用不同的促销组合策略。以旅行社为例，在当前情况下，观光旅游产品顾客多，分布面广，购买频率高，因此广告的效果更为明显；而专项旅游产品顾客数量少，分布集中，购买批量大，适宜人员促销。至于营业推广和公共关系等，则起辅助作用。

4. 产品生命周期

在旅游产品生命周期的不同阶段，适合采用的促销方式也不一样。在投入期，因为旅游消费者对旅游产品还不了解，因此，适合通过广告这种方式使更多的旅游消费者能了解新产品，其次是通过人员推销的方式有利于吸引旅游消费者对新产品的试用。在成长期，因为旅游消费者的口碑效应，使产品的销售量迅速增长，因此，可以适当减少各种促销手段的投入。在成熟期，市场竞争十分激烈，旅游企业为了提高自己的竞争能力，促销方式应突出自己产品的特点，以吸引更多的旅游消费者的购买。因此，营业推广的作用更大些，营业推广能更好地显示旅游产品的优点和特色，其次是广告的效应。在衰退期，营业推广对吸引旅游消费者购买的作用仍然有效，这时，因为已经没有了大量的购买者，广告的作用下降，而人员推销的作用就更小了。

5. 消费者购买决策

在旅游消费者购买决策的不同阶段，促销工具的作用也不同。在旅游消费者认识产品的初始阶段，广告的作用比较大；在旅游消费者收集旅游产品的有关信息，以提高对旅游产品认识理解的过程中，广告的作用逐渐减小，人员推销和营业推广的作用逐渐增强。为了促使旅游消费者再次购买，主要采用人员推销和营业推广的方式，但广告的提醒仍会起重要作用。

6. 促销费用

促销费用就是用于促销活动的各项开支。旅游企业不论采用哪种促销策略，都必须考虑费用的大小。一般来说，人员促销费用最高，广告费用次之，营业推广和公共关系费用最低。旅游企业应依据自身的人力、财力和物力来选择和运用促销组合，以尽可能低的促销费用取得尽可能高的促销效益。

【补充阅读7-1】

2017年6月8日，借着第九届华中旅游博览会暨第二届长江旅游博览会（以下简称"博览会"）在湖北省武汉市举办的契机，省旅游委组织了市县旅游部门、旅游协会、旅游企业等共同组成海南旅游营销团，举办2017海南国际旅游岛（武汉）旅游专场推介会，并以"请到海南深呼吸"为主题打造的热带海岛风情展台首次亮相本次博览会。

为了将海南旅游产品更精准地推向华中目标市场，省旅游委创新营销与推广模式，通过朋友圈本地推广的形式，提前将产品宣传内容推送到武汉地区居民的微信朋友圈上。"穿越琼州海峡寻觅你，想带你远离'江湖'浪迹'天涯'。阳光海南，度假天堂——我用十种方式与你同'呼吸'！"简短又略带"江湖"气息的推广语在武汉市民的微信朋友圈引起了不少激动与向往。

推动"互联网+"与旅游产业的深度融合发展，已然成为旅游业创新发展的必然举措。海南省旅游委通过利用新手段积极搭建旅游营销推介新平台，不断打造宣传新渠道、开拓营销新空间。

在2016年中国"互联网+旅游"峰会上，省旅游委就与腾讯公司达成合作意向，将海南旅游作为腾讯旅游板块建设的先行区和示范区，并与腾讯公司共同策划"跟我去海南，带你深呼吸"深度游活动，通过腾讯新闻移动客户端在北京、上海、广州、太原、兰州、福州6个城市进行宣传推介。将传统推介与互联网推介相结合，也大大提高了海南旅游的宣传效果。在2016年北京国际旅游博览会上，与新浪网共同策划"旅游+互联网"新媒体网络推介活动，网络访问量达5202万人次。

同时，海南省旅游委也在淘宝网开设了海南旅游旗舰店，并与阿里旅行共同开展了海南旅游产品专题宣传活动。目前，该省大部分市县和主要景区均建立了官方微博、微信平台，开发了APP客户端，为游客提供信息和咨询服务……海南旅游和互联网双向拥抱和深度融合，正在为海南带来更多关注。

资料来源：赵优.海南旅游促销走新路[N].海南日报，2017-06-14（B06）.

第二节　旅游广告

在竞争激烈的市场经济环境下，企业要生存和发展，就要进行大量的广告宣传活动。凝聚着历史与创新的广告方式，在现代市场营销中占有越来越引人注目的地位。在旅游企业营销活动中，旅游广告作为信息和信息传播手段之一，在促进旅游产品销售、提升旅游品牌形象方面发挥着极其重要的作用。

一、旅游广告概述

（一）旅游广告的含义

广告从汉语字面上理解即"广而告之"的意思，它是一种高度大众化的信息传播方式。旅游广告是指旅游部门或旅游企业为达到影响旅游消费者行为、促进本企业旅游产品销售的目的，以付费方式通过媒体向旅游消费者提供旅游企业及产品和服务相关信息的大众传播方式。旅游广告的目的就是通过运用各种媒体手段，广泛宣传和推广旅游产品，有效地推动旅游产品的销售，从而帮助旅游企业获得经济利益以及品牌价值。

（二）旅游广告的类型

1. 按内容来划分

（1）经济广告，也称狭义广告。旅游广告主要是指由旅游企业出资，通过各种媒介进行有关旅游产品、旅游服务和旅游信息的有偿的、有组织的、综合的、劝导性的、非人员的信息传播活动，属于狭义的广告。

（2）非经济广告，也称广义广告。非经济广告是为了达到某种宣传的目的而做的广告，目的不是获取盈利。

2. 按所使用的媒体来划分

（1）报刊广告。这种广告传播快，影响大，读者广，且不易消失，可长期保存，其中报纸广告是旅游线路、旅游交通等产品信息传播的主要渠道。

（2）电视广告。这种广告形声兼备，重视造型技巧，能给观众留下深刻的印象。

（3）广播广告。这种广告占有空间优势，传播迅速，不受地区、交通和气候的限制。

（4）橱窗广告。这种广告量大，面广，顾客感受真切。

（5）户外广告。包括路牌广告、交通广告、灯箱广告等，这种广告明朗夺目，容易引人注意。

（6）网络广告。这种广告花费成本低，信息量大，是最佳的旅游广告形式和日后发展趋势。

3. 按表现形式划分

（1）静态广告。有以文字为主，有以图画为主，有以图文并茂为主的多种静态形式的广告。

（2）动态广告。有以人物活动配上解说词、道白的动态广告；也有以广告物为对象，以人物的吟诗、唱歌、舞蹈的动态广告；还有广告物人格化描写的动态广告。

4. 按旅游企业类别划分

旅行社广告、饭店广告、旅游城市广告、旅游景区广告、旅游节日庆典广告、会展广告等。

5. 按照传播的区域来划分

全国性广告和地区性广告。

（三）旅游广告的作用

旅游广告作为旅游促销组合中重要的组成部分，其作用是长期的、潜移默化的。

1. 传播信息，宣传产品

旅游广告是一种大众化的传播方式，具有辐射面广、传播速度快的特点，旅游企业可以通过旅游广告，将尽可能多的信息提供给旅游消费者，达到宣传旅游产品的目的。旅游广告不仅为旅游消费者获取旅游信息提供方便与快捷，也使旅游企业从中受益，从而推动旅游事业的发展。

2. 树立形象，指导消费

旅游广告可以长期、重复使用，从而搭建起了沟通旅游企业和旅游消费者的桥梁，使旅游消费者加深了对旅游企业的了解，提高了旅游企业的知名度，塑造了旅游企业形象。另外，旅游广告的教育功能，使旅游企业可以通过旅游广告将新知识、新技术传授给旅游消费者，达到指导消费的目的。

3. 开拓市场，促进销售

旅游广告的表现形式多种多样。旅游企业通过对文字、色彩、音响等的运用，制作出精美的旅游广告，对旅游消费者产生多方位的刺激，从而有利于旅游企业开拓市场，增加旅游产品的销售。

4. 传播文化，丰富情趣

旅游产品的基本内涵是旅游资源，因此旅游广告通过宣传旅游产品，表现出旅游资源的历史性、民族性、艺术性等，在推销旅游产品的同时，达到了传播文化、提高审美情趣的作用。

二、旅游广告目标与预算决策

（一）旅游广告目标的确定

旅游广告的最终目标是促进销售。因此任何一个品牌的旅游广告都不可能一劳永逸，它要针对不同的目标市场、市场定位及其他营销组合因素来设计并加以确定。按照旅游广告不同的目标，可将旅游广告分为三种类型：

1. 告知型

告知型广告的目的是激发兴趣，诱导"初始需求"，适用于旅游产品的试销期。一种旅游新产品刚刚投放市场，旅游消费者对其知之甚少。这时的旅游广告属开拓性和告知性。广告设计要突出旅游产品的形象，充分全面地展示旅游产品的基本内容、价格及可能给旅游消费者带来的利益等，以唤起市场的潜在需求。告知型旅游广告的主要目标是引起注意，所以必须在增强广告吸引力上下功夫。具体又可分为两类情况：

（1）介绍旅游新产品，新旅游服务项目。如新的旅游线路、新的饭店服务项目及其基本内容、价格及可能给旅游消费者带来的利益等，以触发潜在旅游消费者的初步需求；

（2）宣传旅游地或旅游企业的市场地位及对旅游消费者采取的便利性措施，以树立良好的市场形象。

2. 劝导型

劝导型广告的目的是产生偏好，增进"选择性需求"，适用于旅游产品的成长期即与同类旅游产品展开竞争的阶段。该阶段是建立商业信誉、树立旅游企业和旅游产品形象的最佳时期，故广告设计的重点在于诱发旅游消费者对旅游产品的爱好和兴趣。为此，有些劝导性广告使用对比手法，把一种品牌直接或间接地与另一种品牌进行对比（一般采用间接对比），来说明本企业的旅游产品物有所值，以引发旅游消费者的共鸣，使其产生一种信任感，起到塑造品牌和企业形象的作用。劝导型广告具体又可分为两类：

（1）进攻型广告。进攻型广告的主要特点是突出本旅游产品的优势，建立旅游消费者品牌偏好和信任，激发旅游消费者的选择性需求，鼓励其偏向本旅游产品的购买。

（2）防守型广告。防守型广告在于改变旅游消费者对本旅游产品或服务的不良印象，抵消或削弱竞争对手的广告影响。

3. 提醒型

提醒型广告的目的是保持记忆，产生"惯性需求"，适用于旅游产品的成熟期。提醒型广告能够不断地唤起旅游消费者的回忆，随时提醒旅游消费者保持对本旅游地或旅游企业及其产品（服务）的记忆（尤其在淡季），以获得本企业尽可能高的知名度和美誉度，进而让旅游者减少购买后疑虑，强化消费信心并刺激其再次购买的欲望。旅游产品进入成熟期后，竞争最为激烈，该阶段广告设计在于刺激需求，适时提醒旅游消费者记住购买的时机、购买的地点，以促使意欲购买者完成购买行为，并刺激老顾客重复消费的欲望，以促进销售。

不管旅游企业的广告目标为何，要想取得好的营销，关键还是旅游产品本身能够给顾客带来满意，否则，即便旅游企业实施再有效的广告策略也是徒劳的。

（二）旅游广告预算

旅游广告是一种付费的促销方式，即它需要支付一定的费用，构成旅游企业销售费用的一部分。旅游广告预算主要包括：市场调研费、广告设计费、广告制作费、广告媒介租金、广告机构办公费及人员工资、广告公司代理费等项目。其中媒介租金通常要占到70%~90%。通常用于制定旅游广告预算的方法有以下几种：

1. 销售比例法

一般情况下，销售额与广告支出会呈现同步变化的趋势，因此，多数旅游企业会根据销售额确定广告预算，这种方法又称为销售比例法。销售比例法是按照过去和本年度计划的销售额以一定的百分比进行预算。其公式为：

$$广告预算 = \frac{计划年度销售额 + 上年度销售额}{2} \times 单位客房服务管理费$$

这种方法计算简单，但忽略了旅游市场可能发生的变化。

2. 销售单位法

销售单位法是以每件产品或每条路线来分摊广告费。这种计算方法也很简便，但使用时应根据实际需要加以调整，要有一定灵活性和机动性。其公式为：

$$广告预算 = \frac{上年度广告费}{上年度产品销售数} \times 计划年度产品销售数$$

3. 竞争对抗法

竞争对抗法又称竞争平衡法。它是参照竞争对手的广告费来决定本企业的广告预算，目的在于保持在广告宣传中与竞争对手处于平等或优势的地位。这种方法有利于旅游企业展开竞争，但使用时不可盲目攀比，必须从旅游企业自身的实力、信誉、规模、产品数量与质量等出发。

运用竞争对抗法，前提是要调查主要对手的广告费数额及其变动状况，掌握其某种商品的市场占有率，计算竞争对手单位市场占有率支出的广告费数额。其基本计算公式如下：

$$广告预算 = \frac{竞争对手广告费数额}{竞争对手产品市场占有率} \times 本企业预期市场占有率$$

与竞争对手的广告费用保持同一水准，可维持本企业原有的市场占有率。增加广告费用，提高广告预算，则必将冲击竞争对手的产品市场占有率。

4. 能力支付法

能力支付法是完全根据旅游企业的财务能力来决定广告预算的方法，企业有多少财力就做相应财力的广告，因此又称为随机分摊法。虽然这种方法在一定程度上缺乏前瞻性和开拓性，但不失为一种较为稳妥的方法，特别适用于小型企业和临时性、突发性的旅游广告开支。

5. 目标任务法

目标任务法是根据旅游企业的市场战略和销售目标确立旅游广告的目标，然后根据旅游广告目标确定旅游广告战略，制订出旅游广告计划，最后根据旅游广告计划进行旅游广告预算。这一方法具有较强的逻辑性和成本节约性，是一种比较科学的预算方法。其公式为：

$$广告费 = 目标人数 \times 平均每人每次广告到达费用 \times 广告次数$$

目标任务法是以广告计划来决定广告预算，广告目标明确也有利于检查广告效果。

目标任务法还可以用于整体促销预算的制定。将旅游广告、旅游人员推销、旅游营业推广和旅游公共关系各种手段分别用目标任务法核定出预算额后，汇总成促销预算。在制定旅游企业的长期广告预算时，需要根据实际情况，采用不同的方式进行预算的分配。

三、旅游广告信息决策

旅游广告信息决策的实质，就是要对旅游广告信息的内容和形式进行创造性的设计，以使相应的旅游广告真正发挥尽可能大的功效。它是整个广告活动成败的关键之一，也是最富有创造力的部分。旅游广告信息决策一般要通过三个步骤：

（一）确定广告信息主题

广告大师罗瑟·瑞夫斯认为，每一则广告都应该有一个"独特的销售主张"（Unique Selling Proposition），即著名的 USP 理论。他认为，每一种产品都应该发展一个自己的独特的销售主张或主题，并通过足量的重复传递给受众。对于旅游广告而言，每个广告同样只能有一个主题，这就需要选取同一产品（服务）的不同角度的信息题材制作多种广告信息以供选择。旅游广告信息最重要的来源是旅游消费者的看法、态度和反应。旅游广告创意设计人员还可以从专家、竞争对手、旅游中间商那里得到好的主意和有益的启示。

（二）评估选择广告信息

在制作出备选的多种旅游广告信息后，广告发布方应该对其进行评估和筛选。营销学家科威塔建议可根据信息的吸引力、独特性和可信度三个方面进行评估和选择。吸引力是指信息必须对潜在旅游消费者有用或有趣，独特性是旅游消费者在所感兴趣的同类旅游产品中做出选择的依据。由于旅游消费的异地性和旅游服务的无形性，使旅游消费者会加倍感受到购买决策的风险，由此更加关注旅游广告的可信度。广告发布方应就广告信息的这三个方面进行评价打分，然后根据得分的情况进行取舍。

（三）设计信息表达形式

如果说创意是广告信息的灵魂，那么表达形式就是广告信息的骨架和血肉。设计广告信息表达形式，就是选择最有效的信息符号来表达信息内容和信息结构。广告信息的表达形式往往受到媒体特性的制约和影响。首先，不同媒体所能传播的信息符号有所不同，如平面媒体不能传递声音，广播媒体不能传播文字及图像；其次，广告媒体制约信息表达的时间与空间；最后，广告的说服力还受信息发送者的影响。广告受众对信息发送者越信任，广告的说服力就越强。因此，必须对广告外在形式进行组合运用和精心编排，既要达到广告信息"以一种独特方式在喧闹中被发现"的效果，又要避免营销目标、广告目标被新奇的念头所压倒的情势。

四、旅游广告媒体决策与效果评估

（一）旅游广告媒体决策

旅游广告可利用的媒体大致分为两大类：一类是付费租用的大众传播媒体，主要包括电视、广播、报纸、杂志四大媒体和户外广告、直邮广告媒体；另一类是广告主自己购买制作的媒体，包括各类自办宣传物、宣传品。

旅游广告决策者在做出旅游广告媒体决策时，必须考虑以下因素：

1. 顾客的媒体习惯

人们接受信息都会根据自己的需要和喜好来选择媒体。如高层商务旅游者与普通退休观光客对不同媒体类型的偏好程度就不一样。

2. 旅游产品的特点

不同产品的信息表达对媒体的要求不一样，只有根据产品特点选择媒介才能更有效地传达广告信息。如风景旅游点就宜选择杂志彩页和电视做广告。

3. 广告信息的特点

需要快速反应的信息往往选择以广播和报纸为媒介，反之则以杂志或直接邮寄为媒介。如时效性很强的旅游销售广告就比较适合以报纸为媒体，而绝不适合以杂志为媒体。

4. 媒体传播的范围

不同的媒体所能传播的范围有大有小，所能接触的人口有多有少。行销全国的旅游产品宜选择全国性报纸、杂志、中央级的广播电台、中央级的电视台。局部地区销售的旅游产品宜选择地方性报纸、杂志、地方广播电台、地方电视台、广告牌。

5. 媒体的影响力

指报纸、杂志的发行量，广播、电视的听众数或观众数，媒体的频率及声誉。全国性报纸、杂志、广播、电视影响力大；地方性报纸、杂志、广播、电视影响力小，应适宜选择。

6. 媒体费用

不同媒体所需成本是媒体决策时必须考虑的因素（一般来说媒体广告费用：电视＞报纸＞杂志＞广播。户外广告：霓虹灯＞路牌＞广告牌＞横幅）。旅游广告决策者应该根据自己的财力选择相应的媒体。

7. 干扰

同一媒介在同一时期发送的不同广告信息之间会相互干扰，导致广告效益下降。这主要是由于受众的注意力被分散所致。解决这一问题的办法是综合运用各种媒体，对旅游产品来说，综合运用旅游印刷品和电视广告，效果比单独运用要好很多。

各类媒体都有其适应性和局限性，主要大众传媒在旅游广告制作中的特点如表 7-1 所示。

表 7-1 主要广告媒体的特点对比

广告媒体	适应性（优点）	局限性（缺点）
电视	视听并存，图文并茂，富有感染力；传播范围广、速度快、效率高	费用高、时间短；干扰较大；观众选择性差；设计制作难度较大
广播	信息传播及时、灵活；传播面广；广告费用较低	缺乏视觉吸引力，听众记忆起来相对较难
报纸	传播面广、可信度高、可选择性较强；费用较低；读者可反复查阅	内容较杂，易分散读者的注意力；彩色版面少，表现力较弱；浏览性读者多，广告不易被人记住
杂志	印刷精美，可图文并茂，适于形象广告；阅读率高，保存期长；便于针对阅读者目标市场选择	广告周期长，发行量较少，价格偏高
户外广告	灵活、醒目；展示时间长	广告信息接收对象选择性差；内容局限性大
直邮广告	目标顾客针对性强、十分灵活、受时空条件限制最少	人员、时间、经济投入相对较高，使用不当可能会引起收件人反感

（二）旅游广告效果评估

广告效果就是广告对其接受者所产生的影响及由于人际传播所达到的综合效应。评估旅游广告效果的目的在于通过用科学的方法测评广告，了解旅游消费者对旅游广告理解和接受的程度，以及旅游广告对旅游产品销售和品牌形象提升所起的作用。评估旅游广告效果主要包括传播效果评估、销售效果评估和品牌形象评估三个方面的内容。

1. 传播效果评估

传播效果是广告被认知和被接受的情况。通常以广告的覆盖面、接收率（传播广度）和广告的认知率（注意度、记忆度和理解度的综合指标，反映广告传播的深度）来反映。传播效果评估可分为事前评估和事后评估。

事前评估就是在广告正式传播前预测广告未来传播后的效果。其目的在于发现广告方案中存在的问题，以便及时改进广告策略，提高广告的效果。

事后评估就是在广告发布后，通过市场调查来评定效果。事后评估的内容主要有：旅游消费者对广告的注意程度、记忆程度和理解程度。其目的在于对今后的广告策划提供有益的经验，同时也是对广告部门和广告公司成绩的有效评判。

2. 销售效果评估

销售效果是旅游广告引起的旅游产品销售变化。销售效果评估即考察广告推出以后，受众是否成为广告所宣传的旅游产品的购买者或潜在消费者，旅游企业的产品销售量是否增加（尽管有其他因素的作用），其销售量增加度与广告投入的增长幅度相比是否成正比例增长。其公式为：

$$E = \frac{\Delta S/S}{\Delta A/A}$$

式中：ΔS——增加广告费后销售的增加额；

S——销售额；

ΔA——增加的广告费支出；

A——广告费原支出；

$E>0$，E 值越大表示销售效果越好，广告的促销作用越大。

3. 品牌形象评估

品牌形象评估是指采用公共关系调查方法，调查旅游企业或旅游产品的知名度和美誉度，运用企业形象地位图，分析旅游消费者接触旅游广告后所形成的不同的感觉、情绪和判断，以及这些感觉、情绪和判断所产生的对旅游产品的品牌意识、品牌印象、品牌忠诚和品牌偏好。

综上所述，通过广告效果评估，旅游企业可以了解到旅游消费者对旅游广告活动的反应，包括广告主题是否明确、广告诉求是否准确有效、广告预算安排是否经济合理、媒体安排是否正确等信息。掌握了这些信息，旅游企业在广告活动前期和进行阶段，可以及时调整广告信息战略、媒介战略，提高对广告活动的监控能力，提高广告决策的科学性和广告活动的效率。在广告活动结束以后，又能客观公正地评价广告活动的综合成效，积累宝贵的经验和教训，为以后更好地制定广告活动战略提供正确的指南。同时，科学规范的广告效果评估也为客观公正地评价广告策划人员的工作绩效提供了依据。

【补充阅读7-2】

2016年11月8日，国家旅游局会同工商总局、税务总局、国家网信办组成的督察组，在深圳重点围绕专业旅游广告公司出版旅行社同业杂志涉嫌刊登"不合理低价游"产品广告等问题开展专项督察。督察组联合广东省旅游局、深圳市文体旅游局三级约谈深圳市信游天下网络科技有限公司、杭州汇众广告传媒有限公司深圳分公司，对两家公司出版的旅行社同业杂志涉嫌刊登"不合理低价游"产品广告等问题提出了整改意见。

此前，国家网信办印发的《关于开展"旅游网站严重违规失信"专项整治工作的通知》和国家旅游局印发的《关于组织开展整治"不合理低价游"专项行动的通知》中均指出，将对综合旅游网站、旅行社网站、旅游在线预订服务网站、旅游景点网站和网站旅游频道、旅游网站 APP 以及媒体等进行摸底，坚决清理、查处和关闭一批违法违规和严重失信发布"不合理低价游"信息的旅游网站和广告。此次专项督察正是围绕这一主题展开。

督察组会同广东、深圳两级旅游主管部门，深入信游天下、汇众传媒深圳营业办公地点，进行突击检查，随机查看出版杂志，对发现的涉嫌"不合理低价游"产品宣传、广告刊发主体不明确等违法违规问题责令上述公司立即整改，或停止刊登。督察组要求，旅游媒体应承担相应的社会责任，规范旅行社产品广告内容，严格审核机制，根据旅游线路参考价格，核查旅游产品价格，抵制"不合理低价游"产品。

信游天下和汇众传媒被约谈后均表示，深刻认识到抵制"不合理低价游"是企业应尽的社会责任，将根据约谈要求积极开展整治活动，立即对包括网站、媒体上的宣传广告开展严格核查，规范旅行社刊登广告的内容，加强对广告内容的审核，严格按照参考线路价格把关，11月底前撤下所有"不合理低价游"产品宣传广告。他们还表示，今后将主动把出版物送交旅游主管部门审核，配合监督检查，坚决不传播"不合理低价游"产品。

另悉，为贯彻《关于组织开展整治"不合理低价游"专项行动的通知》，切实保护广大旅游消费者的合法权益，促进深圳旅游市场更加健康地发展，深圳市旅游协会、深圳旅行社行业协会快速响应，向各会员单位及旅行社同行发出"诚信经营，抵制不合理低价游"倡议。截至发稿时，深圳已有231家旅行社积极响应，并对照诚信经营旅行社的标准做出了承诺。

资料来源：陈熠瑶. 国家旅游局会同三部委在深约谈两家专业旅游广告公司［N］. 中国旅游报，2016-11-10（001）.

第三节 旅游营业推广

旅游营业推广是一种适宜于短期推销的促销工具，是旅游促销组合的重要方式。旅游营业推广的刺激比较强，较易吸引旅游消费者的注意力，使旅游消费者或在了解旅游产品的基础上或为追求某些方面的优惠而采取购买行为。由于旅游营业推广具有市场针对性强、可供选择的沟通手段灵活多样、短期促销效果显著等优点，因而在旅游促销中得到较为广泛的应用。

一、旅游营业推广的特征与作用

（一）旅游营业推广的概念

旅游营业推广又称旅游销售促进，是指旅游企业在某一特定时期与空间范围内，通过刺激和鼓励交易双方，并促使旅游消费者尽快购买或大量购买旅游产品和服务而采取的一系列促销措施和手段。从这一定义中不难看出，旅游营业推广强调的是在特定的时间、空间范围内，采用一系列的促销工具，对供需双方的刺激与激励，其直接的效果是能够迅速刺激需求，使旅游消费者产生立即购买或大量购买的行为。

（二）旅游营业推广的特征

旅游营业推广的方式虽然多种多样，但基本特征却是共同的：

1. 非常规性，非周期性

典型的旅游营业推广不像旅游广告、旅游人员推销、旅游公共关系那样作为一种常规性的促销活动出现，而是用于短期的和额外的促销工作，其着眼点在于解决某些更为具体的促销问题，有着十分明确的营销目标，它告诉顾客说这是永不再来的一次机会，因而是非常规性、非周期性地使用和出现的。

2. 灵活多样，适应性强

旅游营业推广的方式繁多，这些方式各有其长处与特点，可以根据旅游消费者心理和旅游企业经营的不同产品的特点以及面临的不同市场营销环境灵活地加以选择和运用。

3. 短期效益比较明显

旅游营业推广是以唤起短期需求为目的的。一般来说，旅游营业推广只在某一特定的时期内进行，活动期间采取的优惠促销政策也只能在活动期内有效，活动结束后营销政策就要恢复到正常水平。因此，旅游营业推广最适宜应用于完成短期的具体目标。只要旅游营业推广的方式选择运用得当，其效果可以很快地在经营活动中显示出来，而不像旅游广告、旅游公共关系那样需要一个较长的周期。如果旅游营业推广经常化、长期化，那就失去了销售促进的意义。

4. 有一定的局限性和副作用

旅游营业推广的某些方式显现出卖者急于出售的意图，容易造成旅游消费者的逆反心理。如果使用太多，或使用不当，会使旅游消费者产生对旅游产品的品质、品牌和价格的错误感觉。

（三）旅游营业推广的作用

旅游营业推广以其特有的优势和不可替代的作用，成为众多旅游企业经营者乐于选用的重要促销手段。

1. 可以有效地加速新的旅游产品进入旅游市场的进程

新开发出来的旅游产品，在投入旅游市场的初期，绝大多数的旅游消费者对其还没有足够的认识和了解，因此也不可能对该旅游产品做出积极的反应和强烈的购买欲望。然而通过一些必要的营业推广促销措施，就可以在短期内迅速地为旅游新产品开辟道路。实践证明，免费旅游、特价优惠旅游、新旧产品搭配出售以及退款优待等营业推广方式，是在短期内把旅游新产品打入现有市场的行之有效的措施。

2. 可以有效地抵御和击败竞争者的营业推广促销活动

有效地抵御和参与竞争是旅游企业求生存、谋发展的必由之路，而旅游营业推广则是旅游市场竞争中对抗和反击竞争对手的有效武器。当竞争对手大规模地发起营业推广促销活动时，旅游企业如果能及时采取针锋相对的促销措施，往往会有效地巩固已有的市场份额甚至借机扩大自己的市场份额。例如，可以采用免费赠品、折扣优惠、服务促销、联合促销等方式来增强旅游企业经营的同类旅游产品对旅游者的吸引力，以稳定和扩大自己的顾客队伍，抵御竞争者的侵蚀。

3. 可以有效地刺激旅游消费者的购买频率，提高销售额，并带动关联产品的销售

当旅游消费者在众多的同类旅游产品中进行选择，尚未做出购买决策时，及时的推广手段的运用往往可以产生出人意料的效果。如用赠品印花、类别顾客折扣、旅游消费者竞赛与抽奖等方式来指明旅游产品新的利益，提高旅游消费者对该旅游产品的注意与兴趣，从而增加对旅游产品的消费，提高整体产品的销售额。

4. 可以有效地影响旅游中间商（特别是旅游零售商）的交易行为

旅游企业在销售产品中同旅游中间商保持良好关系，取得他们的合作是至关重要的。因此，旅游企业往往采用多种旅游营业推广方式来促使旅游中间商做出有利于自身的经营决策。如可以向旅游中间商提供交易折让，通过购买馈赠、交易补贴、批量折扣、经销竞赛等方式来劝诱旅游中间商更多地购买，并同旅游企业保持稳定、良好的购

销关系。

二、旅游营业推广策划过程

旅游营业推广的策划过程一般有以下步骤：确定旅游营业推广目标、选择旅游营业推广方式、制订旅游营业推广方案、旅游营业推广方案的实施与控制和旅游营业推广效果评估。

（一）确定旅游营业推广目标

确定旅游营业推广目标，就是要明确推广的对象是谁，要达到的目的是什么。只有知道推广的对象是谁，才能有针对性地制订具体的推广方案。因为在不同类型的目标市场上，旅游营业推广的目标是各不相同的。例如，针对旅游消费者而言，目标可以确定为鼓励老顾客经常和重复购买旅游产品，吸引新的旅游消费者试用等；针对旅游中间商而言，目标可以确定为促使旅游中间商持续地经营本企业的旅游产品和服务，提高购买水平，鼓励购买新的产品和非季节性购买，增加短期销售额，建立旅游中间商的品牌忠诚等；针对旅游推销人员而言，目标可以确定为鼓励推销人员大力推销旅游新产品和服务，刺激非季节性销售和寻找更多的潜在旅游者等。

（二）选择旅游营业推广方式

旅游营业推广目标一旦确定，就需要选择实现目标的手段和措施。旅游营业推广的方式是多种多样的，每种方式都有其各自的特点和适用范围。如果使用不当，则适得其反。因此，选择合适的推广方式是取得旅游营业推广效果的关键因素。旅游企业应根据竞争环境、市场类型、营销目标、产品特点、营销费用和效率以及政策法令、道德水准等要求，综合分析，灵活选择。一般来说，一种旅游营业推广方式可以实现一个目标，也可以实现多个目标。同样，一个旅游营业推广目标可以由一种旅游营业推广方式实现，也可以由多种旅游营业推广方式优化组合实现。

（三）制订旅游营业推广方案

确立了旅游营业推广目标，并选择了适当的旅游营业推广方式，接下来就是着手制订具体的旅游营业推广方案。制订旅游营业推广方案应着重考虑如下几个问题：

1. 推广费用

旅游营业推广的实质表现为对旅游消费者、旅游中间商和旅游推销人员的让利。旅游企业制订具体的推广方案时，事先必须筹划预算，即准备拿出多少钱来进行刺激。要想取得促销的成功，一定程度的刺激是必需的。拟定推广预算通常有两种方法：一种是先确定旅游营业推广方式，然后再计算其总费用；另一种是按习惯比例来确定在一定时期的各促销预算费占总促销预算的若干百分比。

2. 推广范围

旅游企业可以面向目标市场的每个人施以刺激，也可以选择某些群体施以刺激。这种促销主要目标范围控制的大小，直接影响到最终的促销效果，要根据费用与效果的最佳比例来确定。

3. 推广途径

旅游企业必须研究通过什么推广途径让推广对象来参与，才能达到理想的效果。各种推广途径所需费用不等，信息传达范围不同，这就需要旅游企业权衡利弊，从费用与效益之比中，选择最有效的推广途径，有时也可考虑与旅游促销的其他方式整合使用，相互配合，从而形成旅游营业推广期间的更大声势，取得单项推广活动达不到的效果。

4. 推广时机

旅游营业推广的市场时机选择很重要：是在旅游旺季还是在旅游淡季？是在旅游产品生命周期的哪个时期？旅游营业推广活动什么时候开始，持续多长时间？等等。比如，推广期过短，不仅使许多潜在的旅游消费者来不及享受旅游营业推广的实惠，也使旅游企业很多应获取的利益不能实现；推广期过长，则会使旅游消费者丧失新鲜感，产生不信任感，降低刺激购买的力度，同时，也会使旅游企业开支过大。因此，要根据消费需求时间的特点结合总的市场营销战略来定。调查显示：最佳的频率是每季有三周的促销活动，最佳持续时间是产品平均购买周期的长度。

（四）旅游营业推广方案的实施与控制

在旅游营业推广方案正式实施前，可先进行测试。如可以邀请旅游消费者对几种不同的、可能的优惠方法进行评价和打分等，也可以在有限的地区先进行试用性实施，以试验实施的效果。测试成功后，再加以全面实施。在旅游营业推广方案实施过程中，要留心注意和监测市场的反应，并及时进行必要的促销范围、强度、频度和重点的调整，保持对促销方案实施的良好控制。因此，旅游企业要尽可能地进行周密的策划和组织，估计到实施中产生一切问题的可能，并预先做好解决所有突发性事件的准备与安排。

（五）旅游营业推广效果评估

旅游营业推广活动完成后，要对其效果进行评估，这是检验推广促销活动是否达到预期目标以及促销花费是否合算的唯一途径。

评估效果，既包括短期效果，也包括长期效果。但在很多情况下，长期效果的衡量，只能采用定性或定量预测的方法来判断估计，而且结果也较粗略。因此，效果评估多数侧重于短期效果的评估。尽管推广效果评估方法很多，而最普遍采用的一种方法是把推广前、推广中和推广后的销售情况进行比较，因为短期销售量的变化幅度是衡量旅游营业推广效果的最好依据。

三、旅游营业推广方式

旅游营业推广是一种能够迅速刺激需求和购买的促销策略，它包含多种推广方式，是企业常用的促销手段。

（一）免费营业推广

免费营业推广是指旅游消费者免费获得赠给的某种特定物品或利益。在提供短程激励的营业推广领域里,免费赠送这类营业推广活动的刺激和吸引强度最大,旅游消费者也最乐于接受。主要的工具一般有赠品、免费纪念品和赠品印花三种。

(二)优惠营业推广

优惠营业推广是让旅游消费者或旅游经销商可以用低于正常水平的价格购买特定的旅游产品或获得利益。其核心是推广者让利,接受者省钱。优惠营业推广工具十分广泛,重点是运用折扣衍生出的多种推广工具,如折价券、折扣优惠、退款优惠等。

(三)参与营业推广

参与营业推广是利用人们好胜、竞争、侥幸和寻求刺激等心理,通过举办竞赛、抽奖等富有趣味和游戏色彩的推广活动,吸引旅游消费者、旅游经销商或旅游销售人员的参与兴趣,推动和增加销售。主要工具有旅游消费者竞赛与抽奖、旅游经销商销售竞赛和旅游推销人员的销售竞赛等。

(四)组合营业推广

组合营业推广是一种综合的促销手段。包括旅游企业或相关企业的联合促销,以旅游消费者满意为目的的服务促销。旅游营业推广与旅游广告、旅游公关、旅游事件等配合促销,它是免费、优惠、竞赛、抽奖等各类促销工具的综合应用与组合搭配。它包括:

1. 联合推广

如 2010 年新春伊始,瑞士国家旅游局联合中国中信银行隆重推出了"2010 瑞士绿色正当红主题旅游年"。主题年期间,瑞士国家旅游局还联合各媒体、机构围绕"瑞士绿色正当红"展开一系列活动。其中,首推联合中国中信银行推出的中信瑞士卡。举办旅游年是世界各国普遍采用的行之有效的联合促销方法之一。

2. 服务推广

如通过售前服务、订购服务、代办服务、咨询服务、售后跟踪服务等多种服务形式,提高旅游企业的声誉,增加旅游产品的知名度和美誉度,促成旅游企业市场渗透的顺利实现和更好地完善、更新旅游产品。

3. 包价旅游

作为最有效的旅游特殊促销方法,包价旅游是各类旅游营业推广工具的集成使用。包价旅游形式繁多,常用的有:会议组合包价旅游、商务组合包价旅游、周末组合包价旅游、节假日组合包价旅游、目的地组合包价旅游、特别主题组合包价旅游等多种多样的形式。

(五)会议营业推广

如各类旅游推介会、旅游展销会、旅游博览会、旅游业务洽谈会期间的各种现场产品介绍、推广和销售活动。

【补充阅读7-3】

位于美国亚利桑那州与犹他州交界处的波浪谷景区，在最近十余年来成为全球摄影爱好者和户外活动爱好者极度向往的绝佳去处。面对纷至沓来的游客，土地管理局启用了抽签系统来限制每天的游客量，而"每天只准20人进入"的政策无形中成为吸引人们前往的噱头，波浪谷的影响力也进一步增强。

无论是狼丘北还是狼丘南，都要分别申请进入许可，两个区域每天可进入的人数分别都是每天20个，其中10个指标通过网上抽签获得，另10个则在游客中心现场抽签获取。

南北两个区域都可以在网上申请抽签，从目前运行的情况来看，狼丘北比狼丘南抽中的概率要低。网上抽签要点包括以下几个方面。（1）需要先在网上注册后再进入申请页面，申请人以组为单位参加抽签，可选择三个备选的旅行日期。（2）需提前四个月申请。由于申请需要提前四个月，因此来自世界各地的潜在游客都有充足的时间提出申请，这也导致了每个月的申请量都非常可观。申请人数众多直接导致中签率低，根据官方公布的数据，2013年4~6月和9~11月平均中签率为4%~5%，而其他淡季时间则从8月的8%到1月的25%不等。（3）费用缴纳，在抽签时都需要在线交纳5美元的申请费，若未抽中申请费不退还；如果申请通过则需及时在线另交每人每天（或每狗每天）7美元的门票费（南部区域的费用均少2美元），如在规定时间内未能缴纳相应的费用，则申请自动作废。（4）再次申请补抽，因为组员数量的不确定性，往往有不能凑齐10人的情况，这样就会多出单独1人的机会；或者是因为中签而有意或无意放弃的机会，为了补足每天的人数，管理方往往会在每月的15日举行第二次补抽，这也成为许多人守望的最后时机。

现场抽签要点包括以下几个方面。（1）现场抽签地点。位于犹他州卡纳布市大阶梯埃斯卡兰特国家纪念公园的游客中心，由此导致的情况是需要提前到达抽签地。（2）抽签时间。每年从3月15日到11月15日，除了国家节假日外，每周七天都会举行抽签活动；11月16日到次年的3月15日，只在每周五抽周末和周一的门票，具体抽签时间为犹他时间每天早上9点，抽出的行程是第二天的。（3）抽中概率。首先是单个人的概率要高于团队概率，这是因为单个人更容易拾遗补阙。其次是淡季的概率要高于旺季概率，根据官方网站公布的数据，现场抽中的最佳月份是12月到次年的2月，大概有50%的机会可以被抽中；相反的是3月、4月、5月、9月和10月的概率最低，平均每天都有95人去抽签。最后是每周内的概率也有较大的差异，周三到周五的平均概率都在52%以上，而周日最低，仅有41.7%。除此之外，现场抽签比较特别的规则是数据保密，在现场不会公布具体的参与人数；而在每组人数方面则与网上抽签一样，每组最多6人。现场抽签比网上抽签在概率上要高一些，但总的成本却要花费更多。

资料来源：胡海胜.美国波浪谷景区进入许可管理及启示［N］.中国旅游报，2015-01-30（006）.

第四节 旅游人员推销

人员推销是一种最古老、最传统、最富有技巧性的促销方式，它在现代市场经济中仍占有相当重要的地位，也是现代国际旅游市场常用的、仍然十分有效的促销方式，是现代旅游企业强有力的、可靠的促销工具。

一、旅游人员推销的含义、特点及作用

（一）旅游人员推销的含义

旅游人员推销是旅游企业运用推销人员直接向旅游消费者推销旅游产品和服务的一种促销活动，是旅游促销活动的重要组成部分。这个概念表明，旅游人员推销的主要特征是旅游推销人员与旅游消费者直接接触，面对面地劝说或引导旅游消费者购买旅游产品和服务。旅游人员推销的实质是销售旅游产品和服务。

（二）旅游人员推销的特点

旅游人员推销是一种极具人性因素的、独特的促销工具，相对其他促销工具而言，它具有以下不同特点：

1. 双向性和灵活性

在推销过程中，推销人员一方面把旅游企业与旅游产品和服务的信息及时、准确地传递给旅游消费者；另一方面把市场信息、旅游消费者的要求、意见、建议反馈给旅游企业，为旅游企业调整营销方针和策略、改进产品和服务提供依据。在推销过程中，由于买卖双方当面洽谈，推销人员还可以根据旅游消费者的态度和特点，采取灵活行动，及时调整面谈的话题和进程，全面为旅游消费者答疑解难，消除他们的顾虑和防范心理，增强他们对自己产品及服务的认识和信任，激发他们的参与兴趣，进而判断和掌握成交的时机，一旦时机成熟，当机立断，迅速做出成交决策。

2. 针对性和有效性

推销人员在每次推销之前，可根据旅游企业营销决策，预先选定推销对象，并针对不同类型的旅游消费者，设计好具体的推销方案、策略、技巧等，以满足旅游消费者的特定需要。在推销过程中，由于双方直接接触，相互间在态度、气氛、情感等方面都能捕捉和把握，有利于旅游推销人员有针对性地做好沟通工作，解除旅游消费者的各种疑虑，强化他们的购买动机，引发他们的购买行为，提高推销的成功率。

3. 完整性和长期性

推销人员的工作从寻找顾客开始，到接触、洽谈，最后达成交易，形成一个完整的营销过程。此外，一个有经验的推销员为了达到促进销售的目的，可以使买卖双方从单纯的买卖关系发展到友好的相互关系，彼此信任，彼此谅解，这种感情增进容易培育出

忠诚顾客，有助于稳定旅游企业的销售业务。

当然，旅游人员推销也存在不足：一是费时费钱，销售面窄，传播效率低；二是对推销人员的要求较高，难以找到合适的推销人员。

（三）旅游人员推销的作用

旅游推销人员既是旅游产品的销售员、市场调查员和信息收集员，又是售前、售中、售后服务员，还是旅游消费者的参谋员和新观念的宣传员，对于实现旅游企业营销目标，完成旅游产品的销售任务起着十分重要的作用。

1. 传递信息

在推销过程中，旅游推销人员通过与旅游消费者面对面的交流，详细介绍本企业旅游产品和服务的真实信息，包括：旅游产品的一般信息，如旅游产品的特征、价格、活动项目、旅游交通、食宿安排等；旅游产品的市场信息，如旅游产品的供求信息，经营方式、手段及服务方式等；旅游产品的发展信息，如旅游新产品的研发、旅游产品的发展趋势等，运用推销的艺术，分析解答旅游消费者的疑虑，引导旅游消费者接受旅游产品或改变消费习惯，达到推销的目的。

2. 销售产品

旅游推销人员的基本职责就是销售，只有把旅游产品销售出去，旅游推销人员的目的才能达到，才能为旅游企业创造利润。因此要求旅游推销人员在与旅游消费者接触时，应尽可能觉察与了解他们的真实需要，满足他们的潜在需求；应尽可能突出旅游产品的服务功能及带给旅游消费者的独特感受，赢得他们对旅游企业和旅游产品的信赖，从而说服旅游消费者购买，将旅游企业的营业目标落到实处。

3. 搜集情报

旅游推销人员是旅游企业通往市场的桥梁和纽带，是旅游企业获取市场情报的重要渠道。他们利用直接接触市场和旅游消费者的便利，进行市场调研和情报搜集工作，不仅及时、准确地搜集旅游消费者的需求信息，而且及时、准确地搜集竞争者信息、宏观经济方面信息和科技发展状况信息，并将这些信息及时反馈回企业，为企业开拓市场和制定营销决策提供依据。

4. 提供服务

旅游推销人员除了直接销售旅游产品外，还要免费向旅游消费者提供各种服务，如业务咨询、技术协作、融资安排、售后服务等，帮助旅游消费者排忧解难。旅游推销人员要以良好的形象、积极的态度和优质的服务赢得旅游消费者的信任和偏爱，为旅游企业巩固和培育一批忠实顾客。

5. 开拓市场

在推销过程中，旅游推销人员不仅要了解和熟悉旅游消费者的需求动向，协调供需双方的利益，而且要尽力寻找新的目标市场，发现潜在旅游消费者，挖掘和培养新顾客，积聚更多的顾客资源，不断拓展市场面。

二、旅游人员推销的基本形式

旅游人员推销是一种直接促销，它具有以下基本形式：

（一）派员推销

派员推销是最常见的旅游人员推销形式。它是由旅游企业指派专职推销人员携带旅游产品或服务的说明书、宣传材料及相关材料走访旅游消费者并与之当面洽谈，回答他们提出的各种问题，处理他们的异议和抱怨，最后在双方都能接受的条件下达成交易。这种推销方式需要推销人员积极主动、想方设法与旅游消费者联络感情，消除旅游消费者因处于被动地位而产生的各种疑虑和不适，针对旅游消费者的需要提供有效的服务，方便旅游消费者，进而赢得旅游消费者的认可和接受，建立良好的人际关系。

（二）营业推销

营业推销是指从事旅游接待服务的所有人员，在接待旅游消费者的过程中销售自己产品的推销方式。营业推销需要树立全员推销观念，在食、住、行、游、购、娱六个方面从事接待服务的所有人员都是推销员。他们担负着同专职推销人员一样的职能，只不过形式独特，不是旅游推销人员向旅游消费者主动靠拢，而是旅游消费者主动向推销人员靠拢。服务接待人员以热情、友好的态度与旅游消费者直接接触，依靠良好的销售环境和接待技巧，不失时机地向旅游消费者介绍和展示本企业的旅游产品与服务，回答旅游消费者的询问，满足旅游消费者的各种合理要求，为旅游消费者提供较多的购买方便，促使旅游消费者产生购买行为。

（三）电话推销

电话推销是旅游推销人员通过电话向旅游消费者推销旅游产品和服务的方式。电话推销的目的在于能以一种经济有效的方式满足旅游消费者的需要，为旅游消费者提供产品或服务。它包括两个方面：一是推销人员主动打电话给旅游消费者进行推销；二是推销人员接到旅游消费者的咨询电话时进行的推销。当推销人员主动给旅游消费者打电话时，应提前做好充分准备，讲话要清晰、语言要简洁。当推销人员接到旅游消费者的咨询电话时，更应慎重对待，因为不知道电话另一端的顾客是谁，有可能只是了解一下本企业的情况而已，也有可能是一个很大的客户的决策者。因此，推销人员不仅需要礼貌和客气，还应慎重对待电话另一端顾客的各种要求，回答顾客提出的各种问题，从而适时向其推销本企业的产品和服务。

（四）会议推销

会议推销是旅游企业利用各种旅游博览会、旅游交易会、旅游展览会、旅游洽谈会、旅游产品推介会、新闻发布会、旅游年会等会议，向与会者介绍和宣传本企业为旅游消费者提供的主要产品和服务，开展推销活动的方式。会议推销也是较为常见的人员推销形式。这种方式突出的特点是推销群体集中，接触面广，可以同时向多个推销对象推销产品，省时省力省钱，成交额较大，推销效果较好，还有利于扩大企业的影响。

三、旅游人员推销的原则与过程

（一）旅游人员推销的原则

在旅游产品促销过程中，涌现出许多优秀的推销人员，尽管他们成功的方式、方法和技巧不同，但他们都遵循一些共同的原则，这些原则是他们取得成功的法宝。

1. 互惠互利原则

互惠互利意指交易双方彼此为对方提供利益和好处，以"双赢"为交易的目的。旅游推销人员要保证旅游产品交易能为旅游消费者带来好处，切不可在推销过程中给旅游消费者很多承诺，实际却有很大出入。这种做法，对旅游消费者、对旅游企业都是一种损害。

2. 使用价值观念原则

使用价值观念，就是旅游消费者对旅游产品有用性的认识。旅游产品提供给旅游消费者的使用价值主要是一种无形的效用，是一种体验和感受，这种感受因人而异，带有很强的主观性。因此，旅游推销人员应更多地关注旅游消费者文化精神上的享受，满足他们物质和精神上的双重需要。

3. 人际关系原则

旅游推销人员在推销旅游产品时，必须善于建立真诚和谐的人际关系。和谐的人际关系是旅游推销人员推销旅游产品的有力武器，它能够拉近旅游推销人员和旅游消费者的距离，消除双方沟通的障碍，增强双方的信任和理解，从而使交流更畅、交易更顺。

4. 尊重顾客原则

尊重顾客就是要敬重顾客的人格，重视他们的利益。其实质是对旅游消费者价值的承认。当旅游消费者在旅游推销人员那里获得了被尊重的感觉后，疑虑和不信任感会顿时消失，相应地，也会换来旅游消费者对旅游推销人员的尊重，由此缩短双方的心理距离，形成良好的人际关系，使交易气氛融洽，有利于交易的达成。

（二）旅游人员推销的过程

旅游推销活动是一个过程。推销过程既是旅游推销人员与旅游消费者的交易过程，也是旅游推销人员与旅游消费者之间的感情交流过程。推销人员既要用理性的力量去说服旅游消费者，又要用感情的力量去打动旅游消费者。旅游推销人员与旅游消费者之间的感情关系，不仅影响着一次交易能否成功，而且影响着今后这种交易关系能否得到维持与发展。旅游推销过程可分为七个阶段。

1. 寻找顾客

推销过程的第一步是寻找顾客，这是一项非常具有挑战性的工作。旅游推销人员必须利用各种渠道和方法为所推销的旅游产品和服务寻找顾客，包括现有的和潜在的旅游消费者。要了解他们的旅游需求、支付能力和购买权力，做出购买资格评价，甄别和筛选出有接近价值和接近可能的目标顾客，以便集中精力进行推销，提高成交比例和推销工作效率。

2. 约见顾客

约见是指旅游推销人员与拟访问的旅游消费者协商确定访问事由、访问时间和访问地点等。旅游推销人员在选定目标顾客后，必须认真做好访问前的各项准备工作，包括尽可能多地了解访问对象的习惯和要求，选择访问对象可接受的访问方式，拟定推销时机和线路安排，预测推销中可能出现的各种情况，并拟订出应变方案等；尽可能多地了解竞争对手相关产品的特点、价格、竞争能力、市场定位等；备齐拟推销的旅游产品材料，如景区、景点及设施的图片、照片、视频、模型、说明材料、价目表、包价旅游产品介绍材料等。在各项准备工作就绪后，旅游推销人员要提前用电话、信函等形式向拟访问对象讲明访问的事由、确定访问的时间和访问的地点等。

3. 接近顾客

旅游推销人员经过充分准备和约见，就要与目标顾客进行接洽。接近顾客是推销面谈的必要前提，没有接近顾客，就不可能有推销面谈，推销的成败也就无从谈起。这一阶段非常短暂，可能只有几分钟。在这极短的时间里，推销人员要依靠自己的才智，根据掌握的旅游消费者的材料和接近时的实际情况，灵活运用各种接近技巧，如介绍接近、产品接近、利益接近、好奇接近、问题接近、搭讪接近等方法，引起旅游消费者对所推销的旅游产品的注意，引发和维持他们对访问的兴趣，并引导他们进入面谈，达到接近顾客的最终目的。

4. 推销面谈

面谈需要接近，接近为了面谈。接近与面谈是同旅游消费者接触过程中的不同阶段，两者之间没有明显的绝对界限，两者的本质区别在于谈话的主题不同。接近阶段多侧重于让旅游消费者了解旅游推销人员，消除对旅游推销人员的抵触情绪，增强对旅游推销人员的好感，创造良好的推销气氛，为下一步面谈铺平道路。而面谈阶段多侧重于向旅游消费者传递旅游企业及产品和服务信息，展示旅游消费者利益，消除旅游消费者疑虑，诱发旅游消费者的购买动机，激发旅游消费者的购买欲望，说服旅游消费者采取购买行动。不难看出，这一阶段是推销过程的关键阶段，面谈的结果直接影响着推销的成败。一般来说，推销面谈需要推销人员利用各种面谈方法和技巧。

5. 处理异议

推销面谈过程中，旅游消费者往往会提出各种各样的购买异议，诸如需求异议、价格异议、产品异议、服务异议、购买时间异议、竞争者异议、对推销人员及其代表的企业的异议等。这些异议都是旅游消费者的必然反应，它贯穿于整个推销过程之中，推销人员应该加以正确对待。俗话说"嫌货人才是买货人"，旅游推销人员要千方百计弄清旅游消费者异议的真实意图，并针对不同类型的顾客异议，采取不同的策略、方法和技巧，有效地加以处理和转化，最终说服旅游消费者，促成交易。

6. 达成交易

成交是面谈的继续，也是整个推销工作的最终目标。一个优秀的旅游推销人员，要善于捕捉成交信号，如语言信号、表情信号、行为信号等，善于培养正确的成交态度，消除成交的心理障碍，谨慎对待旅游消费者的否定回答，把握最后的成交机会，灵活机动，采取有效的措施和技术，帮助旅游消费者做出最后选择，促成交易并完成成交手续。

7. 跟踪服务

成交签约，并不意味着交易的结束，还需要旅游推销人员继续与旅游消费者交往，着手履约的各项具体工作，做好售后服务，妥善处理可能出现的问题；并应着眼于旅游企业的长远利益，与旅游消费者建立和保持良好的关系，树立旅游消费者对旅游产品的安全感和信任感，促使他们连续、重复购买，利用他们的间接宣传和辐射性传导，争取更多的新顾客。

【补充阅读7-4】

创建一支不可忽略的推销员队伍

大多数公司不惜大量投资来维持推销员队伍。推销员队伍可能是公司中权力最大的组织。它在公众面前代表公司；公司最重要的资产即顾客委托给了它。顾客与公司联系的唯一纽带往往就是推销员。在顾客看来，推销员就是公司。推销员的聪明才智直接影响公司的销售额和盈利能力。

对必须决定其销售组织的规模和结构的任何人来说，以下的真知灼见都是有益的：

（1）重新估计一支推销员队伍的规模和结构的必要性，其发生频率超过大多数推销管理班子的期望。

现代工商环境不断变化。有几个因素对销售组织产生直接影响：万维网上的频道新成员、顾客和供应商的权力转移、公司并购、新产品或新市场、竞争对手获得优势、生产率下降、技术和数据，以及外部影响等。

（2）在决定队伍规模时以成本限制为依据，这不利于利润最大化。令人感到羞耻的是，许多财务主管为了维持销售成本比率而不惜放弃巨额利润。应当采取循序渐进的手法来处理推销员队伍的规模问题。

（3）要注意，队伍的大小与生产率的提高并非势不两立。这两者是彼此无关的决策结果。生产率的提高不应顾及推销队伍的规模。推销队伍的裁减不应被用来证明生产率提高计划是合理的。

（4）按部就班的扩充并非最佳选择。公司往往是在推销机遇已经实现之后才扩大推销员队伍，而不是在这种机会还只是一种可能性的时候下注。迅速扩充策略风险并非很大，因为雇员周转率往往很高。如果市场机遇未能完全实现，管理部门可以依靠自然减员来削减推销员队伍。

（5）推销员队伍是一个资源配置机制。它标志着公司的"潜能"，它是公司和其顾客之间所有个人交往的总和。由于它就登谁的门、推销什么产品和活动重点等做出日常决策，所以它是一个资源配置机制。

最近，ZS伙伴公司获得了关于全美推销队伍规模问题的50项研究报告。其总结结果是，任何改进都有71%来源于精明的资源配置，而只有29%来自销售队伍规模的改善。由此可见，干得苦不如干得精。

（6）使推销队伍专业化，专业化能够大大提高其有效性。由于市场、产品和活动的多样性，专业化很有必要，如果一家公司想为其顾客增添价值的话。一名推销员单枪匹马，也许是不可能拥有适应市场、产品或活动多样性的所有技能和知识的。有重点是很有必要的；专业化提供了重点。

一个规模和结构适当的推销组织和一个一般的推销队伍，其销售额和利润的差距可能是很大的。对前面提到的50项研究的一项评估结果表明，在这些问题上的正确决策会使3年的销售额和利润平均增加4.5%。明智地做出这些决策是有好处的。

资料来源：美国西北大学营销学教授佐尔特诺斯"创建一支不可忽略的推销员队伍"，英国《金融时报》2001.10.12

第五节 旅游公共关系

旅游公共关系是旅游企业为了塑造企业形象，通过传播沟通手段来影响公众的科学与艺术。菲利浦·科特勒认为，作为促销手段的公共关系是指这样一些活动：争取对企业有利的宣传报道，协助企业与有关的各界公众建立和保持良好关系，建立和保持良好的企业形象，以及消除和处理对企业不利的谣言传说和事件。由此可见旅游公共关系对旅游企业发展的重要意义。

一、旅游公共关系的概念与作用

（一）旅游公共关系的概念

"公共关系"一词是由英文"Public Relations"翻译而来的，中文可译为"公共关系"或"公众关系"，不论是其字面意思还是其实际意思基本上都是一致的，都是指组织机构与公众环境之间的沟通与传播关系。

作为公共关系的一个分支，旅游公共关系是指旅游企业以目标公众为对象，以信息沟通为手段，以互惠为原则，树立、维护、改善或改变旅游企业的良好形象，发展旅游企业与目标公众之间的良好关系，营造有利于旅游企业生存发展的良好的内外部环境而采取的一系列措施和行动。这个概念表明，旅游公共关系的主体是旅游企业，旅游公共关系客体或对象是目标公众，旅游公共关系的媒介是信息传播手段，旅游公共关系的核心是塑造旅游企业形象，旅游公共关系的目的是促进销售。

旅游公共关系是有计划、有组织地进行的一种活动，旅游企业在了解企业现状的基础上，有目的、有计划地与目标公众进行沟通，通过交流、沟通使目标公众的态度、行为朝着有利于旅游企业的方向发展，为旅游企业创造良好的生存发展环境。

（二）旅游公共关系的作用

旅游公共关系是一门内求团结、外求发展的经营管理艺术，是一项与旅游企业生存发展休戚相关的事业。其作用主要表现在：

1. **收集信息，优化环境**

在社会经济飞速发展的今天，旅游企业内外部环境的变化越来越快，越来越不可捉摸，因此，收集影响旅游企业发展的各类信息（如产品信息、企业形象信息、宏观经济方面信息、竞争者信息等），掌握旅游企业内外部环境的变化动向，提出对旅游企业发展环境的预警分析和企业形象的评估，显得至关重要。良好的公共关系通过建立和完善旅游企业内外部的各种沟通渠道和协调机制，促进旅游企业内外部人员的信息沟通和情感交流，不仅培养了员工的群体意识、自豪感和归属感，提高了旅游企业的向心力、凝聚力，做到政通人和，上下一致，而且使目标公众（包括旅游消费者、政府、社区等相关利益团体）认可、理解、信任、支持旅游企业，为旅游企业创造了一个团结和谐的内外部环境和"人和"的气氛，使旅游企业的发展始终顺应环境的变化，从而有利于旅游企业长期目标的实现。

2. **塑造形象，强化竞争**

良好的公共关系，意味着良好的企业形象。通过公共关系向社会宣传旅游企业及其产品和服务，积极参加社会公益活动，密切联系社会公众和团体，可以在社会上扩大旅游企业的影响，提高旅游企业产品与服务的知名度和美誉度，从而为旅游企业树立良好的形象和信誉。在现代社会经济生活中，谁的信誉高、谁的形象好，谁就拥有更强的竞争力，就能够取得良好的经济效益。旅游企业一旦拥有良好的形象和声誉，就等于拥有了可贵的资源和巨大的无形资产，就能获得社会广泛的支持和合作，创造更大的价值。否则，就会产生相反的不良后果，使企业面临困境。可见，公共关系作为一种竞争手段，在买方市场条件下发挥着越来越重要的作用。

3. **协调关系，促进销售**

良好的社会关系是企业成功的保证之一。旅游企业不是孤立的经济组织，而是相互联系的社会成员的一分子，每时每刻都与其相关的社会公众发生着频繁广泛的联系。旅游企业既要了解公众，也要让公众认识旅游企业。因此，建立和保持旅游企业与社会公众的关系在旅游企业营销活动中具有重要的作用。旅游公共关系正是通过参与各种社会活动，联络感情，协调和处理各种关系，加深社会公众对旅游企业的了解、信任、好感和合作，减少各利益主体之间的非规则化的摩擦，避免各种不正当竞争的发生，优化各利益主体之间竞争的环境，维护旅游市场经济体系的秩序，促进旅游产品销售。

4. **化解危机，增进和谐**

旅游企业在经营过程中常常会出现意料不到的情况发生，如果处理不当，会对旅游企业形象造成很大影响。旅游公共关系利用传播沟通、影响舆论、协调咨询、争取谅解等方法与相关公众进行广泛联系和协调沟通，与相关公众联络感情，吸取舆情民意，根据顾客需求与公众意愿去设计自身的形象，使自己的方针、政策、产品和服务等更加符合公众的利益；并吸引新闻媒介的注意，使之主动报道，引导相关公众潜移默化地接受旅游企业的政策、观点及旅游产品，改变相关公众对旅游企业的负面态度，逐步化解危机，进而将危机变为机会，从而为旅游企业树立良好信誉，塑造美好形象，营造和谐氛围。

二、旅游公共关系的特点

旅游公共关系与其他促销工具相比的主要特点是：

（一）服务性

旅游企业的产品主要是服务，服务自然是旅游公共关系的突出特点。旅游公共关系以服务为出发点，规划公关工作；以服务为落脚点，落实公关工作。它把旅游企业形象与优质服务融合在一起，向相关公众提供各种实惠周到的服务，感化相关公众，在相关公众心中留下深刻难忘的印象，以具体实在的行动向相关公众证明其诚意，赢得广大公众的信任和支持。

（二）情感性

旅游公共关系是一种创造美好形象的艺术，之所以把旅游公共关系称为一种艺术，很重要的一点就在于它隐含着丰富的情感内涵。它对公众报以真挚的感情，提供真实的信息；它对公众一视同仁，不受社会地位、经济条件、文化程度的影响，一律平等相待；它通过人与人的接触，进行感情上的联络，为旅游企业广结良缘，建立广泛的社会关系网络，形成有利于旅游企业发展的人和环境。

（三）双向性

旅游公共关系注重直接性、灵活性和人情味的人与人之间的交流和传播，而不是单向的公众传达或对公众舆论进行调查、监控，它是旅游企业与目标公众之间的双向信息系统。旅游企业一方面要吸取舆情民意以调整决策，改善自身；另一方面又要对外传播，使公众认识和了解自己，达成有效的双向意见沟通。

（四）广泛性

旅游公共关系的广泛性包含两层意思：一层意思是旅游公共关系存在于主体的任何行为和过程中，即公共关系无处不在，无时不在，贯穿于主体的整个生存和发展过程中；另一层意思指的是其公众的广泛性。因为旅游公共关系的对象可以是任何个人、群体和组织，既可以是已经与主体发生关系的任何公众，也可以是将要或有可能发生关系的任何暂时无关的人们。

（五）长期性

旅游公共关系的基本方针是着眼于长远打算、着手于平时努力。一个企业与公众之间的良好关系，不是一朝一夕可以建立起来，更不是急功近利、零敲碎打所能完成的。旅游公共关系所需要的是长期的、有计划的、持续不懈的努力。为了长远的利益，旅游企业要舍得付出眼前代价，要通过点点滴滴的工作去建立、维护、调整和发展与公众之间的良好关系。

三、旅游公共关系的类型

旅游公共关系有很多类型，常见的有以下十大类型：

（一）宣传型公共关系

宣传型公共关系是指旅游企业利用各种传播媒体和手段，向社会公众宣传展示自己的发展成就与公益形象，以形成有利于本企业发展的社会印象与舆论环境的活动模式。这类旅游公共关系活动能够及时通过媒体进行正面宣传，主导性、时效性强，影响面宽，推广旅游地、旅游企业及其旅游产品的形象快。

（二）交际型公共关系

交际型公共关系是要通过人与人之间的直接交往接触，进行联络感情、协调关系和化解各种矛盾的活动，以达到为本企业建立良好人际关系的目的。通过这类活动非常有助于包括顾客在内的有关各类公众对本企业的了解和信赖，这对于增强顾客的购买决心和扩大企业的销售业务具有显著作用。据统计，旅游业中有一半以上的顾客是通过朋友、熟人介绍而来的，由此决定了加强这类公关活动对旅游促销的重要意义。

（三）服务型公共关系

服务型公共关系是以为公众提供热情、周到和方便的服务，赢得公众的好感，从而提高企业形象的一种公关活动模式。服务型公共关系实质上是提高旅游企业的服务质量，在为顾客服务中充分为顾客着想，由此既能在不显露商业痕迹的直接服务中起到即时刺激旅游消费的作用，又能在争取先期旅游消费者的口碑效应中达到扩大旅游销售的目的。

（四）社会型公共关系

社会型公共关系是指旅游企业利用举办各种具有社会性、公益性、赞助性活动来开展公共关系的模式，其目的是塑造旅游企业的文化形象、社区公民形象，提高旅游企业的知名度和信誉度。社会型公共关系不拘泥于眼前效益，重点在于树立组织形象、追求长远利益。对于旅游公关活动来说，应特别重视参与和旅游有关的文化与体育活动。

（五）征询型公共关系

征询型公共关系是通过采集信息、舆论调查、民意测验等方式，为旅游企业的经营管理决策提供客观依据，以不断完善企业形象的公关活动模式。收集顾客的好评和不满意见，了解影响潜在顾客购买的障碍性因素，然后加以利用和改进，也有利于旅游促销。但这类活动影响促销的间接性更强。征询型公共关系的特点是长期性、复杂性、艰巨性。只有坚持长期广泛搜集、综合处理，才能收到理想的效果。

(六)建设型公共关系

建设型公共关系是指旅游企业为开创新局面而在公共关系上不断努力,使相关公众对该组织及其产品和服务产生一种新的兴趣,以直接推动本企业事业的发展。一般说来,建设型公共关系多用于企业的开创阶段,即某项事业、产品、服务的初创、问世阶段,为了提高知名度,采用高姿态的传播方式,如开业广告、庆典、免费招待、参观游览活动等等。其特点在于创新、开拓,能大大提高本企业的知名度。

(七)矫正型公共关系

矫正型公共关系是采取措施来纠正因主客观原因给组织或企业带来的不良影响(风险或严重失调),恢复组织或企业被损害的良好形象和信誉的公共关系方式。矫正型公共关系适用于组织或企业公共关系严重失调,形象已经受损的时候。其特点是:及时发现,及时采取应付措施,妥善处理,以挽回损失,重新确立起组织或企业的形象和声誉。例如,震撼世界的"5·12"汶川特大地震,让四川旅游"很受伤"。为了重振旅游业,2008年12月16日上午9点,四川省人民政府在成都锦江大礼堂二楼省政府新闻发布厅举行新闻发布会。新闻发布会上,省旅游局局长张谷介绍和解读了《四川省人民政府关于加快恢复振兴旅游业的意见》。新闻发布会后又推出了"招大引强、线路统筹、游客信心提振、乡村旅游提升、质量强旅"的"五大行动";制定"强化境内、推动境外、重点周边、确保省内"的市场定位和宣传促销方针;营造"价格洼地"竞争优势,使四川旅游迅速恢复振兴,提前完成了旅游业灾后恢复重建目标任务。

(八)维系型公共关系

维系型公共关系是保持一种长期的、不断的、低姿态的传播方式,通过各种传播媒介,比较平淡地持续传递信息,使旅游企业在长时期中对有关公众起到潜移默化、熏陶渐染的作用。维系型公共关系主要用于维持已享有的声誉,稳定和巩固已建立的良好关系。其特点是通过优惠服务和感情联络来维持现状,不求大的突进,但也不中断,通过不间断的宣传和工作,维持良好关系。这是十分必要的。即使是享誉全球的著名品牌,也不会因自己是名牌而停止传播。几乎家喻户晓的可口可乐不也用独特的红白两色标准字和波纹线在国际大型运动会上,在公路两旁的标牌上,在飞驶的送货车上,时时提醒着那些现实的和潜在的顾客不要忘记自己吗?这种不知不觉的、潜移默化的渗透力,几乎是不可抗拒的。

(九)防御型公共关系

防御型公共关系是在旅游组织出现潜在危机(或不协调)时,为防止自身公共关系失调而采取的一种公共关系模式。防御型公共关系的主旨是:以最快的速度,最有效的手段,控制住危机的发展,把问题消灭在萌芽阶段。防御型公共关系的特点是:采取防御和引导相结合、以防御为主的策略,敏锐地发现本组织公共关系失调的症状和前兆,及时采取措施调整自身的政策和行为,促使其向有利于良好公共关系方面转化。防御型公共关系的直接目的是：控制事态，减少对组织的损害，但另一个重要的方面是运用公共关系艺术，因势利导，利用补救措施，借题发挥，把公众和社会舆论导向于己有利的方面来，反被动为主动。防御型公共关系的方法主要是：采用调查、预测手段，了解潜在危机，提出改进方案。

曾被美国公共关系协会推举为世界性公共关系案例的"35次紧急电话"，就是日本奥达克余百货公司的售货员错将一台未装内件的电唱机卖给了一位来自美国的新闻记者而引来的危机公关。为了这台电唱机，这家公司从前一天下午4点30分开始，仅凭着顾客的姓名和一张她留下的"美国快递公司"的名片，通宵达旦，如大海捞针一般，寻找这位顾客。打了35次紧急电话以后，终于在第二天早晨找到了这位记者，并且非常圆满地纠正了失误，被此举深深感动的这位女士，挥笔写下了《35次紧急电话》的新闻报道。

（十）进攻型公共关系

进攻型公共关系是在组织及外部环境发生某种冲突时，组织的公共关系应该以改善关系，改变环境，扩大公众，以攻为守，创造新局面为重点来开展工作。进攻型公共关系的特点是：内容丰富，形式新颖，能大大吸引公众的注意和兴趣，迅速提高组织的知名度和美誉度。例如，2003年7月初，为了尽快恢复旅游市场，北京市旅游局制定了一系列救市措施，最先到京的1500名境外游客将免费享受一次国宴就是其中之一。7月4日晚6时30分，人民大会堂三楼大宴会厅灯火辉煌，大会堂成为欢乐的海洋，"双解除"后来京的549名境外游客受到北京市旅游局的"国宴"招待。北京市旅游局还同境内外旅游企业合作，与北京的主要客源国及地区共同开展公众广告宣传活动，最大限度地宣传北京的旅游资源。

【补充阅读7-5】

诚招天下客　情满美食家

一双筷子上写着这样两行字："假如我的菜好吃，请告诉您的朋友；假如我的菜不好吃，请告诉我。"这两句富有浓厚情感的公关语言同"美食家"的名字一起传遍了整个杭州。这家普通的餐厅所处的地理位置并不十分理想，既不是车站、码头，又不是风景区、闹市区。7年前，在餐厅刚刚开业时，这里生意清淡，门庭冷落。没有顾客的惠顾，就谈不上餐厅的生存，更谈不上餐厅的盈利。要使顾客青睐，餐厅就要有自身的吸引力。这个吸引力在哪里呢？"美食家"餐厅深深懂得：只有在顾客心目中树立起"美食家"的良好形象，才能招徕顾客的光顾。"美食家"的吸引力应放在一个令人亲切的"情"字上，依靠情感的传导来沟通顾客关系。只有把情感输入顾客心里，才能塑造"美食家"的形象。只有把诚心贴在顾客心里，才能建立"美食家"的信誉，从而产生一种"情感效应"，使企业获得良好的经济效益。

资料来源：邓月英.公共关系[M].上海：复旦大学出版社，2009.

第六节 旅游宣传册

由于旅游产品的无形性，使它不可以触摸、试用、携带，不可以直接供旅游消费者欣赏、选择，它必须借助于旅游宣传。于是种种旅游宣传品（包括宣传册、折页、招贴画、导游图、明信片、录像带、幻灯片、光盘、电子旅游指南等）就成了旅游企业用来推销旅游产品、进行激烈竞争的重要手段。尤其是旅游宣传册无可置疑地成为旅游促销最基本、最主要的手段。因为大多数旅游消费者在决定去某地旅游之前，都要尽可能详细地了解该地旅游产品的情况。他们会设法找到有关的旅游宣传册，仔细研究其中的内容。从某种意义上来讲，很多旅游消费者在支付旅游包价费用时，实际上是购买了自己在旅游宣传册里看到和读到的旅游产品。

一、旅游宣传册的定义与作用

（一）旅游宣传册的定义

旅游宣传册是指由旅游组织或旅游企业出资制作，载有一定形式的旅游宣传信息（文字、图片、图案等），可直接或间接用于旅游促销的综合性印刷品。

旅游宣传册自成一体，无须借助于其他媒体，不受其他媒体的宣传环境、公众特点、信息安排、版面、印刷、纸张等各种限制，又称"非媒介性广告"。

旅游宣传册通过印刷描绘将无形的旅游产品变成了"有形"的旅游产品。所以说，旅游宣传册是向目标顾客传递旅游产品与服务信息的工具，是旅游促销的重要媒介，是旅游组织和旅游企业与旅游消费者沟通的桥梁。

（二）旅游宣传册的类别

旅游宣传册的类别可分为：

1. 吸引性旅游宣传册

吸引性旅游宣传册包括为吸引旅游消费者对本国、本地的旅游产品产生兴趣而制作的手册、画册等。一般由国家和地方政府旅游部门或旅游协会承办。

2. 信息性旅游宣传册

信息性旅游宣传册包括旅游景区、景点、各种旅游设施和服务、旅行指南、交通线路等信息简介。主要由旅游企业制作。

3. 促销性旅游宣传册

促销性旅游宣传册包括登有各种促销信息的便览、须知等。主要由旅游企业制作。

（三）旅游宣传册的作用

旅游宣传册将旅游的相关信息广而告之，达到一种传播与讲解的作用。具体说来，旅游宣传册具有如下作用：

1. 展示形象，创造认知

旅游宣传册是旅游组织或旅游企业向旅游消费者介绍自己、介绍旅游目的地、介绍旅游产品和服务的一种综合性宣传资料。它犹如旅游组织和旅游企业对外开放的"窗口"，旅游组织和旅游企业借助它来展示自身形象，旅游消费者则通过它来了解旅游组织和旅游企业、了解旅游目的地、旅游产品和服务的基本情况。通俗一点说，就是通过旅游宣传册让不认识的人认识，让不了解的人了解；让认识的人更深地认识，让了解的人更深地了解，做到一册在手，尽览全貌。事实上，有许多旅游消费者是通过在旅行社、饭店、机场、车站、码头和游客咨询中心等展示架上看到的旅游宣传册而得到对相关旅游目的地、旅游产品和服务的最初认知的。旅游宣传册所创造的顾客认知较其他旅游促销方式更为全面、更为深刻，因为在旅游宣传册上不仅配有图片，而且有更多的文字说明，可使旅游消费者对相关旅游信息（如旅游景区、景点、交通线路、辅助设施等）有更多的认识，从而最好地创造顾客需求。

2. 发布信息，传递感情

在市场经济中，谁掌握了市场信息谁就掌握了市场的主动权，这既适用于旅游企业，也适用于旅游消费者。制作和发放旅游宣传册的一个最重要的目的在于刺激旅游消费者并鼓励其进行购买，旅游宣传册将旅游消费者所希望得到的信息用图片和文字表现出来，方便旅游消费者进行购买决策，使购买效用达到最大化。同时旅游宣传册还可作为旅游产品的替代品，在旅行社、饭店、机场、车站、码头和游客咨询中心等展示架上执行着重要的展示职能。精心设计的旅游宣传册可以使旅游消费者感觉到旅游组织或旅游企业对其表示欢迎的感情，显示出旅游组织或旅游企业对旅游消费者的了解及对他们的需要和利益的关心，从而培养旅游消费者对自己的感情。

3. 满足需要，方便购买

在旅游宣传册内还可制作订购表格以方便旅游消费者购买。旅游消费者在学习旅游宣传册的过程中如果建立了良好的认知，并且有了出游的愿望，只要将订购表格填妥回执给旅游企业便可如愿以偿。订购表格还有一个很大的好处，是在经过精心设计的订购表格中记录的信息也可以输入到数据库中，旅游经营商可以将其作为基本的营销调研数据的来源。这些数据提供了关于顾客情况的有价值的信息，如客源地区、团组规模和类型等。旅游消费者的地址则可以用自动检阅与记录设备进行分析，以提供典型购买者的详细情况。

4. 刺激期望，促进销售

激发需求，促进销售是旅游宣传册的最终目的。旅游消费者的需求开始一般处于潜在状态，这种需求并不能形成直接的购买行为，必须进行宣传说服。在旅游促销中，旅游宣传册较旅游人员推销具有更广泛的宣传说服作用，旅游人员推销只能进行个别说服，而旅游宣传册则可以在较大市场范围，针对众多的潜在旅游消费者进行说服。通过旅游宣传册的宣传，可以使旅游消费者建立对旅游目的地或旅游产品质量的期望、价值的评估及对旅游目的地或旅游产品的形象和地位的认识；通过旅游宣传册的宣传，可以引起旅游消费者的注意和兴趣，使旅游消费者处于潜在状态的需求被激发起来，进而促成其产生购买行为，对首次购买的旅游消费者来说尤其如此；对短期不形成购买的潜在旅游消费者来说，旅游宣传册则变成了一份文件，可以多次阅读，刺激期望。无数实践证明，一本制作精美、具有说服力的旅游宣传册，能够使旅游消费者明确选择目标，激发购买欲望，促成购买行为，从而扩大旅游产品的销售。

此外，旅游宣传册还具有社会教育作用。博物馆、美术馆以及各种会展旅游的旅游宣传册的社会教育作用是显而易见的。而其他旅游产品宣传册的教育作用也日益突出，如对旅游环境保护的教育。

二、旅游宣传册的分发

旅游宣传册只有到达目标顾客手中，才能起到宣传作用，才会引起旅游消费者的反应，才能唤起旅游消费者的旅游欲望。因此，旅游宣传册的正确分发至关重要。

（一）旅游宣传册分发的方法

1. 旅游组织或旅游企业直接发放

如浙江省、杭州市旅游部门和各旅行社及涉外宾馆饭店，为指导、便利旅游消费者的游览观赏，先后编印浙江概况、杭州概况、杭州旅游业概况、杭州游览简介和各旅游企业情况简介等一大批精致的旅游宣传册及印刷品。内容有杭州的地理位置、旅游设施、著名景观、旅游项目和线路游程等。有的全部彩色套印，图文并茂，有的用中、英、日等文字印刷。这些旅游宣传册及印刷品向全国和世界各地的旅游官方机构、旅行社、友好团体、旅游客户和一些名人及旅游者散发，使国内外旅游企业和旅游者增进对杭州的了解，加深印象，有的还作为旅游纪念品收藏。

2. 通过中介组织机构或旅游代理商发放

如广州市旅游局为推动后亚运旅游，展示新广州魅力，于2011年年初首批编印了150万册图画清晰大幅、色彩鲜明艳丽、内容精练简单易懂的"360度叹广州——新广州游宣传专辑"。这份专辑非常全面地介绍了新广州旅游，360度全景展示了广州的古迹、建筑、美食、品酌、购物、娱乐、休闲等各方面，既具有权威性、指导性，又颇有收藏价值。这份专辑从2011年1月24日起由广州邮政投递到常住居民的邮政信箱中，投递范围基本覆盖了十区二市常住人口。

（二）旅游宣传册分发的渠道

1. 直接邮寄

直接邮寄一般在强化原有旅游形象或吸引回头客时使用。向顾客直接邮寄旅游宣传册，往往会收到很好的效果，但其成本投入也较高。邮寄旅游宣传册首先要确定收件人，一般来说，该收件人应在周边公众心目中具有较高的威望和感召力，或者是旅游企业的老顾客，只有这样，直接邮寄方能收到实效。

2. 定点分发

针对特定目标群体的特定活动区域分发。如旅行社、饭店、旅游企业总服务台或入口处、旅游景区、景点、机场、车站、码头等。

3. 代理分发

通过旅游代理商、旅游行政主管部门、驻外旅游机构以及外事机构分发。

4. 会议分发

通过旅游博览会、旅游推介会、旅游产品展销会、旅游产品交易会等分发给各类与会人员，这样使旅游产品和服务信息广为流传。

三、旅游宣传册效果评估

旅游宣传册是一种营销工具，旅游宣传册效果评估，是旅游宣传促销活动的重要内容，是完整的旅游促销过程的不可缺少的重要环节。

（一）旅游宣传册效果评估的内容

旅游宣传册效果是指通过旅游宣传册散发传播之后对旅游消费者所产生的影响和由于人际传播所达到的综合效应。这种影响可以分为：对旅游消费者的影响——旅游宣传册沟通效果，对旅游企业经营的影响——旅游产品销售效果。

1. 旅游宣传册沟通效果

这一评估内容主要考察：

（1）宣传信息在传播学意义上的覆盖、渗透、到达的程度。包括接收到宣传信息的旅游消费者的数量和层次，注意到宣传信息的旅游消费者的数量和层次，旅游消费者对旅游地或旅游产品的认知、理解和选择。

（2）宣传信息在旅游消费者心理上引起的反应和反应的程度。包括旅游宣传册设计是否合理、宣传主题是否突出、宣传诉求是否准确、宣传创意是否新颖；旅游宣传册是否具有冲击力和感染力，是否能摄取旅游消费者的目光、引起他们的注意和好感、满足他们的需要，改变他们的观点和态度，激起他们的购买欲望，并按照宣传导向实施购买行为和重复实施购买行为。

2. 旅游产品销售效果

这一评估内容主要考察：

（1）宣传信息对促进旅游产品销售的影响。包括旅游宣传册是否突出了所宣传的旅游地和旅游产品在旅游消费者心目中的地位，激发了他们的需求欲望，有效地引导他们产生购买行为；是否培养了新的旅游需求市场，发挥了市场扩容功能，提高了旅游企业的市场占有率，增强了旅游产品的营销力，扩大了旅游企业的销售量。

（2）宣传信息对促进旅游企业利润增加的影响。包括旅游宣传册是否取得了预期的宣传促销效果，旅游宣传册制作投资究竟有多少回报，利润率指标增长的幅度有多大等。

（二）旅游宣传册效果评估的方法

在旅游宣传册效果评估过程中，要坚持定性与定量相结合的原则，借助系统论、信息论、统计学、心理学、传播学、社会学及计算机技术等现代科学方法，注意收集多方面资料，并作全面、客观的分析，力争效果评估反映全局，反映真实的情况。具体可采用以下方法：

1. 观察法

这种方法是在旅游宣传册分发期间，通过观察旅游消费者对旅游宣传册的反应，得出对旅游宣传册宣传效果的综合评价。这种方法相对而言较为简单，而且费用较低，但结论易受主观影响，不很精确。

2. 调查法

这种方法的基本做法是，在选定的旅游消费者群体中，选择一定数量的测验对象，用问卷、访谈、表格等方式，征求他们对指定问题的意见、态度、倾向，再做出统计、说明，分析旅游宣传活动的效果。采用这种方法必须注意调查中的关键因素的控制，如抽样、问题设计、统计分析等问题，应由专业的调查人员，严格按照程序进行。采用这种方法能够比较详细地了解目标顾客对宣传内容的意识和行动态度的改变，但是较难得到目标顾客的合作，且数据记录的真实性较难控制。

3. 实验法

实验法是指使用心理测验仪器，通过测试旅游消费者在接触宣传信息过程中的心理和生理指标的变化来获得需要的数据，如心跳速度、血压高低、瞳孔大小等，进而判断旅游宣传册吸引力的大小。这种方法由于受仪器设备和专业操作的限制，目前还较少采用。

此外，在实际工作中，常用事前测定、事中测定和事后测定等方法。

（三）旅游宣传册效果评估的标准

评估旅游宣传册宣传效果的客观标准是经济效益、社会效益和心理效益。

1. 经济效益

旅游宣传册是否增强了旅游产品的竞争力，扩大了旅游企业的销售量，增加了旅游企业的利润。

2. 社会效益

旅游宣传册是否契合了社会环境，有助于社会精神文明建设和生态文明建设。

3. 心理效益

旅游宣传册是否满足了旅游消费者的心理需要，激起了旅游消费者的购买欲望。

（四）旅游宣传册效果评估的意义

旅游宣传册效果评估的目的不仅仅是知道某旅游宣传册取得了怎样的成效，还应该能够为以后的旅游宣传促销活动提供有价值的决策参考。

1. 有利于强化旅游宣传意识

旅游宣传册效果评估，可以检查和验证宣传目标是否正确，宣传形式是否合适，分发方式、时机与频率是否得当，是否有助于提高旅游地与旅游产品的知名度和美誉度等。如果旅游宣传册评估具体说明了旅游宣传册宣传促销的效力，就能强化旅游组织和旅游企业的旅游宣传意识，提高对旅游宣传的信心。

2. 有利于提高旅游宣传册制作质量

只有优秀、有创意的旅游宣传册才能吸引旅游消费者日渐挑剔的目光，才能给忙忙碌碌的旅游消费者留下一点记忆，才能最终促成旅游消费者的购买行为。因而旅游宣传册"宣传什么"和"怎么宣传"就成为能否吸引旅游消费者的注意力，增强旅游消费者的记忆力，激发旅游消费者的购买动机的决定因素。如香港旅游发展局印制的《香港旅游锦囊》，从旅游消费者的角度出发，分为购物、美食、夜生活、观光几篇。购物又细分为：成衣、珠宝、电子设备、亲子购物、中国传统货品、古董及手工艺品、参茸海味等。根据不同的需求，详细地介绍香港的各个去处，且每一个地点的交通方式都介绍得尤为细致，使每一个首次到港的旅游消费者均能凭一本薄薄的手册在香港的大街小巷来去自如。这种自如使旅游消费者心里产生一种成就感，对旅游地也产生亲切感。在散客游、自助游渐渐成为主流的大形势下，人们崇尚个性和自由，编制这样一本简单有效的旅游锦囊，使旅游消费者不仅需要而且依赖我们的旅游宣传册，使旅游消费者根据旅游宣传册上详细的指示去消费，显得尤为重要。

【补充阅读7-6】

龙湾温泉宣传册文案

一、封面文案

大标：中国一品诗意温泉

Chinese Superior Grade Idyllic Hot-spring

正文：庐山龙湾温泉度假村

Lushan Longwan Hot-spring Resort

二、页面文案1

庐山——飞流直下三千尺，世界级人文自然风景区。

Lushan—The Cliffside spring flows 3 thousands chi straitly, International scenes and sights of cultural & natural interest.

龙湾——温泉水滑洗凝脂，世界级文化温泉体验区。

Longwan—The hot-spring stroke fair, soft and glossy skin smoothly, International tasted area of civilized hot-spring.

庐山龙湾温泉度假村——风花雪月，一品山水，"中国一品诗意温泉"。

Lushan Longwan Hot-spring Resort—Romantic scenery, Elaborate landscape, "Chinese Superior Grade Idyllic Hot-spring"

山水天成，围合2万平方米诗意体验空间，拥揽30多泓气象万千的皇家园林式温泉浴池，弥漫着浪漫的北欧田园风情，是一家集观光度假、休闲疗养、商务会议、特色美食、运动健身、生态教学等为一体的度假胜地。

Twenty thousands poetic flavour appreciated space were surrounded by the natural with mountains and waters, permeated by the romantic rural scenery of Northern Europe, and possess more than 30 clear spectacular hot-spring pool with the style of Imperial Family Garden. The Resort is a fabulous scenic spot which consist of visiting & vacation, leisure recuperation, commercial conference, special choice food, exercising & keeping fit and ecological teaching, etc.

三、页面文案6

泡心情 / 泡感情 / 泡友情 / 泡爱情 / 泡亲情

请到庐山龙湾温泉度假村来找我!

四、页面文案2、3、4、5

诗意泉道【无间道】

天然温泉有点甜,可洗可濯;泉质中性,含30多种矿物质微量元素,增进人体健康;泉温72℃,冬夏常年维持;池温39℃,人体最适宜的温暖!

龙湾温泉采用现代最先进的"无间断注水和自然流放"的设计,每天按序放水、清池、消毒,保持泉水的自然本色。

诗意健康【中药谷】

在温泉中练瑜伽,精选人参、当归、灵芝等十味名贵中药材,采用古法泡制,悄然间,一分钟后忘记尘事,三分钟后忘记自己,十分钟后忘记世界!

诗意美丽【龙园六味】

在温泉中做面膜,精选牛奶、咖啡等六味汤料酿制而成,让爱泡温泉的女人最美丽!

诗意风雅【八宝汤】

在温泉中坐禅,用庐山山竹、山楂等八宝野生山物,融温泉煲汤天成,轻身静心,诗情画意,天人合一!

诗意享受【石板温泉】

明月松间照,温泉石中流。或躺、或坐,可侧、可卧,对关节炎、风湿等症状有奇效。

诗意SPA【水疗馆】

多功能温泉健身区,泳池、按摩水床、超音波喷射按摩等多种SPA项目,让全身动感起来。

诗意空间【养生阁】

山坡VIP温泉会所,古香古色,私密泡池,独立客房,尊贵象征,每天只为10户名流所专有!

诗意超市【温泉名古屋】

专业温泉中医指导,千种汤料自由选择,皇家木屋私家浸泡,宫廷木桶随心所"浴"!

诗意美白【光波浴】

采用现代尖端技术远红外线技术,让肌肤在出汗过程淋漓痛快,排毒养颜,白里透明,与众不同,堪称"生命能量的大浴房"!

诗意桑拿【冰火蒸房】

高温桑拿，水雾蒸汽，温度由高降低，享受"冰火二重天境界"，对皮肤表层和毛孔深层垃圾清理有深度疗效。

诗意风情【矿沙浴】

真正的"加热比海"，用泉温对沙滩加温，将身体埋在暖暖的沙中，闭目沉醉，心已在夏威夷！

诗意童趣【水上乐园】

再也别对孩子说：没时间带他去迪士尼乐园！这里，就是庐山的"迪士尼乐园"！

激浪池：1.2米的滔滔泉水，让自己体验"一浪又一浪"的冲浪快感，周边欢笑不断；

盘龙滑道：犹如龙在舞，身体穿过隧道，飞流直下，体会"天上人间"的漂流动感；

儿童梦幻水城：让城里的孩子过一个"爸爸"的童年！打水仗、划水床、捉迷藏……一个心情盛开的地方！

诗意宫廷【御家园】

御家园，在山水之间做足居住文章，四星级豪华酒店，帝王行宫式气势，拥有260多间特色客房和豪华套房，室内直通天然温泉，室外直通宽带互联网，进退自如，商务、度假两不误。

诗意美食【山江湖大酒楼】

吃速，到美国麦当劳去；吃素，到庐山东林寺去；吃住，到龙湾山江湖处！

山江湖大酒楼，汇庐山野味，聚长江美鲜，集鄱湖奇珍，吃到山前必打住，不在江湖没面子！一品地道山珍海味，是现代都市人美食的"世外桃源"！

诗意会议【商务大会堂】

请人吃饭不如请人流汗；请人开会不如请人度假！

酒店拥有400人的大型多功能厅，2间豪华会议室，从会议布置到支持，一站式服务，高级音响、多媒体投影仪等商务配套应有尽有，是您企业实力的象征！

五、封底内容

区位图

联系方式（略）

资料来源：http://www.bqspa.com.cn/bbs/viewthread.php？tid=240

【本章小结】

旅游促销策略是旅游企业策略的重要组成部分。旅游促销是旅游市场营销组合中最富有变化、最富有创意、最富有活力的领域。它是一种活动，是为了完成旅游营销任务的活动；它是一个过程，一个与旅游消费者交换的过程。它的任务是宣传与说服、稳定与促进。它的本质是与旅游消费者沟通。只有达到与旅游消费者的沟通，才能激活旅游消费者的消费，才能真正促进旅游销售，扩大旅游企业的利益。旅游促销方式主要有旅游广告、旅游营业推广、旅游人员推销、旅游公共关系及旅游宣传册等。旅游促销组合是将旅游广告、旅游营业推广、旅游人员推销、旅游公共关系以及旅游宣传册等多种形式结合起来，综合运用，发挥优势，以实现旅游企业营销目标。各种旅游促销方式既有各自的优点，也有各自的缺点，旅游企业要善于根据本企业内部和外部条件、根据产品特点及市场情况选择正确合理的促销方式，采取相应的促销策略。

【关键术语】

1. 旅游促销
2. 旅游促销组合
3. 旅游广告
4. 旅游营业推广
5. 旅游人员推销
6. 旅游公共关系
7. 旅游宣传册

【复习思考题】

1. 什么是旅游促销，它有哪些作用？
2. 推、拉策略的含义是什么？举例说明这两种策略的应用。
3. 试分析影响旅游促销组合的因素。
4. 比较几种常用广告媒体的优缺点。试结合某一旅游企业的具体旅游产品分析选择广告媒体。
5. 旅游营业推广的方式有哪些？如何有效地组织实施旅游营业推广？
6. 旅游企业人员推销主要分为几种形式？
7. 要成为一名优秀的推销员，应具备哪些专业素质呢？试模拟一次完整的旅游产品推销过程。
8. 什么是旅游公共关系？怎样认识公共关系在旅游促销中的作用？
9. 什么是旅游宣传册，它有哪些作用？

【案例实训】

国家旅游局关于做好中国旅游整体形象"美丽中国之旅"推广工作的通知

经研究论证，"美丽中国之旅"已正式确定为中国旅游整体形象。为围绕这一整体形象认真做好旅游宣传推广工作，努力把"美丽中国之旅"打造成中国旅游核心品牌，现将有关事项通知如下：

一、"美丽中国之旅"的内涵诠释

将"美丽中国之旅"确定为中国旅游整体形象,是旅游行业发挥自身在生态文明建设方面的特殊功能优势,对十八大提出的建设"美丽中国"要求的主动和具体落实。"美丽中国之旅"具有丰富内涵,它代表着中国博大精深的文化底蕴和极为富集的自然、人文旅游资源,代表着中国改革开放以来的经济建设之美、政治建设之美、文化建设之美、社会建设之美、生态文明建设之美,也代表着中国旅游业以生态文明为核心理念来引领和影响全球旅游业发展方向的努力,是对"中国旅游"准确、形象、全面且深刻的诠释。打造"美丽中国之旅"整体形象,有助于增强中国旅游在国际市场上的品牌吸引力和核心竞争力,有助于全行业形成旅游品牌的整体凝聚力,引导旅游产业持续健康发展的前进方向。

二、"美丽中国之旅"标识及其设计思路

标识设计以印章作为主体表现形式,以"美丽中国"和 Beautiful China 分别作为中英文表述,将中国的印章和书法艺术形式结合起来,并通过甲骨文的"旅"字来突出旅游特色。在背景颜色方面,以蓝色为主,象征着美丽中国事业发展的朝气和生命力。在字体设计上,"美丽中国"字体为红色,也是国旗的颜色,代表中国文化,"中国"采用毛体书法风格,以体现飘逸和张力,"美丽"二字力求简洁;英文字体为黑色,采用欧美手写形式,以体现流畅和自然,彰显了中国旅游国际化视野,象征着开放的、充满活力的、具有美好前景的中国旅游事业。

三、"美丽中国之旅"推广工作的有关要求

当前,国家旅游局正在制定"美丽中国之旅"整体推广方案;拍摄制作"美丽中国之旅"旅游宣传片及各类旅游招贴画、宣传册等纸制和电子宣传品;将在俄罗斯"中国旅游年"开、闭幕式及框架下各项活动中,在今年国家旅游局牵头参加的5项国际旅游展、8项专项促销活动以及驻外办事处牵头参加的16项国际旅游展中,在2013中国国际、国内旅游交易会中突出宣传"美丽中国之旅";利用旅游与外宣、文化等战略合作平台,旅游多双边国际交流合作机会以及中国旅游海外推广网站等渠道加强对"美丽中国之旅"的宣传推介。为统筹做好中国旅游整体形象推广,形成全国一盘棋,请各地按以下要求做好相关工作:

(一)高度重视,积极参与各项整体推广活动。中国旅游整体形象"美丽中国之旅"是我们参与国际旅游市场竞争的一个响亮品牌,认真打造好、宣传好、维护好这一品牌是我们旅游全行业的共同责任。各地要结合工作实际,积极参与国家层面的旅游整体形象推广活动,配合做好"美丽中国之旅"宣传品制作、联合广告投放、精品线路设计、新产品开发等具体工作。

(二)主动工作,发挥各地自身平台优势强化品牌营销。要按照中国旅游整体形象宣传推广的总体要求,结合各地实际情况,认真组织宣传推广工作。特别是要充分利用现有大型节事活动,本部门、本地区现有旅游宣传平台,如网站、报纸、户外广告等,强化对"美丽中国之旅"品牌的宣传推广。各地在海外开展各项旅游交流合作活动时,制作、发行、发放各种海外旅游宣传品等,要使用"美丽中国之旅"标识,共同打造中国旅游整体形象。

（三）规范使用，切实保障和提升品牌价值。为确保"美丽中国之旅"品牌的严肃性和同一性，不断提升品牌的市场价值，各地在使用中国旅游整体形象标识时，应当根据标识规定的式样和颜色用于相应场合，可按比例放大或缩小，但不得更改图形的图案组成、文字字体、图文比例、颜色式样等。

（四）内练素质，抓好"美丽中国之旅"的品牌内化。请各地强化对本部门和旅游企业内部营销的要求，加强品牌理论培训和服务质量管理，强化人人都是形象、人人都是广告的营销意识，努力树立美丽形象，提升中国旅游品牌的美誉度、忠诚度。

中国旅游整体形象推广是一项长期的系统工程，各地要高度重视，认真谋划，抓好落实，切实做好中国旅游整体形象推广的各项工作，并将落实方案及时报国家旅游局。

资料来源：http：//www.cnta.gov.cn/zwgk/tzggnew/gztz/201506/t20150625_429314.shtml

[案例思考题]
1. 简述美丽中国旅游形象出台的时代背景和深远意义。
2. 如何具体推广美丽中国旅游形象？

第八章

旅游市场营销策划

【案例导入】

江西旅游特卖会入选 2014 中国旅游营销创新 TOP10

2014年3月底至5月，江西省在北京、上海、西安连续推出"江西风景独好"2014江西旅游特卖会活动，并组织全省各县区市旅游局及旅游景区提供门票、索道、观光车、游船、酒店等涉旅单位的优惠政策。江西省庐山、井冈山、三清山、龙虎山、婺源、景德镇古窑、明月山、仙女湖、滕王阁等17家重点旅游景区承诺将对活动期间报名的游客给予门票五折或五折以下的优惠；江西省20多家旅行社和宾馆、酒店也拿出适度的利润空间优惠于民，吸引广大游客来赣旅游。

游客可通过现场和在线两种方式报名，现场报名需携带本人身份证或护照到报名现场完成咨询、注册手续并交纳1元定金；在线报名需登录活动网站或下载APP客户端完成注册手续，活动主办方会每天从在线报名者中选出1000名幸运游客享受优惠政策。此外，在现场报名的游客，通过抽签，还将获得免费游江西景区的机会。

江西省将当地特色文化旅游景点及资源进行整合，以精品旅游线路，突出江西"好"风景的旅游文化品位和内涵，树立优质品牌形象；以"旅游特卖会"的形式，并借助新媒体手段，将活动的主体转变为旅行社、酒店等市场主体，将推广营销的方式由旅游形象宣传为主转变为旅游线路产品为主；实现了江西旅游业由侧重品牌宣传向品牌宣传与品牌销售相结合的重要转变。这对于江西旅游产业来说，是一个可喜的突破；对于全国旅游业来说，旅游产品"特卖会"也开了国内旅游市场营销策划的先河。

资料来源：http：//www.sohu.com/a/52034469_134704

第一节　旅游营销策划概述

我们从案例中看到了旅游策划对旅游地、旅游景区发展的巨大影响，感受到了旅游策划的神奇。那么，什么是旅游策划，又如何进行旅游策划呢？

一、策划、旅游策划与旅游营销策划

（一）策划

策划一词在现代社会中已经被人们经常使用，人们对策划的理解也有所不同，众多专家学者对此进行了深入探索。苏珊（2002）总结了国外学者对策划的定义，认为主要有：①事前设计说，认为策划是策划者为实现特定的目标，在行动之前为所要实施的行动设计；②管理行为说，认为策划与管理是密不可分的整体，策划是管理的内容之一，是一种有效的管理方法；③选择决定说，认为策划是一种决定，是在多个计划、方案中寻找最佳的计划（方案），是在选择中做出决定；④思维程序说，认为策划是人们的一种思维活动，是人类通过思考而设定及为达到目标而进行的最基本、最自然的思维活动。

国内专家学者融合了西方学者的观念，对策划的定义更具东方的智谋色彩。①认为策划是一个综合系统工程，是为实现特定的目标，提出新颖的思路对策即创意，并注意操作信息，从而制订出具体实施计划方案的思维及创造实施活动。②认为策划就是对某件事、某项目有何计划、打算，采用何种谋策，然后综合实施运行，使之达到较好的效果。③认为策划就是为实现特定目标，运用科学的方法，产生、设计、选择组织与环境的最佳衔接方式，并制订出具体实施方案的创造性思维活动。④认为策划是通过概念和理念创新，利用整合各种资源，达到实现预期目标的过程。⑤认为策划是通过整合各种资源，利用系统分析方法和手段，通过对变化无穷的市场和各种相关要素的把握，设计出能解决实际问题的、具有科学系统分析和论证的可行性方案和计划，并使这样的方案和计划达到最优化，使效益和价值达到最大化的过程。

综合比较中外对策划的各种定义，可以发现策划具有五大特征：一是智谋性，策划常常是一个策划团队的智慧结晶；二是前瞻性，策划是事前的精心谋划活动；三是科学性，策划注重程序科学性和结果的可行性与有效性，科学和理性是策划的基础；四是艺术性，策划是饱含艺术性的创造过程，感性与灵性是策划的灵魂；五是综合性，策划的创造性、可行性和有效性要求策划人有广博的知识、宽广的视野和统领全局的眼光和能力。所以，策划就是人们综合运用智谋进行谋划的预谋活动，是在整合各种要素的基础上，制订出一套融创造性、可行性和有效性为一体的方案，并使方案效益和价值达到最大化的过程。

（二）旅游策划

旅游策划是策划的一种，它具有策划概念的基本特征，是建立在旅游和策划两个概念之上的。沈祖祥、张帆（2000）认为旅游策划是旅游策划者为实现旅游组织的目标，通过对旅游市场和旅游环境等的调查、分析和论证，创造性地设计和策划旅游方案，谋划对策，然后付诸实施以求获得最优经济效益和社会效益的运筹过程。蒋三庚（2002）则认为是策划人员为达到一定目的，经过调查、分析与研究，运用智力，借助于一定的科学方法、手段和技术，对旅游组织、旅游产品或旅游活动的整体战略和策略运筹规划的过程。陈放（2002）认为是以旅游资源为基础、通过创造性思维整合旅游资源，实现旅游资源与市场拟合的同时实现旅游业发展目标的过程，具有经济性、社会性、创新性和时效性等特点。欧阳斌（2005）认为是为了满足旅游业发展自身需要和游客需要而设定的一种目标，并为实现这种目标所进行的思考和采取的行动。

杨振之（2002）认为旅游策划是通过创意去整合、连接各种资源和相关因素，再通过对各细分目标市场需求的调查研究，为市场推出所需要的产品组合，并对其付诸实施的可行性进行系统论证的过程。在实践中，杨振之（2005）还认识到旅游策划是一个科学的、完整的、理性的体系；它讲究的是程序，追求的目标是解决旅游业的实际问题；旅游策划的基础是对旅游资源的认识、评价和把握，难点是对旅游产品体系的策划，成功的关键则是对旅游市场的研究。

（三）旅游营销策划

旅游营销策划是旅游策划的一种，旅游策划根据所预设的内容不同，可分为旅游营销策划、旅游战略策划、旅游规划策划、旅游管理策划、旅游公关策划、旅游广告策划、旅游企业形象策划、旅游品牌策划、旅游资源整合的策划、旅游线路的策划等。所以，旅游营销策划是相对于旅游战略策划、旅游管理策划等概念而言的，是指将市场营销策划的原理与方法运用于旅游经营活动的专项营销策划活动。它是旅游营销策划人员根据旅游区和旅游企业现有的资源状况，在分析和研究旅游市场环境的基础上，对旅游营销活动或某一个方面的旅游营销项目、产品、促销等进行创意构思、设计规划并制订营销行动方案的行为。

旅游营销策划是对旅游组织未来的营销行为、营销活动的筹划。这种筹划事建立在对市场环境和市场竞争充分了解的基础上，综合考虑外界的机会与威胁，自身的资源条件及优、劣势，竞争对手的竞争战略和策略，以及市场变化趋势等因素；遵循市场需求是导向、资源评价是基础、项目策划是灵魂、政策法规是保障和工程技术是支撑的原则，编制出科学化、程序化的行动方案，从构思、分析、归纳、判断，直到拟定策略，实施方案，跟踪、评估和调整方案。

旅游营销策划包含创意、目标和可操作性三个要素，创意是营销策划的核心和灵魂，如果没有独辟蹊径、令人耳目一新的营销策略，不能称为营销策划；营销目标要具体、量化，具有价值，没有具体而有价值的营销目标，策划也落不到实处或落实了也毫无意义；可操作性是营销策划的重要前提，不能操作的方案，无论创意多么独特、巧妙，目标多么具体、值得憧憬，若无法实现也就没有任何实际价值。

旅游营销策划也可按不同的标准划分不同的类型。按涉及的范围不同，可分为综合旅游营销策划、旅游专项营销策划、旅游专题策划。按所涉及的领域不同，可分为城市旅游策划、景区（点）旅游策划、旅游饭店的策划、旅行社的策划、政府旅游策划、旅游交通的策划、旅游娱乐的策划、旅游商品的策划、旅游网络的策划、旅游节会活动的策划等。

二、旅游营销策划的基本程序

旅游营销策划是科学性和艺术性的结合，具有很强的逻辑性，其运作的程序由环环相扣的六个步骤组成，即确定旅游营销策划的目标、调查和分析旅游营销环境、进行策划创意、撰写策划书、实施与调整方案、评估方案实施的绩效。

（一）明确目标和界定问题

旅游营销策划，一定要围绕达成某一目标或解决某一具体问题进行，明确目标和界定问题是最重要的第一步。明确界定旅游营销策划所要达到的目标或要解决的问题，可为整个策划指明方向，并奠定良好的基础。为此，旅游营销策划的目标首先应该明确具体，切实可行，如量化到具体的旅游者人次、销售增长率、市场占有率和利润等。其次要分清主次，专注于重要的问题，协调一致，适当取舍，以保证主要目标的实现和重要问题的解决。最后要注意改变提出问题的角度，旅游营销策划的新思维、新创意，往往来源于提出问题、认识问题角度的改变。

（二）调查和分析旅游营销环境

调查和分析旅游营销环境是旅游营销策划成功的基础。

旅游营销环境调查是对市场资料的搜集与获取，是旅游企业信息的重要源泉，是旅游营销策划的前提条件和重要保证。在实施旅游营销环境调查时，首先，确定调查的内容。根据实践总结，调查的内容一般包括旅游者、旅游市场、旅游市场环境、旅游目的地等方面（表8-1）。其次，拟订调查计划和设计调查方案。调查计划包括调查目的、对象、时间、地点、内容、方法以及调查所需费用预算等；根据调查计划的要求设计出调查方案，确定调查的行动步骤。再次，实施调查，根据调查方案，有序地开展调查活动，在调查中，要注意有目的地收集第二手资料，第二手资料不能满足调查目的的需要时，补充搜集原始资料。在实施过程中，如发现调查方案有不合理之处，需要进行适当地调整，以确保调查达到预期目的。最后，整理资料并编写调查报告。对收集来的资料分门别类、去粗取精、去伪存真，并遵照旅游营销策划的要求编写调查报告，为旅游营销策划提供充分的有价值的参考资料和建议。

旅游营销环境分析是在调查的基础上，对旅游营销环境进行分析研究。旅游营销环境总是处在不断变化之中，而这种变化既可以带来营销机会，也可能带来营销风险。旅游营销策划对营销环境分析的目的就是要趋利避害，及时捕捉和利用营销环境变化带来的机会，最大限度地避免和减少营销环境变化造成的风险。

（三）进行策划创意

创意是旅游营销策划的点睛之处，创意是否新颖、独特，切合主题，直接关系到旅游营销策划的成败，所以在进行策划创意时，一定要把新颖性、独特性以及与主题的密切相关性作为首要因素加以考虑。在实践中，旅游营销策划的创意一般来源于营销策划人员集体的智慧结晶或通过媒体向社会公众公开征集。

表 8-1　旅游营销环境调查内容

调查对象	调查详细内容
旅游者	旅游目的地在旅游者心目中的形象，旅游者对宣传、促销的反应，旅游者对旅游设施、服务水平、旅游价格、旅游分销渠道的看法，旅游者旅游的主要动机和方式（散客、家庭、团体，经济、豪华等），对未来旅游变化趋势的预期等。
旅游市场	旅游市场的规模，旅游市场的地理位置，旅游市场的人口分布特点，旅游市场细分情况，旅游市场分类，旅游目的地市场竞争的基本策略，竞争对手旅游产品的优、劣势，竞争对手的市场营销策略等。
旅游市场环境	旅游目的地或旅游客源地的政治制度、政治局势和政府的经济政策，经济形势，消费者的政治倾向，旅游市场人口特点，城乡人口的生活习惯和闲暇时间，文化教育水平，家庭规模和消费习惯，社会风俗和传统习惯，劳动和就业情况，不同阶层的家庭及收入，对旅游产品的购买力等。
旅游目的地	旅游目的地的自然资源、人文资源、自然环境以及基础设施。包括内部交通道路系统，水、电、气、热的供应系统，排污处理系统，邮电通信系统等；从客源地到目的地的交通基础设施，如汽车、火车、飞机、游船、缆车等交通工具；住宿设施如旅馆、汽车旅馆、别墅、度假村、野营帐篷、游船、农舍等；餐饮设施如餐厅、咖啡屋、茶社、烧烤场所等；娱乐设施如影剧院、夜总会等；购物设施如旅游商店、摊点等；公共服务设施如旅行社、咨询处、医院、银行和保险公司等。以及旅游服务，包括基本服务（如客房、餐饮、交通、导游、购物、娱乐等服务）、辅助服务（如理发、医院、洗衣、金融、保险、咨询、出入境手续、托运、签证等服务）。

（四）撰写旅游营销策划书

旅游营销策划书是策划创意的文字化和具体化，它是实施策划创意的具体方案，因此，有了较为成熟和完善的营销策划创意之后，就要着手设计和撰写旅游营销策划书。策划书的主要内容有以下几点。

①策划书的标题。力求将策划的主题、内容、性质等以简洁的文字加以表述。

②策划者的基本介绍。如姓名、工作单位、职称等。

③策划书完成的日期。

④策划的目标及概要说明。

⑤策划书的正文。包括策划的提出、背景、机会、问题，关键的创意，创意的实施等。

⑥进程安排和费用预算。

⑦效益预测。

⑧参考文献及资料附录。

⑨注意事项。
⑩备选方案的概要说明。

（五）实施与调整方案

策划方案制订好并得到批准后，就进入策划的实施阶段。在实施过程中，首先要确保策划方案实施所需的人、财、物和信息等资源的落实到位。营销策划方案的实施，需要一定量的人员、资金、物质和信息，它们是营销策划方案实施的前提和保证，所以一定要落实到位。其次要密切跟踪营销策划方案实施的全过程。营销策划方案的实施是一个动态的、发展的过程，在实施过程中，可能会发生一些变化，没有追踪，就无法及时准确地掌握整个方案的实施情况，即使方案的实施发生了偏差，也难以发现，也就无法改进。最后要严格按照策划方案既定的程序和进度时间表实施。在营销环境没有发生重大的变化，既定的旅游营销策划方案没有表现出错误时，就不要改变既定的程序和进度，而应该严格按照策划方案的既定程序和进度时间表实施。当然，策划方案的实施可能是一个较长的过程，其间，当面临的营销环境发生了重大的变化，并对营销策划方案的实施产生较大影响时，就必须根据旅游营销环境的变化对策划方案做适当的调整，以更好地加以实施。总之，要对营销策划进行有效的监督和管理，特别要注意保持策划的连续性和权威性。

（六）评估方案实施的绩效

营销策划方案在实施过程中和实施完成后，都要对实施情况进行跟踪评估，以便对方案的设计和运行情况做出科学的评价。评估包括检查预期的目标是否达到；实际效果与预期目标之间有什么差距，造成差距的原因是什么；费用预算是否合理；营销策划进程安排是否恰当；活动是否按进度时间表有序进行；出现了哪些意外、例外情况，这些情况对策划方案的实施造成什么影响；营销策划的实施积累了哪些成功的经验，又有哪些问题和教训，策划的实施引起了什么样的社会反响，企业的知名度、美誉度是否得到提高等。

实施结果评估的方法主要有两种：实施过程中的评估和策划完成后的评估。前者是在营销策划方案实施过程中进行测评，目的是评估前一阶段方案实施的效果，找出存在的问题，为下一阶段的实施方案提供建议和指导。后者是在营销方案实施全过程结束后进行总结性和全面性的评估，目的是评估整个方案的实施效果，总结经验和教训，为以后更有效地开展市场营销策划提供依据和参考。

三、旅游营销策划的方法与技巧

（一）旅游营销策划的方法

策划是门艺术，但也要讲科学性，应该遵循的一定的理论体系和理论模式，并在理论的指导下形成策划的基本思路和基本方法。在旅游营销策划中常常遵循 4P 营销体系。这一体系目前成了国内旅游营销策划遵循的基本理论体系。也有学者将资源、产品、市场和其他因素组合起来建立理论体系，在服务营销中普遍采用了 8P 模式，西方有的学者建立了 8P 的营销理论体系。但是，无论是 4P 还是 8P，都无法直接应用在旅游营销策划中，它们都没有在理论体系上解决旅游资源、旅游产品、旅游形象、旅游市场、旅游行销之间的相互关系，而旅游营销策划必须将以上这些要素统领起来，建立它们相互之间的逻辑关系，使营销策划形成一个完整的统一体，在这个统一体中，旅游资源调查与评价、市场调查与分析和旅游形象策划、旅游项目和产品的策划是旅游营销策划的重点和难点，是十分重要的核心内容。

杨振之教授在长期的理论研究和营销实践中，创建了旅游营销策划的理论创新模式和方法——2I+8P 模式（图 8-1）。

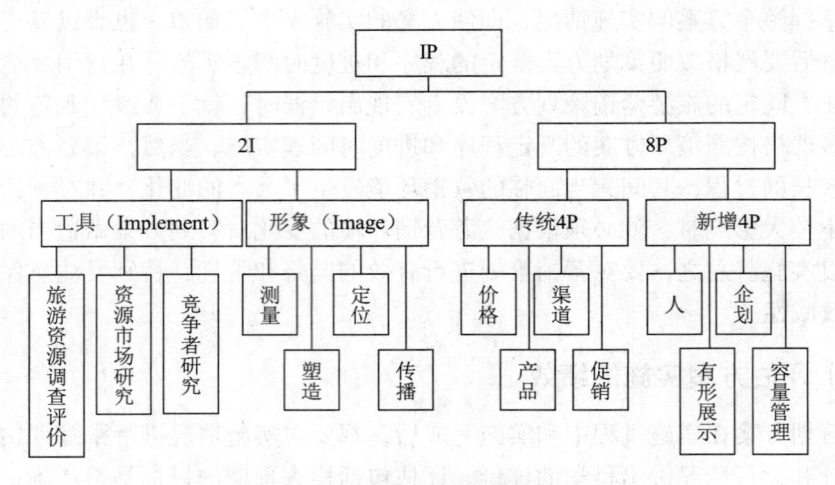

图 8-1 2I+8P 模式的框架体系

2I 是旅游营销策划之根本和最高目标。工具（Implement）是旅游营销策划"智慧之树"的根（图 8-2）。营销策划必须以旅游资源调查评价、客源市场研究、竞争者研究为依据和基础，否则营销策划就是无本之木。形象（Image）是旅游营销策划"智慧

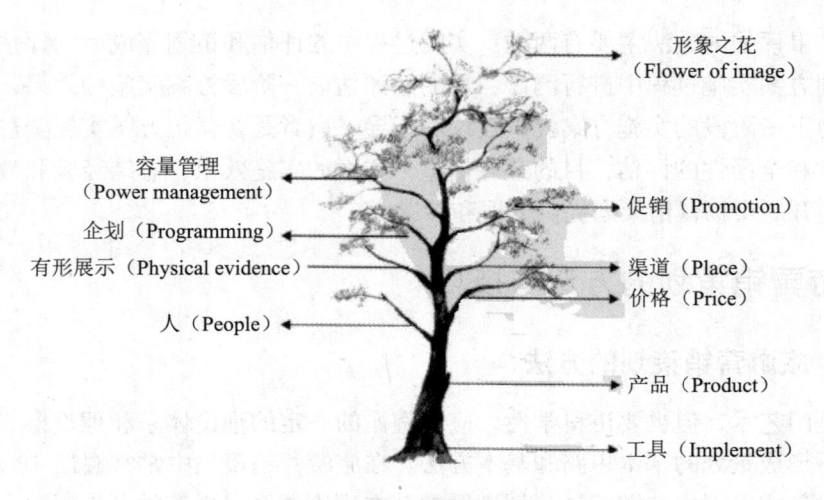

图 8-2 2I+8P 模式示意

之树"的花。形象策划（包括形象的测量、定位、塑造、传播）是营销策划的最高境界和最终目标。形象策划好了，就能树立良好的品牌，就能在市场上一枝独秀，吸引顾客前来消费。

8P 是旅游营销策划的基本方法。8P 是旅游营销策划"智慧之树"的枝干，也是整个营销策划"智慧之树"的支撑。形象（Image）需要 8P 来支撑，它是 8P 的外在表现形式。同时 8P 构成旅游产品、服务管理、营销管理体系，使消费者得到高质量的旅游享受。但所有这些必须得到智慧之树的根（Implement）的滋润。也就是说，符合市场消费者需求的好的项目、产品必须通过充分的分析、调查和研究（即旅游资源调查评价、客源市场研究、竞争者研究），策划的项目、产品才有生命力，才经得起市场的检验，最终才能带来经济效益。

（二）旅游营销策划的技巧

旅游营销策划要想先发制人、胜人一筹，就必须熟练掌握和运用旅游营销策划的运作技巧，即要巧妙地运用"势""时""术"三要素。

1. 旅游营销策划中的"势"

一般认为，旅游营销策划中的"势"是指旅游营销环境的发展变化，也就是通常所说的"氛围""大环境""形势""趋势""潮流"等。旅游营销策划者在实施策划之前，务必先"度势"，后"运势"，只有认清了"势"的发展规律，并且顺应它的发展，才能用好"势"。运用"势"的技巧总结起来有以下几点。①借势，借他人之势为自己所用，"狐假虎威"便是借势的范例。借势可借事件之势，如云南借世博会之势；可借人物之势，如请名人代言；可借资源之势，如张家界的山洞、吐鲁番的葡萄等。②顺势，即顺应潮流，如武汉市政府顺应人们购物、娱乐、休闲的大潮流，将被誉为武汉商业一条街的江汉路，由拥挤、破落的街道，改成宽广、亮丽的步行街，繁荣了武汉商业的同时也提供了一个购物、娱乐、休闲的好去处。③转势，通过一定的手段和方法，将某种劣势转化为对自己的优势。任何事情都可能有利有弊，关键是能否改变看问题的角度，变不利为有利。如 2003 年的"非典"沉重打击了我国旅游业。当"非典"接近尾声，许多地方还在为损失而叹息时，湖南却率先行动在南岳衡山敲响全面恢复旅游的"希望之钟"。④造势，即制造声势，因为媒体具有传播范围广、影响大的特点。造势一般都要通过媒体，如广播、电视、报纸等广泛传播，大造声势。如我国为鼓励旅游消费，促进旅游经济的发展，利用"五一"和"十一"两大节日，大造声势，取得了良好的效果。

2. 旅游营销策划中的"时"

时，就是时机、机会和机遇。时来去不定，转眼即逝，可遇而不可求，因而旅游营销策划中对时的把握最为复杂。旅游营销策划中如能捕捉到时机，就能取得事半功倍的效果。因此，对旅游营销策划人员来说，时机的把握尤为重要，成功的旅游营销策划者总是能够审时度势，见机行事。而要把握"时机"必须要做有心人，要细心观察，准确预测。"机会总是落到那些有准备之人"的手中。要做一个成功的旅游营销策划者，平时就要未雨绸缪，针对可能出现的时机，做好充分的准备。时机的出现虽然是偶然的、随机的，但时机出现之前，总是有一些细微的征兆，旅游营销的策划者要能够觉察出各种细微的征兆，并通过这些征兆对时机的出现做出准确的预测。在时机真正来临之际，才能够迅速做出反应，适时抓住机遇。

3. 旅游营销策划中的"术"

"术"是指旅游营销策划过程中所采用的策略。旅游营销策划者根据不同的形势和时机，采用不同的策略和手段，就能使旅游营销策划收到事半功倍的效果。旅游营销策划中"术"的运用，可谓五花八门，并且还在不断地创新。最常用的有以情感人、出奇制胜两招。①以情感人。人的需要分为生理需要和心理需要，而情感需要是人的心理需要的主要内容。旅游营销的策划人员在策划过程中，针对旅游者的情感心理需要，以人的情感为本，设计出具有感染力的旅游产品或旅游活动，往往能收到较好的营销效果。②出奇制胜。在现代社会，人们每天都会接触到大量的商业信息，因此，循规蹈矩的营销策划难以吸引人们的注意；只有那些新奇独特的营销策划才能触动旅游者，从而达到引起注意—提起兴趣—激发欲望—加深印象—产生行动的心理功效，才能在激烈的旅游营销策划竞争中出奇制胜，赢得市场竞争的优势。

第二节　城市旅游营销策划

一、概述

城市作为政治经济文化中心、人口聚集中心、文化交流中心和交通物流中心，其特殊地位决定了城市必将成为重要的旅游目的地。城市旅游是相对于乡村旅游、山地旅游、海滨旅游等概念而言的，它是指以城市内的山水风光和历史文化、民风民俗、建筑等为吸引物而形成的旅游现象。具体包括旅游者在城市内的旅游活动（包括观光、购物、商务、娱乐、会展等）、旅游中转、旅游信息获取等。城市作为重要的旅游目的地和中转枢纽，城市旅游是现代旅游的重要组成部分；一个现代化的城市必须高度重视城市旅游，努力发展和完善城市旅游产品、环境、信息和交通。

旅游城市是将城市旅游资源进行整合，以提升城市旅游的特色，并在这种整合之后，使整个城市的旅游形成统一形象、统一口号、统一识别、统一理念，从而使得整个城市成为一种旅游吸引物吸引人们前往旅游。旅游城市的概念是随着城市旅游的兴起而产生的，由于旅游的带动作用，旅游城市已经成为当今城市追求的共同目标。为促进我国旅游城市的发展，国家旅游局1995年决定开展创建中国优秀旅游城市活动，迄今为止，批准了四批共205个优秀旅游城市。

城市旅游策划是指以选定的城市为预定区域，以区域内所拥有的资源为依托，设定旅游发展目标和为实现其目标而采取的对策。它所涉及的主要内容是城市旅游总体品牌的打造、城市旅游规划的制定、城市旅游景区（点）的开发、城市旅游线路的设计等方面。城市旅游策划根据不同的标准可划分为不同的类型：如按旅游策划所预设的目的不同可以分为城市旅游营销策划、城市旅游战略策划、城市旅游规划策划、城市旅游管理策划、城市旅游公关策划、城市旅游广告策划、城市旅游企业形象策划、城市旅游品牌策划、城市旅游节会活动策划、城市旅游商品策划、城市旅游招商策划、城市旅游资源整合策划、城市旅游线路策划等。按旅游策划所涉及的领域可以分为城市旅游资源策划、城市旅游饭店策划、城市旅行社策划、城市旅游车船公司策划、城市旅游娱乐策划、城市旅游教育策划等。

我国城市旅游策划的现状有如下几个特点。第一，城市旅游策划已经引起了人们的广泛关注。鉴于旅游业在城市经济中占有举足轻重的地位，现代城市的经营者们已经普遍重视城市旅游业发展，而城市旅游业的发展又离不开旅游策划，所以人们也越来越重视城市旅游策划了。如继南京旅游管理部门成立专门的旅游策划机构之后，全国已经有十多个城市的旅游管理部门成立了相应的旅游策划部门。第二，城市旅游品牌的策划占有重要地位。在当前城市旅游策划中，绝大多数城市把旅游品牌的策划放在重要位置，如我国目前的省会城市中绝大多数已明确了自己的旅游品牌定位，如昆明的"昆明永远是春天"，长沙的"璀璨星城"，杭州的"休闲之都"等；有的虽然还没有明确自己的品牌定位，但也已经开始着手这方面的工作。第三，城市旅游策划的发展不平衡，总体水平不高。我国城市之间的经济发展不平衡，导致了旅游发展的不平衡，也导致了城市旅游策划的不平衡。现在，有的城市不但在旅游管理部门成立了旅游策划机构，社会上的旅游策划机构也在不断地涌现；而有的城市却根本没有旅游策划机构，导致了在旅游发展中的部分盲目现象。

二、城市旅游营销策划方法

（一）品牌定位，形象代言

信息时代带来了营销环境的变革，营销理念越发趋向形象力导向，像经营品牌一样经营城市，通过营销手段推广城市形象，反映在城市旅游营销策划上"旅游形象代言人"应时应势而生。周星驰、女子十二乐坊、米卢分别出任宁波、杭州、桂林旅游形象代言人，阿杜、孙悦分别担任新加坡、韩国旅游形象大使，英国前首相布莱尔、美国前总统布什、韩国前总统金大中、日本前首相小泉纯一郎为宣传本国旅游资源也曾参与广告。

城市旅游的发展是依附于城市的，而城市是由城市的历史、城市的文化、城市的习俗、城市的人口、城市的政治经济地位、城市的山水、建筑、城市的交通、区位等一系列因素所构成的。所谓城市旅游品牌形象定位，就是要先将这些要素的资料收集起来，在头脑中进行一番取舍之后，形成一个关于这座城市的整体轮廓，并在对城市进行整体分析之后，用一句话语、一个标识、一个理念将这座城市的根本特征概括出来。因此，在定位城市品牌旅游形象时，一要舍得、二要比照、三要简练、四要准确。

所谓的舍得，就是有舍才有得。我们在对城市旅游品牌进行定位的时候，面对城市浩如烟海的历史文化资料，面对城市鳞次栉比的高楼大厦，面对城市众多的山水美景，我们一定要能够从中抽出其精华部分，而舍去其普通部分，这样，我们才能分析出它最突出的特征。比如，四川省眉山市在旅游资源上有如下类型和特色：①瓦屋山国家级森林公园，世界上最大的高山杜鹃群落之一；②麻浩崖墓，中国最大的汉代崖墓群；③三苏祠、苏洵、苏轼、苏辙故里；④彭祖山，彭祖长寿文化的故地。面对如此丰富且品质都不错的旅游资源，割舍谁也会觉得可惜，全部容纳又会造成形象的模糊不清。经过分析，具有唯一性、垄断性和排他性的旅游资源只有三苏故里；另一具有垄断性的是麻浩崖墓，但作为旅游产品的可观性大受影响，作为形象又缺乏唯一性，因为它只以规模取胜。因此，"三苏故里"应作为眉山市的旅游形象。

所谓比照就是找出差异，突出特色。城市的旅游品牌定位实际是为一个城市的旅游竞争打下坚实的基础。在当今社会，城市也面临着许多的竞争对手，我们只有了解竞争对手，才能更好地发展自己。因此，我们在对城市进行旅游品牌定位时，一定要多与相邻的或相关的城市作比较，才能更好地突出自己的特色。例如，1997年9月，在紧锣密鼓的组织策划后，在云南省迪庆藏族自治州中甸县（现改名为香格里拉县）召开了新闻发布会，向全世界宣布：香格里拉在迪庆！当夜英国广播公司（BBC）就将这一惊人消息传遍了世界。在当年9月之前，迪庆藏族自治州只接待了50多万游客，到年底达到近百万，第二年便突破了200万人次。与此形成鲜明对照的是，2000年，与迪庆藏族自治州接壤的四川省甘孜州的稻城亚丁在谋划推出香格里拉在稻城后，接待人数只有几千人，虽然从资源条件和环境来看，甘孜稻城更像"香格里拉"，资源品位也有过之而无不及。

城市的品牌定位不管语言还是标识，都应该做到简练。如果是用语言来概括一个城市的特征，最好不要超过10个字。如果是用标识来概括一个城市的特征，也不要设计得太烦琐，应该让人一看就懂。如香港的"动感之都"、南京的"博爱之都"、大连的"浪漫之都"、杭州的"休闲之都"等城市旅游形象定位就特色鲜明而又非常简练。

对城市旅游形象进行总体品牌定位，准确是必需的。不管你的语言如何好，不管你的标识如何精彩，如果与所对应的城市根本扯不上边，那也是没有什么意义的。比如将古城西安定位为"浪漫之都"就不够准确了。

（二）市场定位，打包促销

郴州的旅游资源，无论从质还是量上来衡量，与湖南省及其周边的江西赣州、广东韶关相比均无特别资源和市场优势。为发展郴州旅游业，2001年在制定的《郴州市旅游发展总体规划》中，正式将郴州旅游的总体形象定位为"粤港澳后花园"，由此成为引领该市旅游项目建设和旅游产业发展的助推器。城市旅游营销策划中的市场定位，应重点对旅游资源进行"整合打包"，通过突出亮点引导引领城市旅游发展。对桂林旅游资源进行整合打包时，重点突出了它的山水而不是它的城市建筑或文化旅游资源。首都北京虽然也有许多美丽的自然景观，但对北京旅游资源进行整合打包时，就应突出它的文化旅游资源和带有纪念意义的建筑。此外，旅游线路的设计要通畅，要综合考虑旅游景区（点）的分布、交通、购物、用餐等情况，使所有旅游资源的整合形成一个个完整的旅游链，尽可能地给游人带来方便。

（三）科学规划，体制创新

西安市曲江新区以规划为先导，以项目为核心，以策划促发展，注重城市历史文化资源的发掘，实现对资源的有效整合，经营城市无形资产，赢得了市场。曲江城市旅游开发所体现的项目策划的构想创新、旅游规划的理念创新、旅游产品的设施创新、旅游活动的方式创新、旅游产品的结构创新、多元化的投资体系创新以及旅游管理体制创新，对城市旅游策划具有重要的示范意义。

【补充阅读8-1】

西安曲江新区全力助推大西安文化大走廊建设

今天的曲江，已经成为世界文化遗产的传承区，也成为大西安新的文化地标的展示区。曲江新区作为陕西省、西安市以文化和旅游为主导产业的城市发展新区，已形成以曲江新区核心位置为引领，辐射大明宫遗址保护区、西安城墙景区、临潼国家旅游度假区、楼观中国道文化展示区、渼陂湖生态文化旅游区五大板块，面积约150平方公里的文化旅游发展大格局。

面向未来，曲江新区在"双创"发展方面正在着力实施"1+5+N"总体战略。"1"即一条创客大街；"5"是指建成并投入运营5大"众创空间聚集区"，目前已建成2个，即曲江文化创意产业聚集区和曲江369互联网创新创业基地；"N"是建立N个"众创空间特色区"，其中，已建成的有8处，包括北大光华创新创业培育示范基地（临潼区）、秦汉唐天幕广场众创空间、西安大西互联网文化创意园、西安人力资源服务产业园、西安北大科技园（一期）、大唐电信移动互联（西安）孵化基地、曲江369互联网创新创业基地（一期）、idea影视企业咖啡众创空间。"1+5+N"战略涵盖创意产业的方方面面，以此为平台，曲江新区将成为全球文化资本、文化企业、文化人才实现梦想的热土。

"十三五"期间，曲江新区聚焦水系修复、生态恢复、文化修复建设和现代休闲观光农业四大主题，力图将渼陂湖水系生态文化修复工程建设成为"八水绕长安"的重大标志工程，陕西生态文明建设的重大标志工程，勾画出"美丽陕西""美丽乡村"的优美画卷，为陕西生态文明建设和西安城市副中心建设做出重要贡献。推进"五路增绿"工程，对道路两侧进行增绿改造提升，同时修建四座绿地小广场，进一步在绿化的规模、品质、层次上做优，集中打造几条让人印象深刻、给人视觉冲击、使人置身其中有情景交融感受的示范街区，成为增绿美化工程的样板。建设楼观生态旅游片区，打造西安最美后花园。在楼观区域，通过建设健康养生、生态廊道、教育文化及现代农业等项目，形成复合型和多元化的旅游产业集群。

资料来源：西安曲江新区全力助推大西安文化大走廊建设［N］.陕西日报，2017-06-05（5）.

第三节　景区（点）旅游营销策划

一、概述

　　概括地说，旅游景点就是相对独立的，能够供人们游览，满足人们某种需要的旅游空间。一座园林、一座山峰、一项水利工程都可以成为旅游景点。旅游景点是形成旅游景区和旅游线路的基础，要提高旅游产品的质量，首先是要提高旅游景点的质量。旅游景区是由一定数量的旅游景点组成，拥有一定的空间范围、一定质量的内容和一定质量的接待设施，可供人们游览的区域。一个旅游景区是由若干个旅游景点构成的。与旅游景点相比，景区的特征还表现在景点数量的广泛性、景点层次的多样性和基础设施的配套性。

　　我国疆域辽阔，复杂多样的自然地理环境，造就了多彩的自然风景旅游资源；而中华民族灿烂悠久的历史文化则又使我国积聚了丰富的人文旅游资源。我国的旅游资源不但品类多，分布也很广，全国各省、市、自治区包括香港、澳门和台湾，每个地方都有自己独特的旅游资源。总体上，我国旅游资源具有多样性、丰厚性、古老性、奇特性等特点，不但对本国居民具有很强的吸引力，而且对外国居民也具有很强的吸引力。目前，我国对旅游景区（点）实行 A 级评定制，最低级别为 A 级，最高级别为 AAAAA 级。

　　我国现行对旅游景区（点）的管理体制大致分为五种类型：一是一级政府型，即在旅游区设立一级政府，行使政府职权，下设机构也完全按照政府建制配置，如南岳衡山。二是政府代管型，即由一级政府设立一个机构，并由政府的一名负责人兼任旅游区的主要负责人来进行管理，如河南嵩山。三是部门管理型，即旅游区不设一级政府，业务也不归所在地政府管理，而是上级主管部门管理。如归林业部门管理的森林公园，归文物部门管理的重点文物保护单位等。四是混合管理型，即具有地域管理与垂直管理双重性质，在同一个区域内，有一级政府，但同时又有一个与政府平级甚至更高一级的部门管理机构，如湖南韶山。五是企业管理型，即旅游景区（点）由企业开发，由企业行使管理者职责，如四川雅安碧峰峡景区。

　　景区（点）旅游策划是指以景区（点）的开发、利用和发展为预设目标所制订的方案和采取的措施。主要涉及景区（点）开发与利用，景区（点）的宣传与促销，景区（点）的综合配套设施建设等。就景区（点）旅游策划的对象而言，包括以物化的形态表现出来的景区、景点的建筑或山水，以文化的形态表现出来的景区（点）的历史文化与风俗和以行为的方式表现出来的为促进景区（点）发展的各种措施。

　　根据景区（点）旅游策划时所涉及的领域不同，可以分为景区（点）旅游资源策划，景区（点）旅游饭店的策划、景区（点）旅行社的策划、景区（点）旅游车船公司的策划、景区（点）旅游娱乐的策划、景区（点）旅游教育策划、景区（点）旅游购物的策划等。根据景区（点）旅游策划所预设的目的不同，可分为景区（点）旅游战略策划、景区（点）旅游规划策划、景区（点）旅游管理策划、景区（点）旅游营销策划、景区（点）旅游公关策划、景区（点）旅游广告策划、景区（点）旅游企业形象策划、景区（点）旅游品牌策划、景区（点）旅游节会活动策划、景区（点）旅游商品的策划、景区（点）旅游招商的策划、景区（点）旅游资源整合的策划、景区（点）旅游线路的策划等。

二、景区（点）旅游营销策划方法

（一）资源创新：无中生有，借题发挥

通过资源创新方式，"无中生有"使景区（点）的内容更加丰富，特色更加鲜明，加上"借题发挥"的促销，使旅游景区（点）具有更强的竞争力。结合一些景区成功经验，景区（点）资源创新法有以下几种典型策略：

1."小题大做"

利用已有但并不出名的风景、人文资源，通过丰富内容，增加设施，加强宣传，从而扩大影响，提高效益。小题大做要注意小与大的关系，要通过小景点小项目来折射大内容，带来大开发，创造大效益。小题大做关键是要看做的内容，如湖南郴州的万华岩，冷水江的波月洞，本是两个比较普通的岩洞，但两地利用岩洞，编出许多美丽动听的传说，传说就使普通岩洞这个小题得到了最大的发挥。又如海南省的三亚市，虽濒临大海，但地处偏僻，可谓真正的"天涯海角"。三亚人正是利用"天涯海角"四字大做文章，以满足游客的好奇、探险心理，从而使旅游业得到了极大的发展。山东潍坊市的旅游资源是比较贫乏的，但他们利用每年创办的国际风筝节大做中国风筝文化这篇文章，竟成了一个较有名气的旅游地。湖南湘西有个叫王村的地方，仅仅因为是电影《芙蓉镇》的外景地，由于宣传声势大，竟也成了一个重要的旅游地。

2."一题多做"

利用一个方面的特色，实行多方面的开发和推销。如湖南张家界，多年前，张家界还是养在深闺人未识。但他们利用独特自然风光，在古、幽、秀、险、奇多方面综合考虑，既开发了像天子山那样的自然景观，又修复了一些文物古迹，还开发了猛洞河漂流等旅游项目，从而使张家界成了世界闻名的旅游区。又如南岳衡山享有"五岳独秀"之称，他们利用"独秀"做好了"春看花、夏观云、秋望日、冬赏雪"四篇大文章，单是"冬赏雪"，就使以前并不出名的雪景成了一大旅游资源。原来春节前后两个月游客稀少，现在这两个月就可接待游客 30 多万。

3."古题今做"

利用古代留下的文化趣事，大做文章。如湖南的桃花源，许多人知道东晋诗人陶渊明曾写过一篇著名的文章《桃花源记》，但陶渊明所写的桃花源到底在哪个地方，至今仍有争议。湖南省常德市正好有个县名叫桃源县，于是常德市和桃源县的领导便巧妙地利用地名与陶渊明文章名称相同的特点，大做文章，建立了一批仿古建筑，举办了桃花源游园会，这样，使常德的桃花源便成了约定俗成的桃花源，年接待游客竟达 50 多万。再如北京的大观园、湖北的"三国"系列旅游、岳阳的龙舟文化旅游都是古题今做的好

典型。

4. "他题我做"

借用别人的资源，甚至照搬别人的景点，通过自己的加工，成为自己的旅游资源。如深圳的做法是比较突出的。深圳建市时，旅游资源十分缺乏，四周既无名山也无名楼。他们就巧妙地将全国一些著名风景点缩小搬到自己的地盘上，搞了一个"锦绣中华"；又巧妙地将各地的民风民俗移来，办起了一个"民俗文化村"，现在这两处均成了深圳市主要的旅游文化城，这也是借题发挥的充分运用。

（二）形象创新：塑造形象，面向市场

通过旅游景区（点）的形象重新设计定位，也可以直接为景区（点）带来良好的经济效益和社会效益。那么，如何进行旅游景区（点）的形象创新和促销呢？

1. 充分认识景区（点）自然与人文资源及特色，塑造自身形象

我国幅员辽阔，旅游景区的构成类型多种多样，从自然资源来看，有山岳型、湖泊型、平地型、洼地型等，不同的类型构成又有各自特色。如五岳之中，华山以"险"而闻名，衡山以"秀"而闻名。清人魏源曾写诗说，"恒山如行，岱山如坐，华山如立，嵩山如卧，惟有南岳独如飞"，这"行、坐、立、卧、飞"，就是五岳的山势特色。五岳在设计自己的形象时，就应该紧扣这些特色。再如张家界是以奇山异水而闻名，洛阳是以历史文化和牡丹而闻名，这些旅游区在进行形象塑造时，也应紧扣自己这些特色。在认识自身的特色后，还要注意用凝练的语言来体现自己的形象。如南岳的"五岳独秀""佛教圣地"，桂林的"山水甲天下"，张家界的"大自然的遗产"，西湖的"人间仙境"等，都是旅游景区（点）进行形象塑造的较好的体现。

2. 面向游客，了解游客的来源和心理，多层次多渠道进行促销

任何旅游景区（点）的游客来源都是多种多样的，有本省的，也有外省的；有中国的，也有外国的；有工人，也有农民。但在这多种多样的客源中，还是有个主流，如南岳衡山的游客构成中香客就占了很大的比重，香客的到来主要是认为南岳菩萨的灵验，带有浓厚的宗教文化色彩，因而，南岳形象塑造就必须要有宗教文化意识才能吸引更多的游客。再如深圳的"世界之窗"之所以能吸引许多的游客，是因为设计者抓住了客源市场人们的心理，深圳是一座现代化的城市，工作都是快节奏，难以有很多时间出去旅游，希望能把旅游景区景点"搬"到身边来；而深圳是中国改革开放的前沿阵地，到深圳来的游客，都希望通过深圳这个窗口多了解一些世界的知识，这样，"世界之窗"就得到了广泛的认同，深受游客欢迎。这充分说明谁赢得了游客，谁就赢得了市场。

（三）体制创新：管理科学，灵活经营

旅游景区（点）的策划中，经营管理的策划是其重要内容。体制创新是指旅游景区（点）为了提高自己的经营效益所采取的各种管理经营体制改革措施。目前，我国景区（点）经营体制主要有三种模式。

一是所有者与经营者合二为一。这种模式多存在于管理权完全属于政府的景区（点），重点文物保护单位，宗教活动场所及新兴的军事旅游点、工业旅游点、农业旅游

点。管理者与经营者合二为一，可以缩小中间环节，节约人力开支；可以就经营中所反映出来的问题进行快速决策；可以使景区（点）的经营着眼于长远的发展，制定长远的发展规划。不足之处是很难形成灵活的经营机制，很难引进高水平的经营人才。

二是托管经营或承包经营。这种方式比较多地存在于所有权归国有的景区（点）。根据某一景区（点）实际经营情况，将某一景区（点）托管后一定期限的经营权折成一定数额的价款，由景区（点）的所有者与经营者签订协议，在经营者支付一定数额的价款之后，取得该景区（点）一定期限的经营权。这种模式优点：①有利于保证所有者的收入，降低所有者在未来的风险；②有利于经营者采取各种灵活多样的经营方式，提高景区（点）的经营效益；③有利于弥补部分景区（点）所有者资金不足的困难，加大景区（点）开发的投入，促进景区（点）更快地发展。不足之处是：①若所有者管得过多，会束缚住经营者的手脚，若所有者管得太少，有些事情经营者又很难协调；②经营者取得经营权之后，为了自身的经济利益考虑，可能对景区（点）实行过度开发，缩短景区（点）的生命；③一些特殊的景区涉及必须要有特别的保护措施，经营者可能并不具备这方面知识和能力，而对景区（点）带来破坏，如发生在山东曲阜的水洗孔庙事件就是典型事例。

三是由景区（点）的所有者与某些旅行社、旅游营销策划公司或其他与旅游相关的公司签订协议，实行捆绑式经营。实行这种模式的景区（点）并不把景区（点）的经营权交给他人，而是将景区（点）在某一地区的销售权卖给他人或与他人签订协议，由他人提供营销策划等方面的支持，由景区（点）在收入中分出一部分给他人。实行这种模式的好处是景区（点）仍由所有者经营，便于对景区（点）的发展做通盘考虑；可以调动旅行社、旅游营销策划公司等单位的积极性，促进景区（点）经营效益的提高。不利的方面是如果将该景区（点）在某一区域的门票销售权卖给某公司，而该公司的销售能力并不强，这样就反而会束缚该景区（点）的发展；即使对于通过签订协议提供营销策划支持的单位，由于景区（点）分给他们的只是门票中的一部分，他们的积极性也不一定能够充分地调动起来。

可以说，景区（点）的管理体制和经营模式都各有利弊，在管理和经营中到底应该如何选择，要根据实际情况来定，不能盲目照搬照套。对于景区（点）管理经营模式的策划应着眼于实情分析，尽量采取积极的措施，防止因管理和经营模式带来的不良后果。在市场经济条件下，笔者认为景区（点）的管理和经营模式应该尽量实行所有权与经营权分离，调动经营者的积极性，以促进景区（点）经济效益与社会效益的同步增长。

第四节 旅行社营销策划

一、概述

旅行社是指以营利为目的，从事为旅游者代办出境、入境和签证手续，招徕、接待旅游者，为旅游者安排食宿等有偿服务活动的企业。旅行社作为旅游活动中的主体（旅游者）和客体（旅游资源）之间的媒介，它是旅游活动的组织者，是旅游产品的销售渠道，也是旅游信息和咨询服务的提供者。它具有三个特征：是企业，并具有独立的法人资格和法人代表；业务范围是招徕、接待旅游者；依法注册成立，并在其业务范围内进行正常的经营活动。

旅行社策划是指以促进旅行社的经营和发展为预定目标所设计和采取的种种对策。主要涉及旅行社总体品牌的打造、旅行社线路的安排、旅行社与相关单位关系的协调等方面的内容。根据旅行社策划所涉及的旅游构成要素的不同，可以分为旅行社客源策划、线路策划、交通策划、饭店策划、购物策划、娱乐策划等；根据旅行社旅游策划所预设的目的不同，旅行社策划又可以分为旅行社经营管理策划、旅行社战略规划策划、旅行社品牌策划、旅行社营销策划、旅行社资源整合策划等。就旅行社营销实践而言，主要包括产品、渠道、价格、促销等策略策划以及品牌管理与售后服务等。

二、旅行社营销策划方法

（一）品牌制胜

在当今品牌消费潮流的席卷之下，旅游市场的竞争更多地表现为企业品牌的竞争，因而品牌营销已成为主导旅行社的竞争利器。旅行社品牌营销策划，是旅行社在品牌战略指导下系统解决旅游整合营销的方法，在充分把握旅游营销的特性、细分市场目标群的特定需求的基础上，通过品牌形象塑造、品牌宣传和对其所依附产品的更新和质量提高等营销手段来创建市场认可的品牌，并将品牌内涵贯彻到整合营销传播的每一个环节、层面。那么，旅行社如何运用成熟的品牌营销理念和创新运作模式全方位地进行品牌营销呢？

1. 市场细分是旅行社品牌营销的前提条件

在不断升级的现代市场竞争中，任何一个企业都不可能获得整个市场，至少不能以同一方式吸引住所有的购买者。市场细分就是把市场分割成为具有不同需求、性格或行为的购买群体，并针对每个购买群体采取单独的产品或营销策略。旅行社虽然不生产具体的有形产品，但只有根据市场需求、竞争对手劣势和自身优势确定营销范围和营销对象，满足顾客多样化的消费需求，开发、设计具有特色的产品，才可能在竞争中获得持久优势。例如，深圳国旅根据不同游客的需求进行市场细分，寻求旅游产品和自身服务的特色，推出了以"尽情享受新加坡"为主题的新加坡之旅，把目标消费群锁定在喜欢休闲度假的中高层人士及其家庭，与普通走马观花的新加坡游客区分开来。

2. 打造知名度是旅行社品牌营销的基本任务

品牌知名度是目标消费者对品牌名称及其所属产品类别的知晓程度。拥有一个知名品牌能为旅行社带来极大的竞争优势，品牌知名度越高，吸引消费者就越多。因而，提升品牌知名度已成为旅游品牌营销的一项基本任务。近年来，一些经济实力较强的旅行社为了抢占品牌经营制高点，在高水平的产品策划支持下，纷纷加大了广告宣传力度，利用大众媒体提高知名度，改变了过去"电视无影、电台无声、报纸无名"的局面。但是大量的营销实践证明，只有针对目标消费者开展能凸显品牌特性的活动，才能使消费者在活动中亲身感受到品牌特性，从而将品牌铭刻在心中，这是提升品牌知名度的最佳途径。例如，深圳国旅以"一样的旅游，不一样的新景界"为口号，全方位推出新旅游概念、新形象推广、新产品包装、新服务体系、新促销举措，塑造了自己"新景界"的品牌形象。

3. 提升美誉度是旅行社品牌营销的关键因素

美誉度是消费者在综合自己的使用经验和所接触到的多种品牌信息后对该品牌价值认定的程度。它是形成消费者忠诚度的重要因素。由于旅游消费者非常注重旅游过程中的信用和服务，旅行社应建立以顾客满意为核心价值的品牌营销战略，全面提升品牌经营前、中、后期服务管理，在每一个服务的节点上，都要重视提供给顾客的服务与承诺，强化服务或者是建立和消费者深入沟通的渠道来避开消费者对某些方面的不满。只有这样才能真正可持续地赢得消费者的信赖，提高品牌美誉度，旅行社才能塑造成功的品牌。例如，深圳国旅推出的"千名长者温馨结伴港澳游"，产品设计就是站在做子女的角度去想的，并将具体行动落实于各个服务细节，即便是口岸和交通工具的选择，游客从细微之中感受到这是一家值得信任的、处处为游客着想的旅行社，从而赢得较高的美誉度。

4. 质量管理是旅行社品牌营销的根本保证

产品品牌是企业品牌的基础，没有很高的旅游产品质量和对产品品牌的塑造和维护，旅行社难以建设自身品牌。旅行社作为消费者和旅游目的地之间的中介机构，为消费者提供的是一系列的服务，包括售前的信息咨询，售中的"食、住、行、游、娱、购"各项服务和售后的客户关系服务。旅行社应把全面质量管理观念贯穿于旅游服务工作的始终，做好全员、全方位、全过程的全面质量管理，确定各种情况下的服务流程并将其制度化。提高服务质量和水平，诸如设计主题鲜明、内容丰富、线路合理、劳逸适度的旅游产品；建立和完善旅游服务质量投诉系统，高效率处理旅游营销中的服务质量问题，恪守服务合同；提高员工业务素质，强化人性魅力化服务等；对产品和服务提供质量保障，提升品牌形象和内在价值。

5. 品牌传播是旅行社品牌营销的重要手段

要使旅行社有关品牌的信息进入大众的心智，最有效的途径是通过传播媒介。根据产品品牌带动企业品牌和循序渐进的原则，在准确定位的基础上，旅行社要加强对旅游产品的品牌传播，如广告、人员推销、营业推广、公共关系、口头传播和网络传播等。"口碑"是消费者因对某种产品或服务感到满意而在口头上进行称颂、传播，被现代营销人视为当今世界最廉价的信息传播工具和高度可信的宣传媒介。因为相对于更正式或有组织的信息来源，消费者在购买决策中经常更多地依靠非正式的或人际传播的信息来源。"口碑"以熟知的"证人"、眼见为实的"证物"和信得过的"证词"三者结合的优势，而成为亲、友、邻等产生购买动机的强大的推动力。互联网为品牌的迅速发展与传播提供了崭新的平台。我国目前具有一定旅游资讯能力的网站已有5000多家，包括传统旅行社建立的网站和专业电子商务网站，如中青旅网、国旅网、携程旅游网、艺龙网、华夏旅行网等。旅行社应充分利用其在时空上的跨越优势，将传统的旅行社业务与网络经营结合起来，开发具备差异特点的"人性化产品"，培育信息时代的旅行社网络产品，占领网络旅游市场。

（二）渠道制胜

渠道制胜首先要广泛地建立自己的渠道，要将自己的销售渠道深入到最能吸引游客的区域中去，扩大销售，从而在市场竞争中立于不败之地。渠道的深入可以通过设立分社、公司或各种代办点、销售点的办法，使渠道的覆盖面能够尽量广一些。渠道制胜比较适用于规模较大、实力较强的旅行社，目前全国几个大旅行社国旅、中旅、青旅、中国康辉旅行社、春秋旅行社等，都在全国设立了销售网络。

中国康辉旅行社有限责任公司（原中国康辉旅行社总社）创建于1984年，是中国大型国际旅行社、国家特许经营中国公民出境旅游组团社，经营范围包括入境旅游、出境旅游及国内旅游。旅行社依托全国70余家分社的网络优势及垂直管理体系的建设，常年推广中国公民赴港澳特别行政区以及东南亚、日本、韩国、澳大利亚、新西兰、德国、南非、埃及、土耳其等开放国家和地区旅游，线路丰富、各具特色；并提供赴欧洲、美国、加拿大、中东、地中海地区、俄罗斯等国商务考察活动接待及相关咨询服务，还常年为企业客户提供会议及奖励旅游等服务。"康辉旅游"在北京及全国出境旅游市场已经占有了较大的市场份额，拥有很高的行业知名度。同时，"康辉旅游"国内旅游方面也在锐意进取、不断扩张，成为中国公民旅游行业一支朝气蓬勃的生力军。"康辉旅游"中国公民旅游总部下设"亚洲中心""欧美澳非中心""国内中心""会奖中心""市场营销中心"——五大中心部门，已在中国公民旅游市场建立起一个融同业批发及直客零售为一体的综合性营销体系。

"康辉旅游"在不断健全完善批发业务体系的同时，积极发展"连锁经营"——直客营销服务体系的建设。"康辉旅游"在北京地区的连锁营业部遍布城区各处，连锁门市数量已达12家，今后还将不断发展，并逐步在全国推广。"康辉旅游"连锁经营体系保持统一形象、统一产品、统一价格、统一服务，并充分利用800电话呼叫中心以及网络在线服务，为旅游消费者提供立体化、多渠道的客户服务。一个网络化的全国直销服务体系的建设是"康辉旅游"贴近市场、贴近客户、确立"以客户需求为导向"的市场营销模式的具体表现，更是"中国康辉"长远发展的一个战略目标。"在家靠自己、出门找康辉"的广告语蕴含的是"康辉旅游"为广大消费者提供个性化关注、全方位旅游服务的品牌诉求，也是"康辉旅游"——"以客为尊"的经营宗旨的深层次体现。"康辉旅游"连锁经营体系倡导"终生客户、终生朋友"的服务理念，力求以相互的信赖及长期的服务树立服务品牌、赢得客户，最终在激烈的市场竞争中胜出。

日臻完善的全国网络和垂直管理模式形成康辉集团在全国旅行社行业独特的优势。遍布全国及海外的网络，北起哈尔滨，南至深圳、海南，东起上海，西至甘肃、新疆，"中国康辉"在全国各大城市设有70多家垂直管理的分公司（分社），在强手如林的旅行社竞争中，中国康辉旅行社始终将渠道建设当作了自己的重点，获得了巨大成功。

（三）特色制胜

特色制胜是指旅行社在营销策划中注重特色，通过提供特色线路、招徕特种游客、提供特色服务等方式来扩大自己的销售，提高自己的经济效益和社会效益。在旅行社的特色制胜策划方面，北京胡同文化游览公司策划并实施的北京胡同游就是一个典型案例。

在北京，围绕在紫禁城周围的胡同有几千条，大部分形成于元、明、清三个朝代。胡同中主要建筑几乎全部是"四合院"。这是一种由东、西、南、北四座房屋，以四四方方对称形式围在一起构成的封闭式建筑。改革开放以来，很多胡同被推土机推掉，现代建筑拔地而起，尽管如此，在北京的市区内，胡同仍占据着近1/3的面积，居住着近半数的人口。胡同不仅过去是，而且现在仍然是许多北京人生息与共的地方。

然而，在经济高速发展，现代建筑鳞次栉比的今天，许多人没有发现胡同的旅游价值。1984年，热爱摄影、喜欢文艺的工程师徐勇来到北京，很快被北京的胡同深深吸引。凭着对摄影和胡同的热爱，1990年，他出版了一本名为《胡同101像》的摄影集，在当时引起了相当的轰动，吸引了很多人尤其是在中国采风的外国人的视线。许多对中国民俗特别感兴趣的外国朋友开始邀请徐勇去给他们讲授胡同的文化历史，并带领他们去胡同里参观游览。开始他还很乐意，但是次数多了，他就应付不过来了。胡同又长又窄，没办法乘车，很多隐藏在胡同里的文化景点又很分散，每次只好步行，这样既浪费时间又让人疲惫不堪。于是，徐勇便想为什么没有一家专门的旅游公司来做这项外国人很感兴趣的旅游项目呢？

1993年3月，徐勇注册了北京胡同文化游览公司，他精心为公司进行了从商标、服饰到活动项目等各方面的独特设计，推出了"北京胡同游"。开始并不顺利，很多人还不知道有这么个旅游公司，这样一种旅游方式，也不觉得胡同有什么看头。从1994年10月开始，"胡同游"吸引了大量国内、国外新闻媒体的目光。作为一种新颖、别致的旅游方式，其蕴含的文化底蕴和始发性使公司成了许多媒体争相报道的对象，并且有些坐过三轮车的外国游客自己回国后写了报道，将此看作新北京进一步开放的标志。北京以及国内的主要新闻媒体都报道过"胡同游"，就这样，"胡同游"名声大振，无形之中给北京胡同文化游览公司打了许多免费的广告。到1997年，游客量开始稳定增长，胡同文化游览公司开始快速、稳定发展壮大，许多旅行社也纷纷找上门来要求搭线合作，稳定的团队游客队伍开始建立。现在，每天接待的游客最少也在上百人次，旺季时能够高达上千人次。公司的规模也在扩大，目前，该公司已有十多名英、日、德、法、汉语导游，近100辆三轮车，30多户合作居民。"逛胡同"与"登长城、看故宫、吃烤鸭"一起并列为各大旅行社吸引外国游客的四大金字招牌，成为北京的一项颇具影响的旅游活动。

"北京胡同游"取得成功在于抓住了特色，形成了特色的观赏景点、特色的旅游线路、特色的客源群体、特色的旅游服务。

因此，旅行社要以特色制胜，首先是提供特色线路。旅游者向旅行社购买旅游产品时往往购买的不是一个单项的产品，而是一个旅游链，包括食、住、行、游、购、娱等要素。而这些要素中，游是最重要的，游的内容决定了游客其他要素的组合。旅行社在编排旅游线路时除了要综合考虑可进入性和接待能力外，同时要注意使自己所编排的线路具有特色，要敢于突破别人的习惯做法。比如说到北京去看天安门、看长城、看故宫，这是许多旅行社力推的线路，这种线路也确实有诱惑力，但是如果一个游客他是第二次、第三次到北京了，你还向他推荐这样的线路，他就不会感兴趣了。相反，如果你向他推荐北京胡同游、北京名人故居游、北京宗教文化游，他可能会更感兴趣。现在许多旅行社正在热推的工业旅游专线、农业旅游专线、红色旅游专线，也是以特色制胜。

其次是面向特种游客。旅行社是通过招徕游客来实现自己的经营利润的。游客来自四面八方，有不同的文化、不同的性别、不同的年龄、不同的爱好，旅行社在进行自己的策划时一定要对游客进行细分，要根据游客的需要来设计自己的旅游产品。细分游客的目的是要使自己的客源市场形成特色，如本案例就是主要针对"老外"客源。而夕阳红旅行社的主要客源市场就定位在老年人。还有如一些旅行社在情人节、中秋节、母亲节推出的一些旅游项目，这些也是针对特别的群体而设计的旅游产品，也是一种靠特色取胜的方法。

最后是提供特色服务。特色的服务是根据游客和需要，安排适合客人的观赏、娱乐、购物等项目。不同类型的游客有不同的需要，旅行社要注意分析游客的构成，再来确定为他们提供的旅游产品，只有这样，才能使游客感受到一种人性的关怀；也只有这样，才能使游客得到更满意的旅游服务。

第五节 旅游饭店营销策划

一、概述

旅游饭店亦称酒店、宾馆，是一种为旅游者提供以住宿、饮食服务为主的场所，是以大厦或其他建筑物为凭借，通过出租客房、出售饮食服务等商品，使旅游者的旅居成为可能的一种投宿设施和综合性经济组织。旅游饭店的产品是一种服务产品，服务产品是由服务项目、服务质量、服务设施及服务环境或称酒店的整体氛围所构成的。确切地说，旅游饭店产品包括有形的设施和无形的服务。其中有形设施有大堂陈设；酒店的整体内装修及客房的装饰（如音响系统、闭路电视、中央空调、卫生系统设备及美容用品等）；健身房及康乐中心的设施（如游泳池、网球场、保龄球、桑拿浴、客厅、迪斯科舞厅等）；商务服务中心（如提供影印、复印、打字、电传、直拨程控电话、会议设施和服务）；公共服务中心（如银行、邮局等）；有形设施追求方便、舒适和安全。无形服务包括服务员的仪表、仪容、举止；服务员的礼仪、礼节、礼貌；服务员的服务态度、服务技能；服务员的服务技艺、技巧、程序、标准；服务员的交际能力、知识视野、应变能力等；无形服务追求友好、热情和相助。

旅游饭店是旅游业的三大支柱之一，是旅游者在旅游目的地进行观赏活动的后方大本营。旅游的食、住、行、游、购、娱几大要素中至少有食与住是与旅游饭店密切相关的，旅游者的购物也往往可以在旅游饭店完成。因此，旅游饭店在旅游业的发展中有着十分重要的地位，旅游饭店的发展水平标志着接待国旅游业的发展水平，也反映着一个国家国民经济的发展水平及其社会的文明程度。同时，旅游饭店是旅游业发展的物质基础，是旅游外汇收入的重要渠道，是旅游业就业的主要部门。据国外统计资料表明，饭店每增加一间客房，可直接提供1.2~1.5人的就业机会，间接为3~5人提供就业机会。

根据旅游饭店的作用及构造的特点，旅游饭店可分为商务型饭店（也称暂住型饭店，设备高档，设施齐全，多位于城区，靠近商业中心，以接待商务旅游者为主）；长住型饭店（只提供住宿、饮食等基本服务，设施、管理较简单，接待住宿期较长的度假宾客或家庭）；度假型饭店（包括疗养型饭店，以接待游乐、度假的客人为主，多位于海滨、山区、温泉、海岛、森林等地）；会议型饭店（主要接待各种会议团体，除具备相应的食宿设施外，还配备各种会议设施设备，一般设在大都市和政治、经济中心或交通便利的游览胜地）；汽车饭店（以接待驾车旅行者为主，一般提供免费停车服务，多位于城市周围或公路干线上）。根据饭店的豪华程度、设备设施的水平、服务范围和标准而对旅游饭店所进行的等级划分，不同的国家所采取的标准、标志、名称也不相同，我国目前采取的是星级制，将饭店分为一星级、二星级、三星级、四星级、五星级五个档次。

旅游饭店策划就是指以促进旅游饭店的经营和发展为预定目标所设计和采取的种种对策。主要涉及旅游饭店总体品牌的打造、旅游饭店客源吸引、旅游饭店公关活动的举办等方面的内容。而就策划的对象而言则包含了各种与旅游饭店的经营和发展相关的物、非物质对象和行为。"物"是指旅游饭店一切能够成为旅游吸引物的建筑、设施等以物的形态体现的东西，如旅游饭店的客房、娱乐设施、酒吧等。"非物质对象"包含了与旅游饭店的经营和发展密切相关的企业文化、企业精神、理念等内容。"行为"主要是指能够对旅游饭店的经营和发展带来效益的各种行动举措。

根据旅游饭店策划所涉及的旅游构成要素的不同，可分为旅游饭店客源策划、旅游饭店的购物策划，旅游饭店的餐饮策划、旅游饭店的节会活动策划等；根据旅游饭店策划所预设的目的不同，旅游饭店策划又可以分为旅游饭店经营管理策划、旅游饭店战略规划策划、旅游饭店品牌营销策划、旅游饭店资源整合策划等。根据旅游饭店策划所涉及目标事项的时间长短还可分为旅游饭店短期策划、旅游饭店中期策划和旅游饭店长期策划。

二、旅游饭店营销策划方法

（一）因地制宜，体现特色

旅游饭店的策划必须自饭店的建设之初就开始，要把策划的思想融入饭店的选址、规划、设计之中。旅游饭店的建设规模与建设风格一定要因地制宜，比如海滨饭店和大城市中心区域的饭店在建筑风格、建筑规模等方面就应该有明显的不同。又比如主要是供客人休闲度假的饭店和主要是供客人商务用的饭店在设计和风格方面也应有明显的不同。旅游饭店在建设之初的策划中就应进行综合性分析，要考虑饭店所处的地理位置及当地的文化背景、风土人情，尽量与其所处的地理、人文、商业环境相适应，不要盲目求大求全，也不要盲目求异求洋，应通过建筑语言，体现自己的特色。在饭店选址和建筑风格方面，位于湖南省著名风景区的张家界琵琶溪宾馆的做法值得借鉴。

【补充阅读8-2】

张家界琵琶溪宾馆

张家界市位于湖南西北部，澧水之源，武陵山脉腹地。是1988年经国务院批准成立的省辖地级市。建市之初，湖南省旅游局和北京市旅游集团公司即决定合资在张家界兴建一家三星级宾馆。当时在宾馆的选址上有两种意见：一种意见将宾馆建在市区，这样交通方便一些，客源也相对集中一些。另一种意见是将宾馆建在景区内，这样虽然离市区远一点，但景区内环境幽雅，有利于下榻的客人观赏风景和休养。最后，他们决定将宾馆建在张家界国家森林公园内，宾馆距张家界核心景点黄石寨、金鞭溪近在咫尺，住在宾馆，犹如身处"天然氧吧"之中。

在宾馆的建筑风格上当时也有两种意见：一种主张按现代建筑风格，甚至模仿欧美休闲度假宾馆的建筑风格；还有一种主张就是宾馆既然建在景区，就应与景区的风格融为一体，要突出地方建筑风格。最后地方风格派获得了胜利。琵琶溪宾馆占地45亩，建筑面积15000平方米，整个设计风格古朴而又大方，整个建筑由四组具有浓郁湘西土家族吊脚楼特色的建筑群组成，外观上凸显了当地的建筑特色。宾馆外表虽"土"，但内部设施却颇为先进、完善，目前宾馆拥有总统套间、豪华套间、豪华标准客房180间（套），床位近400张，宾馆餐厅可同时容纳400人就餐，菜肴中西兼备，以湘菜为主，并突出土家风味。宾馆有大型停车场，还有功能齐全、大小不同的会议室8个。

正是由于宾馆选址的正确和建筑风格的独具特色，琵琶溪宾馆一开业就成了张家界市旅游接待的一个亮点，成了中高档客人下榻张家界的主要宾馆之一。宾馆恪守"顾客至上、信誉第一"的服务宗旨，竭尽全力为宾客提供一流的服务，该宾馆还成为湖南省委、省政府的重要接待场所，曾先后接待过李鹏、朱镕基、李瑞环、李岚清、姜春云、田纪云、李铁映、钱其琛、乔石、邹家华、迟浩田、彭佩云、廖汉生等党和国家领导人及外国元首。先后被评为"全国旅游行业先进集体""全国百优饭店"、全国旅游行业"青年文明号"、湖南五家"文明服务窗口"之一、湖南省"巾帼文明示范岗"，连年被评为湖南省、张家界市的"优秀星级饭店"。

资料来源：欧阳斌. 中国旅游策划导论［M］. 北京：中国旅游出版社，2005：188.

（二）广辟渠道，跟踪服务

旅游饭店的营销是决定饭店经营效益的关键，旅游饭店的营销办法很多，从策划的角度，旅游饭店的营销可采取广辟渠道和跟踪服务相结合的办法。广辟渠道就是指旅游饭店在营销中一定要注意营销渠道的建设，要采取多种办法，通过多种途径，建立多种营销渠道。比如，旅行社就是旅游饭店营销的一个很好的渠道，旅游饭店可主动与旅行社联系，通过旅行社为饭店招徕客人。还可以与当地政府机关、大中型企业建立良好的关系，通过他们为自己招徕客人。另外，网络已成为旅游营销的一种重要手段，旅游饭店还应充分利用网络营销的优势，发挥网络营销的作用。

在建立了较好的营销渠道的同时，旅游饭店还应采取跟踪服务和因时造势等办法进行营销。跟踪服务是指旅游饭店对自己所拥有的营销渠道进行分类，每一类都有具体的工作人员跟踪服务。旅游饭店在营销中采取跟踪服务的办法：一是可以及时了解市场信息，掌握客源市场的动态；二是可以联络感情，加深客人对自己的了解；三是及时听取客人的意见，促进饭店及时调整自己的经营策略，加强经营管理。因时造势是根据某一个时段的特殊含义，在饭店营造一种特殊的氛围，以便吸引更多的客人。比如饭店在春节、情人节、劳动节、国庆节、圣诞节等节日期间的节日气氛营造，就可以为饭店带来实实在在的客源。又比如饭店在自己的店庆日举行的特别庆祝活动，为下榻在饭店的重要客户举行的特别欢迎仪式，为在店开展的重要活动举办有特色的活动，这些都可以提高饭店的声誉，沟通饭店与客户的联系。

【补充阅读8-3】

7天连锁酒店会员制营销

一封封E-mail被发送到"7天会"会员的邮箱里，其主题是"金秋10月入住7天连锁酒店，享三重厚礼"，邮件正文中更是有着"礼品疯狂送""价值200万"的诱人字眼。

7天酒店创办于2005年，目前拥有300多家连锁店。"7天会"为7天酒店的会员俱乐部，它推出了多项会员专享服务、丰富多彩的会员积分奖励计划，拥有行业内最为庞大的会员体系。

在经济型酒店业，通过携程、艺龙等网站做推广是许多酒店习以为常的做法。但7天酒店却摆脱了对中介代理的依赖，自成立之日起，就一直坚持做会员制营销，并不依赖旅行社和酒店预订代理机构，使7天酒店不受制于人，也因此大大节省了分销成本。7天酒店CEO郑南雁说："传统的代理，一间客房一天要付给中介30元到40元，一年按每个客人住6天计算，每个客人至少要付给中介180元。而我们自己推行会员制，可以做到长效管理，而且非常方便。"

7天酒店重点推广会员制，利用会员的反馈提高服务质量，大大减少了人力投入和管理成本，做到了成本最低。郑南雁说："我们营销的核心就是直接发展会员，以确保其享受低价，同时，会员制推广也是7天酒店品牌推广的主要方式。我们并没有很刻意地去打造品牌，而是在销售的过程中逐渐强化品牌，会员制对7天酒店的品牌塑造有着更持久的影响力，当然成本也更低。"

郑南雁强调："经营的目的，不是你想做什么，而是你能为客户做什么。"7天酒店营销的精髓就是将更多的利益回馈给消费者，跟消费者形成互动。"这样，消费者会更加愿意追随我们的品牌，成为我们的忠实客户。"

据了解，7天酒店对会员实行统一低价，其定价原则是倒推价格，即先拟订一个市场价格，然后倒推成本，通过技术手段降低成本，在确保利润的前提下，让利给客户。7天酒店采用会员制营销，直接面向消费者，避开了代理商，也缩短了服务流程，让服务变得更加简单，也更加规范。通过实施会员忠诚度计划，7天酒店搭建了行业内最为庞大的会员体系，其会员超过了300万，消费会员为100多万。

（资料来源：http://blog.linkshop.com.cn/u/xinyingxiao/archives/2008/105874.html）

（三）品牌打造，连锁经营

随着市场竞争的日益加剧，旅游饭店的品牌之争也日益激烈。旅游饭店的策划必须将品牌策划摆在十分重要的位置。旅游饭店的品牌策划首先是要注重提升品牌的内涵，而品牌的内涵主要是由品牌内在的文化张力所决定的。所以，我们在进行旅游饭店的品牌策划时，一定要注意挖掘饭店的文化底蕴，要注意赋予饭店建筑、饭店标徽、饭店各项管理制度、饭店宣传以充分的文化内涵，并在此基础上，提升饭店的经营理念、经营口号、经营战略，形成饭店独特的企业文化体系。当饭店的管理趋于稳定、品牌打造基本成熟之后，我们就可以考虑对饭店进行品牌输出或称连锁经营了。

品牌输出或连锁经营已经成为当今世界饭店经营的一种重要方式。外国的希尔顿、喜来登、香格里拉，中国的华天、锦江、小天鹅、长城等大型饭店走的也是这条路子。

华天集团是以酒店旅游业为支柱产业，以高新产业为新的经济增长点，以房地产业为重要延伸产业的大型企业集团。1988年从300万元的部队招待所起家，1993年组建集团公司，1998年由军队移交地方政府管理。现拥有员工近9000人，总资产34亿元，下属全资、控股及具有实际控制力的子公司19家，其中3家控股上市公司（"华天酒店""银河动力""力元新材"），经营辐射北京、上海、广州、深圳、成都、海南等大中城市及香港、东南亚、欧美等地区。2003年，华天集团实现经营收入13.59亿元，利税2.1亿元，分别比1998年增长1.1倍和5.4倍。居中国饭店业20强，全球300强。2004年5月，经国家工商行政管理局核准，"湖南华天实业集团有限公司"正式更名为"华天实业控股集团有限公司"。企业名称变更、取消域名，为华天品牌由区域走向全国、全球，为集团对外扩张、开展联号式拓展经营奠定了基础。

华天这种跨越式的发展是如何实现的呢？他们走的就是一条品牌经营的强势发展之路。对于华天的品牌之路，红网记者刘恬斌、曹智峰等曾做过深度报道，他们认为华天的品牌之路主要是抓住了几个根本要素：

1. 品牌输出——提升品位，创造价值

近年来，华天集团依托酒店业的品牌和管理优势，以托管和合作等方式大力进行低成本扩张，连锁酒店由移交时的2家发展到10家，由长沙扩展到地市，并进驻北京、海南，投资不到1亿元，而实际控制经营性资产近10亿元，有效地发挥了国有资本的放大功能。在托管的10家连锁酒店中。其中盘活的7家连锁酒店社会资产达6.7亿元。常德洞庭明珠大酒店每年亏损达数百万元，一度陷入经营困境。2000年华天集团托管后，通过输入华天品牌和酒店管理模式，短短两年内使酒店的经营效益由亏损几百万元攀升到盈利1100多万元，并解决了当地450余名劳动力的就业问题，有力地支持了政府的再就业工程。目前，在集团公司连锁经营的10家酒店中，有2家五星级酒店，4家四星级酒店，其中五星级长沙华天大酒店多次荣获"全国最佳星级饭店""最佳优秀星级饭店百强五十佳"等称号，大大提升了华天品牌的整体形象。

2. 品牌维护——优质服务，诚信经营

华天是一个服务的品牌，消费者的口碑来源于员工的优质服务。华天品牌的精华就是规范化、个性化、富有人情味的优质的服务。提升服务和产品质量，是维护华天品牌竞争力的核心所在。在酒店旅游业，华天善于借鉴世界著名酒店先进管理经验，通过不断修订管理制度和管理程序，进一步总结、完善了华天酒店管理模式；通过定期或不定期地组织学习培训、开展技能比武，不断提高了员工的专业素养和操作水平。在严格遵守饭店服务规范化、制度化的同时，以"金钥匙"工程为主导，大力推广服务的个性化、细微化。在品牌维护中，华天十分注重规范品牌管理。这既是企业诚信经营、规范运作的需要，也是让客户享受到不打折扣的完美优质服务的保障。先后出台了《华天集团品牌管理规范》《"华天"字号授权使用协议书》，对华天品牌管理的目标与职责、品牌管理的内容与要求以及品牌授权使用管理等做出明确规定；尤其是对一些使用"华天"字号的连锁酒店提出了严格要求，规定低星级的酒店也要提供高星级的服务；对因质量事故、服务纠纷等问题而严重影响到品牌整体形象的酒店，集团公司将取消其使用"华天"字号的权利，确保华天品牌的含金量在连锁酒店不打折扣，品牌形象不受到损害和影响。

3. 品牌支撑——建设文化，提升管理

品牌的基础是员工。培育企业品牌，就是要培育企业员工，用优秀的企业文化塑造员工，用灵活的机制激励员工，打造一个忠诚于企业、有良好执行力的团队。2000年4月，华天集团全面启动企业文化与企业发展战略研究，用整整3年时间，整合和提升华天文化，形成了《华天集团企业文化大纲》。它是华天集团在长期的经营实践中所凝结起来的一种文化氛围、企业价值观、经营境界和广大员工所认同的道德规范和行为方式，是华天集团的独特魅力所在。通过建设文化，搞活机制，华天品牌的实力日益显现出来，2001年华天品牌经湖南湘资会计师事务所评估达4.4亿元，2004年华天品牌据专家测算达10亿元以上。

在国际旅游市场竞争日益激烈的今天，我国饭店的营销触角还正在由国内向国外延伸，加强饭店的国际营销已经越来越引起人们的重视。目前，国内单体五星级饭店虽然其中一部分也通过第三方机构参与到全球分销系统中来，但由于不能像联号成员饭店那样获得集团总部的专业指导和支持，通过GDS改变客源结构，拉动价格水平的愿望总是无法实现。2004年4月，首届Supranational Hotels中国区年会在北京召开期间，来自北京国际饭店、兆龙饭店、四川锦江宾馆的代表就共同发起并起草了《关于筹组中国饭店全球营销联盟的倡议书》。该倡议书指出，将成立的饭店组织要"最大限度地将一批希望进军全球市场的中国饭店和饭店从业者集合起来，以全球营销渠道和市场服务为纽带，以相同的信念和高质量的产品为基础，在3~5年的时间里，成为在中国和世界范围内具有广泛影响力和号召力的超一流饭店组织"。"中国饭店全球营销联盟"将是一个充分借鉴国外单体饭店和中小规模饭店集团在全球分销领域成功经验的饭店组织。这个组织将不以营利为目的，而是"引入在国际饭店业界中经过时间考验和实践证明的先进全球营销模式，使民族品牌的饭店真正具备面向全球市场的竞争能力"。

【本章小结】

本章首先解释了策划、旅游策划与旅游营销策划的概念，在简述旅游营销策划的基本程序后，结合实例阐述了旅游营销策划的方法与技巧，着重介绍了 2I+8P 模式方法。其次，分城市、景区（点）、旅行社和饭店等专题，理论联系实践，通过典型案例分解上述各类型旅游业态的营销策划方法。

【关键术语】

策划
旅游策划
旅游营销策划

【复习思考题】

1. 旅游策划如何影响旅游地、旅游景区的发展？
2. 结合实际案例，谈谈 2I+8P 模式的运用。
3. 除书中总结的旅游营销策划方法，你认为在城市、景区（点）、旅行社和饭店的旅游营销策划方面还有哪些典型方法？试举例说明。

【案例实训】

城市作为旅游目的地，如何策划好城市旅游？应该围绕市场，寻找核心资源；围绕核心资源，设置旅游主题；围绕旅游主题，开发最适合市场需求的产品；围绕产品，市场营销明确必要的品牌理念和视觉识别；围绕营销需求，确定空间结构和优先发展地段，高效建设重点项目。其中，城市旅游主题的选择至关重要，城市旅游主题是城市旅游的"魂"，有了"魂"，才能串联形成城市的个性肌理和脉络。主题可以是具体的物化的景区景点，正像西湖之于杭州、园林之于苏州、云台山之于焦作；主题也可以是抽象的无形的资源，正如海南岛的阳光、昆明的气候；主题还可以是一种城市氛围，如大连的都市浪漫、成都的休闲气息、上海的海派时尚等。这些旅游主题都是围绕着核心的资源经过长时间的经营打造形成的，当然资源是自然、人文、社会以及与城市自身的区位、历史、经济条件的一种综合考量。

据2011年1月18日《江南都市报》报道，经公众推荐、投票和专家评审，"中国水都——南昌"成为南昌城市形象主题。五年后的2015年12月底，历经3个多月的"南昌旅游形象宣传口号及标识征集活动"，由专家团队从来自全国各地的万余条投稿中，经过综合评审后迎来了全新的宣传口号及形象标识——"天下英雄城南昌"！

[案例思考题]

1. 你认为这两个形象主题怎么样？
2. 查阅南昌的相关资料，选出或重新设计你所心仪的南昌旅游形象主题，并说明理由。

第九章

旅游市场营销管理

【案例导入】

"清新福建"旅游营销全面发力

强化上下联动。形成省、市、县三级旅游部门和旅游企业在"清新福建"宣传推广中的合力。福建省旅游局主要负责全省旅游整体形象宣传推广，着力全省旅游营销顶层设计，加强宏观指导，完善奖励措施，同时组织实施重大旅游节庆和主题推介活动。市县旅游部门负责当地城市形象、旅游资源和旅游目的地形象推广。各地主动融入"清新福建"品牌推广，完善推出二级、三级子品牌，形成全省品牌整合营销体系。旅游企业具体开展旅游产品营销，充分利用"清新福建"品牌宣传营造的良好环境，创意推出一批具有福建特色的旅游线路和产品，为全面打响"清新福建"品牌提供支撑。

增强横向互动。充分发挥福建省旅游产业发展工作联席会议机制作用，与商务、文化、体育、民宗、林业、农业等相关部门密切配合，每月开展一次旅游推介活动，形成"月月有活动、季季有高潮"的营销态势，形成全域旅游营销新格局。

顺应自媒体传播潮流，通过宣传培训，使全省人人是"清新福建"宣传员。实施"清新福建"VI创意和宣传推广工程，把"清新福建"品牌宣传纳入全省公益宣传，推动"清新福建"标识进景区、酒店、旅游企业、学校和服务窗口，在全省机场、公路沿线、旅游集散服务中心及各类重要节庆活动中广泛应用。

推动旅游部门行政化营销向市场化转变。为此，全省旅游市场工作会议提出，按照"政企分工、市场驱动、资源整合、一体营销"原则，构建以市场为导向的新营销机制。旅游行政部门主要做好搭建市场平台、完善机制、强化指导等工作，具体的市场营销鼓励和引导旅游企业去做。各重点景区、各大旅行社等市场主体要切实发挥市场开发"主力军"作用，按照市场和游客的需求，搞好市场承接、完善营销体系、开展区域协作，促进福建旅游市场持续升温。同时加强专业营销队伍建设，进一步完善旅游资金奖励办法，加大入闽旅游奖励力度，支持旅游企业进行市场拓展。

资料来源：汪平."清新福建"旅游营销全面发力［N］.中国旅游报，2016-03-02（B04）.

第一节　旅游市场营销组织

旅游市场营销活动是通过一定的组织机构来进行的，由全体员工共同参与完成的活动。旅游企业一般要根据自身的目标及市场环境，建立起相应的旅游市场营销组织。因此，为实现营销目标，有效地制订旅游市场营销计划，必须以完善的市场营销组织为基础，旅游企业的各个部门及全体员工必须围绕这一目标进行有效的合作。从一定意义上说，旅游市场营销组织就是为了实现市场营销目标而从整体上对企业的全部市场营销活动进行平衡、协调的有机器官和核心，合理的市场营销组织是旅游市场营销管理获得成功的重要物质基础。

一、旅游市场营销组织的概念

现代旅游市场竞争日益激烈，竞争主体多元化，游客需求多样化，旅游企业或旅游目的地要实现一定的营销目标，必须组织和动员所有部门和全体员工共同努力、相互配合、有效合作。为此，需要借助一定的组织系统来实施，可以说营销组织是旅游企业（旅游目的地）营销管理取得成功的组织保证。

旅游市场营销组织这一概念具有双重含义。究其最基本的含义而言，是指一个旅游企业或一个旅游目的地全面负责具体计划、指挥、监督、协调市场营销工作的组织机构。在西方国家一般称为营销部，也有的把营销部和公关部合并称为公关营销部。在我国，旅游企业中设置的市场营销部、国家旅游局的市场司以及各地旅游行政管理机构中的市场营销管理处等都属于旅游市场营销组织。

旅游市场营销组织的引申含义则是指旅游市场营销工作的组织或安排方式。有些小型旅游企业的部门编制中并没有设置专门的市场营销机构，但是这并不意味着这些企业没有必要去开展市场营销工作。在现今旅游业竞争激烈的市场环境中，这些小型企业同其他大中型企业一样需要重视市场营销工作，只不过由于其产品和目标市场比较单一，市场营销工作的组织和安排中的问题比较少，因而无须设立专职的营销机构。在一个企业或组织面向多个目标市场和推销多项产品的情况下，组织安排众多的营销任务和开展营销活动的问题便会增多，因而需要有专门的机构加以管理。

二、旅游市场营销组织的任务

市场营销乃是一种经营思想或管理哲理。在真正实行市场营销导向的企业中市场营销不只是一个部门的职责，而是整个企业各个部门的工作信念和行为准则。在这个意义上讲，很多部门的活动具有市场营销的意义或者都带有营销活动的色彩。因此，市场营销部门的任务无疑是搞市场营销，但是它并不能包揽整个企业所有与市场营销有关的一切活动。市场营销部门作为企业与市场之间的桥梁，它的根本任务在于，围绕满足旅游消费者的需要指导和协调企业的经营活动，以保证企业经营目标的顺利实现。

国家或地方旅游行政组织中的市场营销部门，作为目的地旅游供给与客源地市场需求之间的沟通渠道，其主要工作则是，根据市场需求的发展，指导目的地的旅游供给，并将旅游目的地的产品信息有效地传递给旅游市场，以促使更多的旅游者来访。

旅游企业营销部门围绕满足顾客需要，对企业内有关部门经营活动的指导和协调不仅是直接的，而且对此负有直接的责任；而国家或地方旅游行政组织中的市场营销部门，对目的地旅游供给的指导和协调一般只是间接的引导，因而对此一般不负直接责任。

无论对于旅游企业还是对于旅游行政组织来说，市场营销的实施都涉及管理性工作和执行性工作。就市场营销部门直接承担并为之负责的具体任务而言，大致可以划分为三个领域，即计划与管理性任务、执行性任务和协调性任务。

（一）计划与管理性任务

主要包括以下几方面：

（1）市场调研。包括组织调研项目、收集市场信息以及分析调查结果。具体的市场调研工作可由市场营销部门自己承担，也可委托外界有关的专业机构进行。

（2）市场预测。

（3）拟订营销计划包括选择目标市场、策划营销战略和战术以及制订营销组合实施方案。

（4）策划产品的介绍与宣传。

（5）策划产品的销售渠道。

（6）计划和编制营销预算。

（7）评价和控制营销结果。

（二）执行性任务

主要包括以下几方面：

（1）出席业务洽谈和交易会。

（2）对旅游中间商开展推销性外联。

（3）对已建立业务合作关系的中间商进行定期访问。

（4）开展广告、公共关系等促销活动。

（三）协调性任务

主要是同营业部门、财务部门、人事部门以及其他有关部门的管理人员进行联络，就可能影响营销效率和效果的有关问题进行沟通、说服和协商，以保证产品的推出时间、产品的质量和价格同促销宣传中所介绍的情况不出现矛盾。此外，对于顾客消费后信息反馈中提出的问题，营销部门亦须传知各有关部门，以便及时采取纠正措施。

三、旅游市场营销组织的演变

如同社会营销观念是市场营销活动长期发展的产物一样，现代市场营销组织也是市场营销活动长期演进的结果。现代旅游企业健全、有效的市场营销组织结构是随其经营思想的长期演变、发展和企业的成长而逐步形成的，一般经历了五个阶段。

（一）简单销售部门

这一阶段的市场营销组织，即销售部门主要是"生产观念"时代的产物。在这个阶段，由于旅游企业主要以生产观念指导自己的市场活动，企业的目标、规划、产品价格主要由生产和财务部门确定，推销部门的职能仅仅是负责销售企业生产部门生产出来的产品，而无须过问产品的种类、规格、质量、数量以及产品是否符合市场的需求。在有的企业中，销售部门是从属于企业的供销部门之下的职能小组，没有享有应有的独立地位。在这个阶段，销售部门的人员和工作通常是由一名主管销售的副总经理领导，有时该副总经理也直接搞一些销售活动，如果需要，他还兼管市场调研、广告宣传等营销活动（图9-1）。

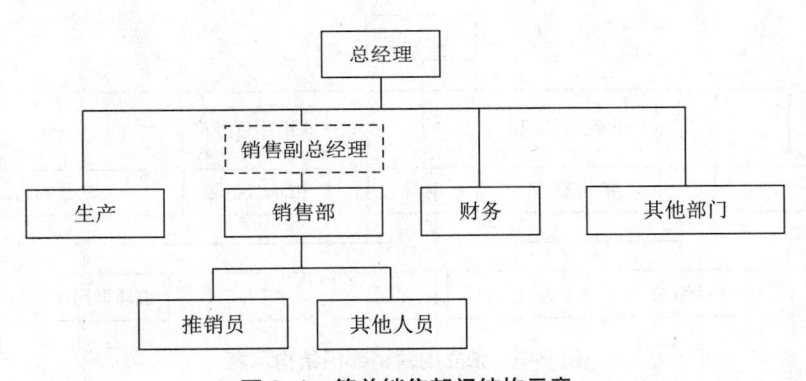

图9-1 简单销售部门结构示意

（二）兼有附属业务的销售部门

随着市场竞争日益激烈以及市场营销观念的发展，旅游企业的"生产观念"逐渐被"推销观念"所取代。旅游企业为实现营销目标需经常性地进行市场调研、新产品开发、广告宣传、产品促销等活动。因此在此阶段，这些新型的市场营销活动逐渐演变成销售部门的专门职能了，到了这种程度，主管销售的副总经理就有必要聘请一位营销主管专门负责去计划、指挥、控制这些营销功能（图9-2）。

（三）独立的营销部门

随着企业规模和经营范围的进一步扩大，市场竞争的进一步加剧以及消费者消费能力的大幅提高，原先作为销售附带职能的营销调研、新产品开发、广告促销等营销功能的重要性越来越突出，为顾客服务的理念也提升到前所未有的高度。市场营销部门独立存在的必要性日益体现出来，市场营销和推销成为平行的职能部门，并为其配备一位新的直接的领导者：主管营销工作的副总经理，如图9-3所示。在这个阶段，销售和营销是众多旅游企业组织结构里应该密切合作的两个相互独立的职能部门。

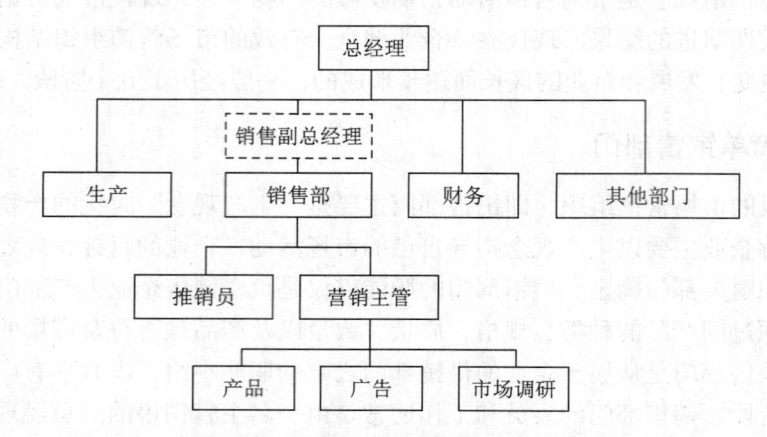

图9-2 兼有附属业务的销售部门结构示意

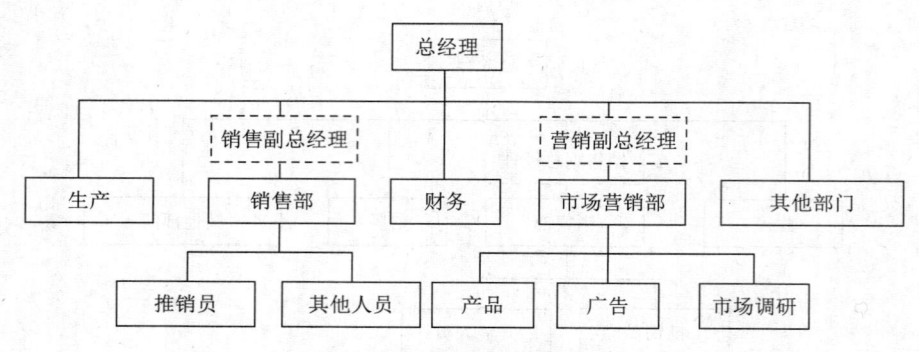

图9-3 独立的营销部门结构示意

（四）现代市场营销部门

营销和销售两位副总经理之间能否真诚协作和默契配合，直接影响到营销活动的效率和价值的实现，因而其重要性是不言而喻的。但在实际工作中，由于销售部门与市场营销部门平行、并列，而且销售部门注重短期目标，市场营销部门则关心长期目标，因而两个职能部门间就易于产生矛盾、冲突，但实质上这两个部门的工作又是企业市场营销工作的有机组成部分。所以，随着市场营销观念的进一步发展，市场导向已经成为当前旅游企业的经营指导思想，旅游企业营销活动已成为一个系统，推销和市场营销部门合二为一，推销成为市场营销过程的一部分，最终形成了现代市场营销部门的雏形，现代营销部门也就诞生了。这种营销组织更好地贯彻了"以消费者为中心"的经营思想，除不断加强和改善旅游市场营销部门的组织机构外，还要创造一定条件，统管旅游企业的全面市场营销工作，以适应现代市场发展的需求，如图9-4所示。

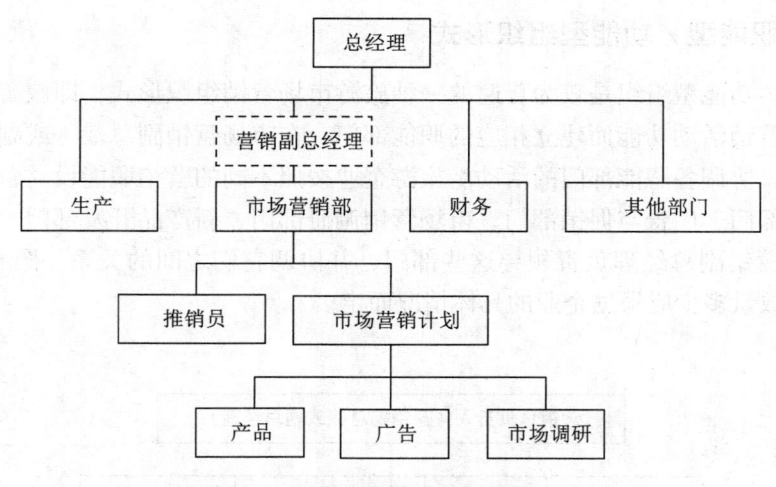

图 9-4　现代市场营销部门结构示意

（五）现代营销企业

从组织形态上讲，一个企业设立了现代营销部门，便已经树立了现代企业的形象，但从本质上讲，并不等于该企业就是名副其实的现代营销企业了。现代营销企业的实质不仅仅需要配置现代营销部门，更重要的在于企业各级管理人员和全体员工是否正确地认识了营销的功能，并对营销活动给予真正合理的有效的支持。如果予以肯定的答复，那么，该企业便上升到了全员营销的境界，才成为名副其实的现代营销企业。在竞争异常激烈的旅游市场中，全员营销已成为旅游企业必须树立的一种理念和行为。然而，由于这样和那样的原因，不少旅游企业目前还停留在"语言上"的全员营销阶段，与实质性的富有成效的全员营销还存在不小的差距。这些旅游企业的营销组织不仅同非营销部门沟通不畅，甚至营销组织之间都不能互相协调，更谈不上完美的结合了。

以上所述市场营销组织发展的大致五个阶段是与"市场营销观念"的发展演变相适应的。然而，正如并非所有企业已自觉地以"市场营销观念"为导向一样，也不是所有企业已成为现代营销企业。实际上，我们可以很容易地从现在企业的身上发现每个阶段的影子。

四、现代旅游市场营销部门的组织形式

伴随企业营销组织的演变，营销组织模式也呈现多样化特征。比如，我国国际旅行社往往按地理区域或国家设置主要的营销组织，而一般旅游饭店、旅游交通企业则无必要按地区划分营销组织。根据菲利普·科特勒的观点，所有组织形式都要适应营销活动的四个基本方面——职能／功能、地区、产品和目标市场。根据这一原则，营销组织也相应有四种基本模式，即职能型／功能型组织、地域型组织、产品管理型组织和目标市场管理型组织。

（一）职能型／功能型组织形式

职能型／功能型组织是较为普遍的一种旅游市场营销组织形式，即旅游企业按不同的旅游市场营销活动功能而建立相应的职能部门，在市场营销副总裁（或副总经理）的统一领导下，协调各职能部门的活动。旅游企业按照不同的营销职能设立营销部门，通常有：销售部门、广告与促销部门、市场营销调研部门、新产品开发部门、营销行政事务部门等。营销副总经理负责领导这些部门，并协调它们之间的关系（图9-5）。这些营销部门的数量多少应根据企业的具体情况而定。

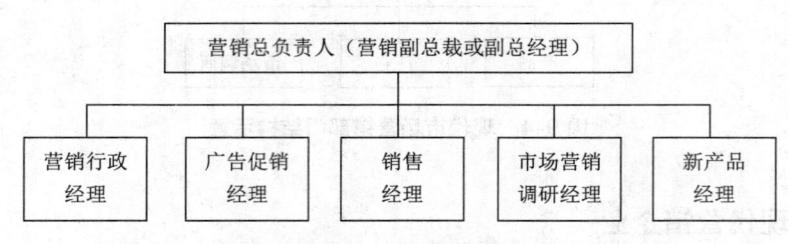

图9-5　职能型／功能型组织形式示意

按职能设置营销机构最大的优点是工作相对比较单纯，管理也较为方便，职能内的活动效率较高。但随着旅游企业的发展，产品种类的增多和市场的不断扩大，各职能部门相互协调比较困难，而且每个职能部门都强调自己职能的重要性，缺乏全局观念，工作中也通常以本部门为中心，任何部门都无须对任何产品或旅游市场负全责。因而相互竞争，不利于旅游企业内部协调，这种组织形式就会难以发挥应有的效果。根据这些优缺点不难看出，职能型组织比较适合产品种类不多、目标市场相对比较集中的旅游中小企业。

（二）地域型组织形式

旅游企业的市场营销范围通常是跨地区的，如果一家旅游企业业务范围涉及全国或世界其他国家和地区，该企业可以按地域或国家设置各级营销组织，从较大区域依次到较小地区设置，按一定的管理幅度增大推销人员，形成一个严密的销售网络（图9-6）。如果企业的销售范围较大，推销任务复杂，推销人员对企业的营销目标影响极大，这种营销组织形式的优越性就非常明显。产品销售全国性或国际性的企业经常采用这种组织形式。

这种组织形式的优点是用专门的营销人员应对特定的地区，避免同一企业不同部门重复访问客户所付出的无效劳动，也可避免同一企业内部不同部门争夺同一顾客而损害旅游企业的利益和形象的不良行为。

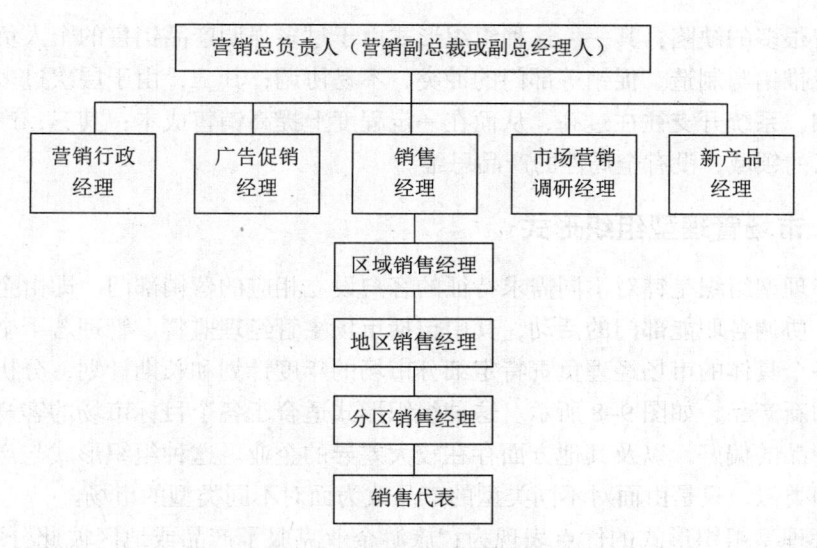

图 9-6　地区型组织形式示意

（三）产品管理型组织形式

当旅游企业各产品之间差异较大，以致按职能设置的营销组织无法处理的情况下，往往按产品或品牌建立市场营销组织，即由营销副总裁或副总经理统一领导，协调各职能部门的活动，其中由一产品主管经理管理、监督若干个产品大类经理，产品大类经理又管理、监督各具体产品的经理。产品管理型组织并不取代职能型组织，只是在职能型组织形式中增加了一个独立的管理层次而已（图9-7）。这种组织形式适用于具有许多而又差别很大的产品或品牌的企业。

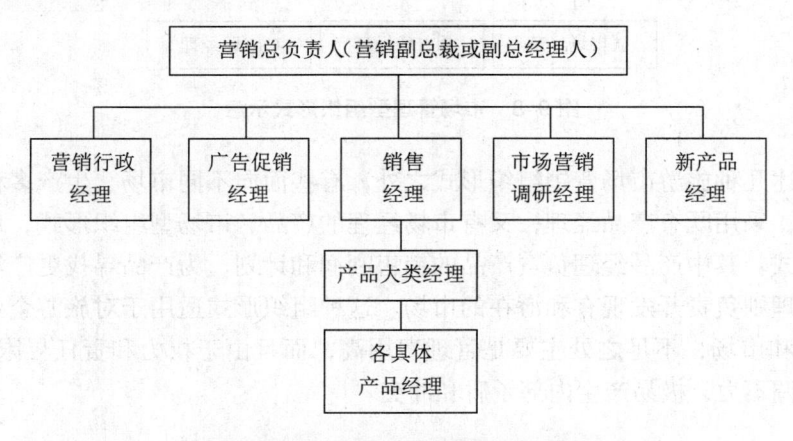

图 9-7　产品管理型组织形式示意

这种组织形式的优点是：适用于经营多种产品的旅游企业，由于有专人负责所有产品的营销计划，所以产品经理可协调所负责产品的营销因素组合策略，及时反映产品在市场营销中可能出现的问题，而且所有的产品均有人负责，易于全面促进产品的销售。

229

但也存在着很多的缺陷：其一，这种组织形式由于过多强调产品销售的个人负责制，有时就会造成推销与制造、促销等部门的冲突，不易协调；其二，由于层次过多，产品销售人员增加，系统开支往往过高，从而在一定程度上提高销售成本；其三，产品经理只专注于自己的领域，没有全局性的产品思维。

（四）市场管理型组织形式

市场管理型组织是针对不同需求特征的客户设立相应的营销部门。即由企业负责人统一领导，协调各职能部门的活动，其中包括市场主管经理监督、管理若干个具体的市场经理。各个具体的市场经理负责特定细分市场的年度计划和长期计划，分析市场趋势及所需要的新产品，如图9-8所示。这种组织形式适合于各个目标市场的客户的购买行为及其对产品的偏好，以及其他方面存在较大差异的企业。这种组织形式与产品管理型组织形式相类似，只是由面对不同类型的产品改为面对不同类型的市场。

市场管理型组织形式的优点表现为：旅游企业克服了产品或地区彼此分裂的弊端，能够针对不同客户群体的需求实施营销，有利于了解客户的需求和需求的满足状况。这种组织形式使企业把营销重点放在客户需求上，而不是集中在营销职能、销售地区或产品本身，可较为充分地体现出"以消费者为中心"的营销观念。

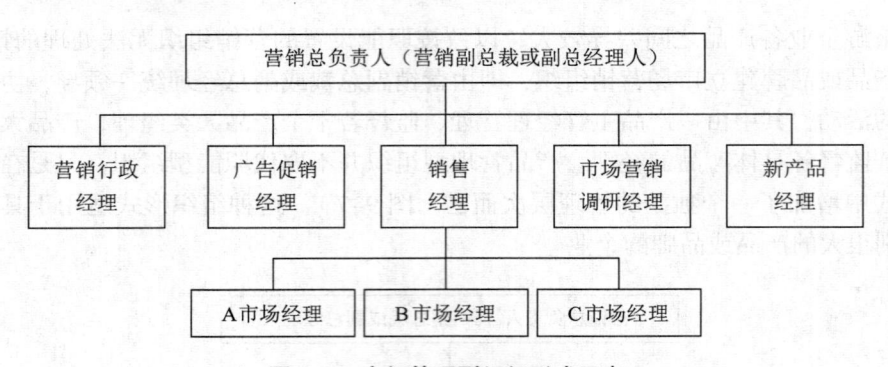

图9-8 市场管理型组织形式示意

除了上述几种旅游市场营销组织形式之外，有些面向不同市场、生产多种不同产品的旅游企业，采用既有产品经理，又有市场经理的产品/市场型组织形式，形成一种矩阵型组织形式。其中产品经理负责产品的销售利润和计划，为产品寻找更广泛的销售对象；市场经理则负责开发现有和潜在的市场。这种组织形式适用于对旅游企业而言特别重要的产品和市场，不足之处主要是管理费用高，而且由于权力和责任界限较为模糊，若控制、协调不力，极易产生内部矛盾和冲突。

【补充阅读9-1】

在多年的营销实践中，我们按照"政府主导，企业跟进，全面整合，全员营销"的原则，充分调动各方面营销的积极性，形成了一套良性互动的旅游营销机制。

每年年初，市政府都会从大处着眼，制订符合我市实际的营销工作方案，明确当年度的全市旅游营销的方向和重点，将营销任务分解到各区县、各景区、各旅游企业。我们注重整合旅游、宣传、外事、文化及相关旅游企业的力量，形成营销合力，在财力紧张的情况下，市政府每年用于营销奖励的资金不少于5000万元。我市旅游外联营销小分队已遍布全国293个地级城市和各省会市。为了整合他们的力量，我们将国内市场分为东、南、西、北、中五大营销战区，成立指挥部，实行战区联合营销。去年各区县在"冬游张家界，嗨动全世界"主题下开展的十大营销活动，效果良好，使冬季不淡。张家界的旅游营销已成为各涉旅企业的自觉行动，各企业每年都会预算一定的经费用于旅游营销。特别是天门山景区、大峡谷景区、黄龙洞景区等单位，每年用于旅游营销的费用都在千万元人民币以上。市内各大官媒和自媒体对旅游营销也十分重视和配合，遇有重大活动、重大工作，只要市委、市政府一声令下，就能做到全面出动，形成排山倒海式的宣传声势。

资料来源：欧阳斌.创新：张家界旅游营销的灵魂[N].张家界日报，2017-07-09（6）．

第二节 旅游市场营销计划

市场营销战略的制定是一个极为复杂的决策过程，需要投入大量的人财物力，耗费许多精力和心血。而作为这个复杂过程的成果，旅游营销战略不可能仅仅停留在抽象的思维形式上，它必须落实到文字上，成为可保留、可传达的具体文件，这就是旅游市场营销计划书。

旅游市场营销计划书是整个营销工作准备阶段的"产品"，它概要地描述了旅游营销活动的目标、内容、要求与工具运用，集中体现所制定营销战略的思想精华，并在整体营销活动中发挥着重要作用。

一、旅游市场营销计划书的作用

旅游市场营销计划书是供上级管理层进行整体决策的参考依据。旅游市场营销计划书作为上级管理层决策的参考，由上级管理层综合、全面地考虑企业各部门的具体情况，协调各部门业务及利益关系，从总体上制定旅游企业经营的整体战略。

旅游市场营销计划书是市场营销部门实施营销活动的备忘录，一旦营销战略决策得以确认，就要在具体行动中保证其贯彻与落实。在此情况下，计划书就成为营销人员在工作中必须遵循的行动规范。各级营销工作者要充分领会、认真把握，同时又要根据实际情况及时反馈各种有价值的信息，并灵活地运用。

旅游市场营销计划书是旅游企业其他部门的业务指南。在旅游企业各部门中，营销部门的地位较为特殊，因为它不但要制订自身的行动计划，还要规范其他部门在工作中如何配合与协作，具体领导其他业务部门及职能部门共同实现本企业的市场营销目标，这是由市场营销的本质所决定的。在市场营销活动中，营销部门的权威必须得以保护，其他部门要根据营销战略计划书的指导与要求，全力予以贯彻和配合。当然，业务指南并不意味着盲从，其他部门在营销活动中还要充分发挥主动性，积极向营销部门提出意见与建议，对市场营销战略加以完善。

二、旅游市场营销计划分类

旅游企业市场营销计划是一个内涵丰富的管理工具体系。根据不同标准，旅游市场营销计划包含多种具体内容：

（一）按营销计划的层次分类

1. 营销战略计划

营销战略计划是一种长远性规划，通常以三年、五年或更长的时间为一个计划的时期，它同旅游企业总体经营规划或某个旅游目的地旅游业总体发展规划相对应。旅游市场营销战略计划规定了营销活动发展的方向，一般具有以下这些特征。第一，长期性。时间跨度长，着眼于长远性的营销决策，它所反映的是未来的发展蓝图。第二，超前性。长期性特征导致营销战略计划具有超前性特征，不然便失去长期计划的意义了。第三，总体性。指对营销活动总体的概括性的规划。第四，指导性。这是营销战略计划的本质属性，营销战略计划的价值就在于对营销行动计划及其实施活动的指导作用。

旅游市场营销战略计划涉及的内容主要有四个方面。第一，战略目标，是指一个旅游目的地或旅游企业在将来某一时期内在其市场中所要占据的位置，通常就是对未来的目标市场、产品范围、销售量、计划增长率、市场份额以及创收或利润等方面做出大体规定。第二，形象确立，规定未来某一时期内本企业或旅游目的地在市场上应努力树立起何种形象以及在人们心目中达到何种地位。第三，营销预算，指计划期内的营销预算及营销资源分配。第四，方案措施，即为在计划期内实现上述内容所应采取的各项行动计划及行动方案。

2. 营销战术计划

营销战术计划也称为营销行动计划，是指根据营销战略计划制订的执行性计划，其目的是用以指导营销人员具体实施营销战略所规定的各项任务。它与解决未来短期内市场营销工作的决策有密切关系。营销战术计划是一种短期内（通常是1年）的营销行动计划。从战术意义上讲，这种营销计划主要是针对近期未来的市场情况，特别是针对竞争者的行动做出对策和反应。如果说战略计划所制定的是一个基本框架，战术计划则是在这一框架之内所设计的阶段性的实现方案。

营销行动计划又可分为策略计划和专项计划两种类型。

策略计划是实现战略计划的一种阶段性计划，主要涉及的内容有：①计划时间，通常以一年为界；②营销策略目标，要以数量化形式具体规定计划实现的销售额和营业额指标，或者其他方面的营销目标；③手段和预算，指实现目标所涉及的营销组合决策以及有关的费用预算；④行动方案，指具体营销活动的实施方案，尤其是促销活动的安排协调；⑤评价与控制，制定评价标准，以此检查、评价和控制营销活动的效果。

专项计划是为一项特定任务制订的实施方案。一般也要包括该项任务的目标、起始时间、实施步骤、营销因素组合、人财物的协调使用以及对实施行为的评价与控制等内容。

（二）按时间跨度分类

1. 短期营销计划

通常以一周或一个月为周期。短期营销计划对旅游企业管理人员的影响较大，相对于中长期营销计划而言，它更侧重于手段和措施问题，可以将其理解为旅游企业经营工作指南。

2. 中期营销计划

一般来说，中期营销计划的时间跨度为一个季度或半年。由于旅游业随季节的波动幅度比较大，营销计划要能灵活适应淡、旺季旅游需求变化的要求。

3. 长期营销计划

该计划时间跨度通常在一年或一年以上，包含年度经营计划和适应性计划，也包含长远的战略营销计划。

（三）按计划的重复性分类

可将旅游市场营销计划分为常用性计划和一次性计划。

常用性计划是指为在规定的时间内进行重复性营销行为制订的计划，如市场调研计划、旅游产品开发计划等。一次性计划是为完成某项特殊任务而制订的营销计划，如某饭店开业十周年店庆的营销计划、赞助某项公益事业的营销计划等。

（四）按计划的内容分类

1. 产品开发计划

随着市场环境的不断变化，竞争对手不断推陈出新，目标市场需求特点会相应发生变化，旅游企业必须经常调整自己的产品结构和产品组合方式，开发、生产、推广自己的新产品。新产品开发设计应规定阶段性新产品的开发重点、目标市场的投放时机和投放方式等工作内容。

2. 分销计划

在该计划内，分销渠道的选择和管理是中心内容，保证企业与渠道成员建立良好的合作关系。

3. 广告计划

旅游企业应根据总体目标安排，协调好内部各部门之间的业务分工，把广告目标和市场目标、市场定位、营销组合等诸多决策结合起来。广告计划应全面负责企业的媒体组合规划、广告投放、广告效果评估等工作内容。

4. 促销计划

该计划主要规划旅游产品和服务促销的具体目标、战略战术、措施等内容。促销计划是旅游企业营销部门的工作手册和行动指南。

5. 定价计划

定价计划主要是对不同环境、时间、目标市场、产品组合等条件下，旅游企业应遵循的价格体系、政策以及特殊情况下的应对策略等作出规定。

三、旅游市场营销计划书的内容

旅游市场营销计划书既然也是一种"产品",那么就同样要重视其"产品质量"与"产品外观",这是决定其在营销活动中的作用能否充分发挥的关键。旅游市场营销计划的内容选择会随着旅游市场的不同需求状态而有所不同。但大多数旅游市场营销计划,包括内容摘要、当前营销状况、机会与问题分析、目标、营销战略、行动方案、预计的损益表现和控制等,如表9-1所示。

表9-1 旅游市场营销计划的内容

主要内容	内容说明
营销计划概要	为使管理者迅速了解而提供营销计划的简略概要。营销计划概要要求开门见山、数字明确、逻辑清晰,以便决策层迅速了解营销活动的主旨,对其产生兴趣。
营销形势分析	提供与市场、产品、竞争、分销和宏观环境有关的背景数据,使决策层对目前企业面临的内、外部形势有一个感性认识,为其充分理解营销计划打下基础。
机会与问题分析	本企业在当前内、外形势下所面临的具体机遇与挑战;本企业自身迎接挑战的优势与劣势的具体分析,从中得出结论;明确本企业发展中,同时也是本计划中强调的中心问题,提请决策层注意。
营销战略目标	这部分内容是计划书的中心内容,也是决策层最感兴趣的部分,即营销计划的实施可以为企业带来哪些具体收益。这是计划书中最具认同感与说服力的内容。它具体包括计划想要达到的关于销售量、市场份额、利润额等目标。
市场营销战略	描述为实现计划目标而采用的主要营销策略、方法。它主要包括:第一,目标市场的选择依据与决策。第二,营销组合决策。包括:旅游产品构成、定位、价格、分销形式、服务人员管理培训计划、广告及其他促销方式、研究开发方式等。
行动实施方案	回答怎样实施计划,即对完成营销战略目标所采取诸多行动的具体统筹安排。对于要完成什么、由谁来完成、什么时间完成、需要进行什么工作、预计成本是多少等问题都要一一明确。这部分内容越具体明晰,实施中越易于贯彻和监控,要落实到具体部门和个人,在确定行动时要请教专家,并充分听取各部门的意见,对多个方案进行选择,确保目标的实现。
预期的损益表	概述计划所预期的财务收益情况:在收入方面要反映预计销售量、预期价格,在支出方面要反映生产、分销、促销及营销成本。
营销活动控制	用于描述如何监控营销战略计划的进展及完成情况。

四、旅游市场营销计划的制订

旅游市场营销计划为旅游企业实现其总体目标规定了具体的逻辑步骤,因而在旅游企业经营活动中作用日益突出。旅游市场营销计划的制订涉及企业与市场的方方面面,它要在旅游企业经营理念、经营方针与目标、经营优劣势分析的基础上,综合环境动态信息变化,制订具体的战略计划与应变方案。旅游市场营销计划制订过程如图9-9所示:

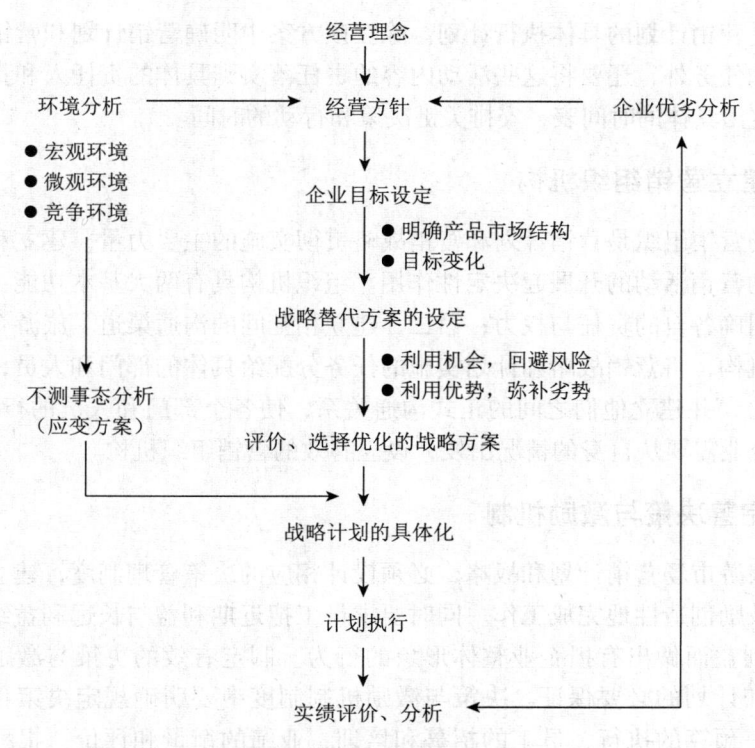

```
                            经营理念
                              ↓
环境分析  ─────────────→  经营方针  ←─────────── 企业优劣分析
  ● 宏观环境                  ↓
  ● 微观环境              企业目标设定
  ● 竞争环境                  ● 明确产品市场结构
     │                       ● 目标变化
     │                        ↓
     │                   战略替代方案的设定
     │                       ● 利用机会，回避风险
  不测事态分析                ● 利用优势，弥补劣势
   （应变方案）                ↓
     │                   评价、选择优化的战略方案
     │                        ↓
     └──────────────→    战略计划的具体化
                              ↓
                           计划执行
                              ↓
                         实绩评价、分析  ──────────┘
```

图 9-9　营销计划制订的过程

资料来源：MBA 必修核心课程编译组．新产品开发［M］．北京：中国国际广播出版社，1999．

五、旅游市场营销计划的实施

旅游市场营销计划的实施，是将营销计划中的策略和措施转化为具体的营销行动，以达到营销目标的过程。旅游市场营销计划的实施与营销计划的制订一样重要，它们是一个系统工程的两个部分。市场营销计划的提出和制订仅仅解决了旅游企业的市场营销活动应该"做什么"和"为什么这样做"的问题。而市场营销计划的实施则是有效地调动旅游企业的全部资源投入到日常业务活动过程中，解决市场营销"怎么做"的问题，即由谁来做、在何处做、在何时做、如何去做。

旅游市场营销计划的实施，必须有相关的各级人员和各个职能部门的参与和支持。只有通过整个企业全员的共同合作和协调行动，才能使营销计划有效地实施。这也是现代市场营销的实践，已从部门营销时期（Marketing Department Era）转入全员营销时期（Marketing Organization）的根本原因。旅游市场营销计划的实施过程包括五个相互关联的部分：①制订详细的行动方案；②建立营销组织机构；③完善决策和激励机制；④开发旅游人力资源；⑤建立旅游企业文化。

（一）制订详细的行动方案

为了使营销计划有效地实施，营销部门必须根据营销计划拟订详细的行动方案，此方案实际上是营销计划的具体执行计划。除在该方案中明确营销计划和营销战略实施的关键性要求和任务外，还要将这些活动内容的责任落实到具体的责任人和责任单位。同时，还应制定出具体的时间表，安排关键决策和行动的时间。

（二）建立营销组织机构

旅游市场营销组织是营销计划和营销战略贯彻实施的主要力量，建立和强化市场营销组织对推动营销活动的开展起决定性作用。组织机构具有两大基本功能：第一，进行合理分工，明确各自的责任与权力；第二，建立相互间的沟通渠道。旅游企业通过正式的营销组织机构，将营销战略和计划实施的任务分配给具体的部门和人员，明确其各自的责任和权力，并建立他们之间的正式沟通关系，使各个部门和人员的行动协调一致。因此，旅游企业需要从自身的情况出发，设立有效的营销组织机构。

（三）完善决策与激励机制

为实施旅游市场营销计划和战略，必须设计相应的决策管理制度，建立有效的激励机制，尤其鼓励创造性地完成工作。同时要求员工把近期利益与长远利益结合起来，避免只顾眼前利益而做出有损企业整体形象的行为。制定有效的决策与激励机制，是实施营销战略和计划的必要保证。决策与激励机制制度中要明确规定决策程序、信息的收集与传递、预算的执行、员工的招募和培训、业绩的衡量和评价、报酬的支付、职务的晋升、业务进修的机会等有关的标准，使营销组织机构能够按照预定的功能正常运行。

（四）开发旅游人力资源

旅游市场营销计划和营销战略的实施，最终要通过人员的推动和努力来体现，并且，营销计划的执行在不同程度上涉及企业的所有员工。因而充分调动职工的积极性，努力开发人力资源，实现人尽其才，就可为实施预定的营销计划和营销战略提供积极的、可靠的保证。

人才的选配和使用是营销战略实施中的一个至关重要的环节。开发人力资源主要涉及员工的招募、考核、选拔、培训、安置、激励等问题。企业不仅要通过招募、考核、选拔、培训找到最适用和最优秀的人才，而且还要通过合理地安置、激励，做到人尽其才，并发掘其最大的潜力。在人才的使用上，还应考虑营销战略的特点。不同的营销战略需要不同个性特点和能力的人才。"开拓型"战略需要具有创业精神、有魄力的管理人员；"维持型"战略需要具有较强的组织管理能力的管理人员；"紧缩型"战略则需要擅长精打细算的管理人员。

（五）建设旅游企业文化

每一个旅游企业都可以有自己的企业文化与管理风格，不同的企业文化与管理风格将给企业带来不同的影响。企业文化已成为企业的重要战略资源，成为市场竞争中的重要竞争手段，它对企业经营思想和领导风格、对员工的工作态度和作风等方面起着决定性的作用。企业文化是在一定的环境条件下逐渐形成的，它对企业的影响也是深远的。企业必须有意识地培育和强化自己企业的优良文化。企业的模范人物是企业员工共有价值观的人格化。企业应通过各种手段以及正式或非正式的形式大力宣传模范人物，激励员工树立正确的价值观念和信念。通过企业文化建设，逐渐形成共同的价值观念和基本信念，保证旅游市场营销计划和营销战略在相应的企业文化和管理风格的氛围中得到强大的无形力量支持。

上述几个方面必须协调一致，相互配合，才能有效地实施旅游市场营销计划和营销战略。

【补充阅读9-2】

2015年黄山市旅游营销工作方案

一、总体思路

根据《安徽省人民政府关于促进旅游业改革发展的实施意见》（皖政〔2014〕88号）精神，按照市委、市政府关于旅游营销持续发力的总要求，紧紧把握旅游发展趋势和市场结构变化，适应旅游发展新常态，坚持以"六个转变"为指引，以旅游产业提质增效、转型升级为主线，以区域联动、整合营销为抓手，持续推进旅游、文化、生态"三位一体"发展，着力打造"大黄山"旅游品牌，全面提升国际旅游目的地综合竞争力。

二、目标任务

2015年，全市总接待游客4650万人次，同比增长12%；入境游客192万人次，同比增长10%，旅游总收入400亿元，同比增长13%。

三、主题口号

国内：天地之美，美在黄山人生有梦，梦圆徽州

境外：中国黄山人间仙境

四、市场定位

境内：巩固发展长三角、珠三角城市群市场，重点拓展京福高铁沿线城市群市场，积极开发通航城市群市场。

境外：重点开拓马来西亚、泰国等东南亚市场，持续巩固韩国、中国台湾、中国香港、北美市场，积极拓展欧洲和俄罗斯市场。

五、主要工作

（一）夯实基础工作

1. 围绕京福高铁开通，策划创作拍摄黄山旅游系列微电影。
2. 设计制作《黄山市精品线路电子版图册》（23条精品线路）和英、韩、日文版《黄山市精品线路图册》（5条入境游线路）。
3. 策划印制玩转黄山之民宿、晒秋、赏花（油菜花等）、高铁等系列旅游宣传品。
4. 制作英、韩、日文版《玩转黄山之旅游地图册》。
5. 与各区县及黄山风景区摄影办合作，征集优秀图片，开展全面宣传。

（二）扩大形象宣传

1. 整合各区县政府、黄山风景区资源，选择在央视等主流媒体，投放黄山市城市旅游形象宣传。

2. 策划实施"黄山号"高铁旅游整体形象宣传。

3. 策划开展黄山市高铁旅游宣传主题口号征集活动。

4. 借助《邓小平登黄山》电影热播，加强网络、电视、平面等立体化宣传。

5. 选择京福高铁沿线枢纽城市和主要客源市场，开展户外大屏、广场LED、社区、高铁车站、主流报刊等形象宣传。

6. 在《安徽日报》《中国旅游报》《东方之旅》《假日自助游》等报纸杂志开展专版宣传。

7. 配合全国游客满意度调查，做好旅游温馨短信提示服务。

（三）健全产品体系

1. 整合包装"四季"产品。全市按四季特色、资源优势，策划推出春季赏花·踏青、夏季避暑·乐水、秋季观叶·采摘、冬季赏雪·泡泉等系列概念性产品，加速产品结构优化。

2. 着力打造品牌产品。不断加强资源整合，充分发挥旅游企业市场主体作用，借助网络、节庆、主题活动营销，着力打造赏花、摄影、晒秋、民宿四大品牌产品。

3. 鼓励创新特色产品。深度挖掘黄山市旅游资源，细分旅游市场，鼓励企业研发推广休闲养生、研学旅行、古道、骑行、婚庆等满足特殊群体需求的特色旅游产品；支持旅游企业根据市场变化，策划推广"铁+酒""机+酒"、自驾游等自由行特色产品。

4. 联合推广区域产品。围绕京福高铁开通和入境市场开发，依托皖南国际文化旅游示范区平台，进一步加强黄山市与周边地区的资源整合，整合推广"两山一湖""名山名湖名城""古徽州文化旅游区"等跨区域旅游产品。

（四）拓展旅游市场

1. 长三角、珠三角城市群市场

（1）巩固网络社区推广。巩固与上海滩网、南京西祠胡同、杭州19楼等网络社区战略合作，整合旅游资源，以四季旅游为主线，重点围绕赏花、摄影、晒秋、民宿四大品牌产品，联合开展版主推介、达人踩线等线上线下活动。

（2）加强旅游电商合作。鼓励、支持旅游企业与去哪儿、携程、同程、途牛、驴妈妈、艺龙等全国知名旅游电商开展合作，加强旅游目的地的整体宣传，开展多种形式的网络营销活动。

（3）强化智慧旅游营销。巩固提升微信微博平台，不断优化"信息发布、营销推介、咨询回复、投诉受理"等功能；利用微信、微博等新媒体平台，开展线上+线下主题宣传活动；通过省市手机报发布最新产品资讯；引导旅游企业广泛应用微信微博、APP等平台，优化在线宣传、咨询、预订、服务等功能。

（4）创新"三进"营销。重点围绕老年养生、研学旅行、会奖会议等专项市场，在长三角城市群策划投放社区宣传广告，开展旅游宣传进校园活动，参加长三角、珠三角地区展览展会，积极探索与高速公路、石油、影视等相关行业融合营销，组织旅游企业跟进开展旅游"三进"户外宣传推广等多种形式的营销活动。

（5）举办节庆、主题活动。对接省旅游局，联动各区县举办摄影、骑行、登山、慢游等节庆活动；对接长三角地区的自驾游俱乐部、车友会等，开展自驾游主题活动；对接境内外民宿、客栈权威机构，举办徽州民宿论坛；结合《2015—2017黄山市旅游营销策划》，组织实施旅游营销活动。

2. 京福高铁沿线城市群市场

（1）整合组团开展高铁旅游促销。按照整合营销、组团分工的原则，发挥皖南国际文化旅游示范区核心区作用，整合市内优质资源，成立5个高铁旅游促销工作组，明确各组带队领导和责任分工，统一形象、统一主题、统一通稿、统一推介，分别组团赴京福高铁沿线5个城市群开展点对点促销、"三进"促销活动，实施高铁沿线城市促销全覆盖。

（2）创新方式推进网络互动营销。配合高铁旅游促销等线下活动，与新浪网、人民网、新华网等门户网站合作，在京福高铁沿线7省市策划实施"黄山高铁游网络推介周""带着微博去黄山"等活动；启动与山东舜网的全年战略合作，围绕高铁旅游产品策划PC端、移动客户端联合宣传，配合开展线下主题活动。

（3）内外并举扩大旅游品牌影响。围绕京福高铁沿线城市群市场，组织邀请百家媒体采风、百个名博（达人）采风、百家旅行商踩线等活动，支持旅游企业邀请骨干旅行商考察特色产品线路；组织参加在高铁通达城市以及周边城市市场举办的有规模、有影响的区域性旅游交易会、旅游展等活动。

（4）区域联动深化旅游营销合作。借助省政府出台的皖南国际文化旅游示范区规划纲要实施意见，以京福高铁开通为契机，探索建立高铁旅游联合营销机制，与周边城市（或景区）加强联动合作，联合开展宣传推广活动，有效整合"大黄山"跨区域旅游产品，提升在高铁辐射延伸市场及其他中远程市场的竞争力。

（5）凸显亮点研究策划事件营销。主动对接有关行业机构，重点围绕高铁旅游市场，策划"京福高铁康辉先行"百城千团活动、"穿婚纱·乘高铁·游黄山""穹顶之下还有徽州"等事件营销，主动制造新闻热点，凸显黄山高铁旅游亮点。

3. 通航城市群市场

（1）开展航空旅游产品促销。针对新开通航城市，组织市内旅行社、景区、酒店等旅游企业开展规模促销，积极培育新兴航空旅游市场；针对固有通航城市，组织骨干旅游企业开展点对点小分队促销，引导推广深度游产品，巩固拓展周边辐射市场。

（2）邀请媒体、旅行商采风踩线。鼓励、支持旅游企业邀请重点通航城市主流媒体、骨干旅行商来我市采风踩线，宣传推广黄山旅游亮点，策划包装"大黄山"系列产品。

（3）出台政策加大宣传广告支持。围绕航空旅游市场，以旅游企业为主导，积极投放航空旅游产品宣传广告，政府制定相关政策，根据一定比例给予广告奖励。

（4）举办市内航空旅游推广活动。组织市内骨干旅行社在市内举办航空旅游产品展等户外宣传推广活动，以组团出游加强航空市场互动，巩固、平衡乘坐率，带动航空客源市场。

4. 境外市场

（1）"走出去"营销。小分队计划：全年组织小分队赴新西兰、马来西亚、泰国、印度尼西亚、中国台湾、中国香港、韩国、日本、美国、加拿大等国家或地区，开展点对点业务促销；展览展会计划：组团参加海峡两岸台北旅展，高雄市旅行公会国际旅展，韩国HANATOUR旅游国际博览会，韩国MODETOUR旅展，马来西亚、泰国国际旅展，日本jata国际旅展，莫斯科国际休闲旅游展等境外重要旅游会展活动；积极参加中国国际旅游交易会等国家、省旅游局开展的境内外促销活动。

（2）"请进来"营销。邀请主要境外客源市场旅行商和媒体，特别是马来西亚、泰国等东南亚市场旅行商来我市采风踩线。

（3）"新媒体"营销。继续与中国台湾康福旅合作，完善、强化黄山旅游专属FACEBOOK（台湾）中英文新媒体平台功能；继续中国台湾雄狮旅合作，完善"天地一幅画乐游黄山"旅游信息繁体网站建设，推出黄山旅游电子书"黄山：穿越四季之美"；在韩国哈拿多乐、乐天、模德三大旅行社官方网站主页开设黄山旅游产品宣传专栏；在韩国最大门户网站之一的Naver或Gdn网站开展黄山旅游关联词搜索广告。

（4）"传统媒体"营销。鼓励市内旅游企业，联合客源市场骨干旅行社，继续在客源市场平面媒体投放各类产品广告；与中国台湾、韩国等相关旅行社合作，继续开展黄山旅游产品电视直销活动，发挥电视购物功能。

（5）"战略合作"营销。继续巩固、扩大境外销售渠道，强化输客与宣传战略营销。与韩国哈拿旅、莫德旅、乐天观光旅、瑞进航空旅行社，中国台湾东森、康福、雄狮，美国中旅国际旅行社、联谊假期集团公司，马来西亚运通，泰国四季旅行社等骨干旅行社合作，签订输客宣传合作协议，共推黄山旅游产品。

（6）"航空旅游"开拓。全力支持、培育黄山—台北、黄山—仁川定期航班稳定执飞，增开黄山—仁川临时旅游包机，努力开通黄山—香港、黄山—釜山、黄山—青州、黄山—高雄、黄山—曼谷、黄山—吉隆坡旅游直航包机。

资料来源：http://zw.huangshan.gov.cn/CommonPages/TitleView.aspx？Category=4&UnitCode=JA037&ClassCode=060200&Id=274727

第三节　旅游市场营销控制

旅游市场所受的影响因素日益复杂，旅游市场的变化也就更为频繁，因而在针对未来不确定的市场环境拟订旅游市场营销计划时，所制订的计划就难免与实际实施情况有一定的出入和偏离。为维护和保证旅游市场营销计划的严肃性和科学性，在计划实施过程中就应有相应的控制程序，对计划本身或计划的实施进行必要的调整，以保证旅游企业营销目标的实现。旅游市场营销控制实质上是对市场和产品的再调研和再定位。这时的调研和定位以原定的旅游营销计划为基础，目的是检查定位的营销计划的合理性和进展情况。作为营销系统中的一个环节，旅游市场营销控制是营销成功的保证。通过旅游营销控制，旅游企业可以发现营销计划中存在的问题并据此提出改进现行旅游市场营销方案的措施。

一、旅游市场营销控制的含义

旅游营销计划在执行过程中会出现变数,因而旅游营销部门必须不断地监督和控制营销活动。旅游市场营销控制是根据旅游市场营销目标和计划,通过对旅游市场营销计划执行情况的监督和检查,发现并且指出在计划实施过程中存在的问题,提出改进和改正的对策和措施,以保证营销战略目标的顺利实现。

旅游市场营销控制具有动态性、系统性和循环性的特征。在旅游企业营销活动中,建立营销控制制度是非常重要的。它有助于对旅游市场营销目标和计划实施过程中所产生的差距进行调整,有助于挖掘旅游企业尚未发挥的潜力,有助于激励营销人员更好地完成营销目标和计划,有助于避免旅游企业在营销活动中的失误所产生的重大损失。因此,作为旅游企业,应形成一套完整的营销控制系统,以保证旅游企业营销活动的有效进行。

二、旅游市场营销控制的类型

旅游市场营销控制按照不同的标准可以划分为不同的类型。

(一)按旅游市场营销决策类型划分

按旅游市场营销决策类型,可以将旅游市场营销控制分为程序化营销控制和非程序化营销控制。程序化营销控制是将决策过程程序化,不必每次都做出新的决策。这种控制关键点是程序的科学化和确立控制标准。在旅游企业实际管理过程中一般是确立具体的"控制警戒点"(超出常规的界限)。例如,在对饭店存货控制中,当存货超过规定的标准("警戒点"),就应向上级报告,以便采取必要的措施。非程序控制是对那些不带规律性而带有风险性、不确定性的重大问题,复杂问题所做出的控制。这种控制较复杂,一般要由营销部经理专门负责。这样有利于及时对决策目标、决策行为、决策结果进行跟踪检查,随时根据反馈的信息调整决策。

(二)按旅游市场营销控制的方向划分

按旅游市场营销控制的方向的不同,可将其划分为策略控制和过程控制。策略控制是通过不同手段对旅游企业营销的环境、内部营销系统和各项营销活动进行定期、全面系统的考核。其目的在于发现旅游市场营销活动中所遇到的目标性、策略性问题,并提出相应改进措施,以保证营销目标的实现。过程控制是对营销活动过程各环节进行监督,发现营销目标不能正确贯彻落实时,及时采取必要的措施,以确保营销目标的实现。过程控制的核心是实行目标管理,将目标细分,分层落实。对执行情况,由上级定期审核,发现问题,及时解决。

(三)按对旅游市场营销的不同影响划分

按对旅游市场营销的不同影响,可将旅游市场营销控制划分为年度计划控制、获利性控制、效率控制和营销策略控制。年度计划控制是指在年度计划中分阶段确定计划目标，以此作为控制标准，对照检查执行结果。年度计划控制的工具主要有会计核算分析、统计分析、经营情况分析和市场形势分析等。获利性控制是指旅游企业对其产品和服务在不同地区、不同市场，通过不同分销渠道销售的实际获利能力进行测算。获利性控制可以帮助旅游企业的管理人员确定哪些旅游产品或市场应扩大，哪些应该缩减以至于放弃。获利性控制常采用营销／盈利率分析方法。效率控制是寻找对于那些工作不理想的营销实体是否存在更有效的方法来管理其营销队伍、广告、促销和分销等活动。效率控制主要考察营销队伍效率、广告效率、促销效率、分销效率等指标。在具体操作中，可以借助每一项目中的一些关键指标。如营销队伍效率可考核营销人员每日的访问客户次数，每次访问客户平均所需要的时间、成本、收益，营销队伍成本占总成本的比率等指标。营销策略控制是指对旅游企业内外环境进行综合分析，对旅游企业营销组合做出评价，从而对饭店的生存能力和竞争能力做出推断。策略控制的基本依据是旅游企业市场营销组合的策略计划。

三、旅游市场营销控制的方式

根据营销控制内容的不同可将旅游市场营销控制方式概括为五种，即年度计划控制、盈利率控制、效率控制、战略控制和营销审计。

（一）年度计划控制

旅游市场营销年度计划的控制目的是确保旅游企业实现年度计划所规定的销售额、利润等营销目标。通常年度计划的控制是与目标管理方法结合起来共同使用，控制过程分为四个步骤，如图 9-10 所示。

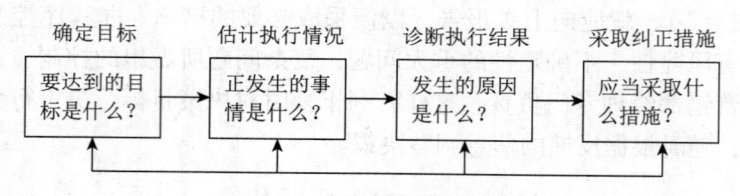

图 9-10　年度计划控制过程

其主要步骤为：首先，旅游企业高层管理者把年度计划按市场变化趋势分解为季度和月份的目标；其次，把季度和月份的计划进一步分解到企业内部各业务部门和成本、盈利中心，并落实相应的责任人；再次，对季度、月份中各部门以至个人落实的市场营销责任和目标，提出和采取相应的保障措施；最后，在计划实施过程中对营销实绩与计划的偏离行为做出分析、判断，改进实施方法或修正目标本身，尽可能弥合营销目标与计划实际执行结果之间的差距。在年度计划控制中，企业高层管理者控制整个计划的总体执行、实施及进度掌握，而企业内的有关职能部门和人员则只控制各个局部计划的执行情况。这样，通过年度营销计划把企业内部各方面的责、权、利有机结合起来，就可充分调动广大员工的积极性，共同保证年度营销计划目标的实现。

年度计划控制的主要方法有销售分析、市场占有率分析、营销费用率分析和顾客满意度跟踪。

1. 销售分析

销售额分析就是将实际销售额和计划销售额进行对比和评价。对比可从两方面入手：若销售总额下降，就需找出原因；若是地区销售额与计划数相差较大，就应该查明是执行过程中存在问题，还是计划制订得不合理，以便采取改进措施。有两种具体方法可进行销售分析：第一，销售差距分析。销售差距分析是用来衡量不同因素（如销售量或销售价格等）对形成实际销售情况与销售计划之间差距的影响程度。第二，微观销售分析。微观销售分析是从产品、服务及其他有关方面去分析未完成销售量的原因。

2. 市场占有率分析

只有通过市场占有率的分析方能了解本企业在市场竞争中的地位，而销售分析是无法反映这种情况的。旅游企业为了了解自己与竞争对手的处境，必须了解自己的市场份额。如果市场份额下降，则意味着本企业落后于竞争对手。

旅游营销管理者需要追踪企业市场占有率的变化情况，如果市场占有率增加了，就意味着企业比其竞争对手跑得快；反之，则说明企业在竞争中已落后于他人。

市场占有率分析不应忽视其他方面的因素，比如，外界因素对于所有参与竞争的旅游企业之影响程度可能相差不大，也可能很不一致。如果有新的大型的旅游企业加入竞争，那就有可能造成现有参与竞争的每一家旅游企业的市场占有率不同程度的下降，而这并不表明本企业的营销绩效下降了。有时，企业为了调整产品结构、改进盈利状况而导致市场占有率的下降等。

3. 营销费用率分析

用来确定营销费用开支是否合理，以克服不合理的开支。也可以按照不同地区、不同市场、不同产品达到的销售额与相应的费用开支进行比较，以确定这些方面费用支出的差异。

年度计划控制要保证企业在实现销售目标时营销费用没有超支。计算是否超支的标准主要是营销费用与销售额之比。

营销管理者要对各项营销费用比率进行分析和监控，以保证将这些比率控制在规定限度之内。营销费用率出现小波动是正常现象，可置之不理。但如果营销费用率超过正常幅度，则应采取有效措施加以控制和纠正。

4. 顾客满意度追踪

通过各种渠道收集顾客和中间商的反应，可以使旅游企业全面了解产品和服务在顾客心目中的地位和形象，改进企业的管理和服务工作。建立顾客（旅游者，旅游中间商等其他有关人员）满意度追踪制度主要包括有：

①顾客意见及建议制度。旅游企业应高度重视顾客对企业的意见和建议。因此，首先应采取措施积极鼓励、方便顾客反馈意见和建议，包括投诉；其次，对反馈意见和建议进行记录、分析，并及时给予回复、处理。

②典型顾客调查制度。有些旅游企业有必要将部分顾客组成典型调查样本，定期通过电话或发放意见调查表，征求他们对企业的意见和建议以及旅游产品和服务质量的评

价。他们反映的情况比之普通顾客较为系统、全面，也具代表性。

③随机顾客调查制度。旅游企业定期寄发征求意见表给一些随机抽取的顾客，请他们评价企业的旅游产品和服务质量。调查结果送交主管者及其他有关人员。这一制度有利于企业员工为顾客提供更合适的旅游产品和更高质量的服务。

（二）盈利率控制

旅游企业的市场营销中心工作是紧紧围绕着经济效益展开的，企业的盈利来源于向社会和旅游消费者提供的产品和服务。因而对企业的市场营销计划控制要落实在这些与营销目标紧密相关的产品和服务上，通过对其产品和服务盈利能力的控制，以保证营销计划及其目标的最终实现。由于不同的产品能在不同的地区、细分市场、营销渠道进行销售，因而就应分别对产品进行盈利水平分析，以便在控制、执行营销计划中，为企业对产品的生产规模、市场的选取等进行决策。

1. 盈利水平分析

盈利水平分析是指通过对财务报表和数据的一系列处理，把所获利润分摊到不同的产品、地区、市场和销售渠道上，再测算出每一项因素的盈亏情况，并将此作为决策的依据之一。盈利水平分析的具体步骤可以分为：

①要确定营销职能性费用，即将各项费用分摊到各项营销职能上，如产品设计、广告宣传、人员推销等各项功能性费用。

②将营销职能性费用分配给各个营销实体，即分配给不同产品、地区、市场和销售渠道的营销部门。

③为每个营销部门编制出各项损益表，如产品损益表、地区损益表、市场损益表和销售渠道损益表等。

④根据收益和利润情况，对亏损和盈利的营销部门作出相应的调整。

2. 决定最佳改进措施

盈利水平分析的主要目的是要发现妨碍获取利润的因素，以便采取适当措施消除或削弱这一不利因素的影响。改进措施有多种方式可供选择，而只有经过慎重而全面的考虑才可能找到最佳的改进措施。

（三）效率控制

营销效率控制的任务是提高诸如人员推销、广告、销售促进、分销等市场营销活动的效率。效率控制可从以下几方面来考虑。

1. 销售人员效率

有几项主要指标可用作销售人员效率的分析评价：每个销售员每天平均销售访问次数，每次平均访问时间，每次销售访问的平均成本和收益，每次销售访问的招待成本，每百次销售访问预定购的百分比，每个期间增加的新顾客和流失的顾客数，销售人员费用对总销售额的百分比等。

旅游企业可以从以上分析中发现一些重要问题。比如，销售人员每天访问的次数是否太少；而每次访问的时间是否太多；招待成本是否过高；虽然新顾客有所增加，但老顾客流失也不少；等等。企业一旦重视销售人员的效率，通常会取得一些实质性的营销效果。

2. 广告效率

主要通过对目标顾客的广告成本和顾客对广告内容与效果的意见来改进广告效率，确定广告目标、广告定位，达到以最低的费用取得最高的广告效率。广告效率主要分析内容有：每一广告媒体类型或工具接触若干名目标顾客所花费的广告成本，顾客对广告内容和效果的意见，顾客在广告前后对产品态度变化的测量，受广告刺激而引起的访问次数等。企业高层管理者可采取一些措施提高广告效率，包括更有效的产品定位、确定广告目标、选择合适的广告媒体、设计更具吸引力的广告词等。

3. 营业推广效率

营业推广效率主要分析实施营业推广措施的成本费用与销售效果。比如，由于优惠而销售的百分比，展览会、交易会的陈列成本和效果，赠券收回的百分比，因某种营业推广而引起询问的次数等。旅游营销人员应注意观察比较不同营业推广方式的效果，从中选出最佳方式。

（四）战略控制

所谓战略控制是旅游市场营销计划中的高层次计划执行控制方式，它主要是对企业的市场营销环境、营销目标、营销战略、营销组织、营销方法和人员、程序等方面进行系统、全面的客观评价，通过检查、分析，发现企业市场营销中存在的机遇和问题，从而为改进和完善其旅游市场营销活动提供战略性的决策依据，以确保旅游企业营销目标、战略、计划等与变化的营销环境尽可能地保持一致。营销战略控制的任务是保证旅游企业市场营销目标、策略和制度最佳地适应现行的市场营销环境或预期的市场营销环境。

由于经济的全球化、市场竞争的国际化，旅游企业不得不面临不断迅速变化的营销环境，而迅速变化的营销环境，必然导致原定的营销目标、战略和策略等不合时宜，甚至失去效用。因此，旅游企业必须要对营销战略实施过程实行战略控制，而且旅游战略控制是一项经常化的工作。

归结起来，旅游市场营销战略控制的内容主要有以下几个方面：

第一，旅游营销环境控制。即对旅游市场、旅游者、竞争者和其他直接影响企业营销活动的因素进行检查，同时对经济、技术、政治和社会等宏观间接影响因素进行分析。

第二，旅游营销策略控制。即对旅游企业营销目标、战略以及当前和预期的营销环境相近程度进行检查、分析。

第三，旅游营销组织控制。即对营销组织在预期环境中实施组织战略的能力检查、分析，包括营销部门、财务部门、采购供应部门的能力以及企业上下左右信息沟通的情况等方面。

第四，旅游营销系统控制。即对旅游企业收集信息、拟订计划、控制营销活动过程进行检查、分析。

第五，旅游营销效率控制。即对旅游营销中有关单位、产品的获利能力和各项营销活动的成本收益进行检查、评价。

第六，旅游营销职能控制。即对旅游营销中营销组织的每一因素及其策略运用进行检查、分析。

（五）营销审计

所谓旅游市场营销审计是指对一个旅游企业的营销环境、目标、战略、策略、组织以及营销活动诸方面进行综合的、系统的、独立的定期审查。旅游市场营销审计的目的在于发现旅游营销机会，找出营销问题，提出改进营销工作的计划和建议，提高旅游企业的整体营销绩效。因而，旅游市场营销审计对提高旅游市场营销管理的效果具有非常重要的意义。

旅游市场营销审计不是一次临时性工作，不是出现问题时才采取的临时行动，定期而持久的营销审计应该是旅游企业经常性业务工作的组成部分。旅游市场营销审计一般由企业高级职员和专门的审计机构共同进行。旅游市场营销审计须有一个详细的工作计划，包括审计目标、范围、资料、期限和报告形式等内容。

旅游市场营销审计主要内容可由以下六大块组成：

1. 旅游市场营销环境审计

旅游市场营销必须审时度势，因此，首先要对旅游市场营销环境进行分析，这种分析是否正确，需要经过市场营销审计的检验。同时，根据市场营销环境的变化，市场营销战略也应做相应的修订，而这种修订也需要通过市场营销审计来进行。

主要是对人口环境、经济环境、社会与文化环境、法律环境、科学技术环境等宏观环境进行分析，以及直接影响企业营销的因素，如市场、顾客、竞争者、分销商和经销商、供应商和辅助机构等的检查分析。

2. 旅游市场营销战略审计

旅游市场营销战略审计主要考察企业营销目标、战略与当前的和预期的营销环境的适应程度。它主要包括制定营销战略的基础的审查，选择营销战略类型审查，选择目标市场审查以及拓展海外市场战略与行动策略审查。

3. 旅游市场营销组织审计

营销组织审计主要是审查营销组织在实施市场营销战略方面的组织保证和对市场营销环境的应变能力。比如，营销组织是否具有坚强有力的领导者，领导者的责权利是否恰当，销售人员队伍是否精干，对销售人员是否有一整套激励、公平和评价机制，是否能有效地组织各项营销活动，同其他部门的合作关系是否融洽等。

4. 旅游市场营销系统审计

市场营销系统审计主要是审计旅游企业是否有足够的有关市场发展变化的信息来源，是否有畅通的信息渠道，是否有良好的市场营销计划系统和控制系统，以及新产品开发系统等。

5. 旅游市场营销盈利水平审计

市场营销盈利水平审计主要内容是审计不同营销实体的盈利水平和不同营销活动的

成本效益，如旅行社度假旅游产品的盈利水平，广告费用与销售额之比，促销费用与销售额之比等。

6.旅游市场营销职能审计

市场营销职能审计是对市场营销组合因素的审计，即对旅游产品、价格、分销渠道、促销等的检查评价。

四、旅游市场营销控制的程序

旅游市场营销控制是一个系统过程，旅游市场营销控制的程序包括以下几个方面（图9-11）。

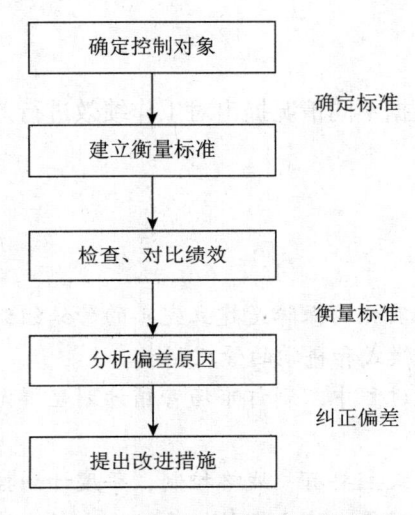

图9-11 旅游市场营销控制的程序

（一）确定控制对象

旅游企业营销控制的内容十分广泛，如销售收入、销售成本、市场调查、营销组合、产品质量和服务质量等。因此实施有效的营销控制，首先要选择评价的市场营销业务范围和对象，把握主次，重点突出。其次要注意使控制成本小于控制活动所带来的效益，否则得不偿失。

（二）确定衡量标准

即确定评价旅游企业营销业绩的尺度，一般应设立具体的量化指标。企业在制定目标和计划时，就要考虑到如何衡量完成工作的好坏。营销控制的衡量标准，是指企业的主要战略目标，以及为达到战略目标而规定的战术目标，如利润、销售量（销售额）、市场占有率、顾客满意程度等各种指标。建立这一指标体系既要考虑营销工作的效果，又要考虑营销工作的效率。效果体现了营销工作达到的程度，如销售额达到多少，市场占有率提高多少，顾客满意度增加多少。效率体现了完成营销工作所付出的代价，如营销费用占销售额的百分比。

（三）检查对比绩效

评价绩效需要建立检查方法。最基本的方法是企业建立、积累营销活动及与此相关的原始资料，以便准确、及时、全面、系统地记载并反映企业营销的绩效。也可以通过直接观察去了解、判断和对比，找出差距，发现问题。

（四）分析偏差原因

经过比较，对实际结果出现偏差的营销活动进行分析，找出症结所在。分析的方法有多种，如因果分析法、差异分析法等。通常导致出现偏差的情况有：衡量标准制定不合理，标准太高或太低；营销人员不努力或工作失误；外部环境不可控因素的影响。

（五）提出改进措施

在分析的基础上，可根据不同情况提出对工作绩效进行差异分析、对比分析，编写分析报告，提出改进方案。

【本章小结】

旅游市场营销计划得以实施的保障是建立完善的营销组织机构，也就是说要有高素质的专业人才、合理的组织模式和科学的管理制度。

在旅游市场营销的管理过程中，制订市场营销计划显得尤为关键，它是营销工作的具体安排。

旅游市场营销控制的方式主要有：战略控制、年度计划控制、获利性控制和效率控制，其过程要经过确定控制对象、建立衡量标准、检查对比绩效、分析偏差原因、提出改进措施五步。

【关键术语】

旅游市场营销组织
旅游市场营销计划
旅游市场营销控制
旅游市场营销审计

【复习思考题】

1. 什么叫市场营销组织？
2. 试述现代市场营销工作的组织结构与传统组织结构的区别。
3. 市场营销部门的任务是什么？
4. 现代旅游市场营销部门有哪几种形式？其优缺点如何？

5. 为什么要制订营销计划？
6. 试述战略性营销计划与战术性营销计划的内涵。
7. 试述旅游市场营销计划制订的程序及内容。
8. 旅游市场营销计划书包括哪几项内容？
9. 对营销战略计划的实施进行控制，包括哪几方面的工作？
10. 对旅游市场营销计划的基本控制有哪几种？其控制要点是什么？
11. 旅游市场营销计划由哪些部分组成？
12. 旅游市场营销计划的制订是怎样完成的？
13. 实施旅游市场营销计划要经过哪几个步骤？

【案例实训】

基于利益相关者理论的旅游目的地营销外包模式研究

旅游目的地的公共产品特性决定了政府介入目的地营销的必要性。在中国，代表地方政府行使旅游管理权力的是各级旅游局，但目的地营销的许多实施环节的专业性又比较强，内容比较烦琐，涉及面较广，现有模式并没有清楚地界定政府旅游管理部门（旅游局）的权利和义务，以及旅游企业的权利和义务。

旅游目的地营销所涉及的利益相关者多达几十个，其中政府部门、旅游企业、社区居民和媒体是关系比较密切的利益相关者（见下图）。目的地政府是旅游目的地营销的组织者、实施者和投资者，关注的重点是提升旅游目的地形象，借此推动地方旅游经济的发展。企业一般是配合政府的营销活动，对营销资金的投入不太关心，相反却比较关注在旅游目的地营销推广过程中，自己的品牌形象是不是受到关注和得到提升，如果觉得达不到预期目标，则不再对目的地营销活动感兴趣。社区居民往往一开始对旅游目的地营销持比较支持的态度，但是在观念上会认为那是政府的事，与自己没有多大的关系，所以最终也会逐渐表现为对旅游目的地营销漠不关心。媒体对旅游目的地营销倒是比较关注，但其关注明显带有目的性，比如寻求新闻价值，或者想从目的地营销活动中获得广告收益。

有没有办法将二者的利益诉求统一起来，解决多年以来困扰旅游目的地营销的营销主体不清、营销执行不力的问题呢？在汽车销售领域，几乎所有的汽车生产厂家都不再负责具体的汽车销售业务，而是将其委托给汽车4S店，或者其他代理商和经销商。在房地产销售领域，无论是万科、华润、保利、绿地等大型开发商，还是其他数量众多的小型开发商，都不再负责具体的地产销售业务，而是将其整体委托给诸如中原地产、世联机构等专业的房地产营销代理公司。在数码、家电销售领域，生产厂家比较倾向于产品的设计、生产环节，有关产品的市场调查、仓储物流、分销渠道、促销策划及实施、售后服务、品牌推广等比较具体的营销业务也喜欢交给第三方专业的营销代理商或经销商完成。这种行为与现代企业的IT服务外包（IT Outsourcing Managed Service）极为相似，国内外不少企业纷纷将自己的信息化建设工作交给专业化服务公司来做，以美国硅谷（加州圣塔克拉拉谷）、印度班加罗尔、德国慕尼黑、日本东京、韩国首尔、以色列特拉维夫、中国深圳等为代表的一大批IT服务外包示范城市因此而名扬天下。

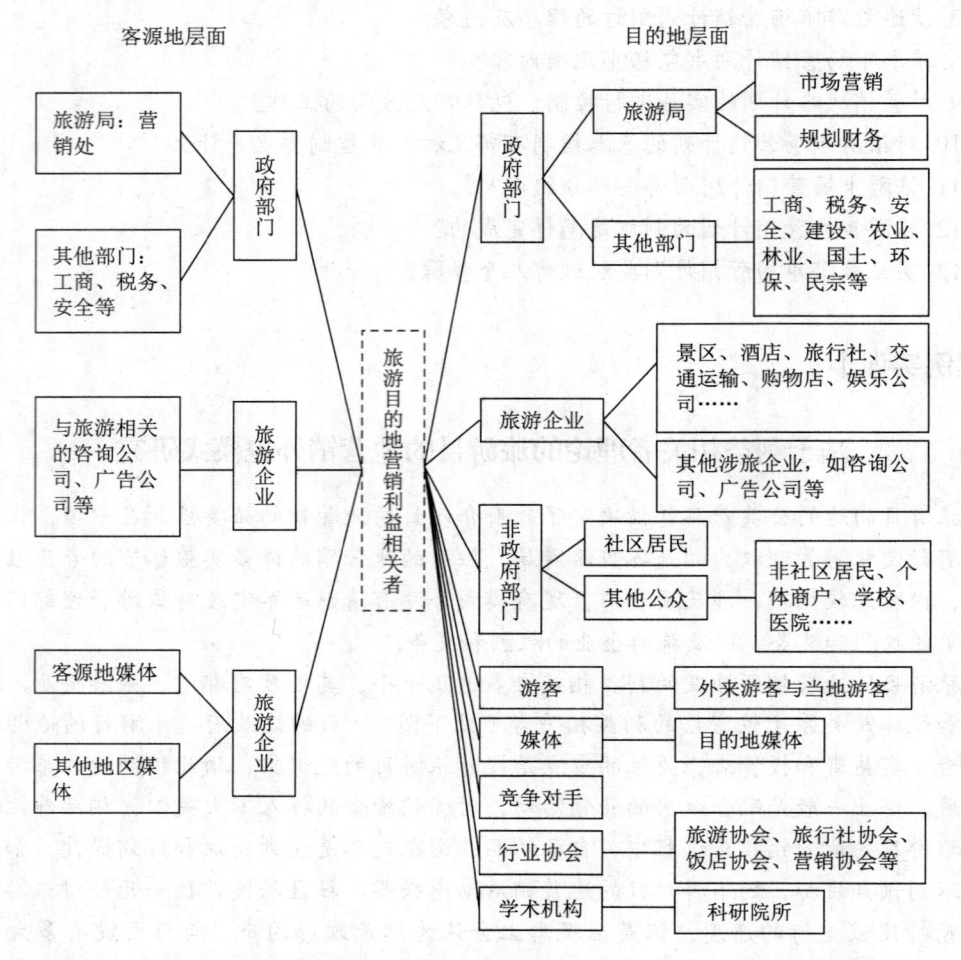

```
客源地层面                                        目的地层面

┌─────────────┐                                  ┌──────────┐   ┌──────────┐
│旅游局：营销处│                                  │          │──▶│ 市场营销 │
└─────────────┘──┐                               │ 旅游局   │   ├──────────┤
                 │   ┌────────┐                  │          │──▶│ 规划财务 │
┌─────────────┐  ├──▶│政府部门│                  └──────────┘   └──────────┘
│其他部门：    │  │   └────────┘     ┌────────┐   ┌──────────┐   ┌──────────────┐
│工商、税务、  │──┘                  │ 政府部  │──▶│          │   │工商、税务、安│
│安全等        │         ┌──────────┐│ 门      │   │其他部门  │──▶│全、建设、农业│
└─────────────┘         │旅游目的地││         │   │          │   │、林业、国土、│
                        │营销利益相││         │   └──────────┘   │环保、民宗等  │
┌─────────────┐         │关者      ││         │                  └──────────────┘
│与旅游相关的  │──┐     └──────────┘│         │   ┌──────────┐   ┌──────────────┐
│咨询公司、    │  │   ┌────────┐    │         │──▶│          │──▶│景区、酒店、旅│
│广告公司等    │  ├──▶│旅游企业│    │         │   │旅游企业  │   │行社、交通运输│
└─────────────┘  │   └────────┘    │         │   │          │   │、购物店、娱乐│
                 │                  │         │   └──────────┘   │公司……        │
                 │                  │         │                  └──────────────┘
                 │                  │         │                  ┌──────────────┐
                 │                  │         │                  │其他涉旅企业，│
                 │                  │         │                  │如咨询公司、广│
                 │                  │         │                  │告公司等      │
                 │                  │         │                  └──────────────┘
┌─────────────┐  │                  │         │   ┌──────────┐   ┌──────────┐
│客源地媒体    │──┐                  │         │──▶│非政府部  │──▶│社区居民  │
└─────────────┘  │   ┌────────┐     │         │   │门        │   ├──────────┤
                 ├──▶│旅游企业│     │         │   │          │──▶│其他公众  │
┌─────────────┐  │   └────────┘     └─────────┘   └──────────┘   └──────────┘
│其他地区媒体  │──┘                                                ┌──────────────┐
└─────────────┘                                                    │非社区居民、个│
                                                                    │体商户、学校、│
                                                                    │医院……        │
                                                                    └──────────────┘

                                                  ┌──────────┐   ┌──────────────────┐
                                                  │  游客    │──▶│外来游客与当地游客│
                                                  └──────────┘   └──────────────────┘
                                                  ┌──────────┐   ┌──────────┐
                                                  │  媒体    │──▶│目的地媒体│
                                                  └──────────┘   └──────────┘
                                                  ┌──────────┐
                                                  │ 竞争对手 │
                                                  └──────────┘
                                                  ┌──────────┐   ┌──────────────────┐
                                                  │ 行业协会 │──▶│旅游协会、旅行社协│
                                                  └──────────┘   │会、饭店协会、营销│
                                                                 │协会等            │
                                                                 └──────────────────┘
                                                  ┌──────────┐   ┌──────────┐
                                                  │学术机构  │──▶│科研院所  │
                                                  └──────────┘   └──────────┘
```

资料来源：张培. 基于利益相关者理论的旅游目的地营销外包模式研究［J］. 新疆大学学报（哲学·人文社会科学版），2016（4）：9-15.

［案例思考题］

1. 中国目前的旅游营销组织存在哪些问题？
2. 在旅游营销过程中各利益主体的诉求有哪些，如何协调？
3. 营销外包模式能否真正解决中国旅游营销中的组织问题？你有何更好的办法？

第十章

旅游市场营销创新

【案例导入】

喜讯|奔走相告！23℃的贵州送清凉旅游大礼包，持续60天，10个省区市居民专享！

持续60天，贵州对"十省市"居民：重庆市、福建省、浙江省、江苏省、湖南省、湖北省、陕西省、江苏省、安徽省、广西壮族自治区（以下简称"十省区市"）提供全省景区门票5折、高速公路通行5折，同时执行的还有航空、旅游包机、旅游专列优惠及补贴政策。

具体优惠内容为：

一、景区门票优惠政策

"十省区市"居民凭本人有效身份证件享受全省各收费景区门票挂牌价五折优惠，以上景区门票优惠政策不包括温泉景区门票和景区内特许经营性项目。

二、自驾游优惠政策

"十省区市"车牌7座及以下小型客车行驶贵州境内高速公路实施五折通行优惠。

三、航线及机票优惠政策

（1）对"十省区市"至贵州往返航线每个航班，各航空公司拿出30%的座位重点投放在早晚航班（8：00前和20：00后）对散客进行打折销售，票价原则上不高于全额票价的50%。

（2）对各航空公司新开或加密贵州至"十省区市"境内（包括各支线机场）的航线，贵州省内机场一律给予免除起降费的优惠。

四、旅游包机、旅游专列补贴政策

对旅游企业组织的"十省区市"入黔包机和旅游专列采取临时性补贴，具体措施如下：

（1）旅游包机。旅游企业一次性组织100人（含）以上由"十省区市"境内乘旅游包机（指由旅游企业经营且不对外开舱售票）来黔旅游，包机在贵州省境内机场进港，

251

且游客在贵州住宿时间不低于3晚的，每架次给予3万元奖励。

（2）旅游专列。旅游企业一次性组织300人（含）以上由"十省区市"境内乘旅游专列或包车厢来黔旅游，旅游专列在贵州省境内入站，且游客在贵州住宿时间不低于3晚的，按每车次给予5万元奖励。并在火车站台开通专列游客绿色通道。

资料来源：http://mt.sohu.com/20170717/n502116812.shtml

第一节　旅游绿色营销

一、旅游绿色营销的基本概念

（一）绿色营销的产生与发展

2009年12月，《联合国气候变化框架公约》第15次缔约方会议暨《京都议定书》第5次缔约方会议在丹麦首都哥本哈根召开，来自192个国家的谈判代表参加峰会，商讨《京都议定书》一期承诺到期后的后续方案，即2012年至2020年的全球减排协议。2010年11月7日，全球绿色增长大会在哥本哈根开幕，会议旨在探讨如何更好地在全球范围内促进绿色经济和就业机会的可持续增长，并就未来绿色经济发展的政治框架、商业和金融条件等交流意见和提出建议。"生态"问题再次在全球范围内吸引了人们的关注，"低碳"经济也乘势进入人们的视线并受到社会的追捧，绿色营销在新时代下被赋予新的意义。

自20世纪70年代起，全球掀起了一场绿色革命，它对整个世界和人类生活产生了巨大的冲击和影响。绿色营销风靡于20世纪90年代，是使企业营销步入集企业责任与社会责任为一体的理性化高级阶段的重要砝码。绿色营销是指以促进可持续发展为目标，为实现经济利益、消费者需求和环境利益的统一，市场主体根据科学性和规范性的原则，通过有目的、有计划地开发及同其他市场主体交换产品价值来满足市场需求的一种管理过程。它建立在可持续发展理论基础之上，倡导不仅要满足人类的物质需求，还要为人类创造一个安全舒适的环境，通过科学的处理生产经营活动与生态环境间的关系，使企业的生产经营活动得以持续进行。同时可持续发展理论刺激了绿色消费意识的形成和绿色生产方式的创新，为绿色营销的进一步推广提供了可能。

所以说，绿色营销是可持续发展思想的产物，可持续发展为其提供了理论基础和发展条件。同时，绿色营销的最终目标是可持续性发展，而实现该目标的准则是注重经济、社会、环境三效益的统一。它要求企业无论在战略管理还是战术管理中，都必须从促进经济可持续发展的角度出发，在创造及交换产品和价值以满足消费者需要的时候，注重生态环境的要求，保持自然生态平衡和保护自然资源，为子孙后代留下生存和发展的权利。它是一种现代营销理念，作为实现可持续发展的有效手段，成为今后企业发展的必然选择。

（二）旅游绿色营销的内涵及特点

1. 旅游绿色营销的内涵

曾几何时，旅游业一度被认为是"无烟产业""朝阳产业"。但是，近年来随着越来越多的粗放式旅游资源"掠夺式"开发事件曝光于公众眼前，人们不得不正视这一事实——传统旅游业的发展使得自然环境的承载力入不敷出，导致生态环境遭到破坏，这与可持续发展理论相违背。此外，从旅游企业的角度出发，以生态环境破坏为代价的旅游开发严重地影响了其企业形象的树立，不利于旅游企业合理地追求经济效益与持续经营；从旅游消费者的角度出发，随着工业化、城市化进程的加快，人们越来越渴望亲近返璞归真的自然环境，享受"绿色资源"给自身带来的旅游舒适度，购买绿色旅游产品，进行绿色旅游消费已经成为一种时尚。

旅游绿色营销即旅游企业以环境保护为指导思想，以绿色消费为出发点，以绿色文化为企业文化核心，以在合理保护的前提下充分利用资源为原则，为实现企业与社会经济、文化、环境协调发展而进行的营销策划的实施过程，其核心是协调营销活动同自然环境的关系。绿色营销考虑的是组织活动同自然、社会环境的关系，谋求的是社会的可持续发展，它是在绿色消费的驱动下直接产生的。当人们意识到传统的旅游方式对人类的生存和发展已经构成威胁时，新的绿色旅游消费需求应运而生。绿色旅游营销是时代的进步，大众的需求，是协调经济、社会、环境三效益统一的必然选择。

2. 旅游绿色营销的特点

绿色营销是知识经济时代与可持续发展理念密切相关的一种新的市场营销观念。旅游绿色营销与传统的营销观念相比，具有以下几方面的特点：

（1）经营目标的长远性。

传统营销研究的焦点集中在企业、顾客与竞争者构成的三角关系；而旅游绿色营销研究的焦点是旅游企业营销活动同自然环境的关系，即研究自然环境对企业营销活动发生何种影响，而企业营销活动又对自然环境发生何种冲击。由此可见，旅游绿色营销的研究范围是对传统营销研究范围的拓展。

此外，传统的社会营销虽然重视将企业利益同消费者及社会长远利益结合起来研究，但它并未重视社会可持续发展。而绿色营销则重视企业经营活动同环境的关系，并突破了国家和地区的界限，关注全球的环境，因而，绿色营销的着眼点比传统社会营销更长远，也更具时代性。这要求我们在进行旅游绿色营销的目标定位中，不仅考虑到顾客群，还应更多地关注社会效应；不仅看到放在企业眼前的利益，更包括一些远期利益。

（2）营销组合的多样性。

传统产品的主要表现一般体现在核心产品成功地符合消费者的主要需求，而且有利于企业实现自身的赢利目标。绿色产品除了传统产品同样的主要表现之外，还有更重要的绿色表现。从产品能否维持环境的可持续发展及从企业应负的社会责任来评价，旅游绿色产品必须体现以下三种绿色理念：第一，旅游企业在进行旅游活动策划时，必须考虑尽量减少对环境的不利影响；第二，旅游资源的开发与保护应同时进行，做到"谁开发谁保护",尽量减少旅游污染;第三,在环境承载量内严格控制旅游人数,实现旅游业的可持续发展。

(3)促销方式的灵活性。

绿色促销同传统促销相比有不同的特点。绿色促销是通过绿色媒体传递绿色产品及绿色企业的信息,从而引起消费者对绿色产品的需求及购买行为。在绿色促销中,绿色广告、绿色公关等具有重要作用,它们同传统广告、公共关系、人员推销具有不同的特征。具体运用在旅游促销方面应因人、因时、因地综合把握。

二、旅游饭店与绿色营销策略

(一)树立绿色意识,营造绿色文化

旅游饭店进行绿色营销的第一步需要树立正确绿色意识,良好的绿色意识有助于绿色饭店的打造。所谓绿色饭店是指在饭店建设和经营管理过程中,坚持以节约资源、保护环境为理念,以节能降耗和促进环境和谐为经营管理行动,为消费者创造更加安全、健康服务的饭店。其核心是为顾客提供舒适、安全、有利于人体健康要求的绿色客房和绿色餐饮,并且在生产经营过程中加强对环境的保护和资源的合理利用。这要求全体员工以环境友好为理念,将环境友好行为、环境管理融入饭店经营管理中,贯彻环保、节约、健康和安全的宗旨,坚持绿色管理和节约资源,倡导绿色消费,保护生态环境和合理使用资源,将"绿色营销"渗透入每个员工的意识,给予顾客宾至如归的服务,营造良好的绿色企业文化。

绿色企业文化是指企业及其员工在长期的生产经营实践中逐渐形成的为全体职工所认同遵循,具有本企业特色的,对企业成长产生重要影响的,对节约资源、保护环境及其与企业成长关系的看法和认识的总和。绿色饭店文化以崇尚自然,保护环境,维护生态环境,降低能源消耗,促进资源持续利用,确保饭店、社会持续发展为目标,综合考虑饭店的经济效益、社会效益、环境效益而追求饭店、顾客、社会三者利益的协调统一。

(二)推出绿色产品,提供绿色服务

2010年3月,国家旅游局颁布了绿色饭店的旅游行业标准——《绿色旅游饭店》。新的行业标准给绿色饭店的产品提供提出了更明确的指示,具有较强的操作性。按照《绿色旅游饭店》国家标准要求,创建绿色饭店可以帮助企业平均节电15%、节水10%。仅以国内现有的1万多家星级饭店为例,如果都创建绿色饭店每年节约水可供180个中小城市一年用水;节电相当于目前三峡电站近一个月的发电量,近170个中小城市一年的用电量,将能带来良好的社会效应。

所谓绿色服务,是指饭店提供的服务是以保护自然资源、生态环境和人类健康为宗旨的,并能满足绿色消费者要求的服务。绿色服务不仅体现在产品被消费时,还包括提供产品和产品被消费之后。如客房方面,设无烟楼层,向不吸烟的客人推荐绿色客房。在绿色客房内摆放禁烟标识,用糖或水果代替烟灰缸,增加绿色植物的摆放,

采取通风、配置空气净化器等措施保证室内空气无烟味。餐饮方面积极推出绿色食品，在餐厅设立绿色食品展台，严格做到不采购、加工和出售野生保护动物。环境方面，各星级饭店积极利用有限空间进行绿化，如建设屋顶花园，极大地优化酒店的生态环境。

（三）优化组织结构，进行绿色管理

"绿色管理"就是融环境保护的观念于饭店的经营管理和生产活动之中。这一思想可以概括为"5R"原则。①研究（Research）：把环保纳入饭店的决策要素之中，重视研究本饭店的环境对策。②削减（Reduce）：采用新技术、新工艺，减少或消除有害废弃物的排放。③再开发（Rediscovery）：变传统产品为绿色产品，积极争取绿色商标。④循环（Recycle）：对废旧产品进行回收处理，循环利用。⑤保护（Reserve）：积极参与社区的环境整治，对员工进行环保宣传，树立绿色饭店形象。饭店只有在绿色管理原则下，才能加快向绿色饭店发展转变，推动企业采用各种环保技术，实行清洁生产，生产出符合社会和消费者需要的绿色产品，从而实现经济的可持续发展。

三、旅行社与绿色营销策略

（一）营销观念绿色化

营销观念是企业营销活动的指导思想。营销观念是否符合客观实际，是否正确，直接关系到企业营销的成败，涉及企业的兴衰。"绿色需求"要求旅行社树立"绿色营销"观念，寓环保意识于企业经营决策中。从管理人员到员工都必须首先树立可持续发展的长远观念，将保护生态环境视为己任，促进生态与经济的协调发展。同时要树立环境法制观，自觉以法规约束企业行为；树立环境道德观，努力倡导我国先进文化，从而在旅游者的心目中树立起良好的环保新形象。企业只有及时转变并调整自己的经营理念，与国际"旅游绿色营销"观念接轨，才能在竞争中拔得头筹。

（二）产品设计绿色化

旅行社绿色产品的直接含义是生态旅游产品。旅行社在设计符合绿色化要求的生态旅游产品时首先应遵循生态原则、确立合适的生态旅游产品策略。作为生态旅游产品，由于其生态环境的脆弱性，面临着因为环境质量下降而使得产品进入旅游生命周期的衰弱期。按照传统的营销理念，此时最直接有效的办法是开发新产品取而代之，然而这与绿色营销观念是相违背的，因为这实际上是以旧代新的浪费资源、破坏环境。如果生态旅游产品生命周期策略符合绿色营销策略，则要加强可持续管理，使之负面影响减少在环境承载力范围之内。其次，在同一生态旅游地内可根据环境需要调整旅游线路延长资源的衰退周期，将旅游人次控制在旅游地的承载范围内。

（三）产品组合绿色化

传统的旅游业涉及"食、住、行、游、购、娱"六大块，一般旅行社并不具备生产

旅游产品要素的功能，只是对旅游要素进行组合进而向旅游者提供服务组合，并通过与旅游者进行交换和旅游者的参与最终构成完整意义上的旅游产品。因此，旅行社在进行产品组合时，应事先对供应链上的各单位进行绿色评价，订立严格而具体的约束条件，并加强现场验证，充分发挥其在整个旅游产品组合中的先导作用，优先选择生态负责的供应单位，建立"绿色供应链"，实现产品组合绿色化。

【补充阅读10-1】

当前，我国进入大众旅游时代，酒店业的服务水平不断提高。在日前召开的2016中国国际饭店业大会上，中国饭店协会发布的《2016住宿业绿色发展白皮书》指出，我国应适应品质消费、个性消费、体验消费、绿色消费和智能消费新趋势，不断提升全国饭店业服务品质。

据了解，住宿市场竞争日益激烈，行业营业收入增长缓慢，尤其是高档饭店（五星级、四星级）的平均营收增速持续下降。以五星级饭店为例，2015年，我国556家五星级饭店共有26.9万间客房，平均房价655.7元，出租率仅为56.4%。海南省酒店餐饮行业协会会长陈恒认为，酒店运营结构需要改善，酒店业应向多元化绿色化转型。

中国饭店协会会长韩明说，近年来，我国住宿业进入多元化发展阶段，绿色饭店提升空间大。"我国饭店业生态圈，已经从最初典型的'哑铃'型结构，逐步向均衡方向发展，在发展过程中应加入绿色消费理念。"国际饭店与餐馆协会主席加桑·艾迪指出，绿色是国际饭店业未来发展趋势，中国饭店业在未来发展中应强调绿色环保意识、可持续发展意识，以获取更多客户。

韩明说，当前众多国际、国内酒店业集团加快布局中档品牌，开启特许经营模式，精品酒店、客栈民宿、酒店公寓、养生酒店等新兴业态也在资本介入下风生水起，中国酒店业步入多元化发展格局。调研显示，中国住宿用户对绿色饭店的认知度为37.2%，其中完全了解并且居住过的用户仅有7.9%，绿色发展已成为大健康时代下饭店业供给侧结构性改革、可持续发展的必然趋势。

《2016住宿业绿色发展白皮书》提出了推动绿色饭店全球化的建议：一是结合住房和城乡建设部今年出台的《绿色饭店建筑评价》国家标准，对饭店行业进行全新评估，凡是通过该评价体系的酒店，将享受国家财政50万～300万元不等的补贴，同时地方政府设立相应的税收减免扶持和补贴政策。2017年评价工作将全面启动。二是积极推动"绿色饭店"进入国际标准序列，获得全球认可。中国饭店协会、国际饭店与餐馆协会，将推动中国酒店走向世界，共同推进国际标准的申请和认定。

据了解，为推进行业绿色发展，由洲际、雅高、万达、东呈、华住、尚美、澳门中旅、上海世茂、保利、白金汉爵等品牌酒店、美团住宿等OTA平台，以及产业链供应商，共同参与启动"中国绿色饭店全球营销行动"，创建绿色饭店专属标签，打通线上线下，打造酒店业绿色发展时代。

据悉，全国酒店行业将建立中国绿色饭店预订促销专区，提供优先推荐排名、绿色消费打折赠送等促销活动，同时整合四季沐歌、别样红、辰森、罗来雅等产业链资源，

"补贴支持线下1万家企业创建绿色饭店,帮助企业提高综合运营效率,降本增效,引导激励绿色消费。2017年1月1日将上线1000家店,到明年年底将完成1万家店的绿色标识上线工作。"韩明表示。

资料来源:何伟.推动中国饭店业绿色转型[N].经济日报,2016-12-06(007).

第二节 旅游网络营销

一、网络营销的基本概念

(一)网络营销的兴起与发展

20世纪90年代初,Internet的飞速发展在全世界范围内掀起了互联网应用热。随着计算机网络技术的飞速发展,计算机网络的逐渐普及,世界各大公司纷纷瞄准因特网这一新兴市场,利用互联网的便捷性为其提供信息服务,积极拓展业务范围。此时,一种以互联网为媒体,以新的方式、方法和理念为导向的管理营销方法——网络营销应运而生,它是一种通过一系列魅力网络营销策划,制定和实施营销活动,更有效地促成个人和组织交易活动实现的新型营销模式。网络营销是企业整体营销策略的一个组成部分,是为实现企业总体或者部分经营目标所进行的,以互联网为基本手段营造网上经营环境的各种活动。

21世纪是信息技术的时代,科技、经济和社会的发展使信息社会的内涵有了进一步的改变。网络营销的产生,是科学技术的发展、消费者价值观的变革和商业竞争等综合因素所促成的。利用网络这一科技制高点为消费者提供各种类型的服务,是取得未来竞争优势的重要途径。据美国IDC公布的全球因特网普及情况调查结果显示来看,虽然全球经济正在衰退,但是因特网的使用人口还是在稳步增加。至2009年年底,中国网民的人数已经接近4亿,位居全球第一。巨大的网络消费群体,给商家带来无限商机。在欧美等发达国家,90%以上的企业拥有自己的网站,通过网络寻找自己的目标客户群体,这已经成为它们的营销习惯。消费者消费心理和消费习惯的改变,给网络营销提供了广阔的空间。网络营销的跨时空性无疑是一"重型炮弹",已对整体营销理念产生巨大的冲击,发展潜力无限。

(二)网络营销的基本内涵及特点

1. 网络营销的内涵

网络营销的本质是营销,其实质是通过各种手段,引导商品或服务从生产者转移到消费者的过程。一种商品或服务从设计生产到最终的消费行为实现是一个包括信息传递与沟通、商品与货品价值交换的复杂的过程,这其中需要克服意识与技术、时间与空间等障碍。而网络营销为整个商品交换的过程开辟了一条更为便捷的途径,拓展了企业的营销渠道,从而形成企业的竞争优势。

目前，学术界对网络营销并无统一定义，部分学者认为网络营销可理解为在线营销（Online Marketing），是指企业借助联机网络、计算机通信和数字交互式媒体来实现营销目标的一系列市场行为。它是直销的新型表现形式，是由因特网替代了传统媒介，其实质是利用因特网对产品的售前/售中/售后等环节进行跟踪服务。由此也可以认为，网络营销贯穿于企业开展网上经营的整个过程，从信息发布、信息收集，到开展网上交易的电子商务阶段，网络营销的地位不可小觑。

需要强调的是，实践出真知，网络营销具有很强的实践性特征，从实践中发现网络营销的一般方法和规律，比空洞的理论讨论更有实际意义。因此，如何从学术上定义网络营销并不是最重要的环节，关键是要理解网络营销的真正意义和目的，也就是在充分认识互联网这种新的营销环境，利用各种互联网工具为企业营销活动提供有效的支持。这也是在网络营销研究时必须重视网络营销实用方法的原因。

2. 网络营销的特点

随着互联网技术的日趋成熟以及联网成本日益低廉，网络好比是一种"万能胶"将企业、团体、组织以及个人跨时空联结在一起，使得它们之间信息的交换变得不那么遥远。市场营销中最重要也最本质的是组织和个人之间进行信息的广泛传播和有效交换。如果没有信息交换，任何交易都无法正常进行与开展。正因如此，互联网具有营销所要求的某些特性，使得网络营销呈现出如下特点：

（1）时域性。营销的最终目的是占有市场份额，由于互联网能够打破时间与空间的阻碍，使得营销能够在时空限制最小的情况下进行信息交换，为企业营销争取了多的时间优势和空间优势，可一周7天，一天24小时随时随地地提供全球性营销服务，为企业抢占市场先机。

（2）富媒体。"互联网媒体"又称"网络媒体"，是指借助国际互联网这个信息传播平台，以电脑、电视机以及移动电话等为终端，以文字、声音、图像等形式来传播新闻信息的一种数字化、多媒体的传播媒介，它使得交易的信息交换能以多种形式而存在，可以充分发挥营销人员的创造性和能动性。

（3）技术性。网络营销依靠于互联网平台，需要强大的技术支持。因此，企业在进行网络营销时必须改变传统的组织形态，提升信息管理部门的功能，引进复合型技术人才，才能具备和增强企业在网络市场上的竞争优势。

（4）经济性。通过互联网进行信息交换，代替以往的实物交换，一方面可以减少印刷与邮递成本，可以无店面销售，节约水电与人工成本；另一方面可以减少由于迂回多次交换带来的损耗。相对于传统营销，具有较佳的经济性。

（5）整合性。互联网上的营销可由商品信息至收款、售后服务一气呵成，因此也是一种全程的营销渠道。此外，企业可以借助互联网将不同的传播营销活动进行统一设计规划和协调实施，以统一的传播资讯向消费者传达信息，避免不同传播中不一致性产生的消极影响。

二、现代旅游业与网络营销

（一）旅游业发展网络营销的必然性

世界旅游理事会（WTTC）指出"无论用哪一种经济指标（总产值、附加值、资本投资、就业和税收贡献）来衡量，旅游都是世界最大的产业"。旅游业是综合相关性极强的经济产业，为旅游者提供食、住、行、游、购、娱等多种服务。随着现代社会经济的发展，人均收入水平的提高，大众闲暇时间的增多，旅游产业发展蒸蒸日上。同时，旅游业是信息密集型和信息依托型产业，现代旅游业更是跨国界、跨空间运作日益频繁。信息承载量大、广域联通的互联网信息手段为现代旅游业的发展带来了便捷。目前，旅游业与金融、软件、出版物并列成为电子商务的四大应用领域，旅游日益广泛地利用数字化技术手段，电子商务和现代化信息系统代表着未来旅游业发展的一个主要方向，网络营销势在必行。

1. 旅游业的动态性倡导网络营销

旅游业在波动与变化中运行和发展，旅游信息也无时无刻不发生着变化。从旅游产品信息来看，旅游产品的特征和价格时令性较强，而各地不定期举办的层出不穷的旅游节活动更使得旅游产品的动态性特征明显，旅游业需要处理的新信息量极大。从旅游产业运行来看，旅游业会受到外部自然因素、政治因素和经济因素的影响和冲击。产业内部，由于构成旅游商品的成分多种多样，它们之间的比例关系错综复杂，这需要旅游业内部各组成部分之间以及与其他行业之间必须保持协调，否则，任何一部分脱节都会造成整个旅游业的失调。因此，旅游产业运行对信息具有很强的依赖性。

旅游业的信息密集型和信息依赖性，正是旅游网络营销在旅游业发展中风盛的基础。旅游电子商务的发展，信息平台、沟通平台、交易平台、支付平台的构建，改善了过去旅游业由信息流的多层分流及断裂状况。旅游在更大范围内实现了信息的传达，效率得以提升。而那些因为信息阻塞而不能提供实时服务的旅游企业，吸引力和竞争力必将受到限制。

2. 旅游者的个性化需求呼吁网络营销

随着消费心理的变化，团队旅游正逐渐被个性化、零散化的旅游消费所代替。仅从信息服务一点来看，散客旅游给传统营销带来的大量的咨询业务量，使得营销成本高昂，营销效率低下。而网络营销可以为消费者提供目的地的预览和决策参考信息，网络营销依托着容量巨大的旅游信息库，信息的提供基本没有边际成本。信息不像传统营销一样越用越少而是不断积累。单个旅行社的客源量和信息流量的限制，造成无法使购买个性旅游线路的旅游者聚集到发挥旅行社规模经营优势的程度。网络营销的出现有效地缓解了这一问题，通过互联网提供的可视、可查询、可实时更新的信息平台，通过旅游者对市场的参与，网上成团和网上拼团得以实现。个性化服务提供了，特殊要求满足了，精品项目形成了，而价格保持团队价格，网络营销使得旅行社的竞争力得以巩固。从宏观上看，电子商务的出现丰富了旅游产品结构，在更大程度上满足了旅游者的个性化需求，刺激了人们的购买欲望，扩大了行业市场。

3. 国际旅游业的发展刺激网络营销

随着世界经济的发展以及国际交流合作的扩大，国际旅游业迅速发展。当前国际国内市场趋于统一，无国界经济的发展带来旅游活动的国际化和资本流向的国际化。这使得世界各国的旅游业越来越相互依赖，紧密联系，各国都积极开发独特的旅游产品，参与国际市场竞争。国际化的旅游业，需要解决旅游产品信息和旅游交易信息的跨国传递，资金的跨国结算等问题，此时，网络营销显得格外重要。一方面，网络营销能有效降低跨地域信息交流的成本；另一方面，网络营销能有效提高跨地域信息交流的效率。跨国旅游业的发展刺激了网络营销方式的多元化，网络营销为跨国旅游业的发展提供动力支持。

（二）旅游网络营销的创新理念

现代营销管理的关键是实行全程营销，它在传统营销 4P 理念（产品 product、价格 price、渠道 place、促销 promotion）的基础上增加了 4C（消费者 consumer、成本 cost、便利 convenience、沟通 communication）理念和 4R（关联 relativity、反应 reaction、关系 relation、回报 retribution）理念，使得整个理论体系更加丰富和完善。网络营销应在 4P+4C+4R 的理念指导下创新思路，为消费者提供全新优质的服务，以下四点是需要注意的地方：

1. 明确网络受众

主页版面设计、图文编排必须围绕企业的目标客户群，而不是图片和文字的简单堆砌。只有具有针对性，企业的营销内容才能引起顾客的兴趣。

2. 满足游客的信息需求

企业在信息发布时不仅要求正确、清楚，易于联想，而且要意识到网络营销的点在于信息的提供，注意满足游客访问网站时的信息需要。为此，企业应及时更新信息，并为顾客提供有实用价值和吸引力的信息。

3. 及时与顾客互动

开展网络营销的旅游企业必须及时收集游客的反馈信息，并设立专门机构利用邮件、电子公告板等及时回复游客的意见，与游客双向互动。

4. 控制营销绩效

旅游企业应随时统计本企业网站的访问信息，做好访问者资料管理、消费者分析及成本效益分析，以便制定正确的网络营销策略。

三、旅游网络营销组合策略

（一）旅游产品形象策略

旅游产品的吸引力是旅游业发展的关键，而传统营销往往无法清晰地将旅游产品性能展示在公众面前，营销效果大打折扣。旅游网络营销应充分利用互联网媒体的优势，积极探索如何提升旅游产品的竞争力。通常我们的做法可以将旅游产品的虚拟形象立体化、仿真化展示在相关旅游网站上，使游客通过虚拟网络旅游感受到旅游产品的魅力，达到"人未到，心已至"的效果，从而激发其实地旅游欲望。

此外，旅游企业可以通过互联网的信息采集功能，与顾客进行双向互动沟通，及时了解消费者的购买意向，产品一经投入市场即可通过反馈意见及时进行更新改造，技术人员也可通过网上交流与共同探讨来完成旅游产品的设计，使得旅游产品精益求精。

（二）旅游产品价格公示策略

随着网络经济的发展，产品定价逐渐向满足需求定价策略转变。先由消费者需求决定产品的功能，再根据产品的生产成本制定出市场可以接受的价格。互联网的普及使目前网上旅游产品的价格更加透明、低廉，并更具有动态性。旅游产品的价格公示策略是利用旅游网络的媒体功能和互动功能，将各个旅游企业的旅游产品价格和产品价格组合进行有序公示，使旅游者接收同类旅游产品的价格讯息，通过网络调查选择合适自己的旅游产品进行消费。但是，旅游产品的网上价格信息是一种共有的公开信息，一味地削价只能带来恶性行业竞争，旅游企业只有通过提高旅游产品及服务质量等其他途径赢得忠诚消费者，才能获得更丰厚的利润。

（三）旅游网络化渠道策略

营销网络是一种渠道，它除对外进行广告宣传外，更综合运用销售网络、传播网络、服务网络、信息网络和客户网络，使企业鲜明的形象和个性通过高分销效率的网络，尽可能快地覆盖市场。旅游网络销售是旅游网络营销最具革命性的部分，它将旅游产品的虚拟化展示、虚拟化消费、旅游咨询、旅游订购集于一身，并在跨时间的状态下让旅游者与旅游产品销售商甚至旅游产品生产者坐在一起进行交易活动。网络销售渠道大大简化了传统营销中的多渠道构成，生产者和消费者可以通过网络直接进行交易。

（四）旅游网络促销策略

旅游网络促销是充分发挥互联网互动式传播功能，借助丰富的网络传播方式进行旅游企业和产品以及旅游目的地形象的促销宣传。如网络广告促销、虚拟网游促销、网络公关促销等。网络促销应充分利用网络媒介特有的动画、电影、三维空间、虚拟视觉等信息传播模式的功能，设计新颖鲜明的网页制作格式，突出企业自身特点，吸引广泛的顾客群。但需要注意的是，网络营销是一种"软营销"，无法单向地胁迫式地使他人接受，一般的网络促销只是提供相关的信息，这需要旅游企业充分利用网络的特点，实现旅游产品艺术性、宣传性、娱乐性的多重组合，使得人们产生购买欲望。网页制作要有特色，内容丰富，形式不拘一格，并时常进行更新，同时在语言表达上与国际接轨，使用多国语言，以便顺利进入国际市场并得到国际消费者的认可。

【补充阅读10-2】

"网商会"5年历程,四川旅游业的"与狼共舞"之路

2012年,"首届全球旅游网络营运商合作交流会"在成都召开,许多国际互联网旅游企业第一次来到四川,和四川本地企业一起交流共商大计。随后的几年内,以"美丽四川,网罗商机""智慧旅游,联结未来""互联网+,大道至简"为主题的几届交流会连续在四川召开。

今年的第5届全球旅游网络营运商合作交流会紧贴国家"一带一路""互联网+""全域旅游"等重大战略,以"互联网+旅游·问道青城山"为主题在都江堰成功举办。到现在,"网商会"已成为中国西部地区最具知名度的互联网会议之一。

5年来,网商会推动互联网渗透到四川旅游产业的各个领域,阿里旅行、途牛网、同程网、途家、驴妈妈等知名旅游网络营运商先后落户四川;5年来,网商会推动四川的旅游企业拥抱互联网,与境内外一批OTA企业共同成长。可以说,"网商会"的5年发展历程,也正是互联网时代下四川旅游业的"与狼共舞"之路。

四川省旅游发展委员会主任郝康理在主题演讲时认为:互联网时代下,各要素企业的服务没有发生变化,但是由于信息的极度方便快捷,对于游客而言,各种旅游服务已经完全碎片化了;而游客们完全可以根据自己的需求对这些碎片化的服务进行组合,最终完成旅行。

资料来源:白骅.互联网+旅游问道青城山[N].中国旅游报,2016-08-16(A03).

第三节 旅游关系营销

一、旅游关系营销的相关概念

(一)旅游关系营销的定义

旅游关系营销是指以旅游企业和游客的相互关系为核心的营销。关系营销的哲学基础是关系哲学观点和系统论。哲学认为:系统地看,世界上以人为核心衍生出四种关系。即人与自然的关系、人与社会的关系、人与人的关系和人与自我的关系。把世界上的关系引入营销,就产生了关系营销的概念。

旅游关系营销,即从旅游消费者需求的个性化出发,以特色服务、服务创新为中心,利用传统的营销工具,加强旅游企业与旅游者之间的沟通与合作,建立一种良好的信誉关系,从而实现游客消费的可持续性,保证旅游企业的长远利益。

旅游关系营销是一种新型的营销观念,其核心是服务创新。正如美国的营销学家李维特教授所言:未来竞争的关键不在于企业能生产什么样的产品,而在于产品能够提供怎样的附加价值,如包装、服务、用户咨询、购买信贷、及时交货和人们以价值来衡量

的一切东西。产品服务创新就是强调不断地提高服务品质,不断地推出新的服务项目,力图让消费者得到最大的满足和满意。

旅游关系营销最注重的原则就是保持企业与游客之间的信誉关系。根据"顾客关系经济学"的研究成果,顾客关系的获利性不仅是稳定的顾客数量的函数,还与顾客本身的特点密切相关。因此,旅游企业必须充分开发合适的游客关系,建立良好的信誉制度,而对于那些企业根本无法获利的顾客,就不用花费太多的心思。

(二)旅游关系营销的原理

旅游关系营销遵循关系营销的六大原理。从关系营销的角度看,销售并不是营销的最终目标,而是与目标顾客进行交易的观念转化为与目标顾客建立一种合作伙伴关系的意识。为了实现这一目标,旅游企业必须向这些个人和组织承诺和提供优质的产品、良好的服务以及适当的价格,从而与这些个人和组织建立和保持一种长期的经济、技术和社会的关系纽带。营销关系的建立就使得企业建立起了一个营销网络。企业供应商、分销商和顾客共同构成了网络成员,各网络成员彼此建立了牢固和互相依赖的商业关系。此时,市场营销的功能也就发生了变化,市场营销就从过去使每次交易的利润最大化转变为使网络成员利益关系最大化。在此基础上使消费者的需要得到满足,使企业与供应商、分销商互惠互利和共同发展。关系营销的目的就在于减少每次交易的成本和时间,把顾客的购买行为转变为惯例性行为,从而取得旅游企业的长期稳定发展。具体来说分为以下六大原理:

(1)建立独特关系的意愿。关系营销强调以顾客为中心,进行换位思考,站在顾客的角度考虑问题,从而与顾客之间建立某种特殊的关系。

(2)与顾客交流。关系营销从根本上否认了销售人员的以卖出产品为目的的意识,其真正赋予销售人员的基本任务是积极鼓励并自觉听取客户表述自己已经存在的需求。销售人员的真正工作是寻求客户的真正需求。

(3)与顾客的整合。通过与顾客的交流,建立一种信任的关系,这意味着旅游营销人员必须要做到察言观色,能灵活地根据形势与顾客展开交流与沟通,向客户提供更多的附加价值。

(4)关于顾客的信息。旅游供应商应该努力获取顾客的可靠信息,并建立相应的顾客数据库,这些数据建立在一定的关系基础之上。

(5)对顾客的投资。必须选择值得投资的顾客,旅游企业所拥有的资源有限,不可能对所有的顾客都做出投资决策,应该选择重点客户,对其进行必要的投资,给这些顾客有优先权。

(6)注重顾客的个性化特征。旅游关系营销强调为旅游者或是顾客提供具有个性化特征的产品和服务。

(三)旅游关系营销的作用

旅游关系营销是一种新型的营销观念,其关注的是营销过程中人与人之间的关系,最终的目的是培养顾客的忠诚度,这对旅游企业而言具有重大的意义和作用。

首先，关系营销有助于加强旅游企业之间的合作。在传统市场的营销中，企业之间的竞争占据了主导地位，不利于企业自身的规模化发展。而关系营销能够加强企业间的协调与合作，这种关系不仅能帮助企业拓展市场范围，扩大市场份额，还能增强企业的应变能力和抵御风险的能力。

其次，关系营销有助于建立并维持与顾客的良好关系。顾客忠诚是每个旅游企业热衷追求的。要想拥有忠实的顾客，就必须和顾客建立良好的关系。关系营销能帮助企业更加深入地研究顾客、更好地了解顾客需求、更好地满足顾客需求，进而和顾客建立良好的关系。从而帮助旅游企业将产品和服务传播出去，又能帮助旅游企业稳定市场份额，稳固市场地位。

最后，关系营销有利于企业优化资源配置。旅游企业的资源是有限的，关系营销能够实现共享资源，分摊费用，快速地将产品推向市场。另外，关系营销能够使企业充分利用现有的人力、物力、财力及信息资源，有助于新产品研发费用的降低和研发周期的缩短。

二、旅游关系营销的应用

随着旅游营销的发展，营销观念正在逐渐转变，在传统的旅游营销组合"4PS"模式上，重新提出了扩大的旅游营销的模式，科特勒提出加入"publics"这一因素，科里尔等人认为应该将"people"作为第5个因素，由此不难看出，在旅游营销理念中，人的作用越来越突出。因此旅游企业在市场营销过程中必须要凸显"人"的因素，旅游关系营销势必将成为旅游企业营销的最佳选择模式之一。

（一）确立营销战略目标

定位是营销战略的重要内容之一，定位准确与否关系到战略思想、战略目标和战略对策的具体内容能否符合实际，也关系到旅游企业在市场发展和市场竞争两个方面能否顺利进行。关系营销理论在旅游企业中的应用以扩大的营销组合模式为基础，以游客服务为中心。因此，在旅游企业营销战略中应用关系营销理论应当坚持"始于游客，终于游客"的"游客至上"营销战略目标，而不是以销售量或者企业利润作为目标来衡量。"始于游客，终于游客"要求旅游企业必须做到，在游览前、游览中、游览后都必须以游客满意为核心，以顾客忠诚为目标提供服务。

（二）制定具体营销战略与行动计划

关系营销战略区别于传统的旅游营销战略，其强调旅游企业应该以差异化的产品瞄准顾客，以精细化服务赢得顾客，以创新沟通方式吸引顾客等对策建议。

关系营销在我国的实施过程中，存在一些问题。旅游企业必须分析清楚这些问题，才能有针对性地制定更符合实际情况的营销战略和行动计划，旅游企业在实施关系营销的过程中主要存在以下问题：

第一，在指导思想上，重视竞争对手而轻视顾客。从我国企业的营销实践来看，竞争导向的思维十分强烈，突出表现就是营销手段及方式雷同，过度竞争较为严重。

第二，忽视对顾客需求的深入分析。长期以来，许多旅游企业在营销中热衷追求销售的提升，重视的是销售额、销售量数据，而对顾客的了解和认识是笼统的，特别是重视开发新客户，忽视老客户的现象比较普遍。而关系营销则强调对顾客信息的分析，目的是深入了解顾客的需求，发现顾客进行交易的规律和价值客户的构成规律等。

第三，品牌忠诚度低是众多企业的竞争弱势。品牌已成为企业竞争的重要利器，品牌的价值不在于企业策略和手段，而在于顾客心中能否产生对品牌的喜爱和忠诚，只有品牌美誉度才能真正赢得顾客，而美誉度的培育不是一朝一夕能够成就的，更需要企业转向和实施关系营销。

综上所述，旅游企业实施关系营销的有效措施可以归结为以下四点：

1. 以特色化的产品锁定顾客

随着我国社会经济的发展，消费分层的现象越来越明显，关注和发掘消费需求，打造特色化的产品成为旅游企业竞争制胜的关键，也是锁定顾客的有效武器。产品的特色可以体现在品质、技术、价格、包装，甚至某种抽象的概念等多个方面。

2. 以精细化服务赢得顾客

由于不同的客户给公司带来的价值是不同的，关系营销强调对顾客进行分类管理，以保证将重要的资源用到主要的顾客身上，避免资源的浪费。因此，企业应摸清自己的客户资源，抓住关键客户，制定有针对性的营销服务策略。

3. 创新沟通方式吸引顾客

有效的交流和沟通是建立和保持企业与顾客之间良好关系的基本途径。随着社会经济的发展和消费水平的提高，消费者的需求已从"量的满足"，发展到"质的满足"，甚至"感性消费""体验消费"。因此，现代企业促销的核心在于与消费者的有效沟通，引起消费者的情感共鸣，进而诱导消费者购买。

4. 提升员工的素质和满意度，从根本上保证关系营销的实施

员工的素质、能力、工作热情会直接影响到他的工作效率和服务顾客的水平。企业怎样对待员工，员工就将怎样对待企业和客户。企业对员工以及员工之间的相互关爱就像强大的纽带，会激励员工快乐工作、主动奉献，进而满意的员工必然能够带来更多满意的客户。相反，不满意的员工或素质、技能不高的员工，必然会经常得罪顾客。

（三）营销战略的实施与调控

旅游企业在旅游产品的整体生产经营活动中，无论是产品设计阶段，或者产品组织阶段，还是产品销售和售后阶段，都应当贯彻游客服务工作。从关系营销角度来看，以游客为核心的"全过程服务"是基本的旅游企业关系营销概念。

所谓"全过程服务"是指贯穿旅游企业旅游产品（线路）生产经营活动整个过程中各个阶段的服务之总称。以产品（线路）的销售（组织）为中间点，"全过程服务"可以分为售前服务、售中服务和售后服务三种类型。

与全过程服务相对应，建立、保持并加强旅游企业与游客之间的关系，旅游企业的营销过程应包括以下几个关键环节：

第一，与潜在游客初次接触，建立关系。指旅游企业向潜在游客做出各种许诺。

第二，保持现有的关系，使游客愿意继续购买本旅游企业的产品和服务。其前提是旅游企业履行诺言。

第三，发展持久关系，使游客愿意扩展双方之间的关系，参加本旅游企业的旅游活动，或参加本旅游企业新推出的旅游线路。其核心是旅游企业履行从前的诺言之后，向游客做出一系列新的许诺。

【补充阅读10-3】

卖冰水的故事

第一次世界大战时期，美国有一位叫哈利的大富翁，他是一个做生意的奇才。15岁时，他在一个马戏团当童工，主要工作是叫卖柠檬冰水。为此，哈利动起了小脑筋。

令人不解的是，在马戏开始前，他却站在门口大声喊："来，来，顶好吃的花生米，看马戏的人每人赠送一大包，不要钱。"听到叫喊声，观众被吸引了过去。高兴地拿走不要钱的花生米，进入戏场看马戏。

可哈利在炒这些花生米时，特地多加了一些盐，不但吃起来味道更好，而且越吃口越干。就在这时，哈利又出现了。

他提着爽口的柠檬冰水挨座叫卖，几乎所有拿过免费花生的观众都要买他的柠檬冰水。

启示：这是"雪中送炭"的营销妙法。花生米是刺激冰水需求的"强心针"。

此文提出了一个新的概念：买点。与卖点截然不同的是，买点是通过发掘旅游消费者的潜在需求，以潜在需求为基础，指导和规划景区开发、广告策划、市场推广、媒体传播。可以说，买点是旅游企业市场运作的基石，是所谓整合营销传播的核心。景区所有的市场行为都围绕着买点而展开，景区所做的一切都是买点的深化和广化。简言之，是先有买点，再有品牌和市场。

细细揣摩旅游业这几年来的发展脉络，你会发现旅游企业同游客的关系从某种程度上讲，非常类似于一对恋人的情感历程。从最初追求阶段的投其所好，随着交流日渐通畅，关系逐步升温，之后步入婚姻殿堂，蜜月期来临……

这种逻辑也是20世纪90年代兴起的关系营销的基本思路，它改变了以往企业与客户之间纯粹的交易关系，而力图确立和维持与客户之间的长久关系。

资料来源：http://www.17u.net/bbs/show_10_790630.html

第四节 旅游体验营销

在体验经济迅速发展的今天，人们的消费观念发生了深刻变化。张扬个性，体现自我，在消费过程中得到最大限度的心理满足，已经成为一种时尚。旅游体验营销正是在顺应了消费者的这种心理需求变化的基础上，推出一系列新的旅游营销策略的。

一、旅游体验营销的基本概念

（一）体验营销的提出和内涵

早在1970年美国著名未来学家托夫勒就提出来了体验经济的理念，但直至1998年，美国战略地平线LLP公司的两位创始人约瑟夫·派恩和詹姆斯·吉尔摩在《哈佛商业评论》上发表了《欢迎进入体验经济》一文，体验经济的理论才得以受到人们的关注。而今，体验经济已开始迅速向我国渗透，尤其是在中国加入WTO之后。面对这一迅猛的势态，我们有必要在理论上有所准备，在方法上有所倾向，以便与全球体验经济接轨。体验式营销，简单地说，就是以体验作为营销客体的市场营销。它是伴随着体验经济的产生而生成的新型营销方式。它是指营销者以服务为舞台，以商品为道具，以顾客为主线，创造出令消费者难以忘怀的体验所进行的一系列营销活动的总称。体验营销策略体系旨在通过为游客提供美好难忘的旅游经历（全面体验），培育游客忠诚度，提升游客旅游价值。

旅游体验营销是以互动的方式满足旅游消费者体验需求的营销活动，是一种通过为旅游者提供体验来创造价值的营销模式，它是与体验经济相对应的一种营销模式。

（二）体验营销的发展

体验经济的出现促进了体验营销的产生和发展，伯德·施密特博士在他所写的《体验式营销》一书中指出，体验营销从消费者的感官、情感、思考、行动、关联五个方面，重新定义、设计营销理念。体验营销要求企业以消费者为中心，通过对事件、情景的安排以及特定体验过程的设计，让消费者在体验中产生美妙而深刻的印象，并获得最大限度的精神满足。在消费需求日趋差异性、个性化、多样化的今天，消费者已经不仅仅关注产品本身所带来的功能价值，更重视在产品消费的过程中获得的体验感觉。例如，麦当劳餐厅里的食品对顾客而言并不存在多大的吸引力，顾客之所以热衷去麦当劳，主要是为了那整洁明快的摆设、快捷的服务以及孩子们所喜好的各种娱乐活动。热带雨林咖啡厅以带给顾客永久难忘的体验而闻名，用餐者置身于浓密的植物、袅袅而升的薄雾、急泻而下的瀑布，甚至令人震惊的闪电和雷鸣之中。简言之，顾客真正的需求是购买和消费体验。从迪士尼、好莱坞到环球嘉年华，都是体验旅游营销的代表。体验营销与传统营销的区别如表10-1所示。

表10-1　传统营销与体验营销区别

传统营销（Traditional marketing）	体验营销（Experiential marketing）
从旅游者的需求出发	从旅游者的需求和体验出发
专注于产品的特色与利益	焦点在顾客体验上
从产品特色、市场特征和竞争状况中进行市场定位	体验"符号化"，在广泛的社会文化背景中体验消费情景

续表

传统营销（Traditional marketing）	体验营销（Experiential marketing）
把顾客当作理智的购买决策者，把顾客的决策看成一个解决问题的过程，非常理性地分析、评价、最后决策购买	认为顾客既是理性的也是感性的，顾客因理智和因为追求刺激、乐趣等一时冲动而购买的概率是相同的
营销策略以4P、4C、4R+服务营销策略为主	营销策略以感官、情感、思考、行动与关联营销为主

二、旅游者与体验营销策略

游客的体验需求是多样化的。对于旅游企业来说，要创造出令顾客难忘的旅游体验，企业必须深入研究顾客的体验需求，制定和实施有针对性的营销策略。所以，旅游企业体验营销策略的选择和制定与旅游者的体验需求密切相关，而旅游者的体验需求则来源于其旅游动机。罗伯特·麦金托什将旅游动机分为四种类型：身体方面的动机，文化方面的动机，人际、社会关系方面的动机，地位和声望方面的动机。本文概括地将旅游体验类型及相应的营销策略分为以下几种：娱乐营销、情感营销、服务营销、文化营销和参与营销。

（一）娱乐营销

娱乐营销以顾客的娱乐体验为诉求，通过娱悦顾客而有效地达成营销目标。人们花费一定的时间和金钱来旅游，就是为了在旅游的过程中获得快乐，从而达到娱乐的目的。娱乐营销要求企业巧妙地寓销售于娱乐之中，通过为旅游者创造独一无二的娱乐体验，来捕捉旅游者的注意力，达到刺激旅游者购买和消费的目的。娱乐体验是所有旅游体验中最典型、最普遍的一种体验形态，它以感官为基础使游客产生兴奋、满足、审美享受或者惊险、刺激甚至恐惧。例如，深圳的"欢乐谷"就是国内娱乐体验做得比较好的例子。在欢乐谷里，娱乐项目金矿镇淘金是以200多年前北美一个系着无数人的淘金梦的小镇为主题环境，设计出了金矿山、淘金营地、矿山车，还有淘金河，令来这里淘金的游客流连忘返。

（二）情感营销

情感营销就是以顾客内在的情感为诉求，通过激发和满足顾客的情感体验来实现营销目标的策略方法。情感营销的核心是站在客户的立场上考虑问题，密切关注客户的需求，向客户提供他们真正满意的产品和服务。顾客对于符合心意，满足其实际心意的产品和服务会产生积极的情绪和情感，它能提升顾客对企业的满意度和忠诚度。旅游产品具有无形性、生产和消费同步性的特点，这就决定了情感营销在旅游企业的整个营销过程中占有举足轻重的地位。旅游产品的生产和销售过程，就是旅游企业员工和顾客面对面交流的过程。在这个过程中，情感营销的成败直接影响到整个营销的成败。中朝边境的长白山天池，由于传说它是朝鲜民族的发源地，从而触动了许多韩国人寻根朝祖的情感。他们视长白山为其先祖栖息繁衍之地，所以东北长白山线的旅游者90%是韩国人。

日本有的公司曾考虑到顾客情感体验的需求，曾推出了"家庭成员租赁服务"，顾客可以租回"女儿""儿子""孙子""外孙"，体验家庭的融融温馨和亲情。

（三）文化营销

文化营销以顾客的文化体验为诉求，针对企业的产品（服务）和顾客的消费心理，利用一种传统文化或一种现代文化，使之形成一种文化气氛，有效地影响顾客的消费观念，进而导致顾客自觉地接近与文化相关的产品或服务，促进消费行为的发生，甚至形成一种消费习惯，一种消费传统。为游客创造文化体验一般需要结合地域特色挖掘，其目标游客比较明确。如以酒文化为例，从贵州赤水河到四川宜宾、泸州的狭长地带，集聚了茅台、五粮液、董酒、泸州老窖、习酒、郎酒等酒业大亨，是一条名副其实的最具代表性的中国"酒文化长廊"。其实很多地方有自己的特色文化，如果开发得当，一定会吸引众多具有文化体验需求的"文化旅游者"。

（四）服务营销

基于体验营销的服务营销是以顾客的服务体验为诉求，通过个性化的服务，为顾客提供美好的旅游体验的一种营销方式。体验营销是继服务营销之后的一种新的营销模式。但这并不说明体验营销不需要服务营销，体验营销是服务营销的发展，体验营销囊括了包括服务营销在内的多种营销模式。旅游企业向游客提供的产品是无形的服务，这就决定了服务营销在旅游营销中是非常重要的。美国西部的拉斯维加斯是世界著名的旅游胜地。拉斯维加斯独特的婚礼服务使其享有了"世界婚礼之都"的美誉，这里可承办各式各样的婚礼，既有正式礼服婚礼，又有在教堂驾车者服务台前，在汽车上交换誓言的婚礼；更具特色的婚礼则是乘坐热气球完成仪式，或由一位猫王模仿者主婚的婚礼。拉斯维加斯的这种能满足游客个性化体验需求的婚礼服务，吸引了每年超过10万对的新人来这里举办婚礼。

（五）参与营销

参与体验能够满足有些游客希望自己能参与设计旅游产品的特殊需求。在这个过程中，其实游客参与了生产过程。以旅游饭店为例，可以在生产基本半成品的基础上吸引旅游者来设计组装，而不是饭店按照自己的标准把客房"装扮"成各种档次的代表形象。例如，可以在不同的房间面积、基本房间布置和职能已备的条件下，留下剩余的工作通过营销者与旅游者的营销沟通、咨询旅游者的意见来共同完成。饭店备有各种用于后期生产的不同类型、风格、数量乃至颜色的房间布置和各种程度、各种风格的客房服务，饭店会按旅游者的要求和统一制定的价格来给予满足，包括布置房间、提供各种程度服务乃至住宿气氛。营销者可以将无数种的客房形象变化在计算机中以动态图片的形式呈现给旅游者，直到其中的某一种变化成为顾客的"最爱"为止。

三、旅游企业与体验营销策略

我国旅游业正处在火热时期，全国旅游企业规模不断壮大，质量日益提升，但同时游客又在寻找更与众不同的享受和娱乐,这就对旅游企业提出了更高的要求。如何满足旅游者的需要,使他们获得理想的旅游体验,是关系到旅游企业增强竞争力的关键性问题。

(一)提炼具有吸引力的旅游体验主题

具有吸引力的主题是旅游企业实施体验营销的第一步。旅游主题的确立有利于营造良好的环境,吸引顾客的注意力,给顾客留下深刻印象和深刻感受。四川省旅游管理部门连同相关旅行社推出的"纵横经纬,看熊猫还在成都"为主题的旅游精品线路,就是在大熊猫成为奥运会吉祥物之后,通过挖掘和扩展大熊猫的旅游品牌后确定的。"熊猫之旅"一时热闹非凡,受到国内外旅游者关注。湖南旅游目的地主题设计为:世外桃源,伟人故里——神奇湖南。这一整体旅游主题既体现了湖南作为旅游目的地与众不同的特色,即仙境一般的风光,领袖伟人的故里,神秘、神圣、神奇的意境,非同一般、超凡脱俗的无穷魅力。同时又迎合了现代旅游的市场需求、趋势和价值取向,即超越自我、回归自然、享受浪漫、追求梦想。

(二)设计具有特色的旅游体验产品

不同的游客有不同的产品需求,有的渴望回归自然,有的向往休闲放松,有的对文物古迹感兴趣,有的对民风民俗有偏爱,由于游客存在个性化需求的差异,旅游企业必须打破按消费需求类别对顾客进行群体分割、集聚的传统细分方式,将市场细分到终极限度,即把每个具有独特个性的游客视为一个细分市场,并将其作为旅游企业的目标市场。

按照旅游业可持续发展的理念,在体验与旅游互动双赢关系的基础上,体验旅游产品的设计目标应该是让旅游者在差异化体验和活动参与中获得身心享受,留下难忘经历和回忆;让经营者在提供体验机会和情感性消费时,获得长期的发展机会和持续的经济效益;让旅游地社会在文化经济的互动作用中,获得风景与人的情景交融,人与自然的和谐发展,各主体都能获得自身最大利益。

在经历了最初的以听说为主的阶段,以及稍后的视觉为主的阶段,现代旅游已经进入了全方位地感受旅游经历和旅游环境的通感阶段。基于此,加强旅游体验产品的开发和设计成为旅游企业的重大课题。企业要善于寻找和开发适合自己的营销方法和工具,设计出能够满足顾客体验需求的旅游产品。

(三)培养高素质个性化服务的旅游专业人才队伍

在对顾客提供服务的过程中,旅游企业除了需要完成标准化、规范化的基本服务内容外,还必须针对不同消费者的特殊需求提供别具一格的个性化服务,让顾客产生被尊重和优待的感觉。个性化服务是标准化、规范化服务的拓展和延伸,是服务人员为客人追加的超值服务。因此,作为与顾客接触最多的旅游基层员工,就必须充分发挥主观能动性,在工作中善于发现客人的个性需求,然后提供针对性的产品与服务。

(四)注重游后管理

旅行企业除了应当向游客提供优质的服务,确保游客有满意的旅游经历外,也要注重建立起游客对企业的信任。通过分析客户的数据对客户进行跟踪服务,如给过生日的老顾客发一份电子贺卡问候,在旅行社网站的 BBS 中收集并处理游客的建议、意见,对现有线路和服务做出改进等。这样游客下一次准备出游时,会首先选择该旅行社。

顾客和旅行社的信任关系的保持,有利于旅行社长远的利益和发展。通过旅行社与客户间的互动,增加旅行社与客户之间的信任感、亲切感,提升旅行社品牌忠诚度,为旅行社建立起长久的品牌竞争优势(图 10-1)。

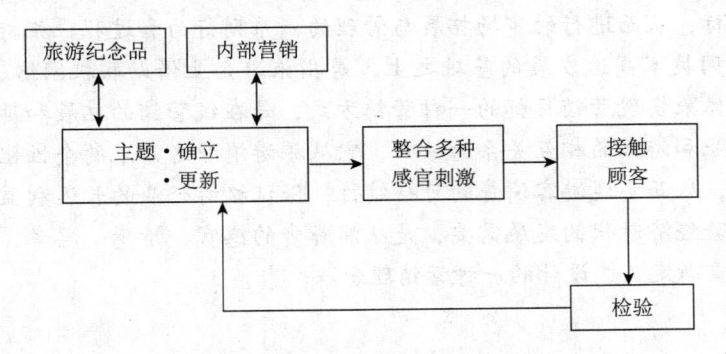

图 10-1 旅游体验营销模式

【补充阅读10-4】

国家旅游局发布的《"十三五"全国旅游信息化规划》提出,未来将大力推进可穿戴技术、人工智能、VR 和 AR 等计算机仿真技术在旅游业中的应用,信息技术正助推旅游迈向体验经济时代。

随着旅游业的持续发展和国民消费观念的逐步转变,体验经济概念已悄然融入旅游产业体系各个方面。规划提出,推进智能眼镜、智能手表、智能手环等可穿戴设备在信息查询、定位导航、随行翻译、电子导游等方面的应用;推进可穿戴设备在跟踪游客旅游过程中的应用,记录旅游时间、旅游距离、步行速度等;推动 VR(虚拟现实)、AR(增强现实)等仿真技术在导游导览上的应用,增强游客的沉浸感和感官体验;推动 VR、AR 技术在景点景区无法复原遗址的情景再现上的应用,丰富景点景区旅游产品内涵;推动 VR、AR 技术在主题公园、博物馆等的应用,在旅游科普教育、游戏娱乐等方面提升表现力。

资料来源:吕文.信息技术助推旅游迈向体验经济时代[N].中国旅游报,2017-03-13(001).

【本章小结】

　　旅游企业的创新体系是以旅游市场创新为目的、旅游营销创新为核心、顾客满意为归宿的完整的创新体系。旅游市场创新是现代旅游企业一切创新的核心，旅游企业的创新体系都是围绕旅游市场营销创新建立起来的。

　　随着中国旅游市场资源的不断更新，旅游市场的不断扩大和深入，消费需求的不断升级变化，旅游市场营销需要注入新的经济形态和营销观念进行盈利和创新。本章根据现代旅游业发展的特点及趋势，主要介绍了四种旅游营销观念的创新，分别是：旅游绿色营销、旅游网络营销、旅游关系营销及旅游体验营销。旅游绿色营销是指营销主体从可持续发展战略的高度，以协调经济利益、社会利益、环境利益、旅游消费者利益的统一为原则和目标，从而进行的市场拓展与管理的一系列行为和过程；旅游网络营销创新则建立在互联网技术高速发展的基础之上，是指旅游企业借助联机网络、计算机通信、数字交互式媒体来实现营销目标的一种营销方式，是在线营销的拓展和延伸；旅游关系营销以旅游企业和游客的相互关系为核心，它从旅游消费者需求的个性化出发，通过信誉关系的构建，从而实现游客消费的可持续性，保证旅游企业的长远利益；旅游体验营销则顺应了体验经济时代的发展需要，是从消费者的感官、情感、思考、行动、关联五个方面入手，重新定义、设计的一种营销理念。

【关键术语】

1. 旅游营销创新
2. 绿色营销
3. 网络营销
4. 关系营销
5. 体验营销

【复习思考题】

1. 简述旅游绿色营销的内涵及特点。
2. 试述旅游企业绿色营销的基本策略。
3. 什么是旅游网络营销？旅游网络营销组合有哪几种基本形式？
4. 什么是旅游关系营销？它与传统营销有何区别？
5. 简述旅游者与体验营销的关系。
6. 简述旅游企业与体验营销的关系。

【案例实训】

张家口旅游再创新　试水网络体验式营销

"500万重金打造，月薪万元，免费世界游。"这是酷讯旅游网招募"旅游体验师"开出的诱人条件。由于这一职业在免费旅游的同时，又可获得高薪，因此也被誉为"中国第一美差"。

网络催生"旅游体验师"

"旅游的环节可以分为计划、购买、分享，而旅游体验师把自己的内心体悟与旅游者分享，帮助顾客挑选一个适合路线。"酷讯旅游网站的CEO张海军将"旅游体验师"比作"品酒师"，通过品尝各种不同的酒，分享感受，帮助顾客挑选产品。互联网分享的理念与旅游体验师的意义正好一拍即合。旅游体验师需要通过文字、图片、视频等多种形式对旅行途中的见闻进行微博直播，为大众提供旅游参考。

"旅行的本身是一种享受，分享是一种快乐，旅游体验师就是要把旅游中的一切感悟都分享给大家。"旅游体验师龚莎莎刚刚完成她的峨眉山体验游，虽然这是她第三次登上峨眉山，但她觉得每次都会有新的感悟。

同时，互联网还为"旅游体验师"提供了技术支持。微博等即时通信平台为"旅游体验师"提供了传播的机会。旅游体验师小驴佳佳在普吉岛进行6日体验游时，平均每天发的微博量都在30条以上，且几乎每条微博都配有图片，目前她的观众有三四万人。

据悉，目前报名应聘"旅游体验师"的人数已超过5万人，酷讯旅游网已招募首席旅游体验师1名，兼职旅游体验师30人左右。

首席旅游体验师工作不简单

毕业于清华大学工业设计专业的郝娜是酷讯旅游网的"首席旅游体验师"，她非常热爱旅游，曾经为了旅游而辞职，环游世界5个月。郝娜的工作分为两个部分，除了要进行旅游体验外，还要对整个"旅游体验师"团队进行管理。而兼职旅游体验师只参与旅游体验的工作。

目前，郝娜正在为即将启程的吴哥之旅做准备。她说："我要先上网了解旅游线路、出行指南，了解旅行团的安排，查看其是否合理，然后上网搜集关于吴哥的各种资料。"除了知识的补充，行头上也要做足准备，郝娜说："去吴哥前，我会去买彩色的裤子；不久前，去湖南红色之旅，我为自己准备一个小红星帽。"各个方面做好了充足的准备，才能在到达景区时有清醒的认识，从而为博友们提供最全面、最丰富、最真切的旅游感受。

发微博是郝娜工作中的重头戏。起床之后，吃饭之前，出发之时，感兴趣之处，无时无刻不是在拿着手机发微博。工作中也有让人恼火的时候，有时在暴雨中行走，一边撑伞，一边用手机发微博，有时干脆就不打伞了。

为旅游体验师制定微博报道规范，对兼职旅游体验师进行业务培训，安排出行线路、参团计划等，这些也是郝娜的工作。"有了规范之后，报道主线才会更清晰。"郝娜说。

传递旅游的美好

旅游体验师不是一个稽查员,他是分享家。旅游体验师项目负责人刘蓓蓓说:"一个优秀的旅游体验师要拥有丰富的旅游经验、出色的文笔和精湛的摄影技术,还要能够把自己的快乐分享给大家。"酷讯旅游网副总裁谢欣也称,当初自己正是被郝娜那一段与小狗跳舞的视频所打动,从面试一开始就认定了郝娜。

入职三个多月,郝娜对旅游体验师这个行业也有自己的体会:"我要做的工作并不是像大众所想的那样,去给某个旅游线路进行打分、评估,我们只是尽可能多地通过微博等方式去分享我们的感悟,传递旅游的美好。"

据悉,截至目前,酷讯旅游网已经推出乔戈里峰体验游、法意瑞欧洲体验游、峨眉山体验游等项目。谈到下一步的发展,刘蓓蓓说:"除了已经推出的个人旅游体验师、亲子旅游体验师外,我们还预计推出明星体验师、情侣体验师、草根体验师等。我们希望每一个人都可以做旅游体验师,分享自己的旅游感悟。"

资料来源:赵珊.旅游体验师中国第一美差?[N].人民日报海外版,2011-10-22(007).

[案例思考题]

1. 结合网络检索资料,讨论旅游体验师的前世今生以及未来发展。
2. 旅游体验师在旅游营销中扮演了何种角色,存在什么问题,有何提升办法?

参考文献

［1］托斯腾·格克. 旅游广告实用手册［M］. 尹倩，译. 北京：东方出版社，2008.

［2］菲利普·科特勒，加里·阿姆斯特朗. 市场营销原理［M］. 11版. 郭国庆，钱明辉，陈桥等，译. 北京：清华大学出版社，2017.

［3］菲利普·科特勒，约翰·T. 鲍文，詹姆斯·C. 麦肯斯. 旅游市场营销［M］. 6版. 谢彦君，李淼，郭英，等译. 大连：东北财经大学出版社，2011.

［4］罗伯特·麦金托什，沙西肯特·格普特. 旅游的原理、体制和哲学［M］. 顾铮，译. 美国格利特出版公司，1980.

［5］亚伯拉罕·匹赞姆，［以］优尔·曼斯菲尔德. 旅游消费者行为研究. 舒伯阳，冯玮译. 大连：东北财经大学出版社，2005.

［6］邦尼·L. 朱丽安妮，A. 杰尔姆·朱勒著. 广告创意战略［M］. 9版. 杭虹利等译. 上海：复旦大学出版社，2011.

［7］A. 杰罗姆·朱勒. 广告创意与策略［M］. 9版. 大连：东北财经大学出版社，2008.

［8］约翰·斯沃布鲁克，苏珊·霍纳. 旅游消费者行为学［M］. 俞慧君，张鸥，漆小燕，译. 北京：电子工业出版社，2004.

［9］维克多·密德尔敦. 旅游营销学［M］. 向萍等，译. 北京：中国旅游出版社，2001.

［10］蔡芳，李淑娟，陈延亭等主编. 旅游市场学［M］. 西安：电子科技大学出版社，2007.

［11］程道品，伍进. 旅游市场营销学［M］. 北京：中国林业出版社，2009.

［12］程栎，朱生东. 旅游市场营销［M］. 合肥：合肥工业大学出版社，2008.

［13］邓月英. 公共关系［M］. 上海：复旦大学出版社，2009.

［14］樊雅琴. 旅游市场营销［M］. 北京：中国发展出版社，2009.

［15］方光罗. 旅游营销学［M］. 北京：中国商业出版社，2005.

［16］高峰. 旅游网络营销组合策略初探［J］. 旅游经济，2010（6）.

［17］谷慧敏. 旅游市场营销［M］. 北京：旅游教育出版社，2002.

［18］郭英之. 旅游市场研究理论与案例［M］. 北京：科学出版社，2008.

［19］郭英之．旅游市场营销［M］．3版．大连：东北财经大学出版社，2014．

［20］韩勇，黄萍．旅游市场营销［M］．北京：旅游教育出版社，2013．

［21］何晓群．现代统计分析方法与应用［M］．北京：中国人民大学出版社，1998．

［22］何修猛．现代公共关系学［M］．3版．上海：复旦大学出版社，2015．

［23］黄继元，吴金林，林丽．旅游市场营销［M］．重庆：重庆大学出版社，2009．

［24］黄浏英．旅游市场营销学［M］．北京：旅游教育出版社，2007．

［25］贾利军．旅游市场营销学［M］．上海：华东师范大学出版社，2017．

［26］靳涛．旅游市场营销［M］．北京：冶金工业出版社，2008．

［27］李博洋，陈志刚．旅游市场营销［M］．北京：清华大学出版社，2014．

［28］李光瑶，石斌．旅游市场营销［M］．北京：清华大学出版社，2013．

［29］李天元．旅游市场营销［M］．北京：中国人民大学出版社，2013．

［30］李天元．旅游市场营销纲要［M］．北京：中国旅游出版社，2009．

［31］梁冬梅．旅游公共关系原理与实务［M］．北京：清华大学出版社，2008．

［32］梁健爱，连漪．市场营销实训教程［M］．北京：清华大学出版社，2011．

［33］林南枝．旅游市场学［M］．2版．天津：南开大学出版社，2000．

［34］刘葆．旅游市场营销学［M］．合肥：安徽大学出版社，2009．

［35］刘德光．旅游市场营销学［M］．3版．北京：旅游教育出版社，2015．

［36］刘晓鹰．旅游经济学［M］．北京：科学出版社，2008．

［37］刘长英．旅游市场营销［M］．北京：北京大学出版社，2015．

［38］马勇，毕斗斗．旅游市场营销［M］．汕头：汕头大学出版社，2003．

［39］马勇．旅游市场营销［M］．5版．大连：东北财经大学出版社，2015．

［40］梅莉，左鹏．绿色营销［M］．北京：中国财政经济出版社，2003．

［41］苗杰．现代广告学［M］．6版．中国人民大学出版社，2015．

［42］宁上敏．中国旅游消费研究［M］．北京：北京大学出版社，2003．

［43］欧阳斌．中国旅游策划导论［M］．北京：中国旅游出版社，2005．

［44］潘小其，肖传亮．旅游市场营销［M］．北京：科学出版社，2008．

［45］沈祖祥．旅游策划——理论、方法与定制化原创样本［M］．上海：复旦大学出版社，2007．

［46］史晓明．旅游产品设计与经营［M］．北京：中国建筑工业出版社，2004．

［47］宋刚．旅游市场营销：理论·实务·案例［M］．北京：首都经济贸易大学出版社，1999．

［48］舒伯阳，刘春，徐静．旅游市场营销［M］．2版．北京：清华大学出版社，2016．

［49］隋兵，武敏．市场营销基础与实务［M］．北京：中国经济出版社，2010．

［50］孙九霞，陈钢华．旅游消费者行为学［M］．大连：东北财经大学出版社，2015．

［51］王衍用，曹诗图．旅游策划理论与实务［M］．2版．北京：中国林业出版社，2016．

［52］万后芬．绿色营销［M］．北京：高等教育出版社，2001．

［53］魏玉芝．市场营销［M］．2版．北京：清华大学出版社，2013．

［54］吴必虎.区域旅游规划原理［M］.北京：中国旅游出版社，2001.

［55］吴清津.旅游消费者行为学［M］.北京：旅游教育出版社，2006.

［56］杨振之.旅游原创策划［M］.成都：四川大学出版社，2005.

［57］杨振之.旅游项目策划［M］.北京：清华大学出版社，2007.

［58］杨立钒.网络广告学［M］.4版.北京：电子工业出版社，2016.

［59］杨路明，巫宁.现代旅游电子商务教程［M］.武汉：华中科技大学出版社，2004.

［60］杨志熙.旅游市场营销学［M］.武汉：华中师范大学出版社，2006.

［61］袁平.旅游市场营销［M］.郑州：郑州大学出版社，2006.

［62］张俐俐.旅游市场营销［M］.北京：清华大学出版社，2005.

［63］张念萍，田巧莉，谢新.旅游市场营销［M］.北京：中国旅游出版社，2017.

［64］张树京，齐立心.时间序列分析简明教程［M］.北京：清华大学出版社，2003.

［65］赵西萍.旅游市场营销学［M］.2版.北京：高等教育出版社，2011.

［66］赵西萍.旅游市场营销学——原理、方法、案例［M］.北京：科学出版社，2017.

［67］周纪萝.回归分析［M］.上海：华东师范大学出版社，1993.

［68］邹益，杨丹.旅游市场营销学［M］.福州：福建人民出版社，2001.

［69］王成慧，陶虎.旅游营销学［M］.北京：高等教育出版社，2006.

［70］王成慧.旅游营销经典案例［M］.天津：南开大学出版社，2016.

［71］王晨光.旅游营销管理［M］.北京：经济科学出版社，2004.

［72］王德静，贺湘辉.旅游营销学［M］.北京：北京交通大学出版社，2009.

［73］王守书，贺学良.旅游市场营销原理与实务［M］.北京：清华大学出版社，2015.

［74］魏正兴，闫红霞.旅游市场营销学［M］.北京：电子工业出版社，2017.

［75］伍飞，苏耀荣.旅游营销中国［M］.北京：新华出版社，2009.

［76］谢彦君，梁春媚.旅游营销学［M］.北京：中国旅游出版社，2008.

［77］熊元斌.旅游营销策划理论与实务［M］.武汉：武汉大学出版社，2005.

［78］徐惠群.旅游营销［M］.北京：中国人民大学出版社，2009.

［79］于洁.市场营销学：原理与实践［M］.上海：复旦大学出版社，2016.

［80］曾光华，陈贞吟，饶怡云.旅游营销［M］.北京：经济管理出版社，2015.

项目策划：段向民
责任编辑：孙妍峰
责任印制：谢　雨
封面设计：何　杰

图书在版编目（CIP）数据

旅游市场营销教程 / 胡海胜主编．－－北京：中国旅游出版社，2018.11

中国旅游业普通高等教育"十三五"应用型规划教材

ISBN 978-7-5032-6133-6

Ⅰ．①旅… Ⅱ．①胡… Ⅲ．①旅游市场－市场营销学－高等学校－教材 Ⅳ．① F590.82

中国版本图书馆 CIP 数据核字（2018）第 258510 号

书　　名：旅游市场营销教程

作　　者：胡海胜主编

出版发行：中国旅游出版社

（北京建国门内大街甲 9 号　邮编：100005）

http://www.cttp.net.cn　E-mail:cttp@mct.gov.cn

营销中心电话：010-85166503

排　　版：北京旅教文化传播有限公司

经　　销：全国各地新华书店

印　　刷：北京明恒达印务有限公司

版　　次：2018 年 11 月第 1 版　2018 年 11 月第 1 次印刷

开　　本：787 毫米 ×1092 毫米　1/16

印　　张：18.25

字　　数：399 千

定　　价：39.80 元

ISBN　978-7-5032-6133-6

版权所有　翻印必究

如发现质量问题，请直接与营销中心联系调换